제럴드 싯처는 2천 년 교회사 속에 묻힌 엄청난 영성의 광맥을 발굴하여, 섬세하고 노련한 솜씨로 정제하고 다듬었다. 덕분에 우리는 영롱하게 빛나는 영적 보화의 다채로운 향연을 누릴 수 있다. 기독교 영성의 역사를 이같이 알기 쉬우면서도 가볍지 않게, 또 은혜롭게 개관한 책을 지금까지 접해 보지 못했다. 갈급하게 주님을 찾던 수많은 신앙의 선진들이 발견한 '영성의 깊은 샘'을 읽으면서, 우리 안에도 그 깊은 샘을 향한 목마름이 일어날 것이다.

박영돈 고려신학대학원 교의학 교수, 『일그러진 성령의 얼굴』 저자

제럴드 싯처는 『영성의 깊은 샘』을 통해 영성의 역사를 다시 썼다. 그는 인간의 몸짓에 주목하면서 하나님의 움직임을 감지하고, 과거를 이야기하면서 현재와 미래를 고민하며, 영웅에 집중하면서 민중을 간과하지 않는다. 그래서 독자들은 익숙한 이야기를 만나면 옛 친구를 만난 듯 반갑고, 낯선 이야기를 들으면 새 친구를 사귀듯 설렐 것이다. 영성의 범람 속에 대가의 장인 정신이 빛나는 작품이다.

배덕만 기독연구원 느헤미야 전임연구원, 『교회사의 숲』 저자

오늘날 우리가 영성의 샘에서 생수를 마시는 것은 영성의 물줄기가 맥맥이 이어져 오기 때문에 가능하다. 그 물줄기가 분명하지 않으면, 영성의 다양성이 오히려 진정한 영적 삶을 훼손시킬 수 있다. 이 책은 그러한 물줄기가 어떻게 이어지고 있는지 섬세하고 분명하게 전해 준다. 또 위엄과 권위에 물들지 않은 겸손과 활기 가득한 문체로, 역사적 서술 방법론을 통해 영성의 맥을 따라간다. 그래서 독자들은 머리와 가슴을 함께 움직이며 저자의 글을 읽을 수 있다. 이 책은 전공자뿐 아니라 비전공자와 평신도도 영성의 맥을 흥미롭게 따라가기에 적합하다. 또한 더 깊은 연구와 토론을 원하는 독자들을 위해 저자가 마련한 장치와 배려가 돋보인다. 영성의 맥을 한눈에 짚어 보게 해 주고 뜨거운 가슴으로 영성을 접하게 하는, 보기 드문 이 책을 적극 추천한다.

유해룡 장로회신학대학교 영성신학 교수, 『영성의 발자취』 저자

『영성의 깊은 샘』은 지난 2천 년간 성령께서 어떤 감동과 바람을 일으켜 그리스도의 교회에 영적인 활력과 생명을 불어넣으셨는지에 대한 기록이다. 우리 시대의 교회 갱신과 창조적 제자도를 위한 영감과 상상력의 보고(寶庫)로서 기독교 영성 전통을 역사적·신학적으로 개괄한 책으로 이보다 더 유용하고 탁월한 텍스트를 생각하기 어렵다.
이종태 기독교영성학 박사, 『다윗 현실에 뿌리박은 영성』 역자

제럴드 싯처의 『영성의 깊은 샘』은 그리스도와 그분의 백성이 대대로 지녀 온 영적 삶을 향한 뜨거운 가슴과 저자의 건전하고 철저한 학문성이 놀랍도록 잘 어우러진 역작이다.
달라스 윌라드 남캘리포니아 대학교 철학과 교수, 『하나님의 음성』 저자

제럴드 싯처는 명료한 문장과 온유한 마음으로 기독교 영성사에 대한 꼼꼼한 입문서를 내놓았다. 오늘날의 영적 체험에 대한 고마운 안내서이자, 무엇보다도 예수 그리스도의 실재를 경험하라는 매력적인 초대장이다.
마크 놀 노터데임 대학교 역사학과 교수, 『복음주의 지성의 스캔들』 저자

이 책을 열어, 거룩한 바보들 및 예언자적 반역자들과 함께 걸으라. 자신을 하나님으로부터 갈라놓으려 하는 모든 것에 대항해 그들이 몸부림친 것처럼 말이다. 제리 싯처는 학자와 교사로서뿐 아니라, 하나님과 교제하며 오랫동안 좁은 길을 걸었던 한 사람의 그리스도인으로서 이 책을 쓴다.
로렌 워너 듀크 신학대학원 교수, 『소녀 신을 만나다』 저자

사마리아 여인이 생수를 구하던 그날 정오부터, 사람들은 인간이 처한 갈급함을 채워 주며 영생에 이르기까지 마르지 않는 물을 찾고자 예수님께 나아왔다. 『영성의 깊은 샘』에서 제럴드 싯처는 수 세기에 걸쳐 그 물을 맛보고 다른 사람과 나누며 다른 나라에 전한 비중 있는 그리스도인들의 삶을 탐색했다. 이 책은 강의실과 개인 서가를 위해서뿐 아니라, 우리보다 앞서 우물에서 물을 길어 마셨던 '구름같이 둘러싼 허다한 증인

들'에 대해 기도하며 고찰하는 데 훌륭한 자료 역할을 톡톡히 할 것이다.
알버트 해스 프란체스코회 수사, 메이스레이크 사역 영성 학교 대표, *Coming Home to Your True Self* 저자

제럴드 싯처는 창을 열어 진정으로 필요한 영적 훈련의 세계로 우리를 이끈다. 이를 통해 하나님을 향한 우리의 갈망은 더욱 강렬해진다. 또한 하나님이 그분의 백성을 만나고 이끄는 다양한 방식에 대해 우리가 품는 상상은 더욱 풍부해진다. 이 책은 나를 먹일 뿐만 아니라 훨씬 더 중요한 일도 하는데, 나를 굶주리게 하는 것이다. 한 사람의 제자, 남편, 아버지, 친구, 목사로서 성장하기 위해 내가 있어야 할 곳은 바로 그런 굶주림의 자리다.
마크 래버튼 풀러 신학교 총장, 『제일소명』 저자

제럴드 싯처가 건네는 이 책은 안내서라기보다는 확장된 사랑의 선언과도 같은 무언가다. 이 책이 기독교 영성의 역사일 수도 있다. 그러나 기독교 영성은 중립적으로 거리를 두면서 얻는 유익보다 아름다움에 사로잡히고 매혹될 때 얻는 것으로 이해해야 한다. 여기서 말하는 아름다움이란 곧 그리스도시다. 싯처는 각 장에서 많은 교훈과 정보를 제공할 뿐 아니라, 심오한 지식이 있어야 우려낼 수 있는 명확성과 단순성을 제공한다.
이언 토랜스 프린스턴 신학대학원 총장, 전 스코틀랜드 교회 총회장

제럴드 싯처는 대단히 매력적인 이 기독교 영성사를 통하여 두 가지 엄청난 선물을 제공한다. 곧 위대한 성인들의 삶과 훈련 속으로 끌어들이는 놀라울 정도로 유려한 이야기, 이 책에 서술된 주제와 인물을 더 깊이 연구할 수 있게 하는 방대한 주(註)가 그것이다. 이 아름다운 책을 읽는 모든 사람은 영성의 폭을 넓힐 수 있을 것이다. 싯처는 광대한 시대와 각 시대의 가장 위대한 공헌을 소개한다. 이 책을 맛보라. 당신은 더욱 깊이 있는 사람이 될 것이다!
마르바 던 『안식』 저자

현재 일고 있는 '영성'에 대한 관심은 대개 일종의 기억상실증을 겪고 있다. 실로 수 세기에 걸쳐 물을 길었고, 우리 삶을 풍성하게 해 줄 수 있는 유산으로 가득한 우물이 있다는 사실을 잊어버렸거나 의식하지 못하는 기억상실증 말이다. 제리 싯처는 우리가 직접 맛보거나 깊이 들이킬 수 있도록 우물에서 물을 길을 수 있는 두레박을 제공해 주었다. 이 책을 읽다 보면 알아야 할 것이 얼마나 많은지 발견하고 겸손해지지 않을 수 없다. 뿐만 아니라 하나님이 우리의 작은 개인적 경험과 우리의 생애를 초월하여 일하신다는 신선한 소망이 생긴다. 이 책을 읽고 즐기며 시야를 넓히라.

레이튼 포드 「하나님을 주목하는 삶」 저자

제리 싯처는 보기 드문 작가다. 학자로서도 깊이가 있지만 영적으로도 건강한 사람이다. 이 책은 영감과 즐거움을 주는 일화는 물론, 여러 시대에 걸친 교회의 위대한 남녀 인물들이 남긴 지혜의 자산을 이용하도록 돕는 실제적 제안으로 가득하다. 『영성의 깊은 샘』은 필독해야 할 수작이다.

벤 패터슨 「일과 예배」 저자

영성의 깊은 샘

IVP(InterVarsity Press)는
캠퍼스와 세상 속의 하나님 나라 운동을 지향하는
IVF(InterVarsity Christian Fellowship)의 출판부로
생각하는 그리스도인을 위한 문서 운동을 실천합니다.

Water from a Deep Well
Copyright © 2007 by Gerald L. Sittser
Translated and printed by permission of InterVarsity Press
P.O. Box 1400, Downers Grove, IL 60515, USA
All rights reserved.

Korean Edition © 2018 by Korea InterVarsity Press
156-10 Donggyo-Ro, Mapo-Gu, Seoul 04031, Korea

영성의 깊은 샘

고대 교회에서 현대까지 영성으로 읽는 기독교 역사

제럴드 싯처 | 신현기 옮김

IVP

나의 아빠들과 엄마들
레이첼 존슨
플로렌스 수녀
해럴드 코버
리츠 타데마에게
사랑과 고마움을 담아

차례

머리말 13
감사의 글 17
서론: 더 많이 있으니! 21

1. 증거: 초기 기독교 순교자들의 영성 39
2. 소속: 초기 기독교 공동체의 영성 75
3. 고투: 사막 성자들의 영성 109
4. 리듬: 수도원 운동의 영성 145
5. 거룩한 영웅들: 성상과 성인들의 영성 179
6. 창: 성례전의 영성 213
7. 연합: 신비주의 영성 249
8. 일상성: 중세 평신도의 영성 289
9. 말씀: 종교개혁가들의 영성 323
10. 회심: 복음주의자들의 영성 359
11. 모험: 개척 선교사들의 영성 397

결론: 이제 어디로 갈 것인가? 435
토의 질문 459
도서 목록 467
그림 출처 476
주 481
찾아보기 559

머리말

몬태나의 어느 고산 지대 호숫가에 친구와 함께 서 있었다. 맑은 날씨에 달이 없는 캄캄한 밤이었다. 늦가을 공기가 상쾌했다. 별들은 저마다 둥그런 지붕 같은 천궁에 선명하게 아로새겨져 있었다. 하늘은 굳이 마을의 불빛과 다툴 필요도 없었다.

친구가 말을 꺼냈다. "천국에 가야 저 모든 별들의 이름을 알 텐데, 그때까지 도저히 못 기다리겠어!"

내가 응수했다. "그 느낌 어떤 건지 알겠어. 그런데 왜 기다려야 하지? 당장이라도 별 이름 몇 개 정도는 말해 줄 수 있는데 말이야. 봐, 바로 저 위가 백조자리의 알파별 데네브야. 왼쪽으로 떨어져 있는 저 밝은 별은 오리온자리의 알파별 베텔게우스이고. 저 소나무 너머로 일곱 개 별들이 촘촘히 성단을 이루고 있는 게 보이지? 저게 바로 욥기에서 말하는 플레이아데스성단이라는 거지. 나름대로 사연을 품고 있는 별들이 많아. 사냥꾼 오리온에 대해 말해 줄게…."

내 친구에게는 그 정도면 충분했다. 그녀는 성급하게 내 말을 무시해 버리고는 화제를 돌렸다. "난 천국이나 기다리지 뭐."

제리 싯처 박사는 우리가 형제와 자매, 부모와 조부모, 삼촌과 숙모와 사촌들의 이름과 이야기를 전부 알 때까지 천국이나 마냥 기다리기를 원치 않는다. 그들은 하늘 가득한 성인들이자, 세례를 통해 우리가 속하게 된 믿음의 가족들이다. 싯처는 『영성의 깊은 샘』에서 그들의 이름과 이야기를 전해 준다. 이 책은 우물에 내린 두레박 같아서 나의 가족과 나를 이어 줄 이야기들을 길어 올릴 것이다. 일요일 아침 지역 회중과 더불어 신도석에 자리 잡을 때면, 눈에 보이는 사람들보다 보이지 않는 사람들이 훨씬 더 많다. 눈에 보이지 않는 사람들이란 '구름같이 둘러싼 허다한 증인들'로서, 예수님을 좇을 때 내게 꼭 필요한 깊이와 질감과 사귐을 전해 준다. 그들의 뼈는 2천 년에 걸쳐 모든 대륙에 묻혀 있다. 그들의 이름은 '생명책'에 적혀 있으며 나는 그들과 더불어 예배한다.

나아가 이 책은 현재 우리가 사는, 기억상실증에 걸린 '한 세대 세계'one-generational world에 대한 시의적절한 해결책이다. '한 세대 교회'가 나름대로 힘을 낼 수는 있겠지만, 거기에는 뿌리가 없다. 그런 교회는 정서가 소진되거나 어려움이 닥치면 시들어 버리기 마련이다. 이내 보여 줄 것이라고는 아무것도 남지 않는다. 기억을 갈고 닦지 않으면, 유행과 새것에 기대어 하루살이처럼 살아간다. 천국을 향한 경주에서 그리스도인들은 각자 자기 세대의 스타팅블록을 박차고 질주하는 것이 아니다. 우리는 계주 팀에 속해 있다. 우리에게는 유산, 곧 풍부하게 축적된 가족사가 있다. 우리는 우리와 비슷한 삶을 살았으되 훌륭하게 살았던 과거 가족 구성원들을 알 필요가 있다. 그들을 알아갈수록, 우리는 덜 고립되고 덜 외롭다.

우리는 고아도 아니고 부적응자도 아니다.

또한 『영성의 깊은 샘』은 기록된 예수님의 기도 가운데 가장 긴 기도(요 17장)에 대한 응답의 일부다. 십자가에 달려 돌아가시기 바로 전날 밤 예수님은 제자들을 위하여 아버지께 기도하셨다. "우리와 같이 그들도 하나가 되게 하옵소서"(요 17:11). 예수님이 우리를 자신의 기도에 구체적으로 포함시키셨다는 사실을 우리는 반드시 알아야 한다. "내가 비옵는 것은 이 사람들만 위함이 아니요, 또 그들의 말로 말미암아 나를 믿는 사람들도 위함이니…그들도 다 하나가 되어"(요 17:20-21). "그들의 말로 말미암아 나를 믿는 사람들"은 곧 우리 자신을 뜻한다.

예수님은 제자들을 비롯해 오늘날에도 계속 예수님을 따르는 우리 모두를 위해 중보하시면서 이렇게 기도하셨다. "그들로 온전함을 이루어 하나가 되게 하려 함은"(요 17:23). 우리는 예수님과 하나가 되고 아버지와 하나가 되고 서로서로 하나가 되어 예수님을 따른다. 예수님의 기도로 사랑과 복종 가운데 유기적으로 결합된 한 가족, 곧 "한 몸"이다. "항상 살아 계셔서" 우리를 "위하여 간구하[시는]"(히 7:25) 예수님의 기도는 계속해서 효력을 발휘하여, 사랑받는 아들 예수님이 아버지와 하나인 것과 같은 방식으로 예수님의 사람들도 친밀한 기도의 연합을 이룬다.

예수님의 기도는 수 세기에 걸친 그리스도인의 삶을 하나로 묶어 주었는데, 이러한 하나 됨에 대한 상세한 기록이 『영성의 깊은 샘』이다. 하나 됨은 아직 완성되지 않았다. 다른 사람들을 경쟁자로 보는 그리스도인이 있는가 하면, 권력을 두고 다투는 그리스도인들도 있다. 고집과 자만은 엄청난 분열을 초래하는 도로변 폭탄이다. 그런가 하면 우리를 위해 끊임없이 기도하시는 예수님의 기도에 속하는 가족들도 많은데, 우리는 그들의 이름과 이야기를 알고 있다. 예수님은 우리를 위해 이렇게 기도하신다. "곧 내가 그들 안에 있고 아버지께서 내 안에 계시어 그들로 온전함을 이루어 하나가 되게 하려 함은 아버지께서 나를 보내신 것과 또 나를 사랑하심 같이 그들도 사랑하신 것을 세상으로 알게 하려 함이로소이다"(요 17:23).

유진 피터슨
리젠트 칼리지 영성신학 명예교수

감사의 글

이 책의 집필에 착수한 것은 여러 해 전이었지만, 실제로 이 책을 쓰겠다고 마음먹은 것은 그보다 더 오래전이었다. 1993년에 열다섯 명의 학생을 데리고 캐스케이드 산맥의 외딴 지역에 자리한 캠프장 톨 팀버로 가서, 한 달 동안 영성사를 개관해 준 일이 있었다. 영성사는 여러 면에서 나에게 그랬던 것처럼 학생들에게도 새로운 세계였다. 이내 영성의 세계에 매료된 나는 그 세계를 진지하게 연구하기 시작했다. 수십 수백 권의 책을 읽고 엄청난 양의 글을 쓰고 나서야 겨우 논지와 개략적 구조를 잡아내기 시작했다. 2년 전부터 시작한 글쓰기는 거의 오늘까지도 이어졌다. 그렇게 해서 나온 최종 결과물이 이 책이다.

글을 쓰면서 나는 내가 아주 부유한 사람임을 깨달았다. 깊은 소속감을 주는 믿음의 공동체에 내가 속했기 때문이다. 이 공동체에는 특히 두 무리가 포함된다. 이 책은 한 무리에 **대한** 책이자, 다른 무리를 **위한** 책이다.

첫 번째 무리에는 지난 2천 년 동안 살았던, 내가 **성인**saints이라 부를 신자들이 포함된다. 이들 성인들은 우리에게 믿음과 희생과 섬김이라는 풍부한 유산을 물려주었다. 우리가 읽는 책들, 우리가 부르는 찬송가들, 우리가 감상하는 미술 작품들, 우리가 따르는 의식들, 우리가 실천하는 훈련들 가운데 많은 것은 이러한 유산을 회상하고 저장하는 수단이다. 우리는 그들에게 감사의 빚을 지고 있다. 내가 이 책을 쓴 것은 부분적으로나마 그들에게 감사와 존경을 표하고 그들의 이야기를 전하기 위함이다.

두 번째 무리에는 오늘날의 수억 신자들이 포함된다. 그들은 나와 동시대 그리스도인으로서 그리스도 안에서 형제이며 자매다. 그들에게 그들보다 앞서간 성인들이자, 그들의 영적 가족인 첫 번째 무리를 소개하고 싶다. 이 믿음의 유산을 잃는 것은 헤아릴 수 없는 손실일 것이다. 다락방 궤짝 속에 너무 오랫동안 처박혀 있는 귀중한 가보처럼 말이다.

또 다른 무리에 대해서도 특별히 언급해야 마땅하다. 이 책을 쓰는 데 도움을 준 사람들이다. 그들의 아낌없는 도움으로 이 책은 분명 한결 나아졌다. 그들 모두에게 깊이 감사한다. 캐롤린 브라우닝 헬셀, 쉘비 드레스백 마일즈, 데이비드 린스컴, 카일 드레스백, 에린 덩, 게이브 슈미트, 매트 캐밍크와 같은 휘트워스Whitworth University의 학생들이 이 연구를 도왔는데, 이들은 졸업 후 각자 나름의 길을 걷고 있다. 휘트워스 커뮤니티 장로교회의 동료인 케이티 와이즈노어, 캐시 와츠, 페이지 매컬레이스, 하워드 윌콕스, 빌 예이클리, 존 웰러는 대부분의 장을 읽고 평신도 관점에서 이 책에 대해 토론하기 위해 나와 함께 소모임을 구성해 만났다. 딕 애버리, 랍 아이먼, 매트 토머스, 랍 페어뱅크스, 조우 위트버, 존 언더힐은 목회자 연구 모임에서 다달이 만나 원고를 읽고 목회적 관점에서 의견을 말해 주었다. 동료 학자 줄리 캔리스와 제리 루트는 몇몇 장들을 뽑아서 철저한 비평을 해 주었다.

휘트워스의 세 동료 짐 에드워즈, 애덤 니더, 테리 맥고니걸은 모든 장을 읽고 시종일관 유익한 의견을 제시했다. 그들이 이 책에 쏟은 투자는 내게 헤아릴 수 없이 값진 것이었다. 그들은 내가 할 수 있는 최선에 못 미치는 어떤 것에도 안주하지 않도록 도전했다. 휘트워스의 참고 도서 사서인 게일 필딩은 긴급하고 잦은 요청에도 전국을 뒤져 책과 논문을 조달해 주었다. 휘트워스의 교수진과 행정 직원과 학생들―특히 톨 팀버에서 했던 '기독교 영성' 강좌에 등록했던 학생들―에게도 감사한다. 그들은 여러 해 동안 나에게 매우 따스하고 협력적인 학문의 터전을 제공해 주었다. 톨 팀버 목장 대표인 피시번 부부(스탠과 베키)에게도 특별히 감사를 전한다. IVP의 편집인 신디 번치는 글의 초점을 맞추라고, 목표 독자를 염두에 두라고, 원문이 상할 정도로 글을 잘라내라고 다그쳤다. 로레인 컬튼은 이 책에 꼭 맞는 그림을 찾느라 많은 시간을 들였다. 로레인의 눈과 직관은 최고였다. IVP 팀 전체가 이 기획이 진행되는 내내 탁월한 지원을 아끼지 않았다. 모두에게 깊이 감사를 전한다.

이 책을 사랑하는 친구들 넷에게 헌정한다. 나보다 한 세대 위인 그들에게 진 빚이 엄청나다. 그들은 나의 아빠abba들이며 암마amma들이다. 나는 그들을 그렇게 부르고 싶다. 신학대학원을 갓 졸업한 청년 시절에 나는 해럴드 코버 담임 목사 밑에서 일했다. 그는 사역의 성공이 전적으로 나에게 달려 있는 것처럼 일하고, 사역의 성공이 전적으로 하나님께 달려 있는 것처럼 기도하라고 도전했다. 지금도 가끔씩 전화로 그와 대화를 즐긴다. 레이첼 존슨은 여러 해 동안 상냥한 친구이자 인도자이며 멘토였다. 레이첼이 더 이상 스포케인에 살지 않아서 아쉽다. 플로렌스 수녀는 언제나 나를 귀한 손님으로 자신의 수녀 공동체에 받아들이고, 잘 들어 주고, 좋은 질문을 하고, 은거지의 고독을 즐길 수 있게 해 준다. 마지막으로, 한 달에 한 번 아침 식사 겸 만나는 친구 리츠 타데마는 마음과 목숨과 뜻과 힘을 다하여 하나님을 사랑하고 싶은 마음을 내게 불어넣어 준다. 이들에게 애정과 고마움을 표하며 이 책을 헌정한다.

서론
: 더 많이 있으니!

이 물을 마시는 자마다 다시 목마르려니와
내가 주는 물을 마시는 자는 영원히 목마르지 아니하리니
내가 주는 물은 그 속에서 영생하도록 솟아나는 샘물이 되리라.
(요한복음 4:13-14)

내가 읽은 모든 책 가운데 단연 돋보이는 책이 하나 있다. 5세기 초엽 북아프리카 히포의 주교로 봉직했던 성 아우구스티누스Augustine의 『고백록』The Confessions이다. 이 책이 다른 책들은 물론 다른 영성의 고전들 위에 우뚝 서게 된 것은 어떤 점 때문인가? 해마다 내가 이 책으로 다시 돌아오는 이유는 무엇인가? 또 그때마다 어김없이 새로운 통찰을 발견하는 것 같은 이유는 무엇인가? 시간을 초월하여 이 책에 주목하지 않을 수 없는 이유는 무엇인가? 나는 자신이 경험한 회심을 매우 훌륭하게 반추하는 아우구스티누스의 능력에 이 책의 탁월성이 있다고 생각한다. 그는 회심 경험을 기도 형식으로 썼는데, 마치 하나님을 향해 가는 영혼의 여정에 대해 하나님과 살갑게 대화를 나누는 것 같다.

겨우 십 대의 나이에 어머니의 신앙을 내팽개친 아우구스티누스주후 354-430년는 다양한 철학과 생활 방식을 기웃거리고 나서야, 자

신의 가장 깊은 지적 의문들에 답을 주고 가장 깊은 마음의 열망들을 만족시킬 수 있는 분은 오직 하나님뿐임을 깨달았다. 육체적 쾌락에 빠지기도 했지만, 거기에서 얻을 것 같았던 구원은 얻지 못했다. 육체의 정욕을 아무리 많이 즐기더라도, 그 끝은 언제나 더 큰 갈망이었다. 성공과 명성과 인정을 위해 노력했지만, 그것 역시 쓰디쓴 실망으로 끝났다. 시간이 지나면서 아우구스티누스는 자신의 밑바닥에 도사리고 있는 욕망과 야망의 포로가 되었음을 발견했다. 이러한 욕망과 야망은 그의 삶을 송두리째 파괴할 기세였다. 물론 그가 진실로 바랐던 것은 하나님을 아는 것이었다. 그는 하나님께 기도했다. "내가 명예와 부와 결혼을 갈망했지만, 당신은 나를 비웃었습니다. 나의 욕망을 좇으며 겪은 좌절이 너무도 고통스러웠지만, 당신 아닌 다른 어떤 것이 내게 주는 달콤함을 점점 덜 느끼게 되자 당신의 인자하심이 그만큼 더 커졌습니다."[1] 쾌락과 아름다움과 야망은 그 자체로는 악하지 않다. 오직 하나님을 떠나서 추구할 때 악이 된다. 하나님은 모든 존재의 중심이시고 원천이시며 목적이시므로 우리의 삶에서 언제나 최우선이어야 한다. "무절제한 욕망으로 그것들을 향할 때, 죄가 그것들을 통하여 그리고 유사한 선한 것들을 통하여 들어옵니다. 왜냐하면 그것들은 가장 저급한 종류의 선이어서, 우리가 더 선하고 더 높은 것으로부터 돌아서기 때문입니다. 오 주 우리 하나님이시여, 당신 자신과 당신의 진리와 당신의 법으로부터 말입니다."[2] 아우구스티누스는 오래고도 격렬한 고투를 겪은 후에야 비로소 자신의 삶을 하나님께 드렸다.

아우구스티누스, 『고백록』

다 늦어 당신을 사랑하게 되었습니다.
아주 오래시고 아주 새로우신 아름다운 분이여,
다 늦어 당신을 사랑하게 되었습니다!
맙소사, 당신이 내 안에 계셨건만
나는 바깥에 머물며 거기서 당신을 찾아 헤맸고,
당신이 만드신 그럴듯해 보이는 것들로 달음질하여 갔지만
나는 흉측해졌습니다.
당신은 나와 함께하셨건만 나는 당신과 함께하지 않았습니다.
그것들이 나를 당신에게서 멀어지게 했습니다.
존재라고는 아무것도 없을 것들,
그것들은 당신 안에 없었습니다.
당신이 부르시고 외치시며 내 막힌 귀를 뚫으셨습니다.
당신이 너울거리시고 번쩍이시며 내 먼눈을 떨쳐 내셨습니다.
당신이 당신의 향기를 아낌없이 발하시니
내 숨은 멎었고 이제 당신을 갈망합니다.
당신을 맛보니
내가 주리고 목이 탑니다.
당신이 나를 토닥이시니
내가 당신의 평화를 애타게 구합니다.

역사에서 배울 수 있는가?

아우구스티누스의 이야기에는 내가 기독교 영성사에 대한 책을 쓰기로 작정한 이유를 설명하는 힘이 있다. 『고백록』은 하나님을 향해 가는 인간의 주요 여정에 대해 다룬다. 『고백록』은 1,600년 전에 쓰였지만 여전히 살아 있다. 계속 전하고 기억하고 마음에 소중히 간직해야 할 이야기가 있는 성인이 많은데, 아우구스티누스는 그중 하나다. 그들은 우리가 혼자가 아니고, 모든 것을 다 알지 못하며, 기독교 신앙의 깊이에는 다함이 없다고 우리를 환기시킨다. 그들의 음성은 수 세기를 건너 우리에게까지 메아리친다. "더 많이, 훨씬 더 많이 있으니!" 기독교 신앙에서 얻을 수 있는 생명수가 담긴 우물에서 더욱 실컷 마시라고 초대한다. 그리고 우리에게 내재한 가장 깊은 갈증, 곧 인간으로서 갖는 우리 본성의 갈증을 채워 준다고 약속한다. 인간은 하나님에 의해 그리고 하나님을 위해 지음받았지만, 하나님께 반항하고 가치가 덜한 것 속에서 만족을 찾으려고 애써 왔다. 이 만족할 줄 모르는 갈증을 가시게 할 길은 하나밖에 없다. 우리가 하나님의 아들 예수 그리스도 앞에서 그리고 생명을 주시는 성령의 능력을 통하여 하나님을 알았듯이, 하나님과 더 친밀해지는 관계를 통해서만 가능하다. 오직 삼위일체 하나님만이 우리의 가장 깊은 갈망을 채워 주실 수 있다.

오늘날 기독교에서 보고 경험하는 것 중 많은 것은 하나님의 깊음으로 우리를 이끌어 주지 않는다. 설령 뭔가 있다 하더라도, 그로 인해 우리는 불안과 불만을 느낀다. 그래서 이런 생각이 든다. **분명 이게 다는 아닐 텐데!** 교회를 분열시키는 사소한 언쟁과 질투, 그럴듯해 보이지만 정작 제자를 만들어 내지는 못하는 거대한 건물과 번지르르한 프로그램, 성경적 신앙의 위대한 진리를 얼버무리는 자조自助 설교, 대중의 기호에 영합하는 예배 방식, 복음에 대한 신실함을 저버리고 정치

아우구스티누스

적 영향력을 확보하려고 기를 쓰는 기독교 지도자들에 대해 우리는 진절머리가 난다. 오늘날의 것이 모두 하나같이 무조건 나쁘다는 말이 아니다. 특히 미국 기독교는 번성하고 있다. 높은 교회 출석률을 자랑하고 우리 문화 속에서 광범위하게 영향력을 행사하니 말이다. 그러나 마치 세상이 우리가 전면에 나타나기를 애타게 기다리기라도 한 것처럼, 성공에 속아 우리가 모든 것을 알고 모든 것을 소유하고 있다는 착각에 빠질 수 있다.

모든 세대의 신자들은 자기 세대가 신앙을 이해하고 실천하는 방식이 언제나 최선이라고 가정하면서 기독교 신앙에 대한 자기 세대 고유의 근시안적 시야에 포로가 될 위험에 직면한다. C. S. 루이스Lewis는 오래된 책들을 읽어야 하는 이유로 이 문제를 예로 들었다. "우리 가운데 누구도 이러한 맹목에서 완전히 벗어날 수는 없다. 그러나 만일 동시대의 책들만 읽는다면, 맹목이 증가하고 맹목에 대한 우리의 경계는 약화될 것이 확실하다." 이는 동시대의

책들이(이 책이 전달하는 관념과 관행은 물론이고) 우리가 이미 알고 있는 것만 말하고, 그로써 우리의 사각 지대와 편견을 강화하기 때문이다. "유일한 완화책은 우리의 정신 속에 여러 세기에 걸친 깨끗한 해풍이 불어오게 하는 것이다. 이것은 오래된 책들을 읽을 때에만 가능하다." 물론 과거 사람들이라고 모든 것을 바르게 이해했던 것은 아니다. "과거라고 해서 사람들이 지금보다 더 똑똑했던 것은 아니다. 그들 역시 우리만큼 실수를 많이 저질렀다. 그러나 같은 실수를 저지르지는 않았다." 그들의 성공이 우리에게 가르침을 준다면, 그들의 실패는 우리에게 경고를 줄 것이다. "머리는 하나보다 둘이 더 낫다. 어느 한쪽이 오류가 없기 때문이 아니라, 그들이 같은 방향으로 잘못을 저지르지는 않을 것 같기 때문이다."[3]

역사는 우리에게, 특히 영적 삶에 값진 자원이 될 수 있다. 하나님을 찾고 알고 경험하는 것의 의미를 다른 시대와 장소에서 살던 신자들이 어떻게 이해했는지가 드러나는 실례들을 역사에서 얻기 때문이다. 이를 통해 '영성'의 본질적 의미를 파악하게 된다.[4] 그들이 우리와 다른 만큼, 우리가 여태껏 몰랐거나 중요하게 여기지 않는 기독교 신앙에 대한 진리를 가르쳐 줄 수 있다.[5] 오래된 방식으로 돌아갈 때, 우리는 비로소 하나님을 위해 새로운 방식으로 살 수 있을 것이다. 새로운 방식은 더 깊은 지식과 더 풍부한 경험과 복음에 대한 더 큰 신실함을 특징으로 한다. 오래된 진리를 발견할 때, 새로운 사람 곧 하나님 나라를 섬기는 일에 헌신하는 사람으로 살 수 있을 것이다. 뒤를 돌아볼 때, 앞을 내다보고 삶의 새로운 방향을 정할 수 있을 것이다. 역사를 보면 기독교 신앙이 우리의 생각과 경험 이상임을 알 수 있다. 역사를 통해 오늘날 종교의 사각 지대 때문에 우리의 시야가 막혔음을 알고, 성경을 새로운 눈으로 읽으라는 도전을 받고, 지금까지 한 번도 해 보지 않았던 영적 훈련을 실천하라는 신호를 받고, 우리가 처한 시간과 공간을 새로운 관점으로 볼 수 있다. 성령은 역사 지식을 사용하여 하나님의 깊음 속으로 인도하는 여정으로 우리를 보내실 것이다.

왜 역사인가? 기독교 자체가 세상의 구속을 위한 하나님의 계획에 대한 이야기―실제로 진짜 이야기―를 전하기 때문에, 기독교 신앙에서 역사는 대단히 중요하다. 최대한 있는 그대로 단순화하면, 이 이야기에서 하나님이 세상을 어떻게 창조하셨고, 세상이 인간의 죄를 통하여 어떻게 악해졌으며, 현재 하나님이 예수 그리스도를 통하여 어떻게 세상이 다시 선해지도록 회복하시는지 서술한다. 이 이야기에서 가장 중요한 부분이 성경에 기록되었다. 성경은 구원의 역사를 기록한 것이다. 그러한 구속 이야기는 신약이 종결되면서 끝나지 않았다. 구속사는 오늘날까지 계속되고, 하나님이 역사를 영광스럽게 마무리하실 때까지 계속될 것이다. 오늘날 하나님이 일하시는 방식은 사도 시대 못지않게 적실하고 생생하다. 오늘도 하나님은 세상 속에서 적극적으로 활동하시기 때문이다. 하나님의 계획은 아직 다 펼쳐지지 않았다. 세상을 구속하시겠다는 하나님의 약속은 과거 어느 때 못지않게 확고하다. 역사는 언제나 하나님의 활동 무대다.[6] 하나님은 아브라함에게서 시작했고 예수님 안에서 이루신 것을 우리 같은 사람 안에서 그리고 우리 같은 사람을 통하여 만물이 다시 회복되고 온전해질 때까지 계속하겠다고 약속하신다. 우리도 이러한 서사에 참여할 수 있다.

역사를 통해 흔히 우리와는 다르지만 우리를 가르칠 값진 것들을 지닌 사람들을 접한다. 오늘날 서구 교회에서는(2/3세계 교회에서는 아니겠지만) 실제로 들어 본 적도 없는 순교를 겪은 사람들이 있는가 하면, 교회 지도자의 지위를 맡기 전 여러 해를 사막의 고독 속에 보낸 사람들도 있고, 먼 곳으로 떠나 복음을 선포하고 가난한 사람을 섬기다가 고향으로 다시 돌아오지 않는 사람들도 있다. 흔히 우리와는 다른 방식이지만, 그들은 우리와 같은 성경을 읽었고 우리와 같은 하나님을 예배했으며 우리와 같은 주님을 따랐다. 그들이 우리와 다르다고 해서 오늘날 신자들보다 반드시 더 훌륭한 것은 아니다. 그들 역시 죄인이었고, 영적 성취의 이력에 얼룩이 없었던 것도 아니고, 감행했던 모험이 언제나 성공한 것도 아니었다. 우리와 마찬가지로 흠 있는 사람들이었다. 교회사에서 일어났던 모든 일들이 진리이고 옳고 선한 것은 아니었다. 하나님의 이름으로 말한 많은 것들이 오류였고, 하나님의 이름으로 행한 많은 일들이 혐오스러웠다. 그런 것들에 대해 언제나 '낯선'과 '다른'이란 단어를 사용하는 것은 옳지 않다. 때로는 '잘못 인도된'과 '파괴적인'이란 단어를 사용할 필요가 있다.

좋은 음식이라도 썩는 것처럼 어떤 운동이라도 나빠질 수 있다. 그러나 타락했다 하여 무가치하다는 뜻은 아니다. "오용이 있다 하여 용도를 폐기하지는 않는다"*Abusus non tollit usus*라는 유명한 라틴 격언이 있다. 역사에는 오용의 이야기가 많다. 그러나 명백한 오용이 있다 하여 혼란이나 실망에 빠질 필요는 없다. 동방 정교의 성상이 지나치게 장식이 많고 눈에 거슬릴 수도 있지만, 신자들이 누릴 미래의 영광을 예술적 형태로 묘사하기도 한다. 가톨릭의 성례주의가 순전히 외적이고 형식적인 신앙으로 이끌 수도 있지만, 하나님이 은혜를 나누어 주시기 위해 물질—물, 기름, 빵, 포도주—을 사용하신다는 사실을 상기시키기도 한다. 종교개혁의 교의는 가슴보다는 머리를 중시하는 신앙을 낳을 수 있지만, 성경을 충실하게 따르는 것의 중요성을 확립하기도 한다. 완전히 옳기만 하거나 완전히 그르기만 한 전통은 없다. 그러나 성인들과 이들로 대변되는 위대한 전통의 자손이자 상속자인 우리는 하나의 큰 유익을 누린다. 우리는 이야기의 뒤에 등장하므로 그들한테서 배울 수 있다. 시간의 흐름은 우리 편이다. 성인들은 우리를 볼 수 없었지만, 우리는 그들을 볼 수 있고, 그들이 창조해 내고 그들 자신의 공과를 통해 배우느라 애썼던 과거를 공부할 수 있다. 이렇게만 한다면, 우리는 더 잘할 수 있을 것이다. 그들에게서 배울 것이 많기 때문이다.

배울 것이 많지만, 우리에게 겸손하고 가르침을 받을 자세가 있을 때 그렇다. 언젠가 아우구스티누스는 무언가를 이해하는 유일한 길은 먼저 그것을 사랑하는 것이라고, 곧 공감과 인내와 감사를 품고 그것을 연구하는 것이라고 썼다. 참된 이해를 위해서는 그 주제에 우리 자신을 내어놓고 그 주제와 깊이 관계 맺어야 한다.[7] "공구 창고에서 하는 묵상"이란 멋진 글에서 C. S. 루이스는 무언가를 배우는 데 기본적으로 두 가지 방법이 있음을 관찰했다. 다른—보통 외부의—관점에서 주제를 **대상으로** 검토하는 방법에서는 주제에 대한 최종 권위가 우리에게 있다. 주제와 **더불어** 검토하는 방법에서는 주제가 우리에게 세계를 밝혀 준다.[8] 분명히 둘 다 적절한 연구 방법이다. 그러나 나는 후자를 선호한다. 따라서 이 책은 순교자와 신비가, 청교도와 개척 선교사, 수도자와 예술가에게서 퍼져 나온 영성의 불빛과 **더불어** 여행한다. 그 불빛은 우리의 삶도 비출 것이다. 그래서 우리가 때로 천박한 그리스도인임을 드러내는가 하면, 인내할 수 있는 힘을 불어넣어 주기도 할 것이다. 또한 우리 앞에 놓인 좁은 길을 밝혀 하나님 자신의 빛으로 더 가까이 이끌면서 "주의 빛 안에서 우리가 빛을 보리이다"라는 시편 기자의 말을 성취할 것이다.

유감스럽게도 역사는 우리가 영적 도움을 구할 때 자연스레 찾아가는 주제는 아니다. 우리 문화에는 역사, 특히 종교의 역사에 대한 편견이 있다. 또한 현재에 집착하여 동시대의 것에 사로잡히고 무엇이든 즉각적이고 유행하는 것에 끌리는 경향이 있다. 어떤 까닭인지 가장 최근 일어난 것이 언제나—혹은 통상적으로라도—가장 중요하다고 추정한다. 그러므로 과거를 다소 무관심하고 의심하고 거만하게 대하면서, 과거를 통해 무언가 배울 수 있다는 가능성은 아예 생각조차 하기 전에, 과거란 구닥다리 기술처럼 쓸모없고 현실에 적합하지 않다고 생각한다. 결국 듣고 이해하려는 노력도 하기 전에 비판하거나 무시한다. 우리는 아는 것보다 더 많은 것을 놓칠지도 모른다.[9]

나는 워싱턴 주 스포케인에 있는 사립 인문대학 휘트워스 대학 신학과에서 가르친다. 대학 학사력에는 3학점 과목 하나만 등록하는 1월 학기가 있다. 여러 교수들은 그때를 이용하여 학생들을 데리고 교정을 떠나 남아프리카공화국, 태국, 독일, 터키, 온두라스와 같은 먼 나라로 간다. 나도 10년 전쯤부터 캐스케이드 산맥 외딴 지역에 위치한 캠프장에서 과목 하나를 가르치기 시작했다. 학생들과 나는 한 달 동안 거기 머문다. 전화나 라디오, 텔레비전, 휴대 전화, 컴퓨터 같은 방해거리가 일절 없다. 우리는 한 울타리에서 지내면서 수정된 베네딕투스회 규칙을 따라 하루 네 번 예배하고, 기도와 연구를 위해 네 시간 동안 침묵하고, 소모임 안에서 토론하고, 서로 섬긴다. 물론 (가령 크로스컨트리 스키를 타면서) 놀기도 한다. 그 수업의 목적은 학생들이 영성사를 접하는 것이다.

한 달 동안 학생들에게는 중요한 일이 일어난다. 정말 아름다운 환경이긴 하지만, 그 환경 때문에 학생들이 변하는 것은 아니다. 중요한 것은 우리가 다루는 주제다. 영성사는 그들의 역사가 되고, 공부하는 과정에서 만나는 인물들은 그들 자신이 속한 영적 가족의 일원이 된다. 학생들은 기독교 영성사를 통하여 새로운 세계를 접하기 때문에 처음에는 배운 것들이 익숙하지 않고 생소해서 머뭇거린다. 그러나 시간이 지남에 따라 학생들은 성인들의 이야기에 저도 모르게 빠져들고 그 이야기가 거룩하고 아름답다고 생각한다. 생소함이 더 이상 마음에 걸리지 않는다. 오히려 그 생소함에 매료되고 사로잡히고 감동받는다. 이 역사에 고쳐되어 학생들은 과감히 달라지고자 한다. 자신이 속한 시공간에 아주 잘 들어맞기만 하다면 말이다.[10]

기독교 신앙이 참으로 진리인가?

그러나 『고백록』이 그토록 강력한 이유는 또 있다. 아우구스티누스는 자기 이야기를 말하는 것 이상을 했다. 자신의 이야기를 사용하여 예수 그리스도를 통해 우리에게 궁극적으로 계시된 기독교 신앙의 중심 진리를 선언했다. 예수 그리스도는 하나님을 계시하시고 우리를 하나님과 연합하시는 분이다. 아우구스티누스는 하나님께 기도했다. "그러므로 제가 당신으로 즐거워하기 위하여 필요한 힘을 얻을 길을 구했지만, 하나님과 인류 사이의 중개자이신 인간 예수 그리스도를 받아들이기 전까지는 그 길을 찾지 못했습니다. 그분은 또한 하나님이시며 만물의 지존이시며 영원히 복된 분이십니다."[11]

하나님이나 신들 혹은 어떤 궁극적 실재에 대한 진리를 말한다고 주장하는 종교가 많다. 그러나 그런 주장에는 문제가 있다. 그것이 진리인지 어떻게 아는가? 기독교 신앙은 그에 대한 답을 준다. 하나님은 자신을 우리에게 인간으로 나타내심으로써 자신에 대한 진리를 우리에게 말씀하시기로 작정하셨다. 예수님의 처음 제자들이 그들의 독창력과 지능과 창의성만으로 이런 결론에 도달할 수는 없었다. 이는 어떤 독실한 유대인이라도 도달하지 못할, 가능 범위를 벗어난 결론이기 때문이다. 생각지도 못했던 도마가 신앙을 고백한 것으로 보아 제자들에게서 일어난 변화를 읽을 수 있다. 십자가 처형이 있은 후에 예수님이 다시 살아나셨다는 말을 듣고 도마는 예수님의 손과 발에 난 못 자국을 직접 만질 수 없다면 터무니없는 소문을 믿지 않겠다고 했다. 예수님은 도마 앞에 나타나 그렇게 해 보라고 하셨다. 도마는 즉시 무릎을 꿇고 외쳤다. "나의 주님이시요 나의 하나님이시니이다"(요 20:28). 유대인들은 그런 고백을 한 분이시고 거룩하시며 초월하신 분으로 믿는 하나님께만 했다. 그러나 여기서 도마는 하나님의 이름을 예수님께 사용함으로써 제자들이 예수님은 참으로 하나님이시며 인간의 육체에 깃든 하나님의 자화상이라고 믿었음을 입증했다. 제자들의 마음속에서 예수 그리스도는 가시적이고 인간적이며 인식할 수 있는 하나님이 되셨다. 제자들은 유대인들과 마찬가지로 일신론 신앙을 엄격히 고수했지만, 예수님을 경배했고 예수님께 기도했고 예수님께 인생을 맡겼다.

그리스도인들이 성육신이라고 일컫는 것에 대한 이러한 믿음으로 인해, 하나님의 본성과 그리스도의 본성을 어떻게 이해하는가를 두고 길고도 복잡한 논쟁이 시작되었다. 처음 제자들이 그랬던 것처럼 예수님이 참으로 하나님이시라고 생각하면서 말이다. 대략 400년이 넘어서야 그리스도인들은 두 가지 놀라운 결론에 도달했다. 첫째, 하나님을 사랑의 관계로, 공동체 안의 한 분one in community 혹은 삼위-일체tri-unity시라고 결론지었다. 하나님이 사랑이신 까닭은 하나님이 자신의 창조 세계를 사랑하시기 때문만이 아니라, 자신 안에서 사랑이시기 때문이다. 아버지가 아들을 사랑하시고, 아들도 아버지를 사랑하신다. 우리 마음속에 살아 계신 성령님은 그런 관계를 보여 주는 완전하고 순수하고 인격적인 본질이시다. 그러므로 하나님의 존재 안에 존재하는 그 사랑으로 우리를 끌어들이신다.

둘째, 그리스도가 완전하게 신이시고 완전하게 인간이시라고 결론지었다. 그리스도의 신적 본성이 그분의 인간 본성을 압도하지도, 그분의 인간 본성이 신적 본성을 손상시키지도 않았다. 그리스도는 하나님이신 동시에 인간이시다. 그러므로 하나님이 참으로 어떤 분인지 알고자 한다면 예수 그리스도를 보아야 하고, 인간이 참으로 어떤 존재인지 알고자 한다면 마찬가지로 예수 그리스도를 보아야 한다.[12] 아우구스티누스가 깨달았던 것처럼, 궁극적 실재가 세상에 오셨고 하나님이 인간이 되셨으며 영원한 생명이 죽을 수밖에 없는 운명에 굴복하셨다. 이 모두가 우리를 위한 것이었다. "하나님과 인류 사이의 중개자 곧 인간 예수 그리스도가 죽을 수밖에 없는 죄인과 영원하시고 의로우신 하나님 사이에 서기 위해 나타나셨다. 그분은 우리와 같이 죽을 운명이셨지만, 하나님과 같이 의로우셨다." 우리의 구원을 쟁취하신 분이 완전하게 신이고 인간이신 예수님이셨다. "당신이 우리를 얼마나 사랑하시는지, 당신과 동등하시다 해도 전혀 문제될 것도 없으신 분이 우리를 위해 굴욕을 당하셨으되, 십자가에서 돌아가시기까지 하셨습니다.…그분은 우리를 위하여 승리자이자 희생자로 당신 앞에 서 계시는데, 희생자이시기에 승리자이십니다. 그분은 제사장과 희생 제물로 당신 앞에 서 계시는데, 희생 제물이시기에 제사장이십니다."[13]

기독교 신앙이 실제로 그리고 절대로 참이라는 이러한 견고한 확신은 오늘날의 많은 영성과는 대조적이다. 영성 자체가 문화적 유행처럼 되었다. 정치가들과 유명인들과 학자들과 미디어들은 영성이라는 용어를 자주 들먹이면서도 정작 영성의 정의는 고민하지 않는다. 설령, 영성에 대해 정의한다 해도 실용적 목적을 위해 애매모호하게 정의하고 만다. 현대 미국 문화 속에서 우리는 실제로 특수한 신앙 전통을 믿지 않거나 특수한 신앙 공동체 특히 기독교에 속하지 않고도 '영적'일 수 있다. 이런 모호한 영성 덕에 우리는 우리의 즉각적 이해와 소비자의 입맛에 맞는 영적 삶을 만들어 낼 수 있다. 그러나 그러한 영성에는 흔히 내용과 고결성과 훈련이 없다. 모든 것을 의미할 수도 있고 아무것도 의미하지 않을 수도 있다. 할리우드식 사랑처럼 공허하다.

기독교 영성사를 안다면, 그러한 공허와 무의미와 상대주의를 받아들일 수는 없다. 교회의 영성관이 완전히 통일되어 있다는 말이 아니다. 이 책의 목적은 결국 기독교 영성의 **다양성**을 탐구하는 것이다. 그러나 이러한 여러 전통이 제아무리 다양하다고 할지라도, 여전히 그러한 전통을 하나로 묶는 기본 진리가 있다. 사도 시대부터 오늘날에 이르기까지 대다수의 그리스도인들은, 하나님이 예수 그리스도 안에서 자신을 계시하셨고, 예수 그리스도가 신인 동시에 인간이시며, 따라서 하나님은 공동체 안의 한 분이심을 믿어 왔다. 이러한 다양한 영성의 전통—금욕적, 수도원적, 성례전적, 복음주의적 전통 등—이 하나님이 누구신지를 어떻게 드러내는지, 그리고 우리가 어떻게 하나님을 친밀하게 알 수 있는지, 또 우리가 그분 안에서와 그분을 통하여 어떤 존재가 될 수 있는지 탐구하는 것이 나의 목적이다.

이 책은 역사의 연대순을 따라, 초대교회 순교의 영성에서 시작하여 개척 선교사들의 영성으로 끝맺는다. 각 장에는 한 단어나 어구로 집어낸 독창적 개념들이 담겨 있다. 우리는 각 개념이 어떻게 특수한 역사적 상황에서 발생하여 시대를 거치며 전개되었고, 결국 오늘날 마음대로 사용할 수 있는 기독교 영성의 풍부한 역사에 기여하는지 탐구할 것이다. 예를 들어, '증거'라는 개념은 초기 순교자들의 영성, '리듬'은 중세 초기 수도원 운동의 영성, '말씀'은 종교개혁가들의 영성, '모험'은 개척 선교사들의 영성을 집어낸다. 역사적 주제에 대한 어떤 연구에서나 전형적으로 나타나긴 하지만, 이 책도 여러 일화들로 구성되어 있고 때때로 괴벽스럽긴 하지만 매력 있는 인물들이 소개될 것이다. 이 책에는 아주 학구적인 사람에게 유용한 정보가 충분히 담겨 있지만, 이 주제를 처음으로 다루는 사람도 별로 주눅들지 말기 바란다. 원자료에 대해 더 많이 알고 싶은 독자들을 위해 실은 후주의 참고 자료는 추가 연구를 위한 좋은 제안이 될 것이다. 나의 목표는 활용과 접근이 용이한 역사, 과거에 대해 공정하고 현재에 적합한 역사를 쓰는 것이다.

"만물이 다 너희 것임이라." 바울은, 걸출한 교회 지도자들의 허락도 받지 않은 채 그 지도자들의 가르침을 중심으로 배타적 종교 파벌을 구성했던 코린토스 교인들에게 그렇게 말했다. 아볼로파, 베드로파, 바울파가 있었고 심지어 예수파까지 있었다. 각 파들은 다른 파들에 대해 우월감을 가질 만한 어떤 차별성을 내세웠다. 바울은 그들이 모든 교사에게서 배울 수 있는 유익들을 빼앗겨 버렸다고 주장했다. 그 교사들은 온 교회의 공동선을 위해 그들의 은사를 사용하도록 부름받았던 자들인데 말이다. "그런즉 누구든지 사람[인간 지도자들]을 자랑하지 말라. 만물이 다 너희 것임이라. 바울이나 아볼로나 게바[베드로]나 세계나 생명이나 사망이나 지금 것이나 장래 것이나 다 너희의 것이요, 너희는 그리스도의 것이요 그리스도는 하나님의 것이니라"(고전 3:21-23).

교회의 풍부한 역사를 비롯한 '만물이 다 우리 것이다.' 나와 함께 역사 여행에 나서서, 여러 세기를 지나온 믿음의 가족을 만나 친구가 되고, '구름같이 둘러싼 허다한 증인들'에게 배우자고 당신을 초대하고자 한다. 그리스도 안에서 우리의 형제자매인 이 사람들은 자신이 처한 시공간 속에서 최선을 다해 하나님을 사랑하고 섬기고 따랐다. 그들이 보여 준 모범으로 우리도 같은 일을 행하게 된다. 그들은 우리에게 이렇게 말하고 싶어 할 것이다. "더 많이, 훨씬 더 많이 있으니!"

1. 증거
: 초기 기독교 순교자들의 영성

다른 이로써는 구원을 받을 수 없나니,
천하 사람 중에 구원을 받을 만한 다른 이름을 우리에게 주신 일이 없음이라.
(사도행전 4:12)

로마의 경기장을 방문하는 것으로 이 책을 시작하는 것이 이상해 보일지 모르겠다. 그러나 바로 거기서 시작해야 한다. 고대 경기장이야말로 초기 그리스도인들이 어떤 희생이 있더라도 예수 그리스도에 대한 믿음을 용기 있게 증거하고 예수 그리스도에 대해 신실하리라는 결단을 드러낸 곳이기 때문이다. 고대 세계의 광장은 오늘날의 광장과 아주 흡사하게 여흥 장소 역할을 했다. 그러나 당시의 여흥은 잔혹하고 야만적이며 피비린내가 진동했다. 검투사들은 죽기까지 싸웠고, 전차를 모는 검투사들은 이길 때까지 경주하거나 고통스럽게 죽었고, 사나운 맹수들은 노예와 죄수와 국가의 적을 할퀴었다. 승자는 군중의 환호를 받고 잘하면 명성이나 자유까지 얻을 수 있었지만, 패자는 설령 살아난다 하더라도 평생 불구자가 되었다.

    그리스도인들 역시 광장에서 죽음을 맞이했다. 그리스도인들이 맹수들에게 갈기갈기 찢기거나 검투사의 검에 찔리는 것을 보려는 피에 굶주린 군중은 그들이 고통당하는 모습을 보고 만족스러워했다. 그리스도인들의 순교는 일반 시민에게는 여흥을 제공하면서, 신자들에게는 다음은 그들 차례일 수 있다고 경고하는 공적 행사였다.[1] 그런데 아이러니하게도 이러한 박해는 의도했던 것과는 반대 결과를 초래했다. 박해를 통해 기독교 운동의 심지를 잘라 *끄기는커녕* 부채질을 했다. 아주 오래전에 테르툴리아누스Tertullian가 말했듯이, 그리스도인들의 피가 씨앗이 되어 신자들을 격려했고 이교도인들(즉 고대 종교를 따르거나 이교에 관여한 사람들)에게는 감동이나 격분을 불러일으켰다. 관중은 이들 그리스도인들의 용기가 어디서 나왔으며, 어떤 종교이기에 그런 희생을 불러일으킬 수 있는지 궁금해했다.[2]

순교의 의미를 파악하지 못하면 기독교 영성—기독교 영성이 무엇이며 그 독특성이 무엇인지—을 결코 이해하지 못할 것이다. 초기 그리스도인들은 예수 그리스도를 주로 고백했기 때문에 죽었다. 예수 그리스도의 주되심은 그들의 삶에 절대적 권위를 행사하려는 다른 모든 것—부와 지위와 권력 그리고 로마 제국 자체—에 도전했다. 그들은 예수님이 어떤 경쟁자도 용인하지 않으신다고 믿었다. 선택을 강요당했을 때, 어떤 대가를 치르더라도 예수님을 따르기로 선택했다. 초기 순교자들은 극단적 대가를 치렀는데, 곧 자신의 생명을 내주었다. 그러나 순교가 제아무리 고귀하고 용기 있는 일이라 할지라도, 그들이 보여 준 모범의 가치는 순교 자체가 아니라 그리스도의 주되심에 헌신한 데 있다. 그리스도를 위해 죽

기독교 순교자의 마지막 기도

을 필요까지는 없다는 식의 말은 무의미하다. 진짜 문제는 그리스도를 위해 어떻게 사는가이다.

신약에 나타난 박해

신약의 줄거리를 깊이 살펴볼 때, 초기 기독교에서 그리스도인들이 당한 순교를 전혀 뜻밖의 일로 여겨서는 안 된다. 박해와 고난과 죽음은 기독교 메시지의 핵심을 차지한다. 주후 500년에 이르자, 끔찍한 처형 도구였던 십자가가 신앙의 주요 상징이 되었다. 오늘날과 마찬가지로 당시 신자들은 십자가를 통하여 예수님이 십자가에서 당한 수치스러운 희생을 상기할 수 있었기 때문이다. 신약을 보면, 예수님의 생애를 이야기하는 복음서 기사는 물론 초대교회 이야기를 전하는 사도행전에도 박해와 고난의 이야기가 계속 나온다. 스데반은 순교당한 첫 번째 그리스도인이었고, 몇 년 지나지 않아 야고보 사도 역시 비슷한 운명을 맞이했다. 바울은 어디를 가든 반대에 부딪혔다. 바울의 삶은 오랜 고난의 연속으로서, 매 맞고 옥에 갇히고 난파당하고 배신당하고 잠도 못 자고 모든 것을 빼앗기는 삶이었다. 모두 다 복음을 위해서였다.[3]

신약에서 박해 문제를 다루는 일은 아주 흔해서, 항상 윙윙거리는 배음이 깔려 있는 라디오 잡음같이 들리기 시작한다. 그 소음에 익숙해지다 보면 그것을 무시하기 쉽다. 특히 실제 겪는 박해를 개인적으로 공감하기 어려울 경우에 그렇다. 예수님은 제자들을 가르치셨다. "나로 말미암아 너희를 욕하고 박해하고 거짓으로 너희를 거슬러 모든 악한 말을 할 때에는 너희에게 복이 있나니"(마 5:11-12). 예수님은 제자들을 첫 선교 여행에 내보내기 전에 다음과 같이 경고하셨다.

> 보라 내가 너희를 보냄이 양을 이리 가운데로 보냄과 같도다.…사람들을 삼가라. 그들이 너희를 공회에 넘겨주겠고 그들의 회당에서 채찍질하리라. 또 너희가 나로 말미암아 총독들과 임금들 앞에 끌려가리니, 이는 그들과 이방인들에게 증거가 되게 하려 하심이라.…또 너희가 내 이름으로 말미암아 모든 사람에게 미움을 받을 것이나.
> (마 10:16-18, 22)

바울은 동시대 그리스도인들에게 박해를 제자도의 필수 요소로 여겨야 한다고 상기시켰다. "무릇 그리스도 예수 안에서 경건하게 살고자 하는 자는 박해를 받으리라"(딤후 3:12). 심지어 바울은 자신의 고난이 그리스도의 고난을 완성하는 데 얼마간 도움이 되었다는 주장까지 했다. "나는 이제 너희를 위하여 받는 괴로움을 기뻐하고 그리스도의 남은 고난을 그의 몸 된 교회를 위하여 내 육체에 채우노라"(골 1:24). 바울은 자신의 모든 삶이 일종의 순교를 구현하는 삶이었다고 했다. "내가 그리스도와 함께 십자가에 못 박혔나니 그런즉 이제는 내가 사는 것이 아니요 오직 내 안에 그리스도께서 사시는 것이라"(갈 2:19-20). 바울은 그리스도 안에서 사는 것이 죽음을 요구한다 해도 유익할 뿐이라고 보았다. "이는 내게 사는 것이 그리스도니 죽는 것도 유익함이라"(빌 1:21). 베드로는 소아시아에 있는 교회들에게 불가피한 운명에 대비하라고 권고했다. "사랑하는 자들아 너희를 연단하려고 오는 불 시험을 이상한 일 당하는 것 같이 이상히 여기지 말고." 베드로는 예수님의 고난을 본받을 가치가 있는 모범으로 여겼다. "오히려 너희가 그리스도의 고난에 참여하는 것으로 즐거워하라. 이는 그의 영광을 나타내실 때에 너희로 즐거워하고 기뻐하게 하려 함이라…만일 그리스도인으로 고난을 받으면 부끄러워 말고 도리어 그 이름으로 하나님께 영광을 돌리라"(벧전 4:12-13, 16).

우리는 흔히 이러한 본문들에 어떻게 반응해야 할지 모른다. 우리의 신앙이 철저하게 다른 길, 곧 육신의 안락에 훨씬 더 부합하는 길을 따라왔기 때문이다. 대개 박해와 순교에 대해 좀처럼 생각하지 않는데, 그럴 만한 이유가 있다. 우리는 박해에 직면했던 적이 전혀 없다. 서구에 사는 그리스도인들 대다수도 그렇다. 그래서 인도네시아나 베트남이나 인도나 네팔 등의 나라에서 오늘날 일어나는 박해 이야기를 들을 때면, 무슨 생각을 해야 할지 전혀 모른다. 휘트워스의 학생 둘이 어느 비서구 국가에 있는 신학대학원 졸업식에 참석했다. 졸업생 몇 명이 최초의 그리스도인 순교자 스데반이 돌에 맞아 죽는 성경 이야기를 연극으로 꾸며 연기했다. 그들은 장난스럽거나 불경스럽지 않고 엄숙하고 진지했다. 연극 말미에 학생들은 순교의 위협에 직면하더라도 하나님에 대한 믿음을 지키겠다고 한목소리로 다짐했다. 최소한 그들 가운데 몇 명은 스데반과 유사한 운명을 겪을 가능성이 아주 높다는 것을 알았기 때문이다. 우리가 경험하는 바는 매우 다르다. 오늘날 세계 곳곳에서 그리스도인들이 겪는 고난을 자세히 살펴보면 우리의 경험이 아마 예외적일 것이다. 제자도는 고난을 수반하고, 박해로 이끌고, 용기를 시험하고, 변함없는 믿음과 인내를 요구하며, 심지어 죽음으로 이끌기도 한다. 제자도는 예수님을 주님으로 고백하기를 요구한다.

그렇다고 순교 자체를 본질적으로 선한 것으로 여겨 미화하거나 추구해야 한다는 말은 아니다. 그것은 마치 기독교 신앙이 폭력 사용을 정당화하거나 권하는 것과 같다. 오늘날 들려오는 순교 가운데 많은 것, 특히 자살 폭탄 테러 같은 순교는 초기 몇 세기 동안 그리스도인들이 겪은 순교와는 정반대다. 이들 현대 '순교자들'—그러한 끔찍한 행위를 설명하는 데 감히 순교란 단어를 사용한다면—은 사랑의 하나님이 아니라 복수와 증오와 살인의 하나님을 증거한다. 초기 그리스도인 순교자들은 가해자가 아니라, 그러한 증오로 인한 희생자였다. 또한 폭력을 당하긴 했지만, 폭력을 가하지는 않았다. 순교로 부름받기는 했지만, 무고한 사람에게 순교를 강요하지는 않았다. 순교를 강요하는 것은 오늘날 자살 폭탄 테러범이 하는 짓이다. 초기 기독교에서 순교는 복음의 진리를 증거하는 여러 방법 가운데 하나일 뿐이었다. 모든 그리스도인이 순교로 부름받은 것은 아니었고 지금도 마찬가지다. 그러나 여전히 모든 그리스도인은 자신의 생명을 하나님께 맡기라는 부름을 받는다.

나는 순교를 겪은 사람을 알지 못한다. 그러나 순교자들을 직접 아는 사람들을 통해 그들의 이야기를 들은 적이 있다. 어떤 이유에서인지 그 이야기들은 시간이 지나도 좀처럼 희미해지지 않는 생생한 꿈처럼 기억 속에서 사라지지 않는다. 젊은 목사 둘이 이웃 마을에서 목회 사역을 하려고 모터 스쿠터를 타고 가던 중에, 폭도가 다가와 말을 걸다가 그 둘을 때려 죽인 사례도 있다. 두 사람이 그리스도인이라는 것 말고는 다른 이유가 없었다. 그들의 이야기를 듣고 나는 순교자의 죽음을 겪고 싶지 않아졌다. 너무 끔찍하고 소름 끼치는 일이기 때문이다. 그러나 나는 순교자의 삶을 살고 싶어졌다. 순교자들에게는 자기 삶을 예수 그리스도께 완전히 바칠 용기가 있었기 때문이다. 순교자들이 지닌 그리스도를 믿는 신앙으로 인해 바울의 말처럼 "살든지 죽든지" 그리스도를 존귀하게 하려는 불이 내 안에 붙었다. 과거나 현재나, 아주 압도적이고 확신에 찬 순교 이야기를 만드는 것은 그리스도를 위해 살겠다는 열정이다.

순교자들의 이야기

기독교 운동은 지중해를 둘러싼 겉옷 같은 거대 제국인 로마 세계에서 출발했다. 처음에 기독교는 유대교라는 고대 종교의 한 분파에 지나지 않아 보였다. 아무튼 두 종교는 같은 성지를 두고 권리를 주장했고, 같은 성경을 인용했고, 같은 언어를 말했고, 같은 의식을 많이 따랐다. 그러나 기독교는 곧 이방인들에게 미치고 로마 세계 전역으로 퍼지면서 점점 유대교에서 분리되었다. 주후 100년까지 이제 갓 출현한 신출내기 종교가 로마 제국의 주요 도시 대부분에 교회를 세웠다. 기독교는 유대교와는 달리 처음 시작부터 회심자 얻는 일에 열심인 선교하는 신앙이었다. 구성원들은 예수님의 성육신과 죽음과 부활의 메시지에 너무도 마음이 들떠서 도무지 조용할 수가 없었다. 기독교는 열의와 용기로 규모와 지위와 권력이 부족한 것을 보충했다. 이것은 나누어야 할 복된 소식, 곧 복음이었다!

무대에 등장한 새 종교가 기독교만 유일한 것은 아니었다. 로마 제국은 동양에서 온 수십 개의 새 종교 대부분을 마지못해 받아들였다. 기독교는 가장 새로웠을지 모르지만, 분명 가장 부유하거나 크지는 않았다. 그러므로 권력의 자리에 있던 사람들이 기독교가 박해받을 만하다고 생각한 것은 고사하고 기독교 때문에 골치를 썩은 이유도 상상하기 어렵다. 학자들은 주후 200년이 되어서야 인구의 1퍼센트가 교회 구성원이 되었다고 말한다. 로마 제국은 실제로 이들 새 종교에 대해 아주 너그러웠다. 그러나 그리스도

인들은 박해했다. 이 한 종교를 따로 떼어서 분명한 표적으로 삼은 데에는 분명 무언가가 있었다.[4]

2세기에 시작된 성경 이외의 가장 이른 순교 이야기를 보면, 초기 몇 세기 동안 그리스도인들이 아주 귀중하게 여겼던 신앙을 증거하려고 아주 높은 대가를 기꺼이 치른 내막을 충분히 알 수 있다. 먼저 목격자들이 그 사건을 본 대로 기록한 다음에는, 교회 당국자들(보통 주교들)이 교회들 사이에 회람시키기 앞서 이야기들을 편집 및 확대하고 때로 윤색하기도 했다. 이는 그리스도인들이 신실하고 용기 있고 대담하도록 힘을 북돋아 주고, 그들에게 복음의 진리를 상기시키고, 그리스도를 위해 살라고 도전하기 위해서였다.[5] 학자들은 초기인 사도 시대 후반부터 콘스탄티누스Constantine 황제가 기독교를 법적으로 보호하는 칙령을 반포했던 주후 313년까지 처형당한 그리스도인들의 수를 정확히 모른다고 한다. 아마도 3천 명에서 1만 명에 이르기까지 다양할 것이라고 추정한다. 어떤 경우든 숫자만 놓고 보면 아주 많지 않은 것으로 보인다. 그러나 그리스도인 전체 수도 아주 많지는 않았다. 게다가 로마 제국은 교회 지도자들의 죽음을 통해 동료 그리스도인들을 위협함으로써 그 운동을 무너뜨리기를 희망하며 지도자들을 순교의 표적으로 삼으려고 했다.[6]

순교 이야기들은 끔찍하면서도 거룩하다. 안락의자에 편히 앉아 이 이야기들을 생각한다면, 순교자들을 고작 호기심이나 구경거리로 취급하게 될 위험이 있다. 신성한 것을 멍하니 바라보기만 할 뿐 배우지는 않고, 듣기만 할 뿐 깊이 공감하지 않으며, 사소한 일로 치부해 버리기 쉽다. 이 이야기들은 우리를 즐겁게 하려고 기록되고 전해 내려온 기발하고 허구적인 이야기가 아니다. 순교자들은 끔찍하게 죽은 실존 인물들이었다. 그들에게도 가족과 친구가 있었고, 희망과 열망이 있었다. 우리와 마찬가지로 오래도록 평화롭고 부유하게 살고 싶었던 이들이었다. 그러나 그들은 신앙을 버리느니 죽음을 받아들이기로 했다. 그들이 갈망했던 오래도록 행복하게 사는 것보다 더 가치 있는 어떤 것이 있다고 믿었기 때문이었다. 또한 "무엇이든지 유익하던 것"을 "그리스도를 위하여 다 해로 여[겼기]" 때문이었다(빌 3:7).

순교를 당한 것은 그리스도를 증거했기 때문인데, 오히려 그들의 순교로 증거할 기회를 얻기도 했다. 그러나 순교자들은 복음이 실로 진리라는 확신을 붙들었기 때문에 증거가 언제나 우선이었다. 그들은 세상을 향해 그리스도에 대해 말하기 원했으며, 죽음의 위협조차 그들을 제지할 수 없었다. 얄궂게도 헬라어에서 '증거'에 해당하는 단어 '마르튀리아'*martyria*는 영어 martyr(순교자)의 어근이다. 증거와 순교는 시간이 지나면서 사실상 동의어가 되었다. 흔히 그리스도인의 증거를 통해 죽음에 이르고, 다시 그 죽음으로 더 큰 증거를 할 수 있었다. 초기 기독교를 연구한 위대한 역사가 W. H. C. 프렌드Frend는 "증거와 그 증거로 인한 고난을 구분하는 것은 미묘한 일이 되어 갔고, 실제 박해로 그 둘이 같은 것이 되는 것은 그저 시간 문제일 뿐이었다"고 관찰한다.[7]

2세기의 주목할 만한 신학자이자 변증가인 순교자 유스티누스Justin는 로마에서 여러 명의 그리스도인들이 잔인하게 처형당하는 것을 지켜보고 나서 그리스도인이 되었다. 그리스도인들의 용기와 평온에 감동한 나머지 그토록 비타협적인 확신을 낳는 신앙에 흥미가 생긴 것이다. 회심한 후에 그는 세상의 비판자들에게 그리스도인들이 죽음조차 달게 받았던 이유를 설명하려고 했다.

> 검으로 처형을 당해도, 십자가에 못 박혀도, 사나운 맹수에게 던져져도, 사슬로 매여도, 불 고문과 온갖 고문을 당해도, 우리는 고백하기를 포기하지 않습니다. 모든 사람이 이것을 알고 있습니다. 오히려 우리가 더 많이 박해받고 순교당할수록 계속해서 더 많은 사람들이 예수님의 이름을 통해 신자이자, 하나님을 두려워하는 사람이 됩니다.[8]

유스티누스는 자신이 무슨 말을 하는지 알고 있었다. 그 역시 2세기 중엽에 자신의 신앙 때문에 죽었으니 말이다. 다른 순교자들과 마찬가지로 자신의 죽음을 통해 그리스도를 증거했다.

유스티누스가 직접 쓴 사례 하나만 고찰해 보자. 초기 기독교에서 일어난 전형적 사건이라 할 수 있다. 주후 165년, 두 남자 카르푸스Carpus와 파필루스Papylus가 그리스도인이 되었다는 죄로 고발당해 페르가뭄 지방 총독 앞에 끌려왔다. 신들에게 제물을 바치라는 강요를 받자 카르푸스가 대답했다. "나는 그리스도인입니다. 하나님의 아들 그리스도를 존귀하게 여깁니다. 그리스도께서는 마지막 때에 우리를 구원하러 오셔서 마귀의 광기에서 우리를 구원하십니다. 나는 이 마귀들에게 제물을 바치지 않겠습니다." 심지어 고문으로도 그의 마음을 바꾸도록 설득할 수 없었다. 그는 "나는 그리스도인입니다"라고 계속 반복할 뿐이었다. 이어 지방 총독이 파필루스 쪽을 향하자, 파필루스는 말했다. "나는 어려서부터 하나님을 섬겼습니다. 우상들에게 제물을 바친 적이 전혀 없었습니다. 나는 그리스도인입니다. 이것 외에 당신이 나에게서 알아낼 것은 없습니다. 내가 말할 수 있는 것 중에 이보다 더 크고 놀라운 것은 아무것도 없습니다." 두 남자가 산 채로 화형을 당할 때 카르푸스가 말했다. "오, 주 예수 그리스도 하나님의 아들이시여, 당신께 찬양을 드립니다. 죄인이며 이런 일을 당하기에 합당한 나를 당신은 깊이 생각하셨습니다."⁹

카르푸스와 파필루스는 실제로 범죄를 저지른 일이 전혀 없었다. 그런데 어째서 그들 같은 그리스도인들을 끌어내어 그토록 잔인한 벌을 주는가? 상식적으로 도무지 이해할 수 없어 보인다. 왜냐하면 그리스도인들은 사랑과 평화의 종교를 신봉했고, 사회의 공동선을 위해 봉사했으며, 황제를 위해 기도했기 때문이다. 제국에 위협적 태도를 취한 것과는 거리가 멀었을 뿐 아니라, 제국의 선량한 시민임을 실제로 보여 주었다. 기독교가 무엇이 그리 위협적이었는가?

순교의 기쁨이 주는 위로 | 로마 제국이 그리스도인들을 박해한 네 가지 이유가 있다. 첫째, 이교도들은 기독교를 기이하고도 위협적인 외래 종교로 여겼기 때문에 그리스도인들을 의혹의 눈초리로 보았다. 로마 당국자들은 비로마적인 것이면 무엇이든, 특히 본질상 종교적일 경우 좋아하지 않았다. 기독교는 둘 다였다. 그렇다면 로마 총독 플리니우스 Pliny the Younger, 62-113년가 주후 112년에 트라

야누스Trajan 황제에게 써 보낸 편지에서 말한 것처럼, 비판자들이 기독교를 "미신"이라 부르면서 "타락하고 과도하고 이국적이고 새롭다"고 한 것은 이상할 것이 없다.[10]

'리용의 순교자들' 이야기는 갈리아Gaul(오늘날의 프랑스)의 한 도시 리용에 사는 그리스도인들이 끔찍하게 죽은 사실을 전한다. 길고도 상세한 그 이야기에서, 어째서 로마 당국자들과 이방 군중이 그리스도인을 미워하고 고문하고 죽였는지에 대해 충분히 읽을 수 있다. 이야기도 이야기지만 곳곳에 영적인 해설, 성경 인용과 권고도 담겨 있다. 주후 177년, 한 무리의 이방인이 분노에 휩싸여 리용에 사는 그리스도인들을 학대하기 시작했다.[11] "마귀가 총력을 다해 급습하여" 군중으로 하여금 그리스도인들을 때리고 돌을 던지고 옥에 가두도록 자극했다고 한다. 결국 그리스도인들을 겨냥해 엄청난 비난이 쏟아졌다. 그리스도인들이 주신제에 참여하고 식인 풍습을 행하고 근친상간에 빠졌다는 것이다. 그리스도인들이 자기들끼리 비밀리에 의식을 행하면서 문제는 더 악화되었다. 초기 기독교의 신앙과 관행들에 대한 그러한 비난은 지금 우리의 인식에는 우스꽝스럽게 들릴지 모른다. 그러나 당시에는 그런 비난을 통하여 이방인들의 무지가 드러났다. 이방인들은 기독교의 애찬식을 주신제와, 성찬식을 식인 풍습과, 애정을 표시하는 용어―'형제'와 '자매'―를 근친상간과 혼동했다.

간수들은 그리스도인 죄수들을 때리고 고문하기 시작했다. 강압으로 그리스도인 죄수들이 그리스도인임을 부인하기를 바랐지만, 아무도 타협하려 들지 않았다. 오히려 처음에는 생명을 구하려

1. 증거

고 신앙을 부인했던 몇몇이 나중에는 자진해서 그리스도인임을 인정했다. 이로 인해 당국자들은 더욱더 격분했다. 학대는 날마다 계속되었고 죽음은 점점 더 늘기 시작했다. 포티누스Pothinus라는 남자는 아흔이란 나이에도 불구하고 비범한 용기와 평온으로 모욕을 감당했다. "일부 정무관들과 군중 전체를 동반한 군인들이 그를 법정으로 끌고 왔다. 마치 그가 그리스도라도 되는 것처럼 그들은 그에게 온갖 야유를 퍼부었다. 그는 고결하게 증거했다."

더러 기적도 일어났지만, 아주 독특한 종류의 기적이었다. 일반 범죄자들과 함께 옥에 갇혔음을 깨달은 그리스도인들이 이를 기회로 동료 죄수들에게 그리스도를 전한 사례도 있었다. 또한 간수들과 군중은 이들 두 무리가 분명히 다른 것을 알아챘다. "[그리스도인들은] 순교의 기쁨과 약속에 대한 소망, 그리스도를 향한 사랑, 아버지의 성령이 주는 위로를 받은 반면, [이방인 죄수들은] 양심의 고통을 크게 받아 지나갈 때 표정을 보면 다른 모든 사람들과 쉽게 구별되었다." '기적'이란 어떤 극적인 구원이 아니라 바로 그들의 증거였다. 이를 통해 존 지지울라스John D. Zizioulas는 "예언을 하고 초자연적 행위를 하는 그리스도인들보다는 그리스도를 위해 자기 생명을 바치는 순교자들이야말로 성령을 소유한 사람들"이라는 결론에 도달했다.[12]

마지막으로, 감옥에서 고문과 곤궁을 견디고 살아남은 소수의 사람들은 경기장으로 끌려 나와 맹수들에게 찢기거나 검투사들의 검에 맞아 죽었다. 그러나 순교조차도 그들을 침묵시킬 수 없었다. 죽음에 맞서 그들이 보여 준 용기는 그들이 사라진 후에도 오래도록 깊은 감명을 남겼다. 이방인들은 순교자들의 영감과 확신에 대해 궁금해했다. 어떻게 그런 고통을 견딜 수 있었을까? 종교적 신념이 어떤 것이기에 그런 확신을 보여 줄 수 있었을까? 가장 인상적인 것은 그들이 지닌 동기였다. 순교자들은 "그리스도를 본받기를 강렬히 열망했다." 놀랍게도 순교자란 호칭을 받아들이기조차 거부했다. "순교자란 호칭을 오직 그리스도께 돌리는 것이 그들의 기쁨이었기" 때문이다. 오직 그리스도만이 존귀와 영광을 받으시기에 합당하다. 그들의 죽음으로는 인간의 삶을 변화시키는 복음의 능력을 증거할 뿐이다. "그들은 모든 사람에게 자신들의 신앙을 변호하기는 했지만 아무도 비난하지 않았다. 모든 것을 내어놓고도 아무것도 묶어 두지 않았다. 실로 자신들을 그토록 잔인하게 대했던 사람들을 위해 기도했다."[13]

그리스도인들에게 쏟아진 거친 비난은 그때나 지금이나 진심으로 받아들이기 힘들고 부당해 보인다. 고난을 맞을 때 발휘한 용기와 사랑을 보면, 그들이 그런 사악한 짓을 저지를 사람이 아니라 올곧은 성품을 지닌 사람들임을 알 수 있기 때문이다.[14] 기독교는 생소하고 이상하고 부도덕하게 비쳐졌기에 더 중요한 관심사에서는 주목받지 못했을 것이다. 그러나 로마 제국은 그리스도인들이 행한 독특한 의식들보다 훨씬 더 위협적인 것들을 경계했다.

승리의 날이 밝았다 | 그리스도인들은 은연중에 로마 사회를 비판하는 생활 방식을 실천했다. 이것이 그리스도인들이 박해받은 두 번째 이유였다. 그리스도인들은 이 세상에서 사는 것이 유일하거나 가장 중요한 삶이 아니라고 믿었다. 스스로를 천국 시민으로

여기고 그런 확신으로 일관되게 살려고 애썼다.[15] 그들에게는 다가올 세상에서 사는 것이 이 세상에서 사는 것보다 더 중요했다. 이러한 천국 지향성으로 인해 그리스도인들은 로마 사회로부터 분리되었고 대중적인 로마의 오락에 참여하지 않았다. 특히 기독교 지도자들은 로마의 오락—예컨대, '경기'와 연극—이 타락했으므로, 아예 공동체의 접근을 금했다. 초기 기독교 문건들은 이러한 대중적 활동에 거세게 반대하고 그리스도인들에게 그런 활동을 피하라고 경고했다.[16] 이방 저술가들도 그리스도인들이 사회로부터 어느 정도 분리되는 경향이 있었다고 전했다. 가령 로마의 역사가 타키투스Tacitus는 그리스도인들이 대중적인 로마 문화에 참여하기를 거부했고 그로 인해 반로마적이란 인상을 남겼기 때문에, 그리스도인들은 "인류 혐오자"라며 빈정댔다.[17]

초기 순교자 이야기 가운데 아마 가장 유명한 이야기인 페르페투아의 순교는 잠식해 오는 로마 문화에 그리스도인들이 얼마나 단호하게 저항했는지 보여 준다. 3세기 초에 셉티미우스 세베루스 Septimius Severus 황제는 기독교로 개종하는 것을 불허하는 정책을 수립했다. 이윽고 북아프리카의 카르타고에서 가혹한 박해가 일어났다. 비비아 페르페투아Vibia Perpetua, 주후 181-203년는 젊은 기혼녀이자 신생아의 엄마로서, 다른 여러 사람(그녀의 형제와 하인을 포함하여)과 함께 체포되어 투옥되었다. 아마도 페르페투아는 유명한 집안 출신인지라 돋보였을 것이다. 그래서 페르페투아의 개종은 더 공적이고 그 신앙은 더 위협적이었다.

페르페투아는 투옥되자마자 죽을 날이 임박했음을 환상 중에 깨달았다. 그리고 환상 중에 천국에 이르는 사다리를 보았다. 사다리를 올라가야 했는데, 용이 지키고 있었음에도 아주 쉽게 올라갈 수 있었다. 꼭대기에 이르자 멋진 정원이 보였고, 그 중앙에는 목자 차림에 키가 크고 회색 머리를 한 남자가 흰

페르페투아

예복 차림을 한 수많은 사람들에 둘러싸인 채 앉아 있었다. 남자가 페르페투아에게 말했다. "애야, 어서 오너라." 그리고 나서 남자는 페르페투아에게 가까이 오라 청하고 치즈 한 조각을 주었는데 입맛에 딱이었다. 페르페투아가 잠에서 깨어 자기 형제에게 환상을 설명했다. "우리는 틀림없이 고난을 당할 것이고 이생에서는 이제 더 이상 어떤 소망도 없을 것이란 사실을 깨달았다."

법정 심리가 이어졌고 가족들은 애가 탔다. 아버지는 페르페투아에게 애걸복걸했다. "나를 사람들의 비난을 받게 내버리지 말아다오. 네 형제들을 생각하고, 네 엄마와 이모들을 생각하고, 네 자식을 생각하렴. 네가 떠나면 살 수 없을 사람들이다. 네 자존심을 버려라! 네가 우리 모두를 망하게 하는구나!" 페르페투아더러 황제와 신들에게 제물을 바치라고 재촉하는 사람들도 있었다. "제물을 바쳐라. 아기를 불쌍히 여겨야지!" 그러나 페르페투아는 굴복하려 하지 않았고 계속해서 "나는 그리스도인입니다"라는 말을 반복했다. 마침내 총독은 페르페투아를 맹수에게 던지는 형을 선

페르페투아의 순교

"승리의 날이 밝았다. 그들은 마치 천국으로 가는 것처럼 기쁨에 넘쳐 옥에서부터 원형 경기장까지 당당하게 걸었다. 평온한 얼굴들이었다. 떨고 있기는 했지만 두려움이 아니라 기쁨으로 인한 전율이었다. 페르페투아는 하나님이 사랑하시는 자로서, 그리스도의 신부로서 빛나는 안색을 하고 차분하게 걸었다. 페르페투아의 강렬한 눈빛은 모든 사람들의 노려보는 시선을 압도했다.…페르페투아는 찬송을 부르기 시작했다. 그녀는 이미 이집트인의 머리를 밟고 있었다.…힐라리아누스Hilarianus의 시야에 들어서자, 그들은 동작과 몸짓으로 다음과 같이 암시했다. '당신이 우리를 정죄했지만, 하나님은 당신을 정죄하실 것이다.' 이에 군중들은 격노하여 검투사들 앞에서 채찍질하라고 요구했다. 그러자 그들은 이것으로 주님의 고난에 동참할 수 있다고 생각하며 기뻐했다.…다른 사람들은 고요히 꼼짝도 하지 않고 검을 받았다. 특히 사투루스Saturus는 제일 먼저 계단에 올라 첫 번째로 죽었다. 그는 다시 페르페투아를 기다렸다. 그러나 페르페투아에게는 아직 받을 고통이 더 남아 있었다. 그녀는 뼈를 찔리자 비명을 질렀고, 젊은 검투사의 떨리는 손을 잡아 자기 목을 가리켰다. 부정한 영으로는 보기 두려울 정도로 너무나도 위대한 여인은 스스로 원하지 않는 한 빨리 처형해 버릴 수도 없을 것 같았다."

(『기독교 순교자들의 행적』)

고했다. 페르페투아는 화를 내거나 공포에 휩싸이기는커녕 "의기양양하게 옥으로 돌아갔다." 또다시 사람들은 주목하기 시작했다. 한 간수는 너무도 감동한 나머지 "우리 안에 어떤 커다란 능력이 있음을 깨닫고 큰 존경을 표하기 시작했다."

페르페투아는 자신이 입을 손해가 아무리 중해도 개의치 않았다. 대신 이 세상에서의 삶보다 더 큰 실재로 생각한 천국에 눈을 고정했다. 죽기 직전, 페르페투아에게는 승리가 자기 것이 확실함을 상기시켜 주는 환상이 있었다. 한 남자가 옥문으로 와서 경기장까지 자신을 호위했다. 페르페투아는 큰 군중이 자기를 기다리고 있음을 알았다. 그러고 나서 자기를 공격하려는 사나운 이집트인을 보았다. 페르페투아는 돌연 그 적과 싸울 준비가 된 커다란 전사가 되었다. 그리고 이집트인과 싸우기 시작하여 그의 머리를 밟고 서서 물리쳤다. 보라색 예복을 차려입은 한 남자가 그녀에게 "내 딸아, 너에게 평화가 있기를!"이라고 말하는 동안 군중은 동의한다고 외쳤다. "그러고 나서 잠에서 깨어, 나는 사나운 동물이 아니라 마귀와 싸우리란 것을 깨달았다. 그러나 나는 내가 이길 것임을 알았다."

이 이야기에서는 페르페투아가 영웅이 아니라 그리스도의 증인임을 확실히 보여 준다.

아, 더없이 용맹스럽고 복된 순교자들이여! 그대들은 우리 주 예수 그리스도의 영광을 위하여 부름받고 선택받았도다!…덕이 이렇듯 새롭게 드러나, 아직도 일하시는 한 분이며 동일하신 성령과 전능하신 아버지 하나님과 그분의 아들 우리 주 예수 그리스도를 증거할 것이다. 모든 시대에 걸쳐 영광과 측량할 수 없는 능력이 예수 그리스도께 있다. 아멘.[18]

무엇이 페르페투아를 그토록 용기 있고 기쁨에 넘치게 했을까? 나에게는 스물두 살 된 딸이 하나 있기 때문에 페르페투아의 이야기가 특히 불편하다. 나 역시 페르페투아의 아버지처럼 반응하면서 내 딸 캐서린에게 그리스도를 믿는 신앙을 저버리라고 애걸하고 싶어 할 것임을 알고 있다. 그런 긴박한 상황에서는 죽기보다는 살기를 선택할 것이 분명하기 때문이다. 아무리 고귀하고 올바른 대의가 있다 하더라도, 딸을 잃는 것을 어떻게 견딜 수 있겠는가? 그러나 페르페투아는 굴하지 않았다. 심지어 아버지가 간청하고 아기가 울어대고 군중들이 멸시해도 굴하지 않았다. 그리스도를 위하여 행복하게 죽음을 받아들였다. 삶과 죽음 사이가 아니라 그리스도와 로마 제국 사이에서 마음을 결정했다. 페르페투아의 용기와 결단을 보면서 사람들은 그리스도인들에게 겉보기와는 다른 무언가가 더 있을 것이라고 생각할 수밖에 없었다. 그리스도인들이 믿는 것이 실제로 진리일 수도 있지 않을까? 만일 그렇다면 제국은 전에는 결코 직면한 적이 없는 경쟁에 맞서야 할 것이었다.

네가 그리스도인이냐? | 실제로 그리스도인들은 그리스도의 주 되심에 충성함으로써 로마 제국의 패권을 위협했다. 이것이 로마 제국이 그리스도인들을 박해한 세 번째 이유다. 놀랍게도 로마 제

국은 종교에 대해 아주 너그러웠고, 로마인들은 스스로를 아주 종교적이고 경건한 사람으로 여겼다. 로마의 가장 위대한 철학자들 가운데 하나인 키케로Cicero는 로마가 여러 면에서 다른 문명과 아주 비슷하지만, 종교적인 면 즉 "신들을 숭배한다는 점에서 훨씬 우월하다"고 언급한 적이 있다.[19] 로마인들은 제의를 의무적으로 준수했고, 공적 기념물과 사원을 유지했고, 종교 의식에 참여했다. 이 모두는 선한 질서를 확립하고 로마의 번영을 확보하기 위한 것이었다. 종교적 신념이 폭넓고 다양하더라도, 제국의 이익에 봉사하고 제국의 안녕에 기여하며 제국의 절대 권위를 존중하는 한 받아들여졌다. 요컨대, 로마의 진짜 종교를 존중하는 한 로마는 종교적 다양성을 용인했다. 로마의 진짜 종교는 곧 로마 제국이었다.[20] 이러한 관념은 1세기 말에 황제 숭배가 생겨남으로써 강화되었다. 황제는 로마가 곧 종교인 로마 종교를 나타내는 상징이 되었다.

순교자 유스티누스의 『제2변증서』*The Second Apology*에는 이방 배경에서 개종한 어느 무명의 여인 이야기가 나온다. 남편이 자기처럼 새 신앙을 받아들였으면 하는 바람으로 그 여인은 아주 상냥하게 그리스도인이 되라고 설득하려고 했다. 그러나 남편은 불신과 부도덕한 행위를 고집했다. 그래서 여인은 이혼 소송을 제기했다. 화가 치민 남편은 로마 법정에서 아내가 자기 동의 없이 자기를 떠났다고 주장하면서 아내를 고소했다. 남편은 또한 아내가 그리스도인이라고 말했는데, 이것이 더 심각한 고소였을 것이다. 그런 다음 아내의 개종에 책임 있는 목회자 프톨레마이우스Ptolemaeus를 붙들고 늘어졌다. 결국 프톨레마이우스도 체포되었다. 프톨레마이우스는 한동안 고문을 당한 후 로마의 판사 우르비쿠스Urbicus 앞으로 끌려왔다. 우르비쿠스는 단 한 가지만 물었다. "네가 그리스도인이냐?" 프톨레마이우스가 그렇다고 고백하자 우르비쿠스는 프톨레마이우스를 처형하라고 명령했다. 그러자 법정에 있던 또 다른 남자 루키우스Lucius가 일어나 판사가 애매하고 불공정한 판결을 내렸다고 항의했다. "도대체 죄명이 무엇입니까? 그 사람은 이제껏 간음이나 음행이나 살인…혹은 어떤 범죄로도 유죄 판결을 받은 일이 없습니다. 그런데도 당신은 그리스도인이란 이름을 고백했다는 이유로 이 사람을 처벌하시는 겁니까?" 우르비쿠스가 대답했다. "너도 그들과 한편이겠군." 이에 루키우스가 대답했다. "그렇습니다." 그러자 우르비쿠스는 루키우스마저 처형하라고 명령했다. 이 이야기의 마지막 장면은 아주 인상적이다. "그리고 나서 루키우스는 자신이 이제 이와 같은 악한 주인에게서 해방되어 아버지와 천국의 왕에게로 떠나리라는 사실을 실감하며 감사를 표했다."[21]

그리스도인이란 이름이 도대체 뭐라고 그렇게 거슬렸단 말인가? 초기 그리스도인 저술가들은 그런 비난이 모순되고 터무니없다고 말했다. 철학자이자 변증가인 아테나고라스Athenagoras는 기독교에 대해 변호하는 글을 마르쿠스 아우렐리우스Marcus Aurelius 황제에게 보내면서 의혹을 품고 물었다. "단순한 이름 하나를 왜 그리 역겨워하십니까? 이름이 증오를 사는 것은 부적절합니다. 형벌을 요구하는 것은 부당한 행위입니다."[22] 2세기 말의 또 다른 변증가인 테르툴리아누스는 그러한 고발이 법적인 억지를 부리는 것이라고 항의했다. "우리가 고발당한 것은 범죄 때문이 아니라, 이름 자체가 범죄이기 때문이다. 이름 하나에 어떤 범죄, 위법, 잘못이라도 있는가?…걸림돌이라면 공적 증오의 대상이 되었다는 것이 전부다. 즉 고발 내용을 살피는 것이 아니라 이름 하나를 고백했다는 것이 전부다."[23]

그리스도인들은 살인처럼 국가를 거스르는 어떤 범죄도 저지르지 않았다. 그러나 그렇다고 그리스도인들의 죄가 없어지지는 않았다. 단순히 그리스도인이라는 사실만으로 로마에는 별난 위협으로 비쳤기 때문이다. 그리스도인들은 로마에 무릎 꿇으려 하지 않았고, 황제를 신으로 모셔 제사하려고 하지 않았으며, 제국을 절대 권위를 지닌 것으로 대하지 않았기 때문에 순교당했다. 예수와 카이사르 사이에서 선택을 강요받자, 대개 예수님을 주님으로 고백하면서 예수님을 선택했다. 초기 순교 이야기들 거의 대부분에서 기독교와 국가 간 갈등은 주요 문제로 떠올랐다. 기독교 신앙에는 공적 영향력이 있었다. 기독교의 관행은 로마의 권세에 도전이 되었다. 기독교는 제국을 위협하는 주장을 했다.[24] 그러한 확신에 국가는 당황하지 않을 수 없었다.

신들의 파괴자! | 로마가 기독교를 박해한 마지막 이유가 있는데, 이것이 가장 중요하다. 초기 그리스도인들은 자신의 신앙을 절대적이고 배타적인 진리로 보았고, 이는 당대의 다원주의를 위협했다. 역사가 스티븐 벵코Stephen Benko는 다음과 같이 썼다. "로마인들은 종교 자유에 대해 상당히 너그러웠으므로 그리스도인들의 배타적 진리 주장에 당황했다." 이교도들은 종교적 진리란 본질상 애매모호하므로 토론의 여지를 남겨 두는 것이 최선이라고 가정

했다. 그러나 그리스도인들의 생각은 반대였다. 왜냐하면 다른 모든 시도들로는 하나님께 이를 수 없으므로, 세상을 구원하려고 하나님이 예수 그리스도로 세상에 내려오기로 선택하셨다고 확신했기 때문이다. "그러나 그리스도인은 진리를 소유하고 있다고 확신했는데, 예수 그리스도가 하나님에 대한 궁극적 계시를 구현하셨기 때문"이라고 벵코는 결론지었다.[25]

그래서 결국 예수님을 구세주이자 주님으로 믿는 기독교 신앙이 가장 거슬렸던 것이다. 비판자들은 하나님께 이르는 대부분의 다른 길을 받아들인 것처럼 예수님을 하나님께 이르는 **하나의** 길로 기꺼이 받아들였을 것이라고 밝혔다. 그리스도인들이 예수님만 하나님께 이르는 **유일한** 길이란 믿음을 포기했다면 말이다. 예수님이 주님이라는 기독교의 고백은 로마의 다원주의와 관용에 대한 정면 도전일 따름이었다. 그러한 고백을 들은 지식인들은 격분했다. 그들은 기독교가 로마 문화에 무리 없이 어울리지 않으리란 것을 누구보다 잘 알았다.

수십 년 동안 스미르나(오늘날의 터키에 위치한)에 있는 교회를 섬겼던 가경자可敬者 폴리카르푸스Polycarp 주교의 순교를 보면, 기독교 신앙이 얼마나 거슬려 보였는지 알 수 있다. 이야기가 전개되면서, 이미 그리스도인 여럿을 죽게 한 군중이 폴리카르푸스도 죽이라고 요구하기 시작했다. 폴리카르푸스는 그 지역에서 잘 알려진 지도자였기 때문이다. 스미르나에서 탈출하라는 설득을 받아들인 폴리카르푸스는 은신처 하나를 찾았다. 에우세비우스Eusebius는 4세기에 이 이야기에 대해 쓰면서 다음과 같이 적었다. "폴리카르푸스는 몇몇 친구들과 거기 머물며 밤낮으로 주님께 끊임없이 기도하고, 언제나 그랬던 것처럼 하나님이 전 세계 교회에 평화를 주시기를 간청하고 또 간청했다." 마침내 당국자들이 추적한 끝에 그를 잡아 스미르나로 이송하여 경기장으로 인도했다. 그러자 수많은 군중이 그를 사형시키라고 요구하기 시작했다. 이야기를 읽다보면 하늘로부터 한

폴리카르푸스

음성이 울려 퍼지는 장면이 나온다. "폴리카르푸스, 남자답게 용기를 내거라."

지방 총독이 폴리카르푸스에게 그리스도를 부인하고 카이사르에게 맹세하라고 압력을 가했으나 그는 거부했다. "나는 여든여섯 해 동안 그분의 종이었고 그분이 나를 홀대하지 않으셨는데, 내가 어찌 나를 구원하신 내 왕을 모독할 수 있겠소?"

"카이사르의 이름으로 맹세하라." 지방 총독이 소리쳤다.

"당신 말대로 내가 나 자신이 누구인지 모른 척하면서 카이사르의 이름으로 맹세할 것이라고 생각한다면 분명히 말하겠소. 나는 그리스도인이오."

지방 총독이 위협했다. "나에게는 사나운 짐승들이 있다. 네 태도를 바꾸지 않으면 그 짐승들에게 던져 버리겠다."

"짐승들을 끌어오시오."

"네가 짐승들을 우습게 본다면 너를 불로 태워 버리겠다."

"당신이 위협하는 그 불은 잠시 타다가 곧 꺼지오. 당신이 모르는 불이 있는데, 다가올 심판과 영벌의 불로 하나님을 두려워하지 않는 자들을 위해 예비된 것이오. 무엇을 망설이시오? 원하는 대로 하시오."

지방 총독은 군중에게 공표했다. "폴리카르푸스는 자신이 그리스도인이라고 고백했소. 이자는 아시아의 교사이고 그리스도인들의 아버지이며 우리의 신들을 파괴하는 자로서, 수많은 사람들을 향해 우리의 신들에게 제사하거나 예배하지 말라고 가르치고 있소."

군중은 화가 치밀어 그를 사형하라고 요구했다. 그들은 폴리카르푸스를 말뚝에 묶고 둘레에 나무를 쌓아 올린 다음 불을 놓았다. 그러는 중에도 폴리카르푸스는 기도했다. "나에게 오늘 이 시간을 허락하시고 수많은 순교자들과 함께 그리스도의 잔은 물론 영혼과 몸의 부활에 참여할 수 있게 해 주셨으니 당신을 송축합니다." 그가 죽자 어느 관리 하나가 그리스도인들이 폴리카르푸스의 시체를 숭배의 대상으로 삼지 못하게 할 요량으로 시체를 그리스도인들에게 내어 주지 말라고 했다. 이 이야기는, 그 관리가 "전 세계에서 구원받을 사람들의 구원을 위해 고난당하신 그리스도를 우리가 결코 저버리거나 다른 누구를 경배할 수 없음을 깨닫지 못했다"고 전한다. 이야기는 폴리카르푸스가 기꺼이 목숨도 내놓을 수 있었던 분이신 그리스도를 찬양하며 끝이 난다. "하나님의 아들이신 그분을 경모합니다. 또한 주님의 제자들이자 주님을 본받은 자들인 순교자들에게, 그들의 왕이시며 스승이신 분께 바친 최고의 헌신으로 인해 그들이 마땅히 받아야 할 사랑을 드립니다."[26]

예수, 유일한 구원자인가?

폴리카르푸스에 대한 고발—"아시아의 교사이고 그리스도인들의 아버지이며 우리의 신들을 파괴하는 자로서, 수많은 사람들을 향해 우리의 신들에게 제사하거나 예배하지 말라고 가르치고 있소"—은 주목할 만하다. 폴리카르푸스의 영향력이 로마 제국 종교 철학의 심장과 영혼을 손상시켰다고 볼 수 있다. 그는 국가 권력에 굴복하지 않았는데, 이는 그 자체로 위험했다. 뿐만 아니라 그는 로마의 종교 다원주의에 도전했다. 또한 로마 신들의 정당성을 인정하지 않고 로마의 종교 의식에 참여하지 않았다. 하나님을 알기 위해서는 오직 한 길, 곧 예수 그리스도를 통한 길만 있을 뿐이라고 믿었다. 그러한 믿음을 아시아 전역에서 선포함으로써 로마의 세계관 전체와 싸웠다. 예수님을 주님으로 믿었다는 것이 진짜 문제였다.

신기하게도 이 점에서 고대의 기록이 현대적이다. 현대의 다원주의는 로마의 다원주의와 닮았다. 현대가 예수님의 주되심을 거부하는 것은 로마가 예수님을 거부한 것의 되풀이다. 예컨대, 학문 세계에서 기독교의 배타성—예수님이 하나님께 이르는 유일한 길이란 생각—은 2천 년 전에 그랬던 것처럼 오늘날의 다원주의적 가정과도 어긋난다. 옛날과 마찬가지로 지금도 하나의 종교적 진리가 있다는 생각은 시대정신에 반한다. 종교적 신념은 여러 이유로 가치가 있을 수 있고 또 흔히 가치가 있지만, 실제로 어떤 종교가 진리인지는 알 도리가 없다고들 가정한다. 그리스도인들은 예수님이 구세주이자 주님이시라고 주장하면서 이러한 문화적 가정에 도전한다.[27] 그리스도인들은 2천 년 동안 그러한 도발을 야기해 왔다.

초월자인 우주의 신이 인간 존재가 될 수 없다고 널리 믿었기 때문에, 성육신―신이 예수 그리스도 안에서 인간이 된 것―은 당시의 종교적 감수성에 위배되었다. 2세기의 철학자이자 기독교 반대자였던 켈수스Celsus는 이러한 생각에 곧바로 반발했다. 그는 신이 그러한 변화를 겪을 수 없다고, 신이 인간이 될 수 없다고 주장했다. "변화와 개조를 겪는 것은 오직 필멸의 존재만 지닌 본성인 반면, 바뀌지 않고 항상 동일한 것은 불멸의 존재가 지닌 본성이다. 따라서 신은 그런 변화를 겪을 수 없었다."[28] 또 어떻게 영원한 우주의 신이 필멸의 인간이 될 수 있겠는가? 그리스도인들이 "한 신 외에는 어떤 신도 경배하지 않는다면, 그들에게는 다른 신들을 반대할 타당한 논증이 있을 것이다. 그러나 실제로 그들은 최근에 나타난 이 사람을 지나치게 경배하면서도, 신의 종을 경배하는 한 자신이 신을 거스르는 것이 아니라고 생각한다."[29]

심지어 그리스도인들은 거기서 멈추지 않았다. 더 통탄스럽게도 한 인간을 경배하는 잘못마저 저질렀다. 그의 전 생애로 보아 그런 대접은 가당치도 않았다. 그리스도인들이 주님이라 부른 이 사람은 비참한 실패자였다. 어떤 이유로든 세상에 오기로 작정한 신에 대해 고대인들이 가졌던 기대만큼 인상적이고 당당한 인물은 아니었다. 그의 탄생 배경은 의혹투성이였고, 성장 과정도 아주 불분명했으며, 교육과 적절한 훈련도 받지 않았고, 자신이 신이라고 주장해서 처형당한 사람이었다. 사람들은 그 사람을 보고 자신이 신이라는 그의 주장을 진지하게 받아들일 수 없었다. 켈수스는 도저히 웃음을 참을 수가 없었다. 그는 그리스도인들이 십자가처럼 칙칙하고 수치스러운 어떤 것을 자랑한다고 조롱했다.[30] 그리스도인들이 예수를 신으로 부르는 것은 생각할 수도 없었고, 건전한 종교와 이성에 대한 모욕이었다.

유명한 3세기 이교도 철학자 포르피리우스Porphyry는 예수가 **문제될 이유는 없다**고 주장했다. 그는 예수가 매력적인 인물이고 감탄할 만하다고 보았다. 여러 신들 가운데 하나로 보기만 한다면 말이다. 포르피리우스는 예수를 로마의 판테온萬神殿에 기꺼이 받아들이기까지 했다. "내가 하려는 말, 곧 신들이 그리스도가 지극히 경건하고 영원하다고 선언했고 그리스도를 기렸다는 말을 듣고 일부 사람들은 놀랄 것 같다."[31] 그러나 포르피리우스는 기독교에서 예수를 성육하신 하나님으로 주장하는 것을 이해할 수 없었고 또 받아들이려 하지도 않았다. "아주 위대한 신비에 도달할 수 있는 길이 하나만 있는 것은 아니다."[32] 그는 결사적으로 기독교 신앙을 손상시키고자 다른 설명, 즉 신기하게도 현대적으로 들리는 설명을 제시하려고 노력했다. 그는 제자들이 "자기들의 주인을 실제보다 더 크게, 실로 훨씬 더 크게 봄으로써 그를 하나님의 아들이자 하나님의 말씀이라고 불렀고, 만물이 그를 통하여 만들어졌고, 그와 하나님이 하나라고 확언했다"고 하면서 예수가 성육하신 하나님이라는 생각을 꾸며냈다고 주장했다.[33]

어떤 의미에서 이교도 비판자들은 옳았다. 제자들 자신도 결국 드러난 예수님의 독특한 인성을 믿기에는 역부족이었다. 그들은 자신들의 유대 배경에서 메시아가 위대한 지도자로 출현하여 미운 로마인들을 몰아내고 이스라엘의 독립을 재수립하여 전성기로 이끌 것이라는 기대를 품어 왔다. 그러나 예수님이 십자가에서 돌아가심으로써 품었던 소망은 종식되었다. 만일 예수님이 무덤 속에 머물러 계셨다면, 그 운동은 초기의 메시아 운동들처럼 급속히 사그라졌을 것이다. 그러나 제자들은 예수님이 죽음에서 다시 살아나셨다고 주장했다. 분명, 다시 죽을 소생된 시체가 아니라 살아서 영원히 다스릴 부활의 존재로 다시 사셨다. 부활을 통해 제자들은 예수님이 하나님의 아들이심을 확신했다. 제자들은 예수님을 주님이라고 부르며 하나님으로 경배했는데, 이는 마땅한 일이었다.[34] 부활하신 예수님과 여러 차례 만나면서 제자들은 그리스도가 몸으로 부활하셨음을 믿기 시작했는데, 이러한 믿음이 이 세상에서의 삶을 어떻게 보아야 하는지에 깊은 영향을 주었다. 제자들은 이 세상에서의 삶을 폄하한 것이 아니라, 오히려 다음 세상에서의 삶을 위한 서곡과 준비로 보았다. 따라서 제자들은 삶을 그 자체로 가치 있게 보았으나, 또 다른 삶 곧 더 큰 삶을 고대하면서 자신의 생명을 희생할 용기를 품을 수 있었다.[35]

4세기 알렉산드리아의 용감한 주교 아타나시우스Athanasius가 설명한 대로, 하나님의 "내려오심"을 믿는 이러한 신앙은 하나님이나 신들에게 "올라갈" 필요성을 강조하는 다른 종교들이 틀렸음을 의미했다. 모든 고대 종교가 규정하는 대로 인간이 율법과 종교 의식과 특별한 지식으로 하나님께 이를 수 있었다면, 굳이 하나님이 세상으로 오실 필요가 없었을 것이다. 그러나 제자들은 하나님이 세상으로 오셨고, 이로써 다른 종교들이 헛되고 틀렸음을 드러내셨다고 선언했다. 기독교는 다른 종교들이 실패했던 곳에서 성공했다. 타락한 인간 스스로 세운 계획과 수고에 머무는 것으로는 할 수 없는 것, 곧 구원받는 것을 하나님이 성취하셨기 때문이다. 초기 그리스도인들에게 이것은 복된 소식이었으며, 자신들만 간직하고 있을 수 없었다. 폴리카르푸스를 "아시아의 교사"로, "그리스도인들의 아버지"로 불렀던 것은 다른 여러 사람들처럼 그가 이 메시지를 여러 대중에게 선포했기 때문이었다. 이 소식을 열심히 퍼트림으로써 개종자들을 많이 얻었지만 또한 적들도 얻었다. 로버트 윌켄Robert Wilken은 "그리스도인들은 오직 자신의 신앙만 진리라고 생각한 종교적 광신자, 독선적 외부인, 교만한 혁신가였다"고 결론지었다.[36] 증인된 그들은 위협에도 침묵하지 않았고 강제에도 확신을 타협하지 않았다.

폴리카르푸스의 이야기를 통해 볼 수 있는 것처럼, 그리스도인들은 증거로 인해 순교를 당하기에 이르렀다. 심지어 순교를 작은 대가로 여겼다. 영생을 약속하신 분에 대해 다른 사람들에게 말할 특권을 지닌 그들에게 박해란 무엇인가? 죽음을 정복하신 분께 속한 그들에게 죽음이란 무엇인가? 순교자 유스티누스의 관찰에 따르면, "무식하고 말재주도 없었던 열두 남자가 예루살렘에서 세상으로 나아갔다. 그리고 하나님의 능력을 통하여 모든 사람에게 하나님의 말씀을 선포하라는 그리스도의 부름을 받았다고 인류 전체에 밝혔다.…우리는 그리스도를 고백하기 위해 기꺼이 죽음을 맞이한다."[37] 아이러니하게도 고대 로마에서 다른 종교들—이른바 '신비 종교들', 황제 숭배, 다양한 영지주의 분파들—은 순교자들을 많이 양산하지 않았다(유대교는 예외로 하고). 이 사실만으로도 사람들의 주목을 끌었다.

그들이 고문과 죽음의 위협 속에서 받은 신앙을 타협하라는 압력에 대해서는 그저 추측만 할 수 있을 따름이다. 우리가 알기로는 그들 가운데 많은 사람이 로마인들에게 굴복했고, 당국자들에게 성경을 넘겨주었고, 동료 그리스도인들을 밀고했고, 신들에게 제사했고, 황제에게 신적 존재에게 하듯 충성을 맹세했다. 로마 당국자들은 그리스도인들이 계속해서 예수를 믿을 수 있다고 안심시키면서 사태를 가볍게 만들려고 노력했다. 더 축소된 예수, 순교자들의 예수가 아니라 포르피리우스의 예수 곧 여러 신 가운데 하나이기만 하다면 말이다. 그러나 적어도 몇몇은 거부했다. 예수님이 진실로 하나님의 아들이시며 하나님께 이르는 유일한 길이라고 믿었기 때문이다. 플리니우스가 트라야누스 황제에게 불평했듯이 그리스도인들은 고집스러웠다. 그의 생각에 이것은 그리스도인들을 벌할 이유로 충분했다. 그러나 그러한 고집은 확신에 근거했다. 그리스도인들은 예수님을 구세주이자 주님으로 믿었다.[38]

삶의 방식으로서의 순교

그리스도인들은 여전히, 어느 때보다도 지금 신앙 때문에 죽음을 당한다.[39] 과거보다 더하지는 않지만, 오늘날에도 순교의 두려움은 덜하지 않다. 세계의 어떤 지역에서는 그리스도인들이 한밤중에 자기 집에서 사라지고, 신앙을 계속 고집할 경우 친족들이 죽을 것이라는 경고를 받고, 적대적 군중들에게 맞고 팔다리를 잘린다. 선교학자 데이비드 바렛David B. Barret은 2000년 한 해에만 16만 명의 그리스도인들이 순교했다고 추정한다.[40] 그들은 폴리카르푸스가 순교한 155년이나 페르페투아가 순교한 202년과 기본적으로 같은 이유로 죽었다. 초기 순교자들은 예수님이 주님이시고 유일한 구원자라면 어떤 경쟁자—어떤 인간이나 종교나 이데올로기나 제국—도 받아들이시지 않는다고 믿었다. 기독교 신앙에는 적어도 이러한 확신에 대한 확고하고도 기쁨에 찬 헌신이 필요하다고 확언했다. 예수님은 하나님께 이르는 길을 보여 주시고 우리를 위해 하나님께 이르는 길이 되시기 위해 하나님으로서 인간의 육신을 입고 오셨다. 이분이 존재하는 유일한 예수님이시다. 축소된 예수는 결코 진짜 예수가 아니다. 적어도 스데반에서 현재에 이르는 순교자들의 증언에 따르면 말이다.

결국, 이 책을 로마의 경기장에서 시작하는 것은 그리 이상한 출발점이 아니라는 것이 분명해졌다. 순교는 기독교 영성을 이해하는 기초다. 순교가 과거와 현재 기독교의 특색과 본질을 부각하기 때문이다. 참된 그리스도인이라면 모두 다 순교해야 하고 또 순교할 것이라는 뜻은 아니다. 순교는 선택이 아니라 부르심이며, 모든 사람이 아니라 일부 사람에게 하나님이 주시는 은사다. 실제로, 순교에는 죽음에 대한 자발적 의향이나 갈망보다 더 근본적인 어떤 것이 포함된다고 할 수 있다. **문자 그대로** 죽음인 순교에는 핵심이 빠져 있을 수 있다. 서구에 사는 사람들도 순교할 때가 있을지 모르지만, 대부분은 자기 신앙 때문에 죽을 필요가 없을 것이다. 그러나 모든 사람이 우리의 절대적 충성을 얻으려고 경쟁하는 것과 그리스도 사이에서 선택해야 할 순간을 만날 것이다. 초기 순교자들—페르페투아와 폴리카르푸스, 다른 많은 사람들—은 실제로 순교를 선택하지 않았다. 적어도 직접 선택하지는 않았다. 그런 일이 있다 하더라도, 초기 기독교 공동체는 순교가 마치 명예의 상징이라도 되는 양 순교를 서두르는 사람들을 비판했다. 그들은 그리스도께 신실하기를 택했고, 순교는 그 결과일 뿐이다.

G. K. 체스터턴Chesterton은 아시시의 프란체스코Francis of Assisi를 언급하며 그가 순교를 삶의 방식으로 전환한 것에 대해 말했다. 프란체스코는 그리스도를 위하여, 자신의 삶을 지배하려고 위협하는 신들—자아, 쾌락, 권력, 성공—에 대해 날마다 죽는 법을 배웠다. 이것이 그가 그토록 생명력 있고 열정적으로 살았던 이유다. 그는 그리스도를 위해 **살기로** 헌신함으로써 비록 문자 그대로의 순교라는 고통을 겪은 일은 없었지만 순교자가 되었다. 그리스도께 헌신함으로써 자아에 대해 죽을 필요가 있었기 때문이다. 자아에 대해 죽음으로써 생명을 얻는다. 그리스도 안에 있는 생명은 어떤 상황 속에서는 말 그대로 죽음으로 이어질 수도 있다.

순교자들은 하나님께 무언가를 증명하거나 그분에게서 얻어내기 위해서가 아니라 그분에게서 선물로 받은 생명을 증거하기 위해 죽었다. 이 선물은 그들에게 너무도 귀하고 값진 것이어서 비밀로 간직할 수 없었다. 결국 순교는 과거든 현재든 은혜를 증거한다. 이것이 순교를 영성에 관한 책의 출발점으로 삼기에 적절하다고 생각하는 이유다. 기독교 영성은 하나님을 위해 우리가 하는 일과는 거의 관계가 없다. 인간의 노력이나 영리한 계획에만 의존한다면, 결코 사랑하거나 기도하거나 느끼거나 일하거나 명상하거나 금식하거나 자신의 더 깊이 있는 영적 삶을 위해 자신의 방식을 죽이는 일을 할 수 없을 것이다. 하나님께 이르는 길을 찾기 위해 우리가 할 수 있는 일도, 해야 하는 일도 없다. 하나님이 이미 예수 그리스도 안에서 우리에게로 오시는 길을 만드셨기 때문이다. 순교자의 운명은 우리의 것이 아닐지 모른다. 그러나 순교자의 신앙과 확신은 반드시 우리의 것이어야 한다. 구원은 순전한 은혜다. 하나님은 우리를 너무도 사랑하셔서 예수 그리스도 안에서 우리에게 오셨다. 이것이 복음이라는 복된 소식이고, 기독교 영성의 기초다. 성탄절에는 인간의 몸을 입고 우리에게 오신 하나님의 존재를 찬양하고, 부활절에는 우리의 구원을 이루기 위해 하나님이 하신 일을 찬양한다. 두 절기에 우리는 하나님이 행하신 영광스러운 일과 영광스러운 하나님의 존재를 증거한다. 우리는 우리가 은혜 받은 자이고, 하나님이 사랑하시는 자이며, 귀향을 환영받는 탕자라고 선언한다. 이것이 바로 복된 소식이다. 우리는 이를 위해 살고 죽을 가치가 있다. 그래서 우리는 초기 순교자들이 고백했던 것처럼 "예수님은 주님이십니다!"라고 고백한다.

실천

- 빌립보서 3:2-16을 읽으라.
- 당신 자신의 죽음에 대해 묵상해 보라. 어떤 유산을 남기고 떠날지 곰곰이 생각해 보라.
- 당신이 예수님을 인생의 주님으로 모셔 어떻게 영광을 돌리고 싶었는지 비추어 보고, 자신의 사망 이력을 써 보라. 그리스도를 위해 살아온 방식에 대해 말하고 싶은 것은 무엇일까?
- 오늘 당신이 할 선택과 관련해 이것이 뜻하는 바는 무엇인가?

2. 소속
: 초기 기독교 공동체의 영성

새 계명을 너희에게 주노니 서로 사랑하라.
내가 너희를 사랑한 것 같이 너희도 서로 사랑하라.
너희가 서로 사랑하면 이로써 모든 사람이 너희가 내 제자인 줄 알리라.
(요한복음 13:34-35)

어떤 이야기든 숫자만으로는 이야기 전체를 파악할 수 없다. 때로 소수의 사람들이 위대한 일을 성취할 수 있기 때문이다. 이것은 초기 기독교 운동에서 확실히 나타났다. 2세기에 들어서자 교인 수는 대략 5만 명 정도가 되었는데, 대부분이 로마 세계의 주요 도심에 살았다. 대략 6천만 명 정도인 제국의 인구를 고려하면, 그리스도인은 아주 소수였다. 그러나 적지 않은 이교도 지도자들은 그리스도인들이 그 수가 아무리 적더라도 사회에 주목할 만한 영향을 미친다며 관심을 표명했다.[1]

주후 112년, 오늘날의 터키 북중 지역에 위치한 두 지방 비티니아와 폰투스의 신임 총독 플리니우스는 점증하는 기독교 운동의 위협을 어떻게 처리해야 할지 자문을 구하는 긴 편지를 로마 황제 트라야누스에게 보냈다. 플리니우스는 고학력에 재력과 영향력을 두루 갖춘 로마 신사였다. 임명을 받자마자 관할 지역을 돌며 정보를 수집하고 공정한 통치를 확립하고자 둘러보기 시작했다.[2] 이내 기독교는 그가 당면한 가장 큰 골칫거리 중 하나임이 드러났다.

플리니우스가 상황을 파악한 후 트라야누스에게 보낸 편지에서 보고한 내용을 보면, 초기 기독교 운동에 대해 이교도들이 지닌 태도에서 흥미로운 관점을 발견할 수 있다. 첫째, 그리스도인들이 경제적으로 폐를 끼쳤다고 언급했다. 예수님을 주님으로 공경하고 복종하는 그리스도인의 헌신으로 인해 이방 종교 의식이 밑바닥부터 허물어지는 간접적 결과가 초래되었다. 기독교로 새롭게 개종한 사람들이 신전 예배를 그만두어 제사용 동물과 신전 상품을 파는 사람들의 수입 손실이 발생했다. 상인들은 기독교가 자신들의 경제적 생계를 위협한다며 플리니우스에게 불평했다.

둘째, 플리니우스는 그리스도인들이 '정치 집단'을 결성했다고 고발했다. 이는 이교도 개종자들을 끌어들인 기독교회를 설명하기 위해 그가 찾은 최선의 단어였다. 그리스도인들은 새로운 메시지를 선포했고, 병자를 보살폈고, 사회적 성격의 행사를 조직했고, 사람들을 환대했고, 죽은 자를 장사했고, 과부와 고아를 도와주었고, 가난한 사람들을 위해 돈을 모았다. 물론 이교도 가운데도 정치 집단이 있었다. 그러나 이들은 대개 소규모였고 국지적이었다. 잠재적으로 말썽의 소지가 있긴 했지만, 그럼에도 불구하고 그들은 로마 문화의 기본 가치, 특히 국가 종교를 존중했다. 기독교회는 달랐다. 마치 만국 신앙이 될 열망이라도 품은 듯 기독교회는 치명적 바이러스처럼 지역 경계를 넘어 확산되었다.

셋째, 플리니우스는 기독교 신앙과 관행이 문화적 규범에서 뚜렷이 빗나갔음을 발견했다. 그는 기독교 운동에 대해 알고자, 그리스도인으로 고발당했던 많은 사람들을 체포했다. 그중에는 신앙을 부인한 사람들도 있었고, 그리스도에 대한 신앙을 고백하여 고난받은 사람들도 있었다. 그는 특히 '종'이나 '사역자'로 명명한 여자 지도자 둘(집사일 가능성이 가장 높다)을 언급했다. 그는 그 운동에 대한 정보를 캐내려고 그들을 고문했다. 그러면서 교회에서는 여자들이 지도자의 위치를 차지한다는 사실과 그 공동체에서는 모든 사람이 차별 없이 환영받는다는 사실을 발견했다. 또한 그리스도인들이 이른 아침에 모여 "신께 하는 것처럼 그리스도"를 예배한다는 것을 알았다. 이교도가 쓴 자료임을 감안하면 초기 기독교 신앙에 대한 놀라운 관찰이 아닐 수 없다. 마지막으로, 플리니우스는 그리스도인들이 엄격한 도덕률을 따랐고 거룩한 식사를 위해 수시로 모였음을 관찰했다.

플리니우스는 적절히 압박하면 기독교 운동을 제어할 수 있다고 믿으면서도 그 영향력은 부인할 수 없었다. "이 미신의 오염은 도시뿐 아니라 마을과 농촌 지역에서도 번져 나가고 있습니다. 그러나 그 운동을 제어하고 바로잡을 수 있을 것으로 보입니다." 플리니우스는 이미 가혹한 조치를 취했고, 그 조치가 먹히는 것 같았다.[3] 플리니우스는 그리스도인들을 강제로 구금하여, 신들의 이름으로 기원하고 트라야누스의 동상에 포도주와 향을 바치고 그리스도의 이름을 욕하게 하려고 했다. 이러한 절차를 통하여 종교적 충성을 시험했던 것이다. 일부는 협력했다. 그러나 많은 사람들이 협력하지 않자 플리니우스는 격노했다. "그들의 고백에 어떤 범죄를 적용해야 할지 모르지만, 완고함과 융통성 없는 고집불통에 대해서는 확실히 벌을 주어야 함을 의심치 않습니다."[4]

서로 사랑하라

2세기 초까지 이미 기독교 운동이 이방 문화에 영향을 미쳤음이 분명하다. 기독교 운동은 로마의 전통적 제도들을 통해서는 쉽사리 얻을 수 없는 소속감을 제공함으로써 참된 공동체에 대한 신약의 가르침을 반영한다는 평판을 얻었다. 바울은 에페수스에 보낸 편지에서, 그리스도가 고대 세계에 존재했던 남자와 여자, 시민과 야만인, 종과 자유인, 특히 유대인과 이방인 사이의 오랜 적대감을 허물었다고 주장했다. 바울 시대에 율법을 준수하는 유대인들은 자신들이 이방인들보다 우월하다고 여겼다. 그들만이 유업, 언약, 율법, 땅, 성전, 약속과 같은 하나님의 은혜를 받았다. 이방인들은 유대인 공동체에게는 외인이었으며, "이스라엘 연맹에서" 소외되었고, "약속의 언약들에 대하여는 외인이요 세상에서 소망도 하나님도 없는 자"였다. 그러나 예수님이 오시자 이 모든 것이 바뀌었다. "이제는 전에 멀리 있던 너희가 그리스도 예수 안에서 그리스도의 피로 가까워졌느니라." 그리스도는 유대인과 이방인 사이를 "분리하는 담, 곧 적대감"을 허무심으로써 평화와 연합을 확립하셨다. 그리스도의 십자가는 어떻게 유대 종교가 편협해졌는지, 그래서 하나님의 목적을 달성하는 데 실패했는지 보여 준다. 십자가는 또한 그리스도의 희생적 죽음을 통해 어느 집단도 다른 집단보다 유리하지 않음을 보여 줌으로써 유대인과 이방인을 화목하게 했다. 둘 다 은혜받은 죄인들이고, 그리스도가 고쳐 주시기 전에는 상처 입은 자들이며, 친구가 된 원수들이었다. 그러므로 이방인들은 더는 외인도 나그네도 아니고 "성도들과 동일한 시민이요 하나님의 권속"이었다(엡 2:11-22).

바울의 신앙 여정을 보면 그 점을 확인할 수 있다. 바울은 유대인 배경을 가졌고 바리새파에 속했으며 종교적 업적이 많았으므로 이방인들에 대해 우월감이 있었다. 정상에 올라 우쭐거리며 세계의 나머지를 내려다볼 수 있었다.

> 만일 누구든지 다른 이가 육체를 신뢰할 것이 있는 줄로 생각하면 나는 더욱 그러하리니 내가 팔일 만에 할례를 받고 이스라엘 족속이요 베냐민 지파요 히브리인 중의 히브리인이요 율법으로는 바리새인이요 열심으로는 교회를 박해하고 율법의 의로는 흠이 없는 자라.

그러나 바울은 다마스쿠스 도상에서 회심함으로써 자신이 그토록 자부했던 종교적 경력 때문에 오히려 그리스도와 멀어졌음을 배웠다. 그런 경력이 한때 소유했다고 생각했던 영적 자산을 공급하지 않았음을 깨달았다. 뭔가를 제공했다 하더라도, 그것은 오히려 영적 책무가 되었다. "그러나 무엇이든지 내게 유익하던 것을 내가 그리스도를 위하여 다 해로 여길뿐더러 또한 모든 것을 해로 여김은 내 주 그리스도 예수를 아는 지식이 가장 고상하기 때문이라"(빌 3:4-8).

2. 소속

바울의 회심은 멸시받던 이방인을 포함하여 타인을 보는 방식을 바꾸었다. 그는 한때 오직 "육신을 따라" 이방인을 평가한 적이 있었다. 코린토스에 있는 교회에 보낸 편지에서 고백했듯, 자기와 같은 파에 속하지 않고 자기와 같은 종교를 따르지도 않았다는 이유로 이방인들을 멸시했다. 그는 한때 예수님도 육신을 따라 평가한 적이 있었는데, 예수님을 자신의 전통을 위협하는 자, 갑자기 떠오른 위험한 자, 메시아를 사칭하는 자로 여겼다. 그러나 참예수가 누구인지 발견한 후에는 다른 모든 사람을 보는 방식까지 바꾸었다. 이제 중요한 것은 문화적 배경이나 종교적 업적이 아니라 그리스도를 아는 지식이었다.

그러므로 우리가 이제부터는 어떤 사람도 육신을 따라 알지 아니하노라. 비록 우리가 그리스도도 육신을 따라 알았으나 이제부터는 그같이 알지 아니하노라. 그런즉 누구든지 그리스도 안에 있으면 새로운 피조물이라. 이전 것은 지나갔으니 보라 새 것이 되었도다.

(고후 5:16-17)

별난 사람들

초대교회는 로마 세계에서 300년 이상 꾸준히 성장했다. 교회가 선포하는 메시지와 제공하는 소속감이 다소 독특하고 매력적이었기 때문이다. 그리스도인들은 별난 사람들이었다. 플리니우스가 편지에서 지적한 대로, 그리스도인들 스스로 그런 정체성을 자처했고 이방인들도 동의하는 듯했다. 예컨대, 하드리아누스Hadrian 황제가 통치하던 주후 130년경에 쓴 "디오그네투스에게 보낸 편지" Letter to Diognetus를 보면, 그리스도인들이 더 큰 이방 세계와 대조하여 스스로를 어떻게 보았는지 뚜렷한 증거를 발견할 수 있다.[5]

그것은 애매모호한 정체성이었다. 한편으로 그리스도인들은 보통 로마인들이 살았을 법한 삶을 살면서 완전히 평범해 보였는가 하면, 다른 한편으로는 눈에 띌 정도로 별났다. 그 때문에 하드리아누스 황제는 그리스도인들에 대해 소상히 들었고, 로마 제국은 그들을 공격했다. 한마디로, 그리스도인들은 정상 범주에 들어맞지 않았다. 역사가 웨인 믹스Wayne Meeks는 초기 그리스도인들의 정체성을 "이중인" 곧 세상에 있으나 세상에 속하지 않은 사람으로 보았다. "대다수 사람들에게 그리스도인의 삶은 이중적 삶, 지나가고 있는 옛 세상에서 사는 동시에 다가오고 있는 새 세상에서 사는 삶, 혹은 여러 곳에서 접하는 언어를 사용한다면, 세상 속에 거주하는 외인resident aliens으로 사는 삶이었습니다."[6]

"디오그네투스에게 보낸 편지"는 한 기독교 변증가가 혼란과 의혹에 찬 세상에 대해 기독교 운동을 설명하고 옹호하려고 노력한 유일한 사례가 아니다. 2세기에 살았던 아테네의 철학자 아리스티데스Aristides도 다른 사람들과 구별된 그리스도인들의 여러 속성을 열거했다. 그리스도인들이 충성, 진실, 만족, 부모 공경, 이웃 사랑, 순결, 박해 속 인내, 낯선 사람을 향한 친절의 본을 보였다고 적었다. 또한 과부와 고아를 돌보았다. 노예들에게도 흔치 않은 친절을 베풀었다. "그리스도인들 가운데는 남녀 노예나 하인들을 소유한 개인도 있는데, 그들에 대해 느끼는 사랑 때문에 그리스도인이 되라고 설득합니다. 그들이 그리스도인이 된다면, 그들은 그리스도인들에게 아무 차별 없는 형제들입니다." 그리스도인들은 가난한 사람들도 도왔는데 희생적으로 돕는 일이 잦았다. "만일 그들 가운데 누군가에게 필요가 생겼는데 자신들에게 나누어 줄 것이 없으면, 그 사람을 위해 2-3일간 금식합니다. 그들은 이런 식으로 가난한 사람들에게 필요한 음식을 공급할 수 있었습니다." 아리스티데스는 그리스도인의 "생활 규칙"을 길고 상세하게 설명한 후 황제가 부지중에 얼마나 이 운동으로부터 혜택을 받았는지 황제에게 말하지 않을 수 없었다. 그러면서 그러한 행동이 제국 전체에 번영을 가져왔다고 덧붙였다. "그들 덕분에 세상에 선이 넘쳐나는 것을 보십시오!"[7]

이것은 정확한 기술이었을까, 아니면 단순한 과장이었을까? 초대교회를 공동체의 완벽한 본보기로 이상화하기 쉽다. 그러나 사실이 그렇지 않았음을 알고 있다. 말썽 많고 분열되고 이단적인 코린토스 교회에 보낸 바울의 편지를 보면서, 우리는 초기 기독교에서 만사가 잘 흘러가지는 않았음을 떠올린다. 다음 300년 동안 분쟁과 분열—괴벽은 말할 것도 없고—이 계속해서 끊이지 않았음을 보면서, 교회에는 결코 '황금시대'가 없었다는 추가 증거를 얻는다. 교회는 언제나 문제에 봉착했고 앞으로도 늘 그럴 것이다. 바울이 처음 펜을 들어 코린토스 신자들에게 잘못을 저지른 교인들을 징계하고 분열을 치유하고 신학을 바로잡고 영적 교만을 회개하라고 훈계한 이후로, 세속성과 비겁과 독설과 이단과 어리석음이 기독

> "디오그네투스에게 보낸 편지"
>
> "그들은 자기 나라에서 살지만 외인으로 살 뿐입니다. 시민으로서 그들은 모든 것을 다른 사람들과 나누지만, 외인으로서 모든 것을 견딥니다. 그들에게는 모든 외국 땅이 고국 땅과 같고, 모든 고국 땅이 외국 땅과 같습니다. 모든 사람처럼 결혼도 합니다. 자녀도 낳지만 버리지는 않습니다. 또한 공동 식탁은 있지만 공동 침대는 없습니다. '육신 안에' 있지만 '육신을 따라 살지는' 않습니다. 그들은 세상에서 세월을 보내지만 천국의 시민들입니다. 규정된 법률에 복종하는 동시에 자신의 삶을 통하여 법률을 넘어섭니다. 모든 사람을 사랑하지만 모든 사람에게 핍박을 받습니다. 제대로 알려지지 않은 상태에서 비난을 받습니다. 죽임을 당하지만 부활합니다. 가난하지만 많은 사람을 부요하게 하고, 모든 것이 부족하지만 모든 것에서 넉넉하게 살며, 멸시를 당하지만 바로 그 멸시 속에서 영광을 얻습니다. 악하다는 말을 듣지만 의롭게 되고, 욕을 먹지만 축복하고, 모욕을 당하지만 모욕을 존경으로 갚고, 선을 행하지만 악행자로 벌을 받습니다. 벌을 받을 때 마치 그 벌로 인해 생명으로 인도되는 것처럼 기뻐합니다."
>
> (『기독교 영성으로의 초대』)

교 공동체를 끝없이 따라다녔다.

그러나 그리스도인의 신앙과 실천에 대한 2세기의 이러한 설명이 그런대로 정확하다고 믿을 만한 이유는 충분하다. 첫째, 교회는 초창기의 대부분을 박해에 시달렸음에도, 교회가 보여 준 삶의 질 때문에 이교도들의 주목을 받았다. 성장은 모두에게 분명했다. 2세기 말 법률가이자 변증가인 테르툴리아누스는 로마의 엘리트들이 교회의 성공에 대해 우려했다며 비꼬면서 말했다. 그는 이교도 비판자들에 대해 이렇게 말했다. "국가는 그리스도인들에게 시달리고, 시골과 마을과 섬에도 그리스도인들이 있다고 아우성이다. 남녀노소와 형편을 불문하고 모든 사람이, 고위직에 있는 사람들마저 기독교 집단으로 넘어가고 있다는 사실이 큰 재난이라도 되는 양 한탄한다." 테르툴리아누스는 개종이 많아질수록 실제로 로마에 유익할 수도 있다는 생각을 과연 그들이 받아들이긴 할 것인지 궁금해했다.[8]

둘째, 이교도들 스스로 그리스도인들은 다르다는 것을 발견했다. 4세기 중엽에만 해도 이교도 황제 율리아누스Julian는 그리스도인들이 이교 제국으로서는 경쟁할 수 없는 대규모 사회 복지 체계를 만들어 냈다고 불평했다. 이교의 세계관은 기독교 세계관처럼 공동선을 위해 봉사하고 희생할 것을 사람들에게 권하지 않았기 때문이다. 율리아누스에게는 분명 시기심도 있었지만, 그리스도인들에 대한 경멸감도 있었다. 법정 관리에게 보낸 편지에서 율리아누스는 다음과 같이 썼다. "[이교] 제사장들이 가난한 사람들을 무시하고 간과하는 일이 발생하자, 불경한 갈릴리인들이 이를 눈여겨보고 자선에 전념했다고 생각한다." 그런가 하면 또 "불경한 갈릴리인들이 자신들의 가난한 사람들은 물론 우리 쪽 가난한 사람들도 지원하니, 우리 쪽 사람들이 우리에게서 도움을 못 받는다고 모든 사람에게 비쳐질 수 있다."[9]

환대하는 공동체

기독교 운동은 어떻게 사람들에게 자신이 받아들여지고 사랑과 보살핌을 받는다는 느낌을 주는 소속감을 만들어 냈는가? 첫째, 기독교 공동체는 국외자들을 출신 배경과 상관없이 환영했다. 그렇게 함으로써 로마 세계의 특징이었던 성, 민족, 계급의 분명한 분리를 극복했다. 변증가 타티아누스Tatian가 언급한 것처럼, 교회는 "신분과 외모, 부와 교육, 혹은 나이와 성별에 차이를" 두지 않고 모든 사람을 포용하는 듯했다.[10] 그리스도인들은 가족, 친구, 이웃, 동료들과 친밀한 관계를 유지했는데, 이를 통해 작지만 생기 넘치는 운동이 매력적임을 깨달은 잠재적 개종자들을 위해 넓은 장이 마련되었다. 그리스도인들은 대개 도시에 살면서 같은 시장에서 물물 교환을 했고 같은 우물에서 물을 길었고 같은 가게에서 일을 했고 다른 모든 사람들처럼 같은 공동 주택에 거주했다. 신입 교인을 확보하려고 조직화된 집회와 유명 복음 전도자와 큰 예산이 드는 프로그램을 사용하지 않았다. 그런 일이 있더라도 대중에게 알려지는 것을 피하려고 눈에 띄지 않도록 했다. 교회는 자연스러운 관계망을 통해 소외된 자들의 마음을 끌었다.

신랄한 철학자 켈수스는 이러한 은밀한 전도 방법에 격분했다. 기독교를 최하층만 끌어들이는 저급 종교로 보며 경멸했다. "그리스도인들 스스로 이 사람들이 하나님께 합당하다고 인정한다는 사실을 통해, 자신들이 비루하고 어리석은 얼간이, 노예, 여자, 아이만 설득하기 원하고 또 설득할 수 있음을 보여 준다." 켈수스는 그리스도인들이 상류층 사이에서 벌어지는 공개 토론이 아니라 집안과 일터에서 조용히 증거하여 개종자들을 얻었다는 점에 주목했다. 그가 이 점에 대해 할 수 있는 것이 거의 없었지만, 하여튼 그는 당혹스러웠다. "개인 집안에는 또한 양모 노동자들, 구두 수선공들, 세탁업자들, 가장 촌티 나는 시골뜨기들이 눈에 띄었는데, 이들은 연장자들과 더 지적인 주인들 앞에서는 감히 어떤 말도 하지 않았을 것이다."[11]

기독교 운동은 여자들에게 특히 매력적이었는데, 그들은 이교 사회보다는 교회에서 더 높은 지위를 획득했다. 로마 세계에는 남자의 수가 여자보다 더 많았다. 이러한 불균형한 비율에는 분명한 이유가 있었다. 로마 남자들은 결혼에 높은 가치를 부여하지 않았고, 결혼 생활에 불만족하면 서슴없이 이혼했으며, 난잡한 성행위를 자제하지 않았다. 아이들 때문에 부담을 지고 싶어 하지 않았기 때문에 아내건 정부건 여자들에게 낙태하라고 압력을 가하는 일이 잦았다. 또 여아들을 유기함으로써 죽게 내버려 두는 경향이 더 많았는데, 대개 여아들이 남아들보다는 가치가 덜 나갔기 때문이었다.

교회는 다른 윤리를 따라 삶으로써, 로마의 부도덕과 불의에 의한 희생자로서 가장 크게 고통받은 사람들에게 깊은 인상을 주었다. 기독교 세계관은 유아 살해와 낙태와 근친상간을 정죄했고, 간통과 이혼과 일부다처제를 받아들이지 않았다. 대신 기독교 공동체는 순결과 결혼을 존중했으며, 이를 남자와 여자에게 동등하게 적용했다. 그리스도인 여자들은 선택할 수 있다면 독신을 유지하면서도 교회에서 지위를 잃지 않을 수 있었다. 결혼한다 할지라도 이교도보다 나중에 결혼하는 경향이 있었다. 또 결혼할 때는 교회의 도움을 받았는데, 결혼이 남편과 부인은 물론 공동체에도 영적으로 유익하다고 보았기 때문이다.[12] 그리스도인 산모들의 경우 이교도 산모들보다 출산율은 높고 사망률은 낮았다. 대개 그리스도인 산모들이 더 좋은 대우를 받았기 때문이다. 결혼했건 독신이건, 여자들은 교회에서 자신의 은사를 사용할 수 있었다. 여자들은 기도하고 예언하며 가난한 자들을 섬겼을 뿐 아니라, 교회 직책도 맡았는데 특별히 집사직을 맡았다.[13]

초기 기독교 운동에서는 가정생활도 존중했다. 2세기의 변증가 테르툴리아누스는 가정을 작은 교회처럼 보았다. 훌륭한 그리스도

기도하는 여인들

인의 결혼 관계에서 그리스도인 부부는 "함께 기도하고 함께 금식하고 가르치고 돕고 서로 훈계"해야 한다고 썼다. 그들은 또한 "서로의 고난과 핍박과 회복을 공유"해야 했다.[14] 그리스도인들은 가정생활을 고귀한 부르심으로 보았고, 여가를 내어 열의를 갖고 자녀를 양육했다. "하나님의 종에게는 확실히 자녀가 필요하다"고 테르툴리아누스는 선언했다. "우리 자신의 구원은 충분히 확실하므로, 우리에게는 자녀를 가질 여유가 있다! 우리는 법으로 [자녀를 갖도록] 강요받는 대다수 이교도들이 회피하는 짐을 스스로 져야 한다. 그들의 자녀는 낙태로 대거 죽임을 당한다."[15]

교회는 과부 된 것을 영적 부르심으로 보면서 과부들의 필요도 보살폈다. 예컨대, 주후 250년에 이르러 로마 교회는 1,500명의 "과부와 곤궁한 사람들"을 도와주었고, 주후 400년에 콘스탄티노플에서는 3천 명 이상의 과부들이 교회의 보조금 명부에 등록되어 있었다. 더욱이, 초기 기독교 운동에서는 어린이들에게도 특별한 관심을 보여, 어린이를 하나님의 형상으로 지음받고 그리스도의 성품을 반영할 수 있는 인간으로 보았다. 기독교 지도자들은 예수님이 어린이들을 친절하게 대하신 것에 주목했고, 이로 인해 예수님처럼 어린이들을 대하라는 동기를 부여받았다. 성적 학대의 죄에 대해 경고했고, 어린이들을 제대로 돌보아야 한다고 역설했다. 또한 어린이들을 예배에 참석시켰고, 성숙한 그리스도인("하나님을 향해 달음질하는 자")이 되도록 양육했으며, 그들의 구원과 성장을 위해 부지런히 기도했다.[16] 이런저런 이유로 교회는 로마 세계에서 무시받거나 착취당하는 사람들을 포용하는 모습을 보여 주었고,

그에 따른 소속감을 통해 기독교 공동체의 매력은 증가했다.

그러면서도 교회는 회원의 기준을 높임으로써, 소속감을 강화하는 긴밀한 공동체를 창출했고, 회원이 된다는 것이 실제로 중요한 의미가 있음을 드러냈다.[17] 2세기의 저술가 아테나고라스는 그리스도인들이 최후의 심판이 있을 것으로 기대함으로써 세상 속에서 일상적 활동을 하면서 하나님께 책임 있게 살았다고 주장했다. 또한 그리스도인의 도덕적 우수성이 최후의 심판에서 그리스도인의 신앙에 직접적 관련이 있다고 믿었다. "하나님이 인류를 다스리신다고 생각하지 않는다면, 우리가 그토록 순결하게 살겠는가? 그런 생각은 불가능하다. 그러나 우리 자신과 세계를 만드신 하나님께 여기에서 행한 모든 삶을 고해야 한다는 점에 동의하기 때문에 절제하고 관대하며 멸시받는 삶의 방식을 택한다." 아테나고라스는 그리스도인이 지닌 신에 대한 개념이 그리스도인이 타인은 물론 믿음 없는 사람들을 어떻게 보는지에 영향을 미치지 않을 수 없다고 추론했다. 그리고 그리스도인이 경배하는 하나님은 "성부와 성자와 성령의 교제", 곧 공동체 안에 계신 한 분으로서 "세 분 가운데 존재하시는" 일체라고 덧붙였다.[18] 그리스도인은 하나님이 성부, 성자, 성령으로서 완전한 공동체이시므로 하나님의 근본 본성은 사랑이라고 믿었다. 하나님의 백성에게는 그리스도의 구속 사역과 성령의 내주하시는 능력을 통해 이 공동체에 속하는 특권이 있다. 초기 그리스도인들은 그러한 사랑을 경험함으로써 다른 사람들과 그 사랑을 나눌 마음이 생겼다. "우리는 매를 매로 되갚거나 강탈자를 고소하지 않음은 물론, 한쪽 뺨을 때린 사람에게 다른 쪽 뺨도 들이대고 속옷을 빼앗아간 사람에게 겉옷도 주라고 배웠다."[19]

순교자 유스티누스는 이방 철학자로서 그리스도인들의 덕행에 깊은 감동을 받았다. 그리스도인들의 생활 방식과 이교도들의 생활 방식은 너무도 명백하게 대조적이어서, 유스티누스는 이를 간과할 수 없었고 그리스도인 무리 속으로 들어가게 되었다.

일찍이 간음을 즐겼던 사람들이 이제는 금욕하면서도 기뻐한다. 마술을 사용했던 사람들이 선하시고 자존하시는 하나님께 자신을 바쳤다. 전에는 부와 재산을 늘리는 수단에서 가장 큰 기쁨을 누렸던 우리가 이제는 우리의 소유를 공동 재산에 넣고 궁핍한 모든 사람들과 나눈다.[20]

교회는 대부분의 고대 종교들과는 달리 종교 의식과 공적 행위를 분리하지 않았다. 기독교 신앙은 인간의 모든 삶을 하나님께 복종시켜야 한다고 요구했다. 웨인 믹스는 "이것이 로마 세계의 '종교'에 대한 통상적 기대에 더 쉽게 들어맞는 다른 이교들과 기독교 운동이 가장 뚜렷하게 달랐던 점이다"라고 언급한다. "그리스도인들의 행동은 성스러운 행사와 모임 장소—신전, 제사, 행렬—에만 국한되지 않고, 뚜렷한 자의식을 갖춘 공동체 형성에 필수적이었다."[21] 그리스도인들은 하나님을 세상에 있는 모든 선한 것의 창조주로 믿었다. 그러나 이러한 선한 세상이 타락에 빠졌다. 하지만 그리스도인들은 예수 그리스도가 타락한 세상을 구속하고 회복하기 위해 오셨다고 믿었다. 여기에는 결혼과 가정, 돈의 청지기직, 친구와 원수 대하기, 매일의 행동과 같은 삶의 가장 일상적이고 틀에 박힌 일들도 포함된다.[22]

불안정한 세계 속의 안정

둘째, 기독교 공동체는 높은 수준의 사회적 안정을 제공함으로써 혼돈 직전에 처한 듯한 세상에 사는 사람들의 주의를 사로잡았다. 기독교는 고대 세계에서 도시 운동으로 시작했다. 서구인들이 이 도시들의 모습을 상상하기란 어렵다. 주후 100년에 대략 15만 명의 도시였던 (시리아의) 안티오키아Antioch를 생각해 보자. 안티오키아는 인구 밀도가 1제곱킬로미터당 28,912명으로 맨해튼 섬보다 높다. 게다가 현대 도시는 50층이 넘는 고층 건물을 세우는 반면, 안티오키아에서 가장 높은 건물이라고 해도 3층을 넘지 못했다. 그렇다면 도시 토지의 40퍼센트 이상이 기념물과 사원 같은 공공건물로 들어찼기 때문에 고대 안티오키아의 인구 밀도는 더 높았을 것이다. 부자들은 중앙 홀이나 안마당이 있는 더 큰 집에서 살았다. 그러나 대다수 사람들은 2, 3층짜리 건물의 작은 칸막이 집에서 살았다. 이런 아파트에는 난방 및 요리 겸용 석탄 화로 외에는 굴뚝과 수도관, 난방 시설이 전혀 없었다. 사람들은 요강과 노천 화장실을 이용해서 오물을 처리했다.[23]

로마 세계의 사람들은 또한 이동이 잦았다. 로마 제국은 경제·정치 질서를 확립했고 공동 주화를 사용했으며 공동 언어(헬라어)를 공유했고 근면한 사람들에게 새로운 경제적 기회를 제공했다. 지역의 전통과 풍습은 여행과 교역이 가능해진 새롭게 떠오른 지중해 문화에 자리를 내주고 있었다. 중간 계층이 가장 혜택을 입었다.[24] 역사가 피터 브라운Peter Brown은 점점 더 많은 사람들이 지역 도시의 의무와 충성에서 벗어나 "세계의 시민"이 되었다고 말한다. 그러나 많은 사람들이 "그 세계가 외롭고 비인격적인 곳임을 깨닫는" 것 같았다.[25]

도시는 사람들에게 새로운 기회를 제공했지만, 심각한 문제도 만들어 냈다. 안티오키아 같은 도시들은 거의 사회적 혼란에 빠졌다. 인구 중 상당한 비율이 새로운 전입자로 이루어졌는데, 대개 서로 다른 인종 집단으로 행운을 찾아 도시로 이주한 유민들이었다. 대도시 지역으로 들어와 정착할 때 그들은 보통 동일한 인종 집단의 사람들을 찾았다. 이러한 인종 집단 거주지로 인해 인종 간 경쟁이 악화되었다. 예컨대, 안티오키아에는 18개의 인종 집단이 있었다고 확인되는데, 이들은 도시 안에 있는 자기 구역에 대한 권리를 주장하여 소속감을 조성했다. 그러한 소속감은 깨어지기 쉬웠음에도 불구하고 말이다. 새로운 도시 전입자들은 높은 이직률, 질병, 범죄, 재해로 고통받는 도시에 발붙이기 어려웠다. 실제로 안티오키아는 600년에 걸쳐 마흔한 번이나 일어난 동일하거나 상이한 자연재해로 피해를 입었다. 그로 인해 사람들은 생명을 잃고 유민이 되고 집을 잃고 불안에 빠졌다.[26]

신생 기독교 운동은 그러한 불안정한 환경에서 번성했다. 교회는 도시로 몰려든 외인들과 국외자들에게 가족 같아졌다.[27] 또한 사회 다방면의 사람들을 환영했고, 불가해한 신비를 이해할 만큼 교육을 받지 못한 사람들에게 호소력 있고 그들이 쉽게 이해할 수 있는—고도의 지식인보다는 '중급 지식인에게 맞는'—메시지를 가르쳤다. 기독교 공동체는 일련의 사회봉사도 제공했다. 그리스도인들은 과부와 고아를 돌보았고 죄수를 방문했으며 가난한 사람들에게 음식을 주었고 병자를 간호했고 죽은 자를 장사 지내 주었다. 교인들은 아낌없이 돈을 내어 이러한 사역들을 지원했다. 피터 브라운은 진술한다. "기독교의 호소력은 급진적 공동체 의식에 있다. 개인이 광범위한 비인격적 세계에서 나와, 요구와 관계가 명백한 작은 공동체로 들어올 수 있다는 것이 기독교가 사람들을 끌어들인 이유다."[28]

이러한 자선 행위는 이교의 가치와는 영 딴판이었다. 이 점에서 그리스도인과 이교도는 겉보기 이상으로 대조적이었다. 로마 문화는 상호성을 강조했으므로, 가난한 사람과 집 없는 사람을 돕는 것은 규범이 아니었다.[29] 그러나 그리스도인들은 사랑의 윤리를 바탕으로 청지기 정신과 자선을 강조했다. 테르툴리아누스는 가치 있는 대의에 대한 그리스도인들의 헌신에 대해 말하면서 다음과 같이 썼다.

기독교 공동체

오히려 그들은 가난한 사람들을 먹이고 장사 지내 주는 일에 익숙하다. 만일 그들이 하나님의 모임을 위해 고난받는다면, 재산도 도와줄 부모도 없는 소년 소녀들…난파당한 선원들, 광산에서 강제 노동을 하거나 섬으로 쫓겨나거나 옥에 갇힌 사람들을 위해서다. 이들은 믿음을 고백한 덕에 수혜자가 되었다. 그러나 그러한 위대한 사랑의 행위마저도 일부 사람들의 눈에는 우리에게 흠을 내는 것으로 비친다. 그들은 말한다. "보라, 그들이 서로 어떻게 사랑하는지를."…"보라, 그들이 서로를 위해 얼마나 죽을 준비가 되어 있는지를."[30]

안정된 공동체에 소속함으로써 오는 유익을 지켜본 국외자들은 이러한 삶의 질을 보고 깊은 인상을 받았으며 마음이 끌렸다. 또한 그로 말미암아 도시 안에서 사회적 긴장이 완화되었으며 모든 사람들을 위한 삶의 질이 개선되었다.[31]

사회적 위기

셋째, 교회는 심한 위기가 닥쳤을 때 사람들을 돌보았다. 로마 세계는 긴 역사 내내 주기적으로 대참사를 겪었지만, 주후 165년과 250년에 로마 세계를 휩쓴 두 번의 역병보다 고약한 것은 없었다. 사망자 수를 정확하게 단정하기는 어렵지만, 학자들은 역병이 돌던 동안 각각 인구의 4분의 1이 죽었다고 추정한다. 두 번째 전염병이 최고조에 달했을 때 로마 시에서는 하루에 수천 명이 죽었다. 치사율이 너무도 높아서 일부 도시들은 폐허가 되었으며 군사

작전마저 멈출 수밖에 없었다. 그로 인해 제국의 근성과 그리스도인의 믿음이 시험대에 올랐다. 알렉산드리아의 주교 디오니시우스Dionysius는 부활절 메시지에서 "어떤 공포보다도…더 무시무시하고 어떤 재앙보다도 지독한 이 질병이 느닷없이 나타났다"고 썼다.[32]

이교도와 그리스도인 모두 역병에 시달렸다. 그러나 관찰자들의 언급에 따르면, 두 집단의 반응은 뚜렷이 달랐다. 기독교 세계관은 그 재앙에 대해 더 만족스러운 설명을 내어놓았다. 특히 주교들은 설교를 이용해서 어려운 문제에 대답하고 위로와 소망을 심어 주었다. 또한 하나님의 주권과 예수님의 고난, 최후의 심판, 죽은 자의 부활과 같은 주제들에 대해 설교했다. 또한 대참사를 일종의 하나님의 시험으로 해석했다. 250년에 역병이 닥치자 카르타고의 주교 키프리아누스Cyprian는 회중에게 물었다. 하나님이 가장 자격 없는 자들에게까지도 베푸시는 것과 같은 관대함을 그들이 이재민들에게 보여 줄 것인지.

그분은 지속적으로 그분의 태양이 떠오르게 하시고 소나기를 내리셔서 씨앗을 자라게 하시되, 이 모든 친절을 자신의 친구들에게만 보이지는 않으신다. 하나님의 아들이라 고백하는 사람이라면 자기 아버지의 본을 따라야 하지 않겠는가? 우리의 출생에 부합하는 것이 마땅하다. 분명 하나님 안에서 다시 태어난 사람들이 퇴보하지 않고, 선하신 아버지의 후손 곧 아들로서 그분의 선하심을 따른다는 것을 증명해야 한다.[33]

그러나 기독교 신앙은 전염병에 대한 신학적 의미를 찾는 것에서 멈추지 않고, 마치 이론과 실제가 완벽하게 조화되는 듯 사람들의 삶을 실제로 달라지게 했다. 일반적으로 그리스도인들은 용기 있게 역병에 맞섰으며 병자를 간호했고 죽은 자를 매장해 주었다. 그들은 그들 역시 자격은 없지만 하나님의 사랑을 받았으므로 타인을 사랑할 의무가 있다고 믿었다. 다시 한 번 그리스도인들과 이교도들의 차이가 두드러졌다. "하나님이 인간을 사랑하시기 때문에 그리스도인이 서로 사랑하지 않고서는 하나님을 기쁘시게 할 수 없다는 인식은 이교도의 관습에서는 생소하다. 하나님이 희생을 통하여 자신의 사랑을 나타내시므로, 인간도 서로를 위한 희생을 통하여 사랑을 나타내야 한다."[34] 예컨대, 알렉산드리아의 주교 디오니시우스는 그리스도인들이 병자와 죽은 자를 위해 치른 희생에 대해 감동적인 글을 썼다. 그리스도인들은 "무한한 사랑과 충성을 보이면서 자신을 아끼지 않고 서로만을 생각했다. 위험을 아랑곳하지 않고 병자를 맡았고 그들의 모든 필요를 돌보았으며 그리스도 안에서 그들에게 사역했음은 물론, 그들과 함께 평온하고 행복하게 이생을 떠났다." 이윽고 그들은 그들의 행위가 아무리 그리스도를 닮았다 하더라도 다른 사람들의 생명을 이미 앗아간 운명에서 그들 자신도 예외일 수는 없음을 깨달았다.

디오니시우스는 그들의 희생적 죽음을 그리스도의 희생이라는 견지에서 해석했다. 사실 수많은 병자들은 회복되었지만, 그들을 돌보던 사람들은 죽었다. 그래서 디오니시우스는 돌보는 자들이 대신 희생을 당했을 것이라고, 즉 살아남은 사람들 대신 죽었다고 추론했다. 순전히 과학적 관점으로 보면 오해의 소지가 크지만, 디오니시우스의 신학은 확실히 깊은 인상을 남겼다.

그들은 다른 사람들로 인해 질병에 감염되어 이웃의 병을 짊어졌으며 그들의 고통을 즐거이 받아들였다. 다른 사람들을 간호하고 치료하는 동안 그들의 죽음을 자신에게 전가하고 그들 대신 죽으면서, 보통 허례에 지나지 않았던 일반적 공식을 현실로 만들었다.

디오니시우스는 또한 그리스도인들이 죽은 자를 장사 지내 주었고, 시신을 처음으로 씻기고 수의로 싸맴으로써 큰 친절을 보여 주었다고 언급했다. 이런 행위로 인해 그리스도인들은 죽은 자들은 아예 신경도 쓰지 않는 이교도들과 다시 한 번 구별되었다. "이교도들은 정반대였다. 처음 질병이 발발하자 그들은 고통당하는 자들을 멀리 밀어냈고 사랑하는 사람에게서 도망쳤으며 죽기도 전에 길거리로 내던졌고 매장되지 않은 시체들을 쓰레기처럼 처리했다."[35]

아이러니하게도, 그리스도인들이 치명적 전염병에 더욱 노출되었음에도 불구하고 역병에서 살아난 그리스도인의 비율은 이교도보다 더 높았다. 이유가 무엇이었을까? 첫째, 그리스도인들은 병자를 돌보았다. 비록 이렇다 할 치료가 실제로는 없었을지라도, 그러한 돌봄을 통해 질병에 걸린 자들이 살아남는 비율이 더 높아졌을 것이다. 기본적인 간호─수프 몇 술 떠먹이기, 이마에 찬 수건 얹어 주기, 등을 부드럽게 문질러 주기, 침구 갈아 주기, 사랑하는 친구 방문하기—로도 병자들은 건강해졌고, 적어도 일부는 질병을 극복할 수 있었다. 둘째, 살아남은 그리스도인들은 면역이 생겨 더 이상 질병이 옮지 않는 건강한 인력을 제공했다. 이들 생존자들이 병자들을 도와줌으로써 생존율을 훨씬 더 높였다. 마지막으로, 그리스도인들은 기적을 믿었으며 기적을 위해 기도했고 기적을 경험했다. 기적적인 치료와 축귀가 이교도들에게 깊은 인상을 남기기에 충분할 정도로 빈번히 일어나서, "그리스도인의 수호신이 모든 것 위에 뛰어나다는 것을 물리적이고 극적으로 보여 주었다."[36] 이교도들은 능력이 나타나는 것을 보고 기독교의 하나님이 실재한다는 증거로 해석했다.

목회적 돌봄

마지막으로, 목사들은 요람에서 무덤까지 목회적 돌봄을 제공하면서 양 무리의 목자 역할을 함으로써 소속감을 만들어 내는 데 일조했다.[37] 이교 세계에는 목사의 역할에 필적할 만한 것이 없었다(예외가 하나 있다면 유대교의 랍비였다). 신자들이 신앙의 진보를 이루도록 목사들은 '영혼의 치유'를 실천했다. 다양한 의식을 주재하거나 모호하고 비밀스러운 '신비'를 가르쳤던 이교의 제사장과 지도자와는 달리, 기독교 목사들은 일상생활의 실제 관심사를 돌보면서 교리와 행위, 종교와 삶이 완전히 일치되게 하기 위해 노력했다. 그들은 성경을 가르쳤고 병자를 방문했고 곤궁한 자를 부양했고 고통받는 자를 위로했고 교회의 하나 됨을 유지했고 성례를 집행했으며 잘못을 범한 교인을 징계했다.

4세기 말 콘스탄티노플의 대주교 요한 크리소스토무스John Chrysostom는 목사가 모든 교인을 똑같이 사랑하려면 모두를 독특하게 사랑해야 한다고 부모처럼 말했다. "의사가 환자를 똑같이 다루는 것이 옳지 않듯이 모든 사람을 하나의 방식으로 대하기란 불가능하다."[38] 3세기의 위대한 교사 오리게네스Origen는 목사가 양 무리를 위한 "교사와 인도자와 친구" 역할을 하라는 부름을 받았다고 썼다. 목사의 일은 훌륭한 본보기가 되거나 '완전'(신앙 성숙)을 드러내는 데 달려 있다. 목사가 자신의 삶에도 없는 것을 어떻게 다른 사람들 안에서 육성할 수 있겠는가? "영적 조력자의 인격과 살아 있는 모범, 완전한 자의 사랑 가득한 참여 없이는 도덕적 진보도 없다."[39] 4세기의 주교 나지안주스의 그레고리우스Gregory of Nazianzus는 이렇게 덧붙였다. "인간은 다른 사람을 정화하기에 앞서 자신을 정화해야 한다. 자신이 지혜로워야 다른 사람을 지혜롭게 할 수 있고, 자신에게 빛이 있어야 다른 사람에게 빛을 줄 수 있으며, 자신이 하나님께 가까이 가야 다른 사람을 하나님께 가까이 인도할 수 있다."[40]

목사는 교회의 예배 생활도 주재했다. 2세기 중엽쯤 이미 목사는 확립된 예배 전례를 따르고 있었다. 일요일이면 신자들을 예배로 불러 모았는데, 보통은 저택에서 예배를 드렸다. "사도들의 회고록"을 읽었고 설교를 했으며 교회의 노래와 공동 기도를 이끌었다. 그런 다음 신자들에게 빵과 포도주를 나누어 주었다. 또한 재정을 모았고, "고아와 과부, 질병이나 다른 원인이 있어 궁핍한 사람들, 갇힌 자들, 체류하는 외인들"을 부양하기 위해 집사들을 임명하여

모인 재정을 나누어 주게 했다. 집사들은 "궁핍한 모든 사람들의 보호자"가 되었다.[41]

목사는 새 신자들을 훈련 프로그램에 받아들여 입교인이 되도록 준비시켰다. 로마의 히폴리투스Hippolytus, 주후 170-236년는 주후 215년 『사도 전승에 대하여』On the Apostolic Tradition를 써서 새신자들에게 신앙의 요점을 가르쳤다. 교육 기간은 3년간이나 지속되었다. 놀랍게도 대부분의 교부들—예컨대, 오리게네스, 요한 크리소스토무스, 히포의 아우구스티누스, 예루살렘의 테오필루스Theophilus of Jerusalem—이 그 수업을 가르쳤는데, 이는 새신자 교육이 너무 중요해서 오로지 최상의 훈련을 받은 목사만 그 책임을 맡을 수 있었음을 보여 준다. 이들 위대한 주교들과 교사들은 다양한 방식으로 탐구자들과 회심자들을 훈련했다. 예컨대, 예루살렘의 주교 키릴루스Cyril는 신경을 교육의 개요로 활용했다. 키릴루스는 자기 학생들에게 다음과 같이 말했다.

> 내가 신경을 낭독할 때 그저 듣고 외우십시오. 그러면 적절한 때에 신경 각각에 대한 증거를 성경에서 찾을 것입니다.…작은 낟알 상태의 겨자씨에 많은 미래의 가지들이 미완의 상태로 담겨 있는 것처럼, 신경에 있는 몇 개의 단어 속에는 구약과 신약의 종교 지식 모두가 담겨 있습니다.[42]

이들 안내서는 기독교 공동체를 위한 도덕적 교훈도 제공했다. 『디다케』Didache, 분도출판사와 같은 안내서에서는, "생명의 길과 죽음의 길이라는 두 개의 길이 있는데 두 길 사이에는 커다란 차이가 있다"고 진술한다. 신약의 안내를 따라 『디다케』는 사랑, 겸손, 관대함 같은 덕을 강조한다.

> 받으려고 손을 내밀면서 줄 때는 손을 빼는 사람이 되지 말라. 노동을 통해 수입이 생겼다면, 네 죗값을 치르라. 주저 없이 주고 마지못해 주지 말라.…궁핍한 사람에게 등을 돌리지 말고, 네 모든 것을 형제와 나누고 네 것이라 주장하지 말라. 영원한 것을 공유한다면, 일시적인 것을 얼마나 더 많이 가져야 하겠는가.[43]

그러한 도덕적 교훈은 분명한 도덕적 경계를 세움으로써 이교 문화의 악한 영향으로부터 양 무리를 지키기 위한 것이었다. 예컨대, 히폴리투스는 그리스도인에게 어떤 직업은 한계를 벗어난 것으로 규정했다. 이를테면, 매춘부, 우상 조각가, 배우, '세속적 지식'을 가르치는 교사, 2륜 전차를 모는 전사, 사형 집행인, 마법사, 점성가, 군정 장관과 같은 직업들이 있었다.[44]

또한 목사들과 신학자들은 대중오락을 자세히 검토했다. 도덕적 엄숙주의자가 있었다고 한다면 테르툴리아누스를 꼽을 수 있는데, 그는 '공연'을 노골적으로 공격하면서 양 무리에게 그것의 도덕적 위험성에 대해 경고했다. 극단적 입장을 취하는 경향이긴 했지만, 테르툴리아누스는 기독교 공동체가 고대 세계의 부도덕성을 바라보던 관점에 대한 일반적 합의를 반영했다. 물론 과장된 면도 있지만 말이다. 그리스도인은 문화로부터 거리를 두었는데, 이로 인해 때로 문화에 다가가려는 노력은 약화되었다. 테르툴리아누스는 대중오락이 사람들 속에서 불경스러운 정욕을 일깨우는 방식을 설명하기 위해 '부추기다', '자극하다', '흥분시키다' 같은 단어들을 사용했다. "서커스를 보려고 떼로 몰려오는 군중을 보라. 그들의 난폭한 감정은 이미 상기되어 있다! 그들은 이미 사납고, 이미 광란으로 눈멀고, 이미 내기에 혈안이 되어 있다!" 테르툴리아누스의 다음 묘사는 오늘날 운동 경기에서 벌어지는 행동에 대한 글처럼 읽힌다. "모두가 하나로 미쳐 돌아가는 외침 소리가 들린다.…그런 다음 저주와 야유 소리가 들리는데, 딱히 증오할 만한 진짜 원인도 없다. 박수 소리가 들리는데, 그럴 만한 이유도 없다!" 테르툴리아누스는 지혜로운 말 재치로 결론짓는다. "우리가 이 악인들과 같은 세상에서 사는 일조차 없으면 좋으련만! 그런 바람이 실현될 수는 없다 하더라도, 지금도 우리는 세상에 속해 있다는 점에서는 그들과 분리되어 있다. 세상은 하나님의 것이니 말이다. 그러나 세상적인 것은 마귀의 것이다."[45]

마지막으로, 목사들은 기독교 공동체를 믿음 안에서 육성하기 위해 그들에게 성례를 집행했다. 그들은 성례 집행을 목사의 주된 임무들 가운데 하나로 여겼는데, 하나님이 성례를 통하여 은혜를 나누어 주신다고 믿었기 때문이다. 특히 세례는 중요한 통과 의식으로 기능했다. 세례는 신자들이 세상과 분명히 단절하고 기독교 가정에 속하는 것을 상징했다.[46] 목사는 세례 후보자들이 공식적으로 믿음을 고백하고 도덕성 검토를 받을 것을 요구했다. 후보자들이 죄에 대해 애석해하고 믿음을 이해하고 그리스도를 신뢰하고 그리스도의 계명에 복종하기로 작정하고, 목사가 이에 만족할 경우 목사는 나흘 동안 지속되는 의식을 따랐는데, 부활절 아침 세례의 성례에서 절정에 이르렀다. 목사는 예전의 일환으로 후보자들에게 성유를 발랐고 그들을 위해 기도했으며 그들을 괴롭힐지도 모르는 마귀를 쫓아

세례

냈다. 목사는 세례를 준 후에 신입자들에게 흰 예복을 입히고 믿음의 공동체 안으로 즐거이 받아들인 다음 그들에게 영적 훈련의 엄격한 관례를 따르라고 권했다. 이러한 관례에는 안식일 예배, 다양한 금식, 제3시 제6시 제9시에 드리는 개인 기도, 동료 그리스도인들과의 정기적 만남이 포함되었다. 다른 신자들과의 교제를 통해 새로운 그리스도인들이 통속적 문화의 악에 굴복하지 않도록 보호했을 것이다. "그러나 교회와 더불어 기도한다면, 그 시대의 모든 악을 피할 수 있을 것이다."[47]

공동체의 증거

오늘날 우리가 사는 환경은 아주 다른 것 같다. 적어도 미국만큼은 말이다. 미국의 그리스도인들은 자유 사회에서 사는 특권을 누린다. 그리스도인으로서 누리는 문화적 특권으로 인해 상당히 망

가져 버렸다. 수가 많고, 권력과 문화적 영향력도 있다. 돈도 많아서 거대한 교회를 지을 수 있고 수많은 책을 출판할 수 있으며 라디오와 텔레비전 방송국을 운영할 수도 있고 기독교 학교와 대학교를 운영할 수도 있다. 또한 종교적·정치적 힘을 가볍게 시험해 볼 기회도 있다. 투표를 통해서 후보자들을 공직에 보내고 연방 의회와 백악관에 입장을 표하고 우리가 선호하는 대의를 위해 비영리 단체를 만들고 공공 정책 토론에 관여하고 공동선에 봉사할 직업을 추구한다.

그러나 하나의 근본 진리를 무시하기가 쉽다. 하나님은 교회가 상처 입은 사람들이 소속할 공동체가 되라고 부르신다. 교회의 메시지는 아주 중요하다. 교회가 선포하는 진리는 고귀하고 영원한 복음의 메시지이기 때문이다. 그러나 디트리히 본회퍼Dietrich Bonhoeffer가 말한 교회의 "공동생활"life together도 그에 못지않게 중요하다. 복음에는 여전히 사람들의 인생을 변화시키고 분열을 치유하며 뿌리 없는 사람들을 위해 소속감을 줄 힘이 있음을 보여 주는 증거가 바로 그런 공동체이기 때문이다. 세상은 복음 듣기를 갈망한다. 또한 복음이 행동으로 나타나는 것을 보기 원한다. 2/3(혹은 대다수) 세계에서 사는 그리스도인들, 특히 박해 아래 사는 사람들이 우리에게 가르쳐 줄 것이 많다. 초기 기독교회와 더 밀접하게 닮은 믿음의 공동체를 형성하는 데 있어, 그들이 서구에 사는 그리스도인들을 여러 면에서 능가하기 때문이다.

목회 초기에 나는 남부 캘리포니아에 있는 임마누엘 개혁 교회의 부목사로 일했다. 가끔씩 그 기간을 돌아보면, 예산이 크고 소비자 지향적이며 프로그램 중심으로 돌아가는 이른바 '성공적인' 교회는 아니었다는 생각이 든다. 교회 목사인 헤럴드 코버Harold Korver는 책도 쓰지 않았고, 그의 사역은 기독교 잡지의 주목을 받지도 않을 것이다. 교회 건물이 건축학적으로 걸작인 것도 아니다. 그 교회는 그 지역에 있는 저소득, 다민족 지역 공동체와 마찬가지로 평범하다. 그러나 이 보통 규모의 회중은 불완전해도 교회에 대해 기대하는 모습과 행동을 보여 준다. 교인들 중에는 영어를 말하는 사람과 스페인어를 말하는 사람이 있고, BMW를 모는 사람과 낡은 베가스 자동차를 모는 사람이 있으며, 정장 입는 사람과 청바지 입는 사람이 있고, 수입이 많은 사람과 수입이 적거나 아예 없는 사람이 있다. 직장인 중에는 임원, 교사, 비서, 영업인, 청소부가 있다. 교인 수의 증가와 인지도에 따른 보수가 주어지지 않는 때에도, 교회는 공동체 전체의 필요에 봉사한다. 교회는 스페인어와 영어로 드리는 예배를 유지한다. 실직자를 위한 컴퓨터 강좌, 맞벌이 부부의 자녀를 위한 방과 후 학교, 헬스클럽에 가입할 돈이 없는 사람을 위한 야구 모임, 혼전 및 결혼 강좌, 공동체를 위한 상담 서비스를 제공한다. 최근 로스앤젤레스의 몇몇 극빈 지역에서는 일련의 가정 교회를 시작하고 의료 보험을 감당할 수 없는 사람들을 위해 의료 시설을 설립할 계획이 있다. 교회는 세상의 작은 구석에서 소금과 누룩과 빛의 역할을 한다.

교회가 새로워질 수 있는가? 그럴 수 있다고 믿어야 한다. 교회는 하나님의 교회이고 위대한 역사가 있기 때문이다. 초대교회를 알면 길이 보인다. 첫째, 오늘날 교회는 초대교회처럼 포용적이 되기 위해 노력하면서 한 사람은 물론 모든 사람을 신자들의 몸으로 환영할 수 있다. 신자들의 몸이 함께하는 유일한 이유는 예수 그리스도다. 교회는 공화당이나 민주당의 팔도 아니고 또 아니어야 한다. 골프 코스 없는 컨트리 클럽이나 수영장 없는 헬스클럽도 아니다. 록이나 컨트리 음악, 고전 음악 콘서트를 위한 장소도 아니다. 치료 전문가의 사무실이나 12단계 회복 모임도 아니다. 교회는 죄인들의 공동체다. 그러나 그리스도를 통하여 구원을 발견하고, 서로 깊이 돌보며 자라가고, 하나님이 예수 그리스도를 통하여 온 세상을 그분께 돌이키기로 작정하신다는 것을 말과 행동으로 선포하는 죄인들이다.

지난주, 지역 신문에서는 최근 새로운 시설로 옮긴 어느 지역 교회에 대한 기사를 제1면에 실었다. 그러나 놀랍게도 새 건물이 아니라 그 교회의 사역을 강조했다. 이 교회가 그토록 매력적이고 성공적인 이유를 설명하기 위해 교인들 가운데 한 사람인 케리 사이즈Kerry Sides의 이야기를 전했다. 사이즈는 집도 돈도 없는 필로폰 중독자로, 어느 날 마지막 방책으로 자기를 도와줄 누군가를 만나고자 간절한 마음으로 교회에 들어왔다. 처음 만난 사람이 담임 목사 조 비트베르Joe Wittwer였는데, 비트베르는 사이즈를 따스하게 맞아 주면서 무엇이 필요한지 물었다. 사이즈는 즉시 도움을 받았다. 비트베르가 설교하는 단순하고 성경적인 메시지는 이해하고 적용하기 쉬웠기에, 그녀는 예배에 출석하기 시작했다. 또한 공동체도 발견했다. 사이즈는 "그들은 첫날부터 저를 보살펴 주었습니다"라고 기자에게 말했다. 몇 달 전에 사이즈가 암 진단을 받았을 때, 그녀의 "생명 모임" 구성원들은 일용할 양식을 제공했고 교통편 같은 다른 필요도 돌보아 주었다. "그들은 저의 가장 큰 응원 단입니다. 무슨 일이든 그들에게 의지할 수 있습니다. 이것이 바로 제 인생에서 언제나 원했던 그런 관계입니다."[48] 사이즈가 왜 그 교회에서 적극적 교인이 되었는지는 놀라운 일이 아니다.

둘째, 역병이 로마 세계를 휩쓸었을 때 초기 기독교 공동체가 했던 것처럼 교회는 비극적 고통에 동정심을 갖고 행동으로 반응할 수 있다. 오늘날의 세계에도 그럴 기회가 없지 않다. 자연재해, 대량 학살, 전염병, 대규모 빈곤을 보라. 이런 일들은 예외적이라기보다는 으레 일어나는 일인 것 같다. 세상 어떤 공동체도 교회처럼 네트워크, 자원, 시설, 동기를 갖고 있지는 않다. 교회는 영향력이 어디에나 미치고, 궁핍한 자들에게 광범위한 도움을 주는 수많은 자선 기관을 운영하며, 세상이 필요로 하고 원하는 메시지와 생활 방식을 믿는다. 지금처럼 교회가 영향을 미칠 기회가 전에는 결코 없었다. 교회가 당면한 가장 큰 문제는 교회의 안일함과 세속성이다.

교회 지도자들이 책임을 져야 한다. 더 많이 하는 것으로가 아니라 더 적게 함으로써 말이다. 더 큰 사회 속에서 정치적·경제적·사회적·문화적 영향을 미치려는 욕심을 그만두고, 교회가 소속 공동체가 될 수 있도록 힘을 다해야 한다. 교회 지도자들은 교회를 섬기도록, 교회는 세상을 섬기도록 부름받았다. 헤럴드 코버는 35년 동안 같은 교회를 섬겼다. 수많은 사람들에게 세례를 주고 결혼식과 장례식을 해 주었고, 때를 가리지 않고 말씀을 전했으며, 병자를 돌보았고, 상상할 수 있는 모든 종류의 위기를 처리했고, 고집 센 교인들을 권면하고 대면했고, 실제적 필요를 채우기 위해 많은 프로그램을 주도했다. 무엇보다 사람들에게는 제자가 되라고, 교회에게는 다른 사람들을 위한 소속 공동체가 되라고 요청했다. 그렇다고 교회가 번성한 이유가 목사 때문만은 아니다. 교인들 때문이다. 교인들은 교회가 무엇이 되어야 할지 그 비전을 붙들었다. 목사는 단지 옳은 방향을 가리켰을 뿐이다. 일단 움직이기 시작하자, 교회는 뒤돌아서지 않았다.

실천

- 요한복음 13:34-35, 사도행전 2:42-47, 고린도전서 12장을 읽으라.
- 당신이 속하거나 속하고 싶은 교회나 공동체, 혹은 작은 모임(성경 공부 모임, 위원회, 합창단, 청년 모임 등)을 떠올려 보라.
- 그 공동체의 현재 실상은 어떠한가?
- 그 모임을 진정으로 소속감을 주는 곳으로 만들기 위해 당신은 어떤 도움을 줄 수 있는가? 구체적인 단계를 생각해 보라.
- 그리고 공동체를 위해 매일 기도하라.

3. 고투
: 사막 성자들의 영성

이기기를 다투는 자마다 모든 일에 절제하나니,
그들은 썩을 승리자의 관을 얻고자 하되 우리는 썩지 아니할 것을 얻고자 하노라.
그러므로 나는 달음질하기를 향방 없는 것 같이 아니하고
싸우기를 허공을 치는 것 같이 아니하며,
내가 내 몸을 쳐 복종하게 함은 내가 남에게 전파한 후에
자신이 도리어 버림을 당할까 두려워함이로다.
(고린도전서 9:25-27)

휘트워스의 학생들은 종종 자신의 인생 경험을 '고투'로 설명하곤 한다. 그들은 건강 문제, 가족 문제, 뜻밖의 상실, 그리고 어김없이 따라오는 회의로 분투한다. 이러한 종류의 고투는 보통 예기치 않고 또 원치 않은 상황의 결과다. 한 여학생이 분노와 혼돈과 고민에 빠져 나를 찾아와 부모가 이혼할 거라고 말한다. 이런 상황은 그녀가 선택한 것이 아니었다. 물론 좋은 목적으로 이혼할 수도 있지만, 그녀가 원한 것은 분명 아니었다. 이 고투는 부여된 것이지, 선택한 것이 아니다. 아마도 우리가 직면하는 대다수의 고투가 그럴 것이다.

그렇다면 고투를 **선택**한다는 것이 맞는 말일까? 제 발로 어려운 곳으로 찾아가다니? 삶이 더 고달파질 그런 길을 따르다니? 우

리는 대개 그런 생각일랑 품지도 않을 것이다. 특히 영적 삶과 관련된 문제들에서는 더 그렇다. 우리는 인생을 더 멋지고 행복하고 쉽게 살려는 것이지 더 어렵게 살려고 기독교를 믿는 것은 아니라고 생각한다. 우리는 종종 고투하다가 기독교 신앙**으로** 나아간다. 그러나 기독교 신앙**으로부터** 고투가 나온다는 주장은 잘못인 것처럼 보인다.

고투하는 삶

사막 성자들은 4세기와 5세기에 이집트, 팔레스타인, 시리아에서 번성했던 매력적이고 특이한 그리스도인 집단으로 생각의 전환을 불러일으킨다. 그들은 고투가 영적 생활에서 정상적이고 필요한 것이며 건강하기까지 하다고 믿었다. 고투는 세상의 타락으로 인해 부과되는 것(예를 들어, 신체의 질병, 정신적 고뇌, 사랑하는 사람의 죽음)이고, 제자도에 필요한 것(예를 들어, 자기희생)이다. 신자들은 고투에 직면해야 한다. 우리는 고투를 회피할 수도 없고, 회피해서도 안 된다. 오히려 제자도를 향한 부르심의 한 측면으로 끌어안아야 한다. 이 세상에서 사는 목적은 편안함과 번영과 성공이 아니라, 하나님과 친밀해지고 인격이 성숙하며 이 세상에 영향을 끼치는 것이기 때문이다. 고투는 우리가 기독교 신앙을 진지하게 받아들였음을 입증한다. 예수님은 친히, 우리가 자신에 대해 죽고 날마다 자기 십자가를 지고 모든 것 위에 계시는 주되신 그분을 좇아야 한다고 가르치셨다. 언젠가 익명의 사막 성자 하나가 말했다. 비록 삶이야고달프겠지만 함께할 때 제자도의 진보가 이루어질 아빠Abba(보통 한 세대 앞선 영적 아버지나 현자, 멘토)를 알면서도 "그리로 가지 않는다면 그는 무신론자"다.[1] 또 다른 유명한 아빠인 금욕자 성 마가St. Mark the Ascetic는 고투에 대해 이러한 긍정적 관점을 요약했다. "진리를 위한 고투를 선택하지 않는 사람은 자신이 선택하지 않은 고난으로 인해 더 고통스럽게 잘못을 깨달을 것이다."[2]

사막 성자들은 하나님이 세상을 선하게 창조하셨다고 확신하면서도 뭔가 지독하게 잘못되었다고 믿었다. 죄가 세상으로 들어와 모든 것—모든 관계, 제도, 직업, 인격, 쾌락—에 영향을 미쳤다. 우리는 우리의 통제를 넘어선 악한 권세의 지배를 받는다. "세상과 육신, 마귀"가 어슬렁거리며 어디서나 우리를 위협한다.[3] 이 세상에는 안전도, 쉬운 길도, 편리하고 편안하게 살 방법도 없다. 우리 안에도 안전이 없다. 인간은 본성상 반항적이고 제멋대로이며 게으르기 때문이다. 그리스도가 우리를 죄에서 구속하셨고 사탄을 물리치셨고 죽음을 정복하셨지만, 우리를 세상 밖으로 데리고 나오지는 않으셨다. 인간이 유혹받고 타락한 곳이 곧 인간이 구속받고 회복되는 곳이어야 한다는 것이 하나님의 뜻이다.

지금은 마땅히 하나님께 속한 것을 되찾으려는 전투가 벌어지고 있다. 이 세상이 전장이라면, 인간은 그 상급이다. 예로부터 이런 말이 있다.

> 하나님의 은혜가 연약한 우리를 보호하지 않는다면, 원수의 영악한 공격을 견디어 내거나, 쉽게 몸으로 번지는 불을 끄거나 제어할 사람

은 하나도 없다. 우리는 하나님의 은혜로 우리를 구원해 달라고, 그리하여 하나님의 진노를 거두어 달라고 전심으로 기도해야 한다.…하나님은 인간이 애통하게 하신 다음, 그를 들어 구원에 이르게 하시기 때문이다. 하나님이 치셨으나 자기 손으로 치유하신다는 말이다. 하나님이 낮추셨으나 높이시고, 굴욕을 당하게 하셨으나 생기를 주신다는 말이다. 지옥에 이르게 하셨으나 다시 지옥에서 데려오신다는 말이다.[4]

고투라는 주제는 사막 성자들의 **금언** 속에 종종 등장하는데, 이는 위대한 영적 스승들의 가르침을 모자이크한 것이다. 안토니우스Antony는 자기 제자들에게 말했다. "인간은 하나님의 면전에서 자기 죄를 붙들고 마지막 숨을 거둘 때까지 유혹에서 벗어날 수 없다는 것, 이것이 인간이 안고 있는 커다란 과제다." 안토니우스는 계속해서 말했다. "유혹을 없애 버리면 아무도 구원을 찾지 못할 것이다."[5] 공동체 안의 어느 젊은 초심자가 정욕의 유혹과 끊임없이 투쟁한다고 고백했다. 나이 든 스승이 "내가 주님께 네가 고통에서 벗어나게 해 달라고 하랴"라고 묻자, 젊은이가 대답했다. "아빠여, 힘든 고통이긴 하지만 그 짐을 져야 유익을 얻는다는 것을 압니다." 그러고 나서 덧붙였다. "다만 기도하실 때 저에게 오랜 고통을 주시되 제가 견딜 수 있게 해 달라고 하나님께 부탁해 주십시오." 스승은 초심자의 지혜와 용기로 인해 부끄러웠다. "아들아, 네가 훨씬 더 앞섰고 나를 넘어섰음을 이제 알겠구나."[6] 아빠 포이멘Poemen이 언젠가 다른 영적 스승인 아빠 난쟁이 요한John the Short에게 자기가 하나님께 정욕을 없애 달라는 간구를 했다고 말했다. 포이멘의 기도가 응답되어 마음이 평온해졌다. 그래서 포이멘은 혼잣말을 했다. "이제 마음이 잠잠하고 육과 영의 전쟁이 없구나." 그러나 아빠 요한은 그에게 경고했다. "가서 주님께 자네 안에 새로운 전쟁을 일으켜 달라고 간구하게. 투쟁은 영혼에 유익하다네."[7] 또 다른 기회에 포이멘은 말했다. "유혹이 들어온 바로 거기서 유혹을 처리하면, 유혹은 너를 검증할 것이다."[8] 또 이렇게도 말했다. "공기가 네 가슴으로 들어오는 것을 멈추게 할 수 없는 것처럼, [악한] 생각이 네 마음에 들어오는 것을 멈추게 할 수는 없다. 네 편에서 할 일이란 그것에 저항하는 것이다."[9]

성 안토니우스의 삶

사막 성자들 가운데 가장 유명한 사람은 이집트의 안토니우스다.[10] 그의 친구이자 제자인 알렉산드리아의 주교 아타나시우스는 안토니우스가 죽은 직후 안토니우스의 전기를 썼다. 그 덕에 우리는 안토니우스의 이야기를 잘 알고 있다. 이 책은 중세 시대의 가장 대중적이고 영향력 있는 책들 가운데 하나가 되었고 오늘날까지도 계속 출판되고 있다. 주후 251년에 태어난 안토니우스는 부유한 이집트 가정에서 성장했다. 부모가 죽자 여동생에 대한 책임을 포함하여 가계 관리를 물려받았다. 또한 부모가 지녔던 기독교 신앙에 대해 더 진지해졌다. 하루는 교회로 걸어가는 중에, 사도들처럼 모든 것을 버리고 그리스도를 따른다면 그것이 어떤 의미일지 깊이 생각하기 시작했다. 그날 아침 예배에서 읽은 복음서 본문은 다음과 같았다. "예수께서 이르시되 네가 온전하고자 할진대 가서 네 소유를 팔아 가난한 자들에게 주라. 그리하면 하늘에서 보화가 네게 있으리라"(마 19:21). 안토니우스는 본문이 명한 대로 했다. 가족의 소유를 팔아 가난한 사람들에게 돈을 나누어 주고 여동생과 자신이 편히 살기에 족한 정도만 남겼다.

몇 달 후 안토니우스는 비슷한 체험을 했는데, 이번에는 자신의 과거와 깨끗하게 단절하기로 작정했다. 남아 있는 자신의 부와 소유를 가난한 사람들에게 나누어 주고, 친구들에게 여동생을 보살펴 달라고 부탁하고는 하나님을 찾기 위해 광야로 물러났다. 가까운 마을에서 멘토 혹은 아빠를 찾아, 자신의 전기 작가이자 알렉산드리아의 존경받는 주교 아타나시우스가 '훈련'이라 일컬은 것을 실천했다. 철야, 금식, 독신, 가난, 고독 같은 금욕 훈련이 포함되었다. 아타나시우스가 쓴 글에 따르면, "그는 자신의 모든 열망과 힘을 다해 훈련에 힘썼다." 성경도 암송했는데, "그에게는 기억이 책을 대신할 정도였다." 신체적 필요를 채우기 위해 손으로 담요 짜는 일을 했다.[11]

아타나시우스의 설명에 따르면, 대중이 그를 우러르기 시작하자, "선을 경멸하고 시기하는" 마귀는 "젊은이가 그런 결의를 품고 있는 것을 차마 볼 수가 없어서" 그를 무너뜨리는 일에 착수했다. 그래서 안토니우스는 한동안 마귀와 격렬한 투쟁에 들어갔다.[12] 이러한 마귀의 공격과 싸우기 위해 어느 때보다 더 엄격하게 '훈련'을 실천했고 사막으로 더 깊이 물러났다. 처음에는 무덤 가운데 머물렀고 나중에는 황폐한 성에 거처를 정하여 20년 동안 거의 전적으로 고립된 채 살았다. 마귀가 육신의 욕망으로 유혹했지만 안토니우스는 저항함으로써 마귀를 '어릿광대'처럼 보이게 만들었다. 그러자 마귀는 부와 명성으로 유혹했고 안토니우스는 다시금 마귀를 묵살했다. 아타나시우스가 전하는 대로, 마귀가 사나운 야수의 모습으로 물리적인 공격을 가했지만 안토니우스는 겁먹지 않으려 했다. 안토니우스는 자신의 성공이 예수님의 도움과 실천했던 금욕 훈련 덕분이라고 하면서 "육체의 쾌락이 줄어들면 영혼의 강렬함은 더욱 강력해진다"고 생각했다.[13] 아이러니하게도, 안토니우스는 마귀와 대적하여 고투하면서 하나님을 발견했다.

그러면서 영적 스승으로서 안토니우스의 명성은 널리 퍼졌다. 사람들은 광야에서 홀로 살면서 하나님을 찾을 용기를 지닌 사람의 이야기에 매료되었다. 안토니우스를 칭송하던 이들은 그가 어떻게 그런 사람이 되었는지 궁금해하며 안토니우스를 찾아 나섰다. 그가 구원의 길을 가르쳐 줄 것이라고 기대하며 말이다. 안토니우스는 혼자 있게 해 달라고 간청했지만, 사람들은 잠시나마 그를 보려고 그가 살던 멀리 떨어진 황폐한 성으로 통하는 문까지 헐어 버리면서 그의 청

고문을 받는 안토니우스

을 듣지 않았다. 마침내 안토니우스는 사람들의 압박에 마음을 누그러뜨리고 그들 앞에 나타났다. "안토니우스가 나타났는데, 마치 하나님의 신비 속으로 이끌렸다가 하나님의 영감을 받은 채 성소에서 나오는 것 같았다." 그들은 강건하고 군살이 없는 몸, 순수하고 평화로운 영혼, 고요하고 겸손한 태도를 지닌 안토니우스의 모습을 보고 놀랐다. 마귀와 싸우든 군중을 맞이하든, 안토니우스는 '완전한 평정'을 유지했다. 그는 병자를 치유하고, 마귀를 내쫓고, 고통에 빠진 사람을 위로하고, 원수들을 화해시키고, 누구든 들으려는 사람에게는 지혜를 나누어 주면서, "세상 어떤 것도 그리스도의 사랑보다 더 사랑하지 말라고 모두에게 촉구했다." 자신에게 나타난 영적 깊이에 이르기를 희망하는 많은 사람들의 조언자가 되어, 날마다 죽고 소유를 버리고 심판의 날을 대비하라고 그들에게 권고했다.[14]

안토니우스는 생을 마감하기 전 몇십 년 동안, 신앙 때문에 고난을 겪는 사람들을 섬기고 병자들을 치유하고 이단자들과 논쟁하고 제자들을 멘토링 하면서 '훈련'을 실천했다. 그는 독거하기를 선호했지만, 인기 때문에 원하는 만큼 그럴 수는 없었다. 순교를 갈망하면서 이를 통해 그리스도와 하나가 되고자 했지만, 순교의 은사를 받지는 않았다. 그러나 금욕―곧 훈련의 실천을 통한 강력한 자기 부인―에 헌신하여 '무혈 순교자'가 되었다. 사막 성자들이 그렇게 일컬어졌듯이 말이다. "안토니우스는 떠나서 다시 한 번 독방으로 물러났다. 그리고 거기서 날마다 양심으로 순교를 당했으며 믿음의 싸움을 계속했다. 그는 훨씬 더 크고 치열한 금욕을 감행했다. 늘 금식하기 일쑤였고, 죽기까지[주후 356년] 안은 털이고 겉은 가죽인 옷을 입었다."[15]

목적 있는 괴벽

안토니우스가 마귀와 싸우고 하나님을 찾으면서 사막에서 여러 해를 보냈기 때문에, 안토니우스의 이야기는 이렇듯 특이한 영적 전통의 본질을 잘 담고 있다.[16] 이처럼 기이한 운동을 어떻게 이해할 수 있는가? 그것으로부터 무엇을 배울 수 있는가? 안토니우스의 행동은 너무 별나서, 우리는 그를 묵살하고 비웃으며 미쳤다고까지 하기 쉽다. 그러면 이 독특한 사람으로부터 배울 기회를 빼앗기는 불행한 결과를 맞을 뿐이다. 그는 어떤 동기로 자신의 모든 소유를 팔아 사막으로 물러나서 20년 동안 격리되어 살며 마귀와 싸웠을까? 안토니우스가 사막 성자로서 유일하거나 가장 광적이었던 것은 결코 아니었다. 이 운동은 수많은 사람들의 관심을 끌었는데, 특히 4, 5세기에 그랬다. 많은 사람들이 덜 극단적 형태이긴 하지만 안토니우스의 본을 따랐다. 그러나 더러 그것을 능가하는 사람도 있었다. 예컨대, 주상고행자 시메온Simeon the Stylite은 옛 로마 폐허의 기둥에 올라 30년가량 머물면서 한 번도 내려오지 않았다. 나무숲이나 동굴에서 살면서 내려오지 않거나 위험으로부터 자신을 보호하기를 마다하는 사람도 있었다. 한마디로, 극단적으로 괴벽스러웠다.

그러나 때로 괴벽은 유용한 목적에 도움이 된다. 사람의 얼굴에서 어떤 면을 의도적으로 과장하면 흥미롭고 독특한 점이 부각되는 만화같이 말이다. 우리 앞에 있는 이미지가 어떤 효과를 노리고 왜곡되었다 해도, 우리는 그 사람이 누구인지 안다. 사막 성자들도 모든 것을 버리고 예수님을 좇느라 너무 과도했는지 모른다. 기독교가 문화 현상과 아주 자연스럽게 섞이는 우리 시대와 같은 시기에는 확실히 그렇게 보일 것 같다. 사막 성자들도 그들이 살던 시대에서조차 기이하게 비칠 것이라는 문제를 잘 알고 있었다. 언젠가 아빠 안토니우스가 매우 역설적으로 말했던 것처럼, "사람들이 미쳐 돌아가는 때가 오고 있다. 그래서 그들은 멀쩡한 누군가를 보고 '당신은 미쳤으니 우리와 같지 않다'고 말하며 그 사람을 공격할 것이다."[17] 제아무리 미쳤다 하더라도 사막 성자들은 존경받을 만하다. 당대의 타협적 기독교에 반대 입장을 과감히 취했기 때문이다.[18]

사막 성자들은 영웅적 노력으로 영적 훈련을 수행하여 예수님이 보여 주신 모범에 대한 깊은 존경을 드러냈다. 그리고 "그리스도 안에서 성육하신" 하나님을 높이기 위하여 사막으로 물러났다.[19] 그들은 성육신이 고난을 면하게 해 주기 위한 것이 아니라, 고난을 선택하도록 고무하기 위한 것이라고 여겼다. 고난은 성육신을 통해 구속적이 되었기 때문이었다. 존 크리사브기스(John Chryssavgis)는 다음과 같이 썼다. "우리 개인의 고통이 더 깊을수록, 하나님의 영원한 긍휼은 더 풍성하다. 인간 부패의 심연이 더 깊을수록, 천국 자비의 은혜는 더 크다. 십자가의 길에 더 노출될수록, 부활의 빛을 더 강렬히 경험한다."[20]

무혈 순교자들

이토록 기이한 운동이 도대체 어떻게 시작되었는가? 기독교는 로마 제국이라는 적대적 세계 속에서 탄생했고, 그리스도인들은 거의 300년 동안 주기적으로 박해를 겪었다. 공식적으로 받은 마지막 박해는 가장 지독했다. 주후 285년, 디오클레티아누스Diocletian 황제가 로마의 황권을 차지했다. 디오클레티아누스의 고문들은 황제에게 로마의 옛 영광을 회복할 것을 촉구했는데, 이는 황제가 대중의 지지를 집결하라는 요구였다. 한 집단이 방해가 되었는데, 먼저 관리들은 로마에 대한 충성이 의심스러워 보이는 군대 내 그리스도인들을 겨냥하여 핍박했다. 다음으로 목회자들, 마지막으로 교인들을 추려 냈다. 성경을 몰수했고, 신자들더러 신들에게 제사를 드리라고 명령했으며, 황제 숭배를 요구했다. 한마디로, 그리스도인들더러 그리스도를 부인하라는 강요였다. 제국 전역에 걸친 박해로 수많은 사람들이 죽었고, 압력에 굴복하여 신들에게 제사했다고 문서를 위조하거나 관리들에게 성경을 내놓거나 공개적 배교를 표명한 사람들의 수도 엄청났다.

305년, 디오클레티아누스는 공직에서 물러났다. 여러 해가 지나, 로마 장군의 아들인 콘스탄티누스는 군대를 양성하여 로마로 진군하여 밀비우스 다리 전투에서 주경쟁자인 막센티우스Maxentius를 물리쳤다. 황권을 차지한 후에 콘스탄티누스는 밀라노 칙령을 반포함으로써 주후 313년, 제국 내에서의 법적 지위를 기독교에 부여했다. 그러나 콘스탄티누스는 거기서 멈추지 않았다. 이후 25년 동안 점점 더 기독교에 대한 편애를 드러냈다. 그리고 자신의 종교적 관심과 정치적 본능으로 그런 정책을 장려했다. 콘스탄티누스는 기독교가 떠오르고 있고 자기 정부에 대한 교회의 지지가 필요하다고 이해했다. 교회의 성공은 물론 자신의 생존을 위해서 말이다. 그는 교회를 세웠고, 주교들을 존중했으며, 교회 회의를 소집했고, 기독교의 도덕적 가르침을 존중하는 법률을 통과시켰다. 이로써 한 세대도 지나지 않아 기독교는 박해받는 신앙이기를 그치고 특권을 누리는 신앙이 되었다.[21]

콘스탄티누스의 그리스도에 대한 신앙과 교회를 향한 편애는 기독교에 돌이킬 수 없는 영향을 미쳤다. 갑자기 그리스도인이 되는 것이 유행처럼 되었다. 교회 출석이 전례 없는 속도로 늘었지만, 그러면서 제자도의 기준은 떨어지는 듯했다. 일부 학자들의 추정에 따르면, 그리스도인 비율이 주후 300년에는 제국의 10퍼센트에 불과했지만, 360년에 이르자 제국의 50퍼센트를 넘었다.[22] 기독교와 로마는 점점 더 융합하여 순교자의 교회가 제국의 교회가 되기에 이르렀다. 상황이 극적으로 역전된 것이다. 소아시아 출신의 주교이자 콘스탄티누스의 친구인 에우세비우스는 하나님의 섭리가 직접 개입한 결과, 콘스탄티누스가 그리스도인 황제로 등장했고 기독교의 승리로 이어졌다고 주장했다.[23]

사막 성자들은 제자도의 옛 기준을 되찾기 원하는 진지한 그리스도인들의 운동에 착수했다. 아주 다른 환경이긴 했지만 말이다.[24] 역설적이게도 그들이 맞서야 했던 원수는 악한 제국이 아니라 세속적 교회였고, 박해가 아니라 특권이었다. 그들은 '무혈 순교자'와 '하나님의 경주자'로 알려졌다.[25] 그들은 교회의 타협에 저항하고 제자도의 대항 운동을 시작하려고 사막으로 도피했다. "사막으로 도피한 것은 저항과 확신의 표지였다. 퇴폐적이고 지나치게 제도화된 교회 조직체에 대한 저항이자 변화된 시대 상황에 부합하는 복음의 가르침을 재천명하는 것이었다."[26] 문제를 회피하기 위해서가 아니라 문제에 맞붙기 위해서였다. 사막은 전장이 되었다. 그들은 마귀와 싸우면서 하나님을 발견했고, 자신의 죄를 제거하면서 성결을 배양했으며, 금욕 훈련을 실천하면서 하나님께 끊임없이 기도했다. 안토니우스의 이야기가 보여 주듯이, 그들은 예수님의 말씀에 그대로 복종했다. 자신의 소유를 팔아 그 돈을 가난한 사람들에게 주고 예수님을 좇았다. 그들은 열광적이었고 광신적이기까지 했다. 그러나 그러면서도 권력과 성공으로부터 교회를 구하려는 분명한 사명을 붙들고 있었다.[27]

왜 사막인가?

사막 성자들은 사막이야말로 이러한 고투를 하기에 적합한 곳이라 믿었다. 사막에서는 우리의 연약함을 정면으로 직면하고 착각과 겉치레를 벗어 버리지 않을 수 없고, 우리에게 하나님이 절대적으로 필요하다는 것을 인식할 수 있기 때문이다. 안토니우스도 사막을 고투와 성장에 안성맞춤인 장소로 믿었기 때문에 삶의 대부분을 사막에서 보냈다. 그리고 그야말로 수천 명의 다른 사막 성자들이 그의 행동 양식을 좇아 사막으로 들어갔고, 성경 본문과 이야기를 인용하여 자신이 따르는 행동 양식을 정당화했다.[28] 이스라엘 백성은 40년을 광야에서 보냈다. 엘리야도 여러 해 동안 광야에서 살았고, 세례 요한도 그랬다. 세상에 대한 집착을 끊었고, 금욕 훈련을 실천했고, 하나님의 얼굴을 구했고, 예언자적 메시지를 갈고 닦았으며, 하나님이 주시는 것으로 살았다. 예수님은 성령에 이끌려 광야로 가서 40일 동안 금식하셨고 마귀의 유혹에 저항하셨다. 복음서에서 설명하는 것처럼, 예수님도 '홀로 있을 곳'을 찾으실 때가 있었는데, 보통 중요한 결정을 내리기 전이었다. 사도 바울은 선교사의 소명에 착수하기 전에 아라비아 사막으로 가서 자신의 회심을 성찰했고 복음을 묵상했으며 하나님께 기도했다. 물론 사막이 진지한 제자도의 삶을 위한 유일한 환경은 아니다. 예수님은 공공장소에서 사역하셨고, 이사야는 궁정에서 활동했으며, 바울은 로마 세계에서 가장 큰 도시들에 교회를 세웠다. 그러므로 사막이 제자가 되기 위한 유일한 환경은 아니지만, 여전히 필요한 환경이다.

사막은 척박하고 삭막하며 외로운 곳으로, 산만함과 소유와 즐거움이 박탈된 삶을 상징한다. 사막은 극한지로 밤에는 지독하게 춥고 낮에는 참을 수 없이 뜨거우며 모래와 바위가 끝없이 펼쳐

시나이 산으로 접근하는 돌사막, 이집트

지고 위험한 동물이 득실거리고 절대 공허가 밀려오는 곳이다. 신체의 필요를 채워 줄 양식도, 편히 지낼 수 있는 편의 시설도, 외로움의 날카로운 모서리를 무디게 해 줄 친구도, 주리고 목마른 여행자를 맞아 줄 마을도 아예 없다. 비극적 어려움을 맞이한 사람들은 보통 사막이나 광야와 같은 용어를 사용하여 자신의 경험을 설명한다. 사막은 고립, 외로움, 유혹, 투쟁을 의미하는데, "불모지, 은거지, 인간 스스로는 아무것도 할 수 없고 하나님만이 무언가 하실 수 있는 곳이다."[29] 사막은 마귀의 영역이고 마귀의 악한 목적이 잘 통하는 곳이지만, 아이러니하게도 우리를 성숙한 제자로 만들기 위해 사용하시는 하나님의 무대이기도 하다. "인간은 사막에서 하나님이 말씀하실 때 그 말씀을 듣는 능력을 기르고 내면생활을 돌볼 책임이 있다. 고독한 자라야 보이지 않는 하나님의 임재 안에서 이러한 내면생활의 완전한 신비를 직면한다."[30]

사막 성자들은 너무 쉽고 편해진 신앙을 되돌리고자 사막에서 살기로 했다. 그들도 우리가 읽는 것과 같은 성경을 읽지만 우리가 소홀히 하기 쉬운 본문에 초점을 맞추었다.[31] 그들은 이 세상에서 이방인이 되기로 자처했다. "여우도 굴이 있고 공중의 새도 집이 있으되 인자는 머리 둘 곳이 없도다"(눅 9:58). 그들은 제자도가 모든 것을 버리라고 요구한다고 믿었다. "이와 같이 너희 중의 누구든지 자기의 모든 소유를 버리지 아니하면 능히 내 제자가 되지 못하리라"(눅 14:33). 또한 제자도는 자연적 욕망과 모순되는 삶의 방식을 요구하기 때문에 갈등과 어려움이 생긴다고 믿었다. 사도 바울이 명한 대로, 그들은 사막으로 가서 제자도 훈련을 받고 성숙한 그리스도인이 되었다(딤전 4:7-8). 사용한 방법은 지나치게 엄격했지만 목적은 분명 옳았다.

사막 성자들은 고독이 영적 성장에 필요하다고 믿었다. 이집트에서 사막 성자들이 살던 곳 가운데 하나인 스케티스Scetis에서 한 형제가 아빠 모세에게 지혜의 말씀을 구했다. 그러자 모세가 말했다. "가서 네 독방에 앉으라. 그러면 네 독방이 모든 것을 가르쳐 줄 것이다."³² 하나님은 세

아빠 모세

상 속에서 그분을 섬기라고 우리를 부르셨으므로, 세상에 거해야 한다. 그러나 거리를 두고 잠잠해야 할 필요도 있다. 그렇지 않으면 우리는 세상의 분주함, 소음, 요구, 압력으로 소진될 것이다. 그러나 이러한 고독을 위해 사회로부터의 절대적인 분리가 반드시 필요한 것은 아니다. 사막 성자들은 독방의 위험과 한계도 알고 있었다. 독방이 마술적 치료를 해 주지는 않았다. 암마 마트로나Matrona는 다음과 같이 가르쳤다. "산속에서 은둔하여 사는 사람들 가운데는 세상에 속한 사람들처럼 살면서 타락한 사람이 많았다. 군중 속에 살면서 고독하게 살기 원하는 것이 독거는 하지만 늘 함께 있을 사람을 갈망하는 것보다 낫다."³³ 장소가 어디든 상관없지만, 어쨌든 사막에서 이들 성자들은 존재하는 가장 중요한 전투, 곧 영혼을 위한 전투를 치르지 않을 수 없었다. 『사막 교부들의 금

언집』*Sayings of the Desert Fathers*, 분도출판사에서 말하듯이 세상, 육신, 마귀는 무서운 대적이다. 사막 성자들은 이 대적들을 심각하게 받아들이고 저항했다. 그러나 또한 이들 외부 세력에게 취약해지는 이유 하나를 인식했다. 바로 내면의 이유 때문이었다.

내면의 어둠

사막 성자들에게 가장 중요한 것은 영혼을 위한 전투였다. 그들은 그리스도인의 삶에는 마음속에 존재하는 어둠에 대한 투쟁이 있어야 한다고 믿었다. 그 어둠은 한마디로 모든 인간 속에 만연한 자기중심성이다. 그 어둠에 직면해야만 우리는 참된 생명과 자유를 찾는다.[34] 각별한 통찰력으로 이 개념을 탐구한 사막 성자가 있다. 그는 현재 사막 전통의 위대한 심리학자로 알려져 있다. 조숙하고 자신감 넘치는 청년이었던 폰투스의 에바그리우스Evagrius Ponticus는 콘스탄티노플로 가서, 당대의 가장 유명한 정치 및 교회 지도자들을 만났다. 그리고 그 거대한 도시의 지적·영적 사안들에 휘말려 들었다. 그러나 급속히 권력의 자리에 오르자 그의 영적 삶에 부정적 영향이 미쳤다. 초기의 전기 작가는 그에 대해 "겉치레가 대단했고 자기 몸을 상당히 잘 돌보았으며 노예를 통해 자신을 잘 가꾸었다"고 평했다. 그러다 상류 사회 저명인사의 부인과 사랑에 빠지고 말았는데, 자신의 부주의와 피해를 입을지 모른다는 생각으로 겁이 난 그는 그 도시에서 도망쳐 성지로 향했다. 거기서 멜라니아Melania the Elder라는 유명한 수녀원장을 만났는데, 멜라니아는 그를 초대하여 수도원에 들어와 평생 훈련을 받으라고 했다. 그러나 그는 다시 안주했다. "사탄은 에바그리우스의 마음을 바로의 마음처럼 굳게 만들었다." 그러자 이번에는 심각한 질병으로 그의 자존심이 무너져 내렸다. 그가 회복하자, 멜라니아는 이집트 사막으로 가서 '훈련'을 실천하라고 제안했다. 그는 생애 마지막 16년을 이집트 사막에서 보내면서 유명한 성자이자 기적을 행하는 사람, 작가, 교사가 되었다. 그리고 399년에 생을 마감했다.[35]

에바그리우스는 인간이 유혹에 아주 약하고 재빨리 죄를 짓는 이유를 탐구했다. 그는 우리를 쉽게 유혹에 빠트리는 어떤 '생각들'(헬라어로 로기스모이 logismoi)에 우리 모두가 예속되어 있다고 말했다. '생각들'을 모두 여덟 가지로 분류했는데, 중세 시대에 유행한 일곱 가지 치명적 죄와 대체로 상응한다. "모든 생각을 포함하는 일반적이고 기본적인 여덟 가지 범주의 생각들이 있다. 먼저, 탐식 gluttony 이고, 다음은 정욕 impurity, 탐욕 avarice, 우울 sadness(시기 envy), 분노 anger, 나태 acedia(불안 restlessness과 권태 boredom를 뜻하는 헬라어), 허영 vainglory이고, 마지막으로 교만 pride이다." 에바그리우스는 이러한 죄악들을 행위의 측면에만 한정하지 않고, 동기나 성향으로도 보았다. 그리고 본질적으로 배경과 성격을 막론하고 모든 인간의 경향인 내면의 어둠이라는 문제는 자기중심적이라고 설명했다. "우리가 이런 생각들에 방해받을지 말지를 결정하는 것이 우리 힘에 달려 있지는 않지만, 그것들이 우리 안에 머물게 할 것인지 말 것인지, 그리고 우리 정념을 뒤흔들게 할 것인지 말 것인지를 결정하는 것은 우리에게 달렸다."[36]

예컨대, 우리가 실제로 음식을 과도하게 먹든 아니든, 탐식이란 음식에 대한 집착으로 가득 찬 것이라고 그는 말했다. 허영은 성취하는 방식은 상관없이 주목과 명예를 얻기 위해 수를 쓰라고 유혹한다. 교만은 다른 사람들과 하나님께 빚졌음을 인식하기보다는 자신의 덕과 성공을 자랑하게 한다. 그래서 교만한 사람은 "형제들에 대해 으스대며 그들이 어리석다고 여긴다. 그들 모두가 자신에 대해 같은 평가를 하지 않기 때문이다."[37] 그러나 에바그리우스는 거기서 멈추지 않았다. 마치 죄의 악함만으로는 모자란 것처럼, 그는 죄의 **기억**memory을 그보다도 더 악한 것으로 여기면서 그 기억이 우리 마음속에 남아 있는 과거의 쾌락에 집착하게 한다고 말했다. "우리가 지금 정념의 영향 아래서 하는 모든 경험은 미래에 우리 안에서 정념적 기억의 형태로 존속할 것이다."[38]

이러한 생각들을 극복할 방법은 그리 간단하거나 쉽지 않다. 에바그리우스는 사막의 제자들에게 연약함을 모두 자백하고 용기 있게 유혹을 뿌리치며 영적 훈련 혹은 자신이 말한 금욕ascesis을 실천하라고 조언했다. "유혹이 다가올 때는 그럴듯한 구실이나 꾸며대면서 자기 독방을 떠날 때가 아니다. 오히려 거기에 단단히 머물며 인내하라. 마귀가 너에게 가져오는 모든 것을 용감하게 받아들이라."[39] 시간이 흐르면 그러한 훈련을 통해 평온하고 평화로우며 고요한 마음 혹은 에바그리우스가 말한 무정념apatheia(이 단어에서 냉담apathy이란 단어가 나왔는데, 에바그리우스는 이 말을 그런 식으로 사용하지는 않았다)이 생겨날 것이다. 마지막으로, 그는 단순한 저항만으로는 이런 '생각들'을 극복할 수 없다고 제자들에게 말했다. 이런 생각들은 긍정적인 덕목들—탐식 대신 감사, 교만 대신 겸손, 그리고 특별히 사랑agape—로 대체되어야 한다. "아가페는 무정념의 결실이다. 무정념은 금욕의 꽃이다. 금욕은 계명 준수에 달려 있다."[40] 그러나 결국 승리는 하나님의 은혜와 사랑을 통해서만 가능하다. 에바그리우스가 살펴보았듯이, 몸의 정념이야 훈련을 통해 제어할 수 있지만, 영혼의 정념은 '영적 사랑'을 통해서만 극복할 수 있다.

금욕: 목적 있는 훈련

사막 성자들은 어디에나 유혹이 도사리고 있는 것 같은 타락한 세상에 사는 것이 얼마나 위험한지 알았다. 암마 신클레티카Syncletica는 이렇게 가르쳤다. "마귀는 가난이라는 자극을 주어 유혹하지 않을 때는 부를 사용해서 유혹한다. 경멸과 조롱으로 이길 수 없을 때는 칭찬과 아첨을 시도한다."[41] 사막 성자들은 안락과 번영을 영적 삶의 적으로 보았다. 한 아빠가 경고했다. "연기를 피워 벌을 쫓아내면 꿀도 사라져 버리는 것과 마찬가지로 편안한 삶이 인간의 영혼에서 여호와를 두려워하는 마음을 쫓아내면 하나님의 선하신 일도 모두 사라진다."[42] 그래서 사막 성자들은 영적 훈련 또는 금욕을 실천했다. 이를 위해 날마다 자기를 부인하고 하나님께 복종하도록 요구하지만, 또 세속성을 끊고 유혹을 물리치도록 돕겠다고 약속한다. 이런 이유로 그들은 영적 훈련의 스승이 되었다.[43] 사막 성자들은 보편적으로 사회를 지배하는 가치의 위계를 역전시키려고 애썼다. 마카리우스Macarius는 언젠가 이렇게 가르쳤다.

"수도자가 멸시를 칭찬으로, 가난을 부로, 굶주림을 잔치로 여긴다면, 결코 죽지 않으리라는 것, 이것이 진리다."[44] 그러므로 그들이 극단적으로 세상과 거리를 두는 것은 이상한 일이 아니었다. 그들은 스파르타식 식단으로 먹었고 잠을 최대한 줄였으며(때로는 눕기를 거부하면서) 격리되어 살았다. 수다와 허튼소리의 유혹을 극복하려고 3년 동안이나 입속에 돌을 넣고 지내는 수도사도 있었다.

사막 성자들은 결혼과 성을 영적 삶의 실질적인 적으로 여겼다.[45] 그래서 가능하면 아예 결혼을 피하려고 했다. 더러는 부모의 기대를 극복하려고 속임수와 간계를 취하기도 했다. 이 시점에서 신클레티카의 이야기를 떠올려 보자. 콘스탄티노플의 부유한 가정에서 태어난 신클레티카는 같은 도시에 사는 저명한 시민과 결혼 약속이 되어 있었다. 신클레티카는 하나님께 한 서원을 완수하기 위해 결혼 전에 성지 순례를 떠나도 되는지 아버지에게 물었다. "저는 거기서 주님을 예배하며 처녀 시절을 보내기로 약속한 적이 있습니다. 그러니 제 행복을 바라신다면 계획을 막지 말아 주세요, 아버지. 그렇지 않으면 이 일로 제게 악한 일이 생길지도 모릅니다."[46] 그러자 아버지는 동의했고, 많은 사람들이 그녀를 수행했다. 그녀는 사막 성자들이 사는 동굴을 비롯하여 여러 성지에서 예배했고 가난한 사람들에게 큰돈을 나누어 주었다.

그 와중에 신클레티카는 "하찮은 삶의 기만에 종지부를 찍기" 원하면서 도피를 꾀했다.[47] 두 통의 편지를 써서 하나는 부모에게, 다른 하나는 자기 시종에게 보냈다. "저는 우주의 하나님께 스스로를 바쳤습니다. 그러니 더 이상 저를 찾지 마세요. 찾을 수도 없을 테니까요. 저는 여기를 떠나 하나님이 인도하실 곳으로 갑니다."[48] 그녀는 수행원들을 슬그머니 떠나 그 도시에서 도망친 다음 한 아빠를 찾아가 독거하며 살 수 있게 도와 달라고 부탁했다. 노인은 그녀를 위해 기도하고 책을 주며 옷을 입혔다. 그런 다음 그녀를 사막으로 떠나보냈다. "나는 모든 염려를 주께 맡기고 사막으로 떠난 다음 사람의 눈에 띄지 않게 해 달라고 기도했다."[49] 그녀는 동굴 하나를 발견해 거기서 28년 동안 살다가 어느 방랑하는 아빠의 눈에 띄었다. 그는 그녀를 빛나는 빛과 성결이라고 묘사했다.

그러나 대다수의 사막 성자들에게 금욕이라는 행동 양식은 처음 생겨났을 때보다 훨씬 더 인간적이고 정상적이었다.[50] 모든 사막 성자는 유명한 안토니우스를 비롯하여 멘토나 아빠의 영향을 받았다.[51] 아빠는 찾아온 영적 견습생에게 혹독한 제자도를 소개했고 기독교 교리도 가르쳤다. 그러나 우월한 존재라도 되는 듯 자기 뜻을 제자들에게 강요하는 일은 하지 않았다. 대신 제안하고 격려하고 사막의 지혜를 나누어 주었으며, 무엇보다도 본을 보였다.[52] 거의 안토니우스만큼이나 유명한 아빠 포이멘은 아빠들에게 그들이 설교한 것을 실천하라고 경고했다. "네 마음을 가르쳐 네 혀로 다른 사람에게 가르친 것을 지키라…사람들은 설교할 때는 탁월하게 보이려고 노력하지만, 정작 설교한 것을 실천하는 데는 덜 탁월하다."[53]

스승과 제자는 전적으로 구술로 소통했다. 이로 인해 상당한 관계망이 생겨났는데, 이는 그들이 소중히 여기며 추구했던 홀로 됨에 맞는 유용한 교정책이었다. 실제로 사막 성자들이 가장 집중적으로 모였던 이집트 지역—스케티스, 니트리아, 켈리아—에서 제

설교하는 안토니우스

자들은 일요일에 모여 예배하고 성체를 받고 가르침을 들었을 것이다. 젊은 제자들은 질문을 던지고 아빠들은 답했을 것이다. 시간이 지나면서 이러한 가르침은—암송, 묵상, 연구, 전파되면서—구전되었다. 그 권위는 성경에 대한 충실도 그리고 유명한 아빠들이나 암마들의 이름과의 연관성에 근거했다. 스케티스의 에시아스Esias는 말했다. "형제들아, 연로한 스승들과 교제하면서 내가 듣고 본 것은 무엇이든 너희에게 전했다. 아무것도 덧붙이지 않았고 아무것도 떼어 내지 않았다. 그러므로 그들의 발자취를 따라가면서, 그들의 유업을 공유할 가치가 있다고 여기게 될 것이다."⁵⁴

위대한 스승의 죽음이 다가오면 이러한 금언들을 모아서 글로 옮겼고, 이것이 『사막 교부들[과 교모들]의 금언집』The Sayings of the Desert Fathers, 두란노으로 알려졌다.⁵⁵ 요한 카시아누스John Cassian와 같은 다른 작가들은 동일 전승의 가르침을 더 세련되고 조직적인 형태로 보존하고 설명하기 위하여 더 정교한 신학 작품 『담화집』The Conference, 은성을 썼다.⁵⁶ 이 운동으로 교회를 위한 여러 세대의 지도자들이 배출되기에 이르렀다. 4, 5세기에 교회를 섬겼던 여러 유명한 주교들—

히포의 아우구스티누스와 투르의 마르탱Martin of Tours, 푸아티에의 힐라리우스Hilary of Poiters, 알렉산드리아의 아타나시우스, 요한 크리소스토무스—은 상당 기간 격리되어 지내며 '훈련'을 실천했다. 심지어 교회의 직분을 맡은 후에도 그랬다. 그들이 사막에서 경험한 것은 높은 지위를 감당하기 위한 준비에 도움이 되었다. 야망, 욕심, 권력욕에서 떠나 교회의 종으로서 주교의 책무를 다했다. 그들이 미친 영향력은 사막의 힘을 입증했다.[57] 여자들도 사막 성자가 됨으로써 교회에서 높은 지위를 얻었는데, 이로써 사회가 그들에게 부여한 전통적 역할을 초월했다. 그들은 조언자, 보호자, 수도원 창설자, 가난한 사람의 종으로 섬겼다.[58]

사막 성자들은 일과 기도, 독거의 리듬을 따랐다. 작은 돌 오두막이나 동굴에서 살았고, 기본 생필품을 조달하기 위해 모종의 수공일—예컨대, 담요나 바구니 짜기—을 했다. 사용하지 않거나 먹지 않은 것은 거저 주어 가난한 사람들을 도왔다. 자신이 보통 그들보다 더 가난했지만 말이다. 기도도 했는데, 일하면서도 기도함으로써 "쉬지 말고 기도하라"는 성경의 명령을 이행했다. 반년이나 가는 마른 빵, 물, 소금, 약간의 기름, 신선한 채소, 렌즈 콩이 그들이 먹는 음식이었다. 교회력에 따라 금식했고 성경을 듣고 암기하고 묵상했다. 성경이 몇 권 되지 않았으므로 암기에 전념해야 했다. 일요일이면 예배를 위해 모였고, 목사가 있을 때는 성찬을 받았다. 엄격하든 적당히 완화되든 차이는 있겠지만, 그들의 일상생활은 한마디로 금욕 실천을 특징으로 했다.

무정념: 요동치 않는 평정

그러나 그와 같은 금욕은 아무리 의도가 좋더라도 선 못지않게 악을 유발할 수 있었다. 일부 사막 성자들은 광신자가 되어 운동 전체의 명성을 더럽혔다. 이교 사원을 약탈하거나 파괴했고 난동을 일으키기도 했다. 확산하거나 세우라는 허락이 나지 않은 오두막을 짓고, 여러 날 동안 잠도 자지 않고 지내고, 수척해질 때까지 금식하는 사람도 있었다.[59] 아이러니하게도 사막 성자들은 자신이 아주 끈기 있게 실천했던 바로 그 훈련과 연관된 유혹을 경계해야 했다. 이 운동의 위대한 스승들은 그와 같은 광신을 잘 알고 종종 비판했다. 몸의 훈련은 목적이 아니라, 수단에 불과했다. 정념이 진짜 적이었다. 정념을 지배하기 위해서는 에바그리우스가 말한 "요동치 않는 평정" 상태 혹은 성 안토니우스의 전기에서 언급한 완전한 "평형 상태"에 도달해야 했다.

이런 이유로 사막 성자들은 지나침보다 중용을 높이 평가했다. 일부 스승들은 곧잘 다음과 같이 말하곤 했다. "자기 의지로 천국으로 올라가는 젊은이를 보거든 발을 잡아 땅으로 끌어내리라. 그에게 유익하지 않기 때문이다."[60] 영적 삶에 대해 지나치게 열심인 듯 보이는 사람들을 조롱하는 말이 아니다. 『사막 교부들의 금언집』에 나오는 많은 우스개 이야기들 중 하나를 보자. 한 젊은이가 시나이 산에 있는 아빠 실바누스Silvanus에게 가서 일상의 노동과 같이 품위 없고 쓸데없고 영적이지 않은 일을 하느라 시간을 허비하는 형제들에 대한 우려를 표했다. 젊은이가 여러 성경 구절을 인용하여 "마리아는 이 좋은 편을 택하였으니"(눅 10:42) 참제자라면 일상 허드렛일이나 하면서 시간을 허비하지 말고 기도해야 한다고 했다. 아빠 실바누스는 조수를 불러 말했다. "이 젊은이를 아무것도 없는 독방에 넣게나." 그날은 아무 일 없이 지나갔다. 그러나 늦은 오후가 되자 배가 고파진 젊은 제자는 왜 아무도 자기에게 먹을 것을 가져다주지 않는지 궁금했다. 그래서 아빠 실바누스를 찾아가 형제들이 아직 식사를 하지 않았는지 물었다. 실바누스가 대답했다. "이미 다 식사를 마쳤다네." 젊은이가 물었다. "왜 저를 부르지 않으셨죠?" 실바누스가 대답했다. "자네는 영적인 인간이니 음식이 필요 없지 않나. 우리는 세속적이고 먹기를 원하기 때문에 우리 손으로 일한다네." 그런 다음, 정곡을 찌르며 젊은이가 우월함을 드러내려고 사용했던 바로 그 본문을 인용했다(아마도 농담조로). "그런데 너는 좋은 편을 택하여 하루 종일 읽고 세상 음식을 취하고 싶어 하지 않는구나." 젊은이는 마음 깊이 찔린 나머지 실바누스 앞에 엎드려 회개했다. 실바누스는 한마디 더 언급했다. "내 생각에 마리아에게는 언제나 마르다가 필요하고, 마르다의 도움 덕분에 마리아가 칭찬을 받은 것이지."[61]

사막 성자들은 지나친 금욕도 비판했다. 아빠 포이멘은 참된 금식을 위해 반드시 음식 없이 지낼 필요는 없다고 말했다. "모든 사람이 매일 원하는 양보다 약간 덜 먹었으면 좋겠네." 그는 동료 제자에게 자신의 젊은 시절 행동을 언급하면서 자신이 여러 날 동안 계속 금식하곤 했다고 말했다. "위대한 장로들은 이 모든 것들을 시험하고 나서, 매일 먹는 것이 좋지만 어떤 날에는 약간 덜 먹는 것이 좋다는 것을 깨달았지. 그리고 이것이 쉽고 부담이 없기 때문에 그야말로 왕도임을 보여 주었지."[62] 사막 전통의 또 다른 이야기에는 열성적 제자 세 명이 스케티스에 있는 스승을 방문하는 장면이 있다. 첫 번째 제자가 성경 전체를 암송할 수 있다고 뽐내자, 스승이 말했다. "자네는 허공을 말로 채웠군." 두 번째 제자가 손수 성경 전체를 베꼈다고 자랑하자, 스승은 그가 책꽂이에 늘어놓을 책만 더 많이 만들어 냈을 뿐이라고 반박했다. 세 번째 제자는 굴뚝에서 풀이 자란다고 말해, 겨울에도 작은 처소에 불을 때지 않았음을 드러냈다. 그러자 스승이 대꾸했다. "자네는 환대를 거부했군."[63] 기독교 역사에서 어떤 운동도 금욕으로는 사막 성자들을 넘어서지 못했지만, 사막 운동의 스승들은 지나침의 위험성(예를 들어, 큰 덕보다 큰 공적을 이루는 것)을 인식하면서 공동체에 적당한 목표를 가지라고 당부했다. 이를 가장 잘 요약한 사람은 아빠 모세일 것이다. 금식이건 탐식이건, 철야건 지나친 잠이건, "스승들의 말처럼 지나침은 모두 하나같이 유해하다."[64]

놀랍게도 『사막 교부들의 금언집』에는 사막이 신앙 훈련에 반드시 유일하거나 최선의 장소는 아님을, 성숙한 제자가 되는 데 엄격한 훈련을 실천하는 것이 유일하거나 최선의 방식은 아님을 드러내는 이야기들이 많다. 하나님은 실제로 어떤 조건이든 사용하셔서 우리 안에서 심오한 사역을 하심으로써 우리가 요동치 않는 평정 상태에 도달하도록 도우실 수 있다. 제자도에 대한 진정한 시험은 신자들이 어디에 있든, 사막에 있든 도시에 있든, 독신으로 있든 결혼을 했든, 홀로 있든 공동체로 있든, 그들이 하나님을 위해 어떻게 사는가와 관련된다. 가장 훌륭한 사막 이야기들 중에는 이런 것도 있다. 아빠 마카리우스는 자신이 가까운 도시에 사는 두 여인만큼 성숙하지 못하다는 음성을 들었다. 마카리우스는 즉시 도시로 찾아가 두 여인에게 물었다. "어떻게 신앙생활을 하는지 말해 주세요." 그의 질문에 놀란 여인들은 결혼 생활을 한 지 15년 되었는데, 지난밤에는 남편과 성관계를 맺었다고 말했다(마카리우스에게 충격과 불쾌감을 줄 수 있었던 발언이다). 여인들은 남편에게 금욕 생활을 할 수 있는지 물었지만 거절당했다. 그래서 아내로서 하나님을 위해 신실하게 살기로 작정하고, 자신이 아는 모든 사람에게는 물론 특히 서로에게 친절을 베풀고 상냥하게 말하기로 결정했다. 그러자 마카리우스가 말했다. "실로 처녀건 결혼한 여자건, 수도사건 세상 속에서 사는 사람이건 중요하지 않습니다. 하나님은 그들의 목적이 얼마나 진지한지에 따라 모든 사람에게 자신의 성령을 주셨습니다."[65]

아가페: 덕의 목표

고투 자체는 목적이 아니라 수단이었다. 고투가 지속될 수는 있지만 영원하지는 않았을 것이다. 그 목적은 내적 변화였으며, 특히 지고의 덕목—겸손과 자비(혹은 사랑)—으로 나타났다. "어떻게 해야 하나님을 발견할 수 있습니까?" 젊은 제자가 스승에게 물었다. 금식을 할까요? 노동을 할까요? 철야를 할까요? 노(老)스승은 많은 사람들이 이런 훈련을 실천하지만 분별력이 없어 유익을 얻지 못한다고 대답했다. "금식으로 입에서 악취가 나고, 성경을 모두 익히고 시편을 다 외우더라도 우리에게는 여전히 하나님이 원하시는 겸손과 자비가 없구나."[66]

겸손이 필요했던 것은, 사막 성자들이 자신의 영적 열정 때문에 교만해지는 것을 막고 일반 그리스도인들보다 자신이 더 하나님의 사랑을 받을 만하다고 생각하는 것을 막기 때문이었다. 한번은 마귀가 빛의 천사로 한 제자에게 나타나 자기가 천사 가브리엘이라고 했다. 그러나 그 제자가 말했다. "다른 사람을 찾아온 것은 아닌지 확인해 보십시오. 저는 천사가 찾아올 만큼 대단한 사람이 아닙니다."[67] 마카리우스가 젊은 여인을 유혹한다는 비난을 받은 일도 있었는데, 그 때문에 그 여인과 그의 명성에 해를 입었다. 그런 비난이 잘못된 것이었지만 마카리우스는 자기를 방어하지 않았다. 대신 그녀의 필요를 채워 주었는데, 이는 그에게 정말로 잘못이 있다는 인상을 주었다. 시간이 흘러 진실이 밝혀지면서 마카리우스의 결백이 입증되었다. 그러나 그는 자신에게 돌아올 칭찬을 피해 도망쳤다.[68]

자비가 궁극적 목적이었는데, 무엇보다도 희생적 섬김으로 나타났다. 예컨대, 세라피온Serapion은 사복음서가 들어 있는 책을 팔아 가난하고 굶주린 사람에게 돈을 주었다. 나중에 그가 말했다. "나는 내가 가진 모든 것을 팔아서 가난한 자에게 주라고 말하는 그 책을 팔았습니다."[69] 언젠가 젊은 제자 하나가 아빠에게 엿새를 내리 금식한 사람과 아픈 자를 돌본 사람 중 하나님이 누구를 더 받아 주시는지 물었다. 노스승은 대답했다. "엿새 동안 금식한 그 형제가 콧구멍을 꿰어 달더라도 아픈 자를 돌본 사람과 결코 같을 수 없다네."[70] 환대는 자비를 드러내는 확실한 표지이므로 특별히 가치 있게 여겼다. 사순절 기간에 금식을 어겼다고 비난받은 스승이 말했다. "나는 지금까지 금식을 해 왔지만, 여러분에게 언제까지나 금식만 하라고 할 수는 없습니다. 금식이 유용하고 필요하긴 하지만, 우리는 금식을 할지 말지를 선택할 수 있습니다. 하나님의 법은 우리에게 완전한 자비를 요구합니다. 나는 여러분 안에서 그리스도를 영접합니다. 그래서 여러분에게 자비의 직무를 보여 주기 위해 최선을 다해야 합니다."[71] 5세기의 아빠 금욕자 성 마가는 어째서 아가페가 **금욕**과 **무정념**의 궁극적 목표인지 말했다. "그러므로 모든 계명 중 가장 포괄적인 것은 하나님과 이웃을 사랑하는 것입니다. 이 사랑은 물질적인 것들을 절제[금욕]하고 생각의 고요[**무정념**]를 통해서 견고해집니다."[72]

아가페가 드러나는 것은 사막에만 국한되지 않았다. 놀랍게도 사막 성자들은 폭넓은 사람들에게 영향을 미쳤다. 즉 물리적인 격리가 언제나 사회적 배척이나 영적 부적절성으로 이어지지는 않았

사막 교부들의 금언

"대수도원장 아나스타시우스Anastasius는 값이 18펜스 나가는 아주 고운 양피지에 쓴 책 하나를 갖고 있었는데, 신구약 전체가 실려 있는 책이었다. 어느 날, 어떤 형제가 그를 방문하러 와서 그 책을 보고는 훔쳐 달아났다. 그날, 대수도원장 아나스타시우스가 자기

책을 읽으러 갔다가 그 책이 벌써 사라졌고 그 형제가 훔쳐 갔다는 사실을 알았다. 그러나 아나스타시우스는 사실을 캐내려고 그를 잡으러 사람을 보내지 않았다. 그 형제가 도둑질에 위증까지 할지도 모른다고 걱정했기 때문이다. 한편, 그 형제는 책을 팔러 가까운 도시로 내려갔다. 그가 부른 가격은 16펜스였다. 구매자가 말했다. '그 책을 줘 보시오. 그게 그만 한 가치가 있는지 살펴보겠소.' 그렇게 말하고는 존경하는 아나스타시우스에게 그 책을 가져가 말했다. '아빠여, 책을 한번 보시고 16펜스에 사야 한다고 생각하시는지 말씀해 주십시오. 그만 한 값이 나갑니까?' 대수도원장 아나스타시우스는 말했다. '물론이죠, 좋은 책입니다. 그만 한 값이 나가고 말고요.' 그래서 그는 그 형제에게 돌아가 말했다. '돈 받으시오. 그 책을 대수도원장 아나스타시우스에게 보였더니 좋은 책이고 최소한 16펜스 값은 나간다고 하시더군요.' 그러자 그 형제가 물었다. '그분 말씀이 그게 전부였나요? 다른 말씀은 없으셨나요?' 구매자가 말했다. '네, 아무 말씀도 없으시던데요.' 그 형제가 말했다. '그렇다면 제 생각을 바꾸죠. 이 책을 팔고 싶지 않습니다.' 그러고는 대수도원장 아나스타시우스에게 급히 찾아가 책을 도로 받아 달라고 눈물로 애원했다. 그러나 대수도원장 아나스타시우스는 그 책을 사양하며 말했다. '형제여, 평안히 가게. 그것을 자네에게 선물한 셈으로 치겠네.' 그러나 그 형제는 말했다. '이 책을 도로 받지 않으시면 제게는 어떤 평화도 없을 것입니다.' 그 일 이후로 그 형제는 나머지 일생을 대수도원장 아나스타시우스와 함께 지냈다."

(토머스 머튼 편집, 『사막의 지혜』)

음을 입증한다. 사람들은 사막에서 하나님을 찾으려고 모든 것을 버린 기이한 남녀들에게 매료되었다. 많은 사람들이 이 운동에 합류했다. 실제로 그 수가 너무 많아서 오늘날의 연구자들은 사막이 도시만큼이나 북적거렸다고 평했다. 사막 성자들이 세상에서 격리된 만큼 믿을 만한 조언자 역할을 해 줄 것이라는 믿음에서 그들의 조언을 구하는 사람들도 있었다. 그래서 심지어 로마의 기둥 위에서 30년가량 살았던 위대한 주상고행자 시메온도 부자와 권력자의 고문이자 멘토가 되었다. 이따금씩 사막 성자들은 궁핍한 사람들을 섬기고, 불의에 항거하고, 이단들과 싸우고, 교회의 타협상에 반하는 증언을 하려고 다른 도시로 이동하기도 했다. 그들은 사회 주변부에 머물러 있으면서도 주류에 도전과 위로를 주고 봉사하는 역할을 하였다.[73]

오늘날의 사막

이 기이한 운동이 문자 그대로 사막에 살지 않을—그럴 수 없을—우리에게도 여전히 현실 적합성이 있는가? 우리 중 사막 성자가 될 사람은 거의 없을 것이다. 우리가 머무를 곳은 다를 것이다. 가정과 학교와 일터일 것이다. 그러나 직면하는 고투는 같다. 우리 역시 세상, 육신, 마귀와 맞서 싸워야 한다. 우리 역시 내면의 어둠, 끈질긴 자기중심성과 맞서야 한다. 사막 성자들은 모종의 사막으로 들어감으로써 이러한 고투에 과감히 정면으로 마주하라고 도전한다. 사막에서 우리는 예수님처럼 안전, 산만함, 위안이 제거된 채 마귀와 맞서며 살아 있는 하나님을 만날 것이다. 그러한 혹독한 고투의 자리에서는 실제로 억제되지 않은 죄의 치명적 결과들 같은 더 심각한 문제들을 직면하지 않을 수도 있다. 심리 치료사 스캇 펙M. Scott Peck은 여러 해 전, 자신의 베스트셀러『아직도 가야 할 길』The Road Less Traveled, 열음사에서 "삶은 고해苦海다"라고 썼다. 그리고 인간 본성 역시 어렵다고 덧붙였다. 인간 영혼의 어둠이야말로 실제적이고 궁극적인 원수다.

또한 사막은 현대 문화가 영적 삶에 얼마나 비우호적인지 보여준다. 현대 문화는 너무 바쁘고 너무 야망에 가득 차 있고 너무 방자하게 살도록 부추긴다. 우리에게는 결코 만족이란 없는 것 같다. 그래서 언제나 더 많은 것을 원한다. 가톨릭 개종자이자 트라피스트 수도자이며 헌신된 사막 성자 연구자인 토머스 머튼Thomas Merton은 사람들이 활동과 성공을 끊임없이 필요로 하는 것 같다고 보았다. 미칠 듯한 속도로 질주하는 삶은 영적 건강을 위협한다. 머튼은 많은 사람들이 영적 삶에서 진보하지 못하는 것은 "그들이 중요한 것처럼 보이는 활동과 사업에 매달리기 때문"이라고 말했다. 그래서,

> 끊임없는 활동에 대한 욕망, 결과에 대한 노골적 갈망에 굶주린 끝없는 성취욕, 가시적이고 만질 수 있는 성공에 대한 욕망으로 눈이 먼 채, 동시에 열두 가지 일로 바쁘지 않고는 하나님을 기쁘시게 한다고 믿을 수 없는 상태에 빠져든다.[74]

사막 성자들은 고독을 추구함으로써 이러한 문화적 가치를 거부하라고 요청한다. 고독은 우리를 현대 문화로부터 분리시킴으로써, 현대 문화의 유혹하는 힘에 넘어가기 쉬운 우리의 연약함을 인식하고 드러내며 그와 겨룰 수 있게 해 준다. 아빠 안토니우스는 언젠가 말했다. "독거하며 평온한 사람은 세 가지 전투―듣고 말하고 보는 전투―에서 해방된다. 그다음에는 오직 하나의 전투―마음의 전투―만 있을 것이다."[75] 사막 성자들처럼 우리도 사막으로 물러나야 한다. 그러나 그것은 다른 종류의 사막일 가능성이 높고, 다른 종류의 희생을 요구할 가능성이 높다. 덜 두드러지지만 필요성과 의미는 덜하지 않은 그런 희생이다. 영웅적 공적이라 해서 날마다 자신을 하나님께 복종하기 위한 미묘하고 신중한 선택보다 유용하지는 않다. 사막은 우리로 하여금 우리의 욕구를 제어하고, 마귀의 유혹에 저항하며, 하나님의 얼굴을 찾지 않을 수 없게 한다.

겸손하게 시작해야 한다. 텅 빈 예배당 안에서 한 시간 동안 완전히 침묵하거나, 일터로 가기 전 아침에 30분 동안 기도하거나, 사순절 동안 후식을 먹지 않고 지내거나, 한 달 동안 텔레비전을 보지 않거나, 한 달에 한 번 도시 빈민 사역을 돕거나, 자선 목적으로 수입의 2-3퍼센트를 더 기부하거나, 일주일에 하루저녁은 떼어 놓고 좀처럼 초대받지 못하는 사람을 집으로 초대하라. 예수님은 적은 일에 충성한 사람이 많은 일에도 충성할 것이라고 말씀하셨다. 시간이 흐르면서 이러한 '적은' 행위에서 큰 변화가 생길 수도 있다. 그 모든 것의 끝이 어디일지 누가 알겠는가?

언젠가 마르틴 루터Martin Luther는 "자아가 죽기란 언제나 어렵다"

고 말했다. 자아가 죽기 힘든 것은, 자아가 즉각적 욕구는 충족시키지만 길게 보면 영혼의 삶을 파괴하는 마음과 몸의 습관을 포기하지 않기 때문이다. 자아가 제아무리 거부한다 할지라도 여전히 자아는 죽어야 한다. 세상, 육신, 마귀, 내면의 어둠에 맞서 고투할 때 자아는 죽을 것이다. 역경을 통해 고투가 닥칠 때는 그 고투를 감수해야 한다. 하나님이 우리에게 우리의 욕구를 훈련하고 우리에게 원하시는 선한 일을 훼손하려고 위협하는 유혹에 저항하며 우리의 자기중심성을 자백하라고 요청하실 때, 우리는 그 고투를 선택해야 한다. 무엇보다도 시편 기자가 기도했던 것을 날마다 기도해야 한다.

> 하나님이여 나를 살피사 내 마음을 아시며
> 　나를 시험하사 내 뜻을 아옵소서.
> 내게 무슨 악한 행위가 있나 보시고
> 　나를 영원한 길로 인도하소서. (시 139:23-24)

실천

- 누가복음 4:1-13을 읽으라.
- 하나님은 우리를 창조하실 때 욕구를 주셨다. 그러나 욕구에 지배받는 것은 하나님의 의도가 아니다. 당신의 삶을 지배하는 욕구는 무엇인가? (먹고 마시는 것, 성, 도구, 텔레비전, 쇼핑, 골프, 스마트 기기, SNS, 잡담 등)

- 일정 기간 동안 그것을 끊는 데 전념하라.
- 그 욕구를 채우는 대신 적절한 성경 구절을 외우고, 당신이 그토록 필사적으로 열망하는 것이 전혀 없는 세계의 다른 지역을 위해 기도하라.

4. 리듬
: 수도원 운동의 영성

> 믿는 사람이 다 함께 있어 모든 물건을 서로 통용하고…
> 날마다 마음을 같이하여 성전에 모이기를 힘쓰고
> 집에서 떡을 떼며 기쁨과 순전한 마음으로 음식을 먹고
> 하나님을 찬미하며 또 온 백성에게 칭송을 받으니.
> (사도행전 2:44, 46-47)

수도원은 1,500년 전에 그랬듯, 오늘날에도 많은 역할을 한다. 일과, 예배, 매일의 노동, 경내 설계, 연구, 훈련, 영적 독서 lectio divina 관행은 수도원 제도가 로마 세계에서 시작되던 때 정립된 것과 동일한 양식을 따른다. 아마 서구 문명의 다른 어떤 제도보다도 더 전통을 구현한 것이 수도원일 것이다. 수도원이 가장 많이 눈에 띄는 유럽뿐 아니라 미국 및 다른 기독교 세계에서도 여전히 수도원은 중세 시대에 그랬듯 전경을 수놓고 있다. 나는 워싱턴 주 스포케인에 사는데, 도시 안팎에 있는 수도원을 예닐곱 개 알고 있다. 그러나 대부분의 사람들에게는 수도원 시설이 눈에 잘 띄지 않는다. 매일 그 옆을 지나가면서도 알아차리지 못한다. 이름은 알더라도 내막에 대해서는 거의 모르고 관심도 없을 것이다. 미국 그리스도인들 가운데 수도회에 속한 사람을 아는 사람은 거의 없고, 수도

원 운동의 역사에 대해 이해하는 사람도 거의 없으며, 그 풍부한 유산의 진가를 아는 사람도 거의 없다. 우리는 수도원을 마치 고대 유적이나 골동품 정도로 취급한다.

물론 언제나 그랬던 것은 아니다. 수도원 운동은 12세기 유럽에서 전성기에 이르렀고 그 후로는 꾸준히 쇠락해 왔다. 19세기에 있었던 부흥을 비롯해 그동안 의미 있는 부흥이 여러 번 있긴 했지만 말이다. '고' 중세1050-1300년로 알려진 시대에는 수천 개의 수도원이 유럽의 전경을 수놓았고 유럽 문화 속에서 지배적 역할을 했다. 수도원을 중심으로 도시가 성장했는데, 오늘날까지도 수도원이나 최소한 그 유적들이 유럽 도시 한복판에 자리 잡고 있는 이유를 설명해 준다. 수도원은 한때 큰 토지를 소유했고, 수도사들은 이를 비옥한 농장과 목장, 포도원으로 전환했다. 수도사들은 숙련 기술직의 장인도 되었고, 기술을 잘 활용하여 가구와 포도주와 옷 같은 상품을 생산했다. 큰 도서관에서는 원고를 필사하고 꾸미고 분류하고 보관했다. 또 그림, 모자이크, 조각품, 유품, 다른 문화 유물을 모았고, 학교를 세워 사람들이 읽고 쓰도록 가르쳤으며, 선교사들을 파송하여 이방인 집단을 전도하여 기독교로 개종시킴으로써 가장 어두운 시기에 서유럽 복음화에 일조했다. 한마디로 수도원은 서구 문명의 유산을 보존하고 확산했다. 우리는 우리가 매우 가치 있게 여기는 유산을 보존하는 데 수도원 제도에 큰 빚을 졌다.

그러나 우리가 진 빚은 그보다 더 깊어서, 우리는 심오하게 영적인 무엇을 접할 수 있게 되었다. 수도원은 시초부터 기독교적 시간관을 바탕으로 하루, 주간, 연간 리듬을 수립한 이래 줄곧 그것을 유지해 왔다. 다시 말해, 모든 시간이 하나님께 속하고, 종교와 세속 양면에서 우리의 임무를 다함으로써 하나님을 높이고 섬길 때만 우리의 시간 사용이 의미 있음을 보여 주려는 듯 시간을 성별했다.[1] 수도원의 리듬은 인간 창조의 기본 목적을 구성하는 두 가지 활동인 기도와 노동의 균형을 맞춘다. 하나님은 기도 속에서 당신의 얼굴을 찾고, 세상 속에서 당신의 일을 하라고 우리를 부르신다. 수도원 영성으로 하나님이 우리를 창조하신 목적을 완수하고자 한다면 두 가지 활동을 **모두** 실천해야 함이 분명해진다.

한때 예수회 사제였다가 옥스퍼드에서 시를 가르치는 교수가 된 피터 레비Peter Levi는, 수도원이 독특한 제도로 구별된 것은 이러한 리듬 의식 때문이라고 주장한다. 레비가 처음 그 리듬을 접했을 때는 억압적이라고 생각했다. 그러나 인간을 자유롭게 하려는 의도가 있음을 깨닫고 결국 마음을 바꾸었다. "만일 [수도원에서] 한 주나 한 달을 보낸다면, 시간에 대한 다른 척도와 양식을 강요받는데, 처음에는 마치 감옥에 갇힌 것처럼 거부하게 된다. 그러나 새로운 시간 척도를 받아들이면, 그것은 뼛속으로 스며들고 정신 속으로 파고든다." 레비가 관찰한 것처럼, 수도원의 리듬은 눈코 뜰 새 없이 돌아가는 속도를 "평온하고 서두르지 않고 단연 지배적인 리듬"으로 대체했다. "특별히 방해받지는 않지만 특별히 리듬이 있는 시간에 대한 의식은 수도원 생활과 다른 어떤 생활 사이의 가장 큰 차이다." 레비는 이러한 리듬이 수도원의 가장 두드러진 양상인 수도 예전에 기초한다고 생각한다. "날의 리듬 너머에는 계절과 축일이라는 기본 리듬이 있다. 예전이 리듬을 조율한다. 무엇보다도 밤 시간과 이른 아침 시간을 조율한다."[2]

나는 다른 어떤 장보다 이 장에 각별한 애착이 간다. 수도원 방문으로 내 생명이 구원받았고, 인생의 어려운 시기가 닥쳐올 때면 수도원 리듬을 따름으로써 위안을 찾고 평정을 회복했다. 지역 수도 공동체의 원장인 플로렌스 수녀가 내 상황에 대해 듣고는 나에게 맞는 수도원 사역을 해 주기로 했다. 플로렌스는 편지를 써서 내가 원할 때면 언제든 공동체 생활로 들어오라고 초대했다. 나는 그 제의에 응했다. 처음 방문했을 때 마치 익숙한 곳으로 돌아온 것 같은 느낌이 들었다. 이후 여러 해 동안, 여러 차례 수도원을 방문했다. 나무가 들어선 산허리에 있는 작은 처소에서 여러 시간을 보냈다. 침묵하며 앉아 울고 기도하고 하나님과 씨름하며 삶의 방향을 살펴보았다. 이따금 플로렌스 수녀를 만나서 대화하고 기도했다. 한마디 말도 하지 않았던 그녀와의 대화가 기억난다. 실제로 그리 자주 방문하지는 않았지만, 그 작은 수도원이 내게는 두 번째 고향 같아졌다. 그리고 내 삶의 새로운 방향을 찾는 데 도움을 주었다. 내가 할 '일'은 분명 내 삶을 일으켜 세우고 자녀들을 돌보는 것이었다. 수도원 경험으로 나는 기도의 삶에도 전념하게 되었다. 한동안 어떻게 기도해야 좋을지 몰랐지만 말이다. 수녀들은 나를 위해 기도해 주었는데 지금까지도 그런다. 그와 같은 '일'과 '기도'의 리듬을 통해 나는 내 인생에서 가장 혹독하고 고독한 몇 달간을 버틸 수 있었다.

성경적 리듬

리듬은 성경적 신앙의 핵심이다. 하나님은 창조의 첫 순간부터 리듬을 정하셨다. 창조 이야기 자체부터 리듬 있는 양식을 따른다. 하나님은 날—일곱 날 중 첫 번째 날—을 창조하셔서 자신의 위대한 일을 수행할 시간적 공간을 마련하신다. "저녁이 되고 아침이 되니 이는 첫째 날이니라." 그런 다음 둘째 날, 그다음 셋째 날, 그리고 여섯째 날까지 이어진다. 창조가 여섯 악장으로 구성된 일종의 교향곡인 것처럼 말이다(창 1장). 하나님은 창조를 다 마치시고 두 번째 종류의 리듬을 설정하셨다. 이는 주간이라는 리듬으로서, 우리가 아는 한 천체 운동에 기초하지 않은 유일한 시간 구분이다. 7일로 이루어진 한 주는 하나님이 그렇게 창조하셨기 때문에 존재한다. 자연을 통해서는 왜 7일이어야 하는지 그 이유를 알 수 없다. 닷새일 수도 있었고, 열흘일 수도 있었고, 심지어 더 많은 날일 수도 있었다.

> 천지와 만물이 다 이루어지니라. 하나님이 그가 하시던 일을 일곱째 날에 마치시니 그가 하시던 모든 일을 그치고 일곱째 날에 안식하시니라. 하나님이 그 일곱째 날을 복되게 하사 거룩하게 하셨으니 이는 하나님이 그 창조하시며 만드시던 모든 일을 마치시고 그날에 안식하셨음이니라. (창 2:1-3)

하나님은 그렇게 엿새는 일하고 하루는 안식하고 예배하고 기도하는 7일의 리듬을 정하셨다. 하나님은 세상을 창조하신 다음 안식하셨고, 인간 피조물도 똑같이 행하기를 기대하신다. 제4계명에서 하나님의 백성은 이러한 하나님의 리듬도 따라야 한다고 명한다(출 20:8-11).

또한 히브리인들은 영적 원리를 바탕으로 연간 리듬도 따랐다. 하나님이 이집트에서 종노릇하던 데서 자신들을 어떻게 구출해 주셨는지 기억하기 위해 유월절을 기념했고, 하나님의 기사를 상기시켜 주는 다양한 상징들(문설주에 바른 피, 무교병, 쓴 나물)을 사용했다. 봄에는 칠칠절(나중에는 오순절로 알려진), 가을에는 신년절을 기념함으로써 수확의 시작과 끝 무렵에 하나님의 공급하심을 상기했다. 마지막으로 욤 키푸르Yom Kippur, 곧 속죄일을 준수하여 죄를 고백하고 공동체에서 악행을 제거하고 정결하게 해 주신 하나님께 감사했다(신명기를 보라). 나중에 다른 연간 축일들이 더해졌는데, 대개 이스라엘의 역사 속에서 하나님이 계속 일하신 결과였다. 예컨대, 부림절은 하나님이 어떻게 에스더를 사용하셔서 유대인들이 말살당하지 않게 보호하셨는지 기념하고, 하누카는 하나님이 어떻게 마카베오를 사용하셔서 이스라엘의 독립을 쟁취하셨는지 기념한다. 이런 식으로 이스라엘 백성은 해마다 순환되는 종교 기념일을 따르면서 하나님이 그들을 위해 무엇을 하셨고 그분의 택한 백성으로서 자신이 누구인지 상기했다.

초대교회는 계속해서 같은 유대인의 리듬을 따랐다.[3] 그들은 신실한 유대인으로서 안식일을 준수했다. 또한 예수님이 죽은 자로부터 다시 사신 날인 일요일에도 하나님을 예배하기 시작했지만 말이다. 교회는 달력에 다른 날들—부활절, 고난주간, 성령강림절, 성탄절 등—도 덧붙였다. 이러한 달력의 기독교화는 기독교 공동체의 연간 리듬을 설정하려는 의도였다. 그 리듬을 통해 공동체는 그들을 위하시는 하나님의 은혜로운 역사를 상기하고 부활처럼 그들 역사에서 가장 중요한 사건을 중심으로 일치감을 품었다. 또한 구속 목적을 성취하시기 위해 과거에 일하셨던 하나님이 구속 계획이 완성될 때까지 미래에도 그러하실 것임을 확신했다. 교회는 초기 기독교 달력을 통해, 시간은 하나님께 속한 것이고 하나님의 목적에 따라 펼쳐지는 매개물이라고 여길 수 있었다.[4]

초대교회는 하루 리듬도 따랐는데, 특히 교회가 탄생한 처음 몇 해 동안, 즉 성령 강림의 흥분에 빠져 있을 때 그러했다. 누가는 신자들이 날마다 함께 모여 기도하고 교제하며 모든 것을 공유했다고 전한다. 자발적 공산주의의 표출처럼 보이는 삶을 통해 신자들은 소유를 팔아 필요한 사람들에게 나누어 주었는데, 이는 나중에 사막 성자들이 실천한 훈련이기도 했다. 그들은 날마다 성전에 나와서 예배했고, 저녁에는 개인 가정에 모여 공동 식사를 했다. 사도들의 가르침에 귀 기울였고, 듣고자 하는 사람이면 누구와도 자유롭게 신앙을 나누었다(행 2:42-47; 4:32-37). 또 이러한 리듬은 상당 부분 유대교에서 빌려온 것이긴 하지만, 예수 그리스도라는 새로운 현실에 맞추어 명확하게 각색되었다. 유대교의 역사와 관행은 배경으로 물러나고, 예수님의 성육신과 죽음과 부활이 중심이 되었다. 믿음 공동체의 모든 삶은 예수님을 중심으로 재조정되고 재구성되었다. "사도들이 큰 권능으로 주 예수의 부활을 증언하니

무리가 큰 은혜를 받아"(행 4:33).

수도원 운동의 뿌리

수도원 운동은 이러한 성경적 리듬을 독특한 환경에 맞추어 각색한 것으로, 알다시피 사막 영성이 탄생한 것과 같은 환경이었다. 콘스탄티누스 황제 치하에서 이룬 교회의 성장을 모든 사람이 기뻐하지는 않았다. 디오클레티아누스 치하에서 받았던 박해를 잊지 않은 열성적 신자들 한 무리가 순교자들이 세운 제자도의 옛 기준을 유지하고 싶어 했다. 기독교 신앙에는 하나님께 자기 생명을 바치는 것이 필요하다고 믿었기 때문이다. 기독교 운동이 유행처럼 보였고 즉각적인―그리고 세속적인―혜택을 약속했기 때문에 기독교 운동에 가담하는 사람들이 도시 교회에 넘쳐 나는 상황에서, 소수의 사람들이 사막에 신앙 공동체를 세워 도시 교회에 반하는 증거를 하고 대안을 만들어 내기로 작정했다.[5] 콘스탄티누스 치하의 새로운 기독교가 가져온 '물질적 이익'에 반대하여 수도사들은 대항 운동을 일으키기로 했다. 수도원 운동의 위대한 역사가 데이비드 노울스David Knowles는 이렇게 썼다. "그러한 상황에서는 만연한 느슨함으로 보이는 것에 대해 일부 혹은 많은 사람들이 언제나 반기를 들고 일어났다. 그들은 예수님의 말씀 안에서 영생에 이르는 좁은 길을 택했다."[6]

　최초에 놓은 수도원의 기초는 오늘날까지 계속 이어졌지만, 그 구조는 시간이 흐르면서 발전했다. 기도와 노동의 리듬은 늘 수도원 운동의 특성이었다. 그 추동력은 의심할 것 없이 사막 성자들로부터 왔다. 이미 살펴보았듯이, 사막 성자들은 미화된 이야기와 달리 완전히 격리되어 살지도 않았다. 대부분이 기도와 노동의 양식을 따랐다. 아빠들이 주위에 한 무리의 제자들을 모았고, 이들은 서로 아주 가까이 살았다. 제자들은 홀로 시간을 보내며 기도했고, '훈련'을 실천했으며, 공동 노동을 하기도 했다. 그런 다음 예배와 가르침과 대화를 위해 일요일마다 모였다. 첫 세대 사막 성자들이 세운 이러한 양식은 이후에 더 공식적인 수도원 운동으로 발전했다.[7]

이집트 수도원 운동의 공식적 창설자는 파코미우스 Pachomius, 약 290-346년였다. 이교도의 아들인 파코미우스는 로마 군대에 징발되어 복역했다. 테베에서 주둔하는 동안 파코미우스는 한 무리의 그리스도인들을 만났는데, 이들은 "모든 사람들에게 모든 선한 일을 하며", "하늘에 계신 하나님을 위하여 우리를 사랑으로 대한다"고 묘사되었다. 파코미우스는 그들의 행동에 너무 감동한 나머지 군대에서 나오는 대로 기독교로 개종하여 그리스도인들처럼 가난하고 궁핍한 사람을 섬기기로 작정했다. 복무 기간이 끝나자 그는 한 기독교 공동체에 들어가 가르침을 받고 세례를 받았다. 세례 전날 밤에는 하늘에서 이슬이 자기 손에 떨어져 꿀로 변하는 환상을 보았다. 그의 미래가 그렇게 될 것이라는 목소리가 하늘에서 들렸다. 처음에 그는 한 지역 교회의 인도 아래 머무는 것으로 만족했다. 그러나 나중에는 사막으로 물러나서 한 아빠의 지도 아래 금욕 생활을 실천했다. 마침내 파코미우스는 환상 가운데 "사람을

섬기라"는 말과 "사람들의 영혼을 빚어 하나님께 순전하게 바치라"는 말을 들었다.[8]

파코미우스

신기하게도, 파코미우스는 첫 번째 수도원을 시작하는 것으로 이 명령을 따라 순종했는데, 거기에 형제 팔라몬Palamon(그의 멘토였다)과 몇몇 제자들도 함께했다. 첫 번째 실험은 실패였지만, 뒤이은 노력은 성공을 거두었다. 물론 점진적이긴 했지만 말이다. 4세기 말에 이르자, 파코미우스의 지도 아래 시작된 공동체들에 속한 수도자들이 7천 명가량이 되었다. 비록 형성 과정은 유동적이었지만, 운동의 목표는 처음부터 분명했다. 필립 루소Philip Rousseau는 "우리는 고행자들이 영적·물질적으로 서로 도울 수 있는 최선의 환경을 규정하기 위해 점진적으로 노력했던 한 사람을 본다. 그는 그 일을 신약에서 요구하는 이웃 사랑을 실천하는 필수적 과정으로 보았다"고 언급했다.[9]

시간이 흐르면서 운동은 더 정교하게 조직되었다. 파코미우스의 수도원들은 두 수도자를 작은 방 하나 혹은 이른바 '독방'cell에 배정한다. 열 개의 독방으로 한 집이 구성되었고, 수도자들의 기술과 임무에 따라 조직되었으며, '원장'의 감독을 받았다. 수도자들은 정규 일과를 따랐다. 기도로 아침을 시작한 다음 노동이 이어졌다. 노동은 주마다 바뀌어서 수도자들은 옷 짓기, 천 짜기, 목공, 정원 일, 빵 굽기와 같은 임무를 돌아가며 맡았다. 저녁에는 가르침에 귀를 기울였고 성구를 암송했으며 신학을 토론했다. 잠을 자러 독방으로 돌아가기 전에는 또다시 기도했다. 빵과 익힌 채소, 말린 과일로 이루어진 음식으로 하루에 두 끼를 먹었다.

이들 수도원의 목적은 단지 훈련 방식을 수립하는 것이 아니라 영적인, 그래서 내면적인 성장을 이루는 것이었다. 그리스도의 본-그리스도의 성육신과 희생적 죽음, 사랑과 섬김, 고독과 친절-이 행동 양식을 정한다.[10] 그러나 이상적 수도자인 파코미우스의 사례 역시 중요한 역할을 한다. 파코미우스는 겸손과 친절과 지혜의 본을 보였으며, 공동체 안에 있는 수도자들의 영적 행복에 진정으로 관심이 있었다. 어느 전기 작가가 쓴 대로, "우리는 하나님이 모든 성자들을 그들의 자유의지와 상관없이 모태에서부터 거룩하고 변함이 없도록 만드셨고, 죄인들은 그렇게 지음받았기 때문에 생명을 얻을 수 없다고 생각하곤 했다." 파코미우스는 그 같은 운명론적 가정에 대안을 제시했다. "그러나 이제 하나님의 선하심이, 비록 이교도 부모에게서 태어났지만 하나님께 아주 사랑스럽고 하나님의 모든 계명으로 옷 입은 우리 아버지 안에 나타난 것을 본다."[11] 파코미우스는 다른 사람들 안에서 그와 같은 변화가 일어나기를 원했다. 수도원을 통해 죄악 된 인간 안에 있는 하나님의 형상이 회복되도록 돕는 것을 목표로 삼았다. "순수하고 겸손한 사람을 보는 것이야말로 충분히 큰 비전이다. 보이는 인간, 곧 하나님의 성전 안에서 보이지 않는 하나님을 보는 비전보다 더 큰 것이 무엇이겠는가?"¹² 파코미우스는 기도와 노동의 일과를 따랐는데, 성령은 그를 엄청난 그리스도인 지도자로 만들기 위해 그런 훈련을 사용하셨다. 그리고 이 훈련은 그의 제자들에게 기준이 되었다.

또 저명한 지도자들은 이집트의 토대 위에 세워진 이러한 공동체들을 이집트 바깥에 세우기 시작했다. 두 명의 창설자가 두드러진다. 대 바실리우스Basil the Great, 330-379년는 카이사리아의 주교로, 당시 기독교가 막 소개된 지역인 소아시아 카파도키아의 부유한 그리스도인 가정에서 성장했다.¹⁴ 그는 안티오키아와 아테네에서 정식 교육을 받았다. 타고난 지능과 고등 교육으로 인해 짧은 한때 세속적이고 교만해졌지만, 큰누나 마크리나Macrina와 대면하면서 그리스도 신앙으로 돌아가라는 요청을 받았다. 그 후 그는 이집트의 수도원으로 여행을 떠났고, 거기에서 사막 성자들과 오리게네스의 신비주의 저작을 접했다. 카파도키아로 돌아와 364년에 장로로, 370년에 카이사리아의 주교로 임명받았다. 그리고 당시 그리스도의 본성에 대한 문제를 두고 아리우스파와 벌인 투쟁에 관여하여 오늘날까지 보편화된 정통파의 신학적 입장을 형성하는 데 기여했다. 또 초기 기독교의 성령론을 형성하는 데 가장 탁월한 책을 썼다.¹⁵

바실리우스는 저작 및 제도를 통하여 동방 정교 수도원의 기초를 세웠다. 질문과 대답 형식으로 쓴 "짧은 규칙"Shorter Rule과 "긴 규칙"Longer Rule에서는 그가 창설한 수도원을 위한 지침을 제정했다.¹⁶ 다른 수도원 창설자와 마찬가지로 바실리우스도 기도와 노동의 균형을 맞추었고, 수도원은 사회의 공동선을 위해 봉사할 책임이 있다고 믿었다. 모든 수도자들에게 고된 노동을 수행할 것을 요구했는데, 이는 "우리가 게으름을 변명하거나 고역을 회피할 수단으로 경건이란 개념을 다루어서는 안 되기" 때문이었다. "주린 자를 먹이고 목마른 자를 마시게 하고 헐벗은 자를 입히는 것이 하나님의 뜻"이라고 주장하면서 수도자들에게 궁핍한 자들을 돌보라고 명했다.[17] 마침내 바실리우스는 숙박소와 급식소, 전염병으로 고통받는 사람들을 위한 병원을 시작했고, 강단에서 착취와 과시적 소비, 폭리, 탐욕을 반대하는 설교를 했다. 그의 노력은 아주 성공적이어서 교회를 중심으로 자비를 실천하는 사실상의 도시가 형성되었다.

바실리우스는 수도자들이 자신만이 아니라 다른 사람들을 위한 기도도 해야 한다고 주장했다. 수도자들이 고립되어 살면서 어떻게 기도를 배울 수 있을지 의아해했다. 그때까지만 해도 대부분의 수도원 지도자들은 '수도원' 생활(즉, 공동체 속에서 사는 수도자들)을 인간 본성의 연약함과 경박성과 타협하는 것으로 보았다. 그들은 '은자' 생활(홀로 사는 수도자)이 오랜 기간 홀로 사는 것과 같은 영웅적 훈련을 요하기 때문에 우월하다고 보았다. 바실리우스는 그러한 가정에 도전했다. 그는 독거 생활이 자기 훈련에 이르는 길이긴 하지만, "사도가 자신의 유익이 아니라 구원받을 많은 사람들의 유익을 추구할 때 수행한 사랑의 법과는 충돌한다"고 판단했다. 공동체 안에서 살 때 사람들은 다른 사람들과 지내는 법을 배우지 않을 수 없는데, 이는 인간의 타락한 본성을 고려하면 쉬운 과제가 아니다. 자비의 행위가 따른다고 전제했을 때, 마음속으로 공동체를 위해 기도하는 것은 사랑의 표현이었다. 그래서 바실리우스는 지도자들(그가 '원장들'이라 부른)에게 "병자에게 화를 내는 대신, 질병과 싸우는" 영혼의 안내자이자 의사 역할을 하라고 권했다. "그로 하여금 질병에 맞서게 하되, 필요하다면 더 수고스러운 규범을 지켜서 영혼의 질병을 치유하게 하라."[18]

히포의 주교 아우구스티누스354-430년도 직접적이진 않았지만 중추적 역할을 했다. 밀라노의 주교 암브로시우스Ambrose의 영향으로 회심한 후에 자기가 태어난 북아프리카로 돌아와 사랑하는 친구와 함께, 연구하고 기도하는 수도원 공동체를 시작했다. 몇 년 후에는 자신의 뜻과 다르게 히포의 주교로 임명받았다. 그리고 주교임에도, 교회 목회자들을 위해 수도원과 유사한 공동체를 조직했다. 의도하지는 않았지만 수도원 '규칙'을 간단히 기술하기도 했다. 주교로 섬기면서, 불화로 분열된 수도원의 구성원이었던 여자들 한 무리에게 편지를 썼다. 이 편지에서 아우구스티누스는 공동체가 건강하기를 바란다면 따라야 할 원칙들을 개괄했다. 바실리우스처럼, 모든 덕 가운데 가장 중요한 덕인 사랑의 덕을 형성할 수 있는 최선의—실제로는 유일한—환경이 공동체 생활이기 때문에, 다른 사람들과 함께 사는 것이 영적 성숙을 계발하는 데 필요하다고 믿었다. 혼자 산다면 영적 생활에서 '완전'에 도달하기란 불가능하다. 그런 사람이 어떻게 사랑하는 법을 배울 수 있겠는가? 시간이 지나면서 이른바 "성 아우구스티누스의 규칙"은 다양한 환경에 맞추어 적용되었다. 예를 들어, 사제들은 지역 교회 목사로 섬기면서 형성한, 훗날 수도 참사 회원Canons Regular으로 알려진 작고 친밀한 공동체에 그것을 적용했다.

로마가 쇠퇴하다 결국 멸망하자, 수도원 운동은 그로 인해 생긴 공백을 대신할 태세를 갖추었다. 410년에 이민족들(전에는 '야만인들'로 알려진)은 이탈리아를 침공하여 로마로 진군했다. 알라리크Alaric의 지휘 아래 로마를 격파하고 로마의 부를 상당 부분 탈취해 갔다. 그 후 로마의 수복이 있었으나, 오래가지 않았다. 476년, 서로마 제국을 통치했던 마지막 황제가 왕좌를 포기하면서(800년에 샤를마뉴Charlemagne가 신성 로마 황제로 즉위할 때까지) 제국의 절반인 서쪽 진영은 몰락했다. 도시 인구가 감소했고, 무역로는 끊겼으며, 경제는 쇠퇴했고, 농업 생산성도 떨어졌다. 그리하여 서유럽 역사에서 '암흑시대'로 알려진 시기가 시작되었다. 의미 있는 문화 부흥기가 없었던 것은 아니지만 암흑시대는 수백 년 동안 지속되었다. 로마의 함락으로 서방은 돌연 중대한 위기에 빠졌다. 베네딕투스 수도원을 연구하는 학자인 앤터니 마이젤Anthony Meisel과 델 마스트로M. L. del Mastro는 말한다. "기독교와 세속 권력 사이의 동맹을 환영했던 사람들은 주춤하게 되었다."

> 정치·경제적 번영이 만들어 낸 안정과 견고한 안보라는 환상이 돌연 가물거리다가 사라지기 시작했다. 덧없음과 일시성이 또다시 실제적인 현실이 되었다. 그리스도인들은 그들의 나라가 이 세상에 속하지 않는다는 것을 떠올리지 않을 수 없었다.[19]

수도원은 와해되는 듯 보이던 세상 속에서 선을 추구하는 세력으로 새로이 등장했다. 그 후 수 세기 동안 말 그대로 수백 개의 수도원들이 창설되어 유럽 지형의 가장 전형적 특징이 되었다. 또 수도원식 기도와 노동이 조화되어 문화적으로 혼란했던 시기에 안정을 확립할 수 있었다.

성 베네딕투스의 규칙들

이제 서방 교회에서 가장 영향력 있는 수도원 지도자인 누르시아의 베네딕투스약 480-550년를 위한 무대가 마련되었다.[20] 베네딕투스는 당시 동고트족의 지배를 받던 이탈리아의 한 영지에서 성장했다. 로마에서 학교를 다니며, 동료 학생들이 보이는 세속적 행태를 지켜보고는 위축되었다. 그 같은 경험에 환멸을 느껴 스무 살의 나이에 은자의 삶을 추구하고자 로마를 떠나, 여러 해 동안 동굴에 살면서 혹독한 금욕 생활을 실천했다. 마침내 젊고 열성적인 신자들 몇 명이 베네딕투스가 이룬 금욕 생활에 대해 듣고서 그들을 수도원 공동체로 조직해 달라고 요청했다. 수도원을 시작하려는 그의 첫 시도는 실패로 끝났다. 그의 수하에 있던 수도자들이 그의 엄격한 요구를 원망했기 때문이었다. 베네딕투스의 전기 작가이자 590-604년에 로마에서 교황으로 봉직했던 대 그레고리우스 Gregory the Great에 의하면, 그들은 실제로 베네딕투스를 독살하려고 했다. 그래서 베네딕투스는 다시 독거하고자 떠났다. 그 후 또 다른 무리의 제자들이 수도원을 세우려고 그에게 찾아갔다. 베네딕투스는 또다시 시도했다. 이번에는 몬테카시노Monte Cassino로 이동했다. 너무 멀리 떨어진 곳이어서 이방인들이 신성한 나무숲을 예배 처소로 쓰던 곳이었다. 베네딕투스는 신성한 나무들을 베고 이교 신전을 뒤엎어 수도원을 세웠다. 그다음 공동체의 지침을 규정할 '규칙'을 썼다. 지금은 "성 베네딕투스 규칙"(『베네딕도-수도 규칙』*The Rule of St. Benedict*, 분도출판사)으로 알려진 이 지침들은 오늘날까지 전 세계에서 사용되고 있다. 이것이 성공한 이유는 분명하다. 이 규칙은 엄격함과 중용, 구조와 유동성, 일반 원리와 특수 규칙 사이의 균형을 맞추고, 문서 전체에서 이 규칙이 제시하는 지침을 성경을 통해 뒷받침한다. 이것은 서양 문명에서 가장 영향력 있는 문서들 가운데 하나가 되었다.[21]

베네딕투스회의 노동 | 전임자들처럼 베네딕투스도 수도원이 노동과 기도를 실천해야 한다고 요구했다. 가장 중요한 노동은 대수도원장이 하는 노동이었는데, 그는 수도원을 위해 유능한 지도력을 제공하도록 부름받은 사람이었다. 대수도원장의 가르침은 권위가 있었지만, 궁극적으로는 대수도원장의 말이 아니라 대수도원장의 삶이 중요했다. 결과적으로 대수도원장은 수도자들에게 "선하고 거룩한 것을 말보다는 행위로" 보여 주어야 했다. 대수도원장은 하나님 앞에서 수도자들의 영적 건강에 대해 직접적인 책임이 있었다. "대수도원장은 심판 날에 자신의 가르침과 책무를 이행했는지 해명하게 될 것임을 기억해야 한다. 또한 자기 수하의 수도자들에게 선이 부족하다면 그것은 자기 잘못임을 이해할 수 있어야 한다." 또한 수도자들을 사랑하되, 귀족 배경 출신이건 소작농 가정 출신이건 동일하게 대해야 한다는 명을 받았다. 그것은 경계와 겸

손과 분별을 요하는 과중한 책임이었다. "그는 자신이 서로 다른 여러 성격을 지닌 사람들의 영적 발전을 돌보고 안내해야 하는 어려운 위치에 있음을 인식해야 한다. 친절히 대하며 인도해야 하는 사람이 있는가 하면, 날카롭게 책망하며 인도해야 하는 사람이 있고, 설득하며 인도해야 하는 사람도 있다. 대수도원장은 각자의 개성에 대처하기 위해 자신을 맞추어, 공동체의 어느 구성원도 떠나지 않도록 해야 하며, 이를 통한 공동체의 성장을 기뻐할 수 있어야 한다."[22]

베네딕투스회의 식사

대수도원장은 수도원 내의 훈육에도 책임이 있었다. 베네딕투스회의 훈육은 수도자들의 회복과 성장을 목표로 하여 온건하고 구속적이었다. 또 일련의 단계를 따랐다. 먼저 대수도원장이 잘못을 한 수도자에게 경고했다(가령, 지나치게 말을 많이 하는 잘못을 범했다고 할 경우). 그런 다음 그 경고가 통하지 않으면, 전체 공동체 앞에서 수도자를 책망했다. 그런데도 여전히 변화가 없으면 제명했다. 성찬과 예배를 금할 수 있다는 뜻이었다. 그것마저 듣지 않으면 대수도원장은 완고한 수도자에게 매질을 했다. 그런 다음 비로소 수도자는 공동체에서 쫓겨났다. 그러나 수도자가 자신의 죄에 대해 슬픔을 보이고 참회의 처방에 기꺼이 따르기로 한다면 재입회가 허용되었다. 비행의 경중에 따라 징벌의 엄격함 정도가 결정되었다. 소소한 위반이라면 가벼운 책망이 필요했지만, 중대한 위반일 경우 훨씬 더 강력한 무엇이 필요했다. 어떤 경우든, 목표는 분명했다. "대수도원장은 부지런함과 조심스럽고 실제적인 지혜로 자기 양 무리 가운데 누구도 잃지 않도록 조심해야 한다. 건강한 영혼을 억누르는 것이 아니라 병든 영혼을 돌보는 것임을 기억해야 한다…아흔아홉 마리 양을 남겨 두고 잃어버린 한 마리 양을 찾아 나서는 선한 목자의 본을 따라야 한다."[23] 이러한 각별한 돌봄은 훈육을 이행하는 것 이상으로 확장되었다. 또 대수도원장은 병자들과 아주 어린 사람들과 아주 늙은 사람들의 필요를 돌보았다.[24]

베네딕투스 규칙으로 제시했던 수도자들의 생활 방식은 대체로 단순하다. 모든 수도자는 공동 노동을 수행해야 했다. 성경을 필사하거나 포도주를 만드는 등 전문성을 개발했지만, 부엌일 같은 허드렛일은 공동으로 했다. 이를 통해 모든 수도자—대수도원장과 초심자가 동일하게—는 겸손하게 공동체의 공동선에 봉사하는 평범한 일을 해야 했다. 그들의 노동이 아무리 생산적이고 성공적이었다 하더라도, 수도자들은 어떤 것이든 소유할 수 없었다. 대신, 모든 재산과 물품을 공유했다. "사적 소유의 악이 수도원에

성 베네딕투스 규칙

"형제들은 서로 돌보아야 한다. 아프거나 극히 중요한 과제에 임하지 않는 한, 누구도 부엌일에서 면제받아서는 안 된다. 그것을 통해 큰 자비와 칭찬을 얻을 수 있기 때문이다. 수도원의 규모와 부엌 관리의 편의에 따라, 더 약한 형제들이 염려하지 않도록 그들을 도와주라. 큰 수도원에서는 식료품 보관인이 앞서 말한 대로 더 중요한 일에 종사할 수 있으므로 부엌 봉사에서 면제될 수 있다. 남은 사람들은 자비 안에서 서로 섬기게 하라. 수도자는 주간 부엌 허드렛일을 마친 후 토요일에는 청소를 해야 한다. 형제들이 손발을 닦는 데 사용한 수건을 빨아야 한다. 모든 사람의 발은 주간 봉사를 마친 사람과 주간 봉사를 시작하는 사람이 씻어 주어야 한다. 봉사를 마친 수도자는 사용하던 용구를 깨끗하고 바르게 식료품 보관인에게 반납해야 한다. 그러면 그가 그 용구를 새로운 부엌 담당자에게 줄 것이다. 이렇게 함으로써 식료품 보관인은 물품 관리를 할 수 있을 것이다. 식사하기 한 시간 전에 각 봉사자는 매일 할당량보다 약간의 음료와 빵을 더 먹으라. 그러면 불평이나 피곤함 없이 형제들을 섬길 수 있을 것이다. 그러나 축제일에 봉사자들은 미사가 끝날 때까지 기다려야 한다."

서는 근절되어야 한다. 대수도원장의 허락 없이는 누구라도 **무엇이든**—책이건 서판이건 펜이건—아무것도 주고받거나 소유해서는 안 된다. 수도자들은 자유의지도 자유로운 몸도 가지지 못하며, 필요한 모든 것은 대수도원장으로부터 받아야 한다." '식료품 보관인'과 조수들에게는 물품을 분배할 책임이 있었다. 이런 이유로 식료품 보관인이라는 위치에는 큰 권위가 따랐고, 그 위치에 있을 사람은 신중하게 선택되어야 했다. 또한 식료품 보관인은 수도자 각각의 필요를 고려하면서 지혜로운 판단을 내려야 했다.

그렇다고 개인적 선호가 개입해야 한다는 뜻이 아니라, 개인적 연약함을 고려해야 한다는 뜻이다. 필요가 덜한 사람은 하나님께 감사해야지 아까워해서는 안 된다. 필요가 큰 사람은 자신의 연약함 때문에 더 큰 겸손을 보여야 받은 것에 대해 으스대며 흡족해해서는 안 된다. 그러면 모든 사람이 만족할 것이다.[25]

수도자들은 영혼의 노동에도 힘써야 했다. 덕을 키우는 것이 우선이었다. 베네딕투스는 특별히 세 가지 덕을 수도원의 영적 생활을 위한 필수 조건으로 여겼다. **침묵**의 노동을 통해 수도자들은 가장 위험한 무기인 혀를 훈련해야 했다. 험담과 음담패설, 판단, 한담은 엄격히 금지되었다. 수도자들에게는 허락 없이 말하는 것이 허용되지 않았다. "우리는 언제나 모든 잡담과 농담을 정죄하고 금한다. 어떤 제자라도 그런 말을 해서는 안 된다." **순종**의 노동을 통해 수도자들은 그리스도와 성경과 규칙과 대수도원장에게 순차적으로 예속되었고, 그에 따라 자기 의지와 난행으로부터 보호받았다. **겸손**의 노동을 통해 심령이 낮아지고, 교만이 깨어지며, 천국을 향한 길을 택할 수 있다. 베네딕투스는 수도자들이 겸손하게

성장할 수 있는 열두 단계를 약술했다.[26]

베네딕투스회의 기도 | 베네딕투스의 규칙은 수도자들에게 기도하라고도 명했다. 기도의 주요 수단은 성무일도聖務日禱, Divine Office를 지키는 것이었다. 성무일도는 하루 여덟 차례의 짧은 예배로 구성되는데, 각 예배에는 개별적 명칭이 있었다(처음은 밤중 기도로 새벽 2시에 시작했고, 동틀 녘에는 찬미경, 다음으로는 일시경과 삼시경과 육시경과 구시경, 해 질 녘에는 만과, 마지막으로는 하루를 마치는 끝 기도가 이어졌다).[27] 수도자들은 기도를 위하여 날마다 기도실(예배당)에 모였다. 모일 때마다 매번 시편을 찬송하고, 성경 본문을 읽고, 침묵하고 앉아 기도했다. 성무일도를 통해서 수도자들은 하나님께 주목했고, 인생의 목적—하나님을 창조주이자 구원자며 공급자로 알고, 하나님이 일용할 것들을 공급하신다는 것을 신뢰하며, 하나님의 영광을 위해 꺼리는 일도 하는 것—을 되뇌었다.

마지막으로, 수도자들은 공부했다. 수도원의 공부는 수도원의 두 가지 과제인 기도와 노동을 이음매 없는 하나의 전체로 통합시켰다. 수도자들이 기도하는 자세로 열심히 공부했기 때문이다. 처음 수도원에 들어왔을 때 문맹이라면, 읽고 쓰는 법부터 배웠다. 요한 카시아누스의 『담화집』과 『성자의 삶』Lives of the Saints과 교부 신학을 읽었다. 그리고 무엇보다 성경을 공부했다. 주된 연구 방법으로 영적 독서를 활용하여, 묵상과 반복과 명상의 방식으로 본문 특히 성경 본문을 읽었다.[28] 이 방법은 베네딕투스 수도원에서 표준 관행이 되었는데, 연구가 영적 관심에 종속되어야 한다는 가정에 근거했기 때문이다. 장 르클레르크Jean Leclercq는 다음과 같이 썼다. "학문 활동을 포함하여 수도자의 모든 활동은 영적이지 않은 다른 어떤 동기를 가질 수 없다. 수도자의 활동을 정당화하려면 언제나 영적 동기가 필요하다."[29] 수도원의 공부에는 다른 모든 활동과 마찬가지로 "어떤 실제적이거나 사회적인 목적이 아니라 수도자의 구원과 하나님 추구를 촉진하려는" 목적이 있다.[30] 단순히 머리에 정보를 축적하는 것이 아니라 수도자의 모든 삶이 변화되는 것이 목표다. 베네딕투스는 지식이 마치 무슨 덕이라도 되는 듯 지식 자체를 목표로 삼지 않았다. 지식은 기껏해야 거룩함과 겸손, 하나님을 묵상하기 위한 수단에 불과했다. 베네딕투스 수도 생활에는 언제나 둘 사이의 긴장이 흘렀다. "한편에는 글[학문]공부가 있었고, 다른 한편에는 하나님을 향한 절대적 추구와 영생에 대한 사랑, 그리고 이어서 글공부를 포함한 다른 모든 것으로부터의 분리가 있었다." 이러한 긴장은 "영적 질서로 승화함"으로써, 즉 기도하는 마음으로 연구 작업을 할 때에만 극복할 수 있었다.[31]

수도자들은 일요일만 빼고 날마다 기도하고 노동하는 리듬을 따랐다. 기도는 노동이 그들의 우상이 되지 않게 해 주었고, 노동은 그들의 기도가 허울뿐인 예배가 되지 않게 해 주었다. 이렇게 기도와 노동이 서로 맞물리며 수도원의 일과를 구성했다. 일과는 질서가 있었고 바빴지만, 결코 서두르거나 미쳐 돌아가지는 않았다. 수도자는 자신의 일을 위해 기도했고, 자신의 기도대로 노동했다. 하나님을 예배했고, 공동체의 공동선을 위해 봉사했다.

베네딕투스 수도 생활의 영향력

베네딕투스는 혁신가가 아니었다. 베네딕투스가 규칙에 자세히 쓴 대부분의 생각과 관행은 파코미우스, 바실리우스, 아우구스티누스 등 다른 수도 생활 지도자들이 이미 만든 바 있었다. 베네딕투스는 단순히 그 생각들을 종합했을 뿐이었다. 그러나 베네딕투스의 수도 생활은 다른 형태로 널리 보급되었는데, 두 가지 이유 때문이다. 첫째, 베네딕투스의 규칙에는 명확하고 규칙적이고 간결한 삶의 방식이 제시되어 있다. 다른 수도원들이 베네딕투스의 규칙을 채택한 것은 이것이 사용 가능한 최선의 것이었고 사용하기에 가장 간단했기 때문이었다. 둘째, 베네딕투스는 가난과 자비와 순종이라는 세 가지 전통적인 서약에 하나의 서약을 덧붙였는데, 곧 정착이라는 서약이었다. 베네딕투스는 오랜 시험 기간을 정하고 수련 기간을 요구함으로써 수도자들이 경솔한 결정을 내리는 것을 막으려 했는데, 일단 수도자들이 수도원에 들어오면 일생 동안 머물기를 기대했다. 그렇게 함으로써 수도자들이 수도원이나 대수도원장의 인기에 따라 수도원을 이리저리 가볍게 오가는 것을 막으려 했다. 마이젤과 마스트로는 다음과 같이 역설한다. "더 중요한 것은 정착 서약으로,"

> 베네딕투스는 유동성—인간의 교만과 독립성과 자기 의지에 대한 물리적 표현—을 순종의 치유 능력 밑에 두었다. 베네딕투스가 보았듯이, 완전에 이르는 과정은 자기 의지가 소멸되고 하나님의 의지가 그

것을 대체할 때에만 성공적으로 완성될 수 있었다. 따라서 정착은 매우 효과적인 수단임이 분명하다.[32]

정착에 대한 헌신은 베네딕투스 수도 생활의 특징들 가운데 하나가 되었다.

성 베네딕투스 규칙이 보편적으로 우세했던 것은 아니었지만, 서서히 그러나 꾸준히 영향을 끼치다가 서방 교회의 규범이 되기에 이르렀다. 그리고 중세 시대 기독교의 성장과 성공에 상당히 기여했다. 대수도원장들은 필요에 따라 때로 노동을 강조하기도 하고 때로 기도를 강조하기도 하면서 규칙을 적절히 적용했다. 이따금 수도사들의 노동에 대한 필요가 더 지배적이기도 했다. 예컨대, 베네딕투스 수도원은 시초부터 선교 사역이 뛰어났다. 따라서 수도자들은 유럽을 침공했던 부족 집단들을 기독교화하고자 효과적인 방법을 개발했다. 유럽의 먼 외딴 지역으로 가서, 거기에 수도원을 세우고, 지역 부족 집단과 만나고, 그들의 언어를 배우며, 시간이 지나면 기독교 신앙을 소개했다. '게르만족의 사도'로 알려진 보니파키우스Boniface, 680-754년는 아일랜드에 있는 베네딕투스 수도원에 들어갔다. 선교 사역을 위해 게르마니아에 갔지만 거의 성공하지 못했다. 그러나 로마로 가서 교황의 인정과 지원을 받았다. 두 번째 게르마니아행은 더욱 성공적이었다. 그는 많은 사람들이 기독교로 개종하는 것을 보았고, 그 지역에서 교회를 조직하도록 도왔으며, 프랑크족의 교회를 개혁하는 데 기여했다. 그리고 프리슬란트 사람들 사이에서 선교 사역을 하다가 순교했다. 보니파키우스

의 이야기는 전형적이다. 베네딕투스 수도원 운동을 통해 여러 세기 동안 여러 선교사들이 배출되었다.[33]

교육과 학문 활동 역시 중요한 우선순위를 차지했다. 많은 베네딕투스 수도원이 교육의 중심지가 되었다. 가장 유명한 베네딕투스 학자들 가운데는 가경자 베다Venerable Bede와 요크의 앨퀸Alcuin of York 둘이 있었다. 켈트 수도 생활의 영향을 받았던 베다673-735년는 잉글랜드의 재로에 있는 세인트 폴St. Paul 수도원에서 거의 모든 생애를 보냈다. 거기서 젊은 수도자들의 주임 교사가 되어 성경과 성경 해석을 가르쳤다. 또한 여러 권의 라틴 저작물을 자국어로 번역했고, 성경과 초기 교부들에 대한 주석을 썼다. 그러나 가장 중요한 저서는 『잉글랜드 교회사』Ecclesiastical History of the English Nation였다. 이 저작은 세심한 자료 수집과 분석, 문헌의 신빙성 검증, 정확한 해석이 특징이어서 파벌적 학문이 될 위험을 피할 수 있었다. 요크의 앨퀸약 735-804년은 잉글랜드의 요크에 있는 베네딕투스 수도원에서 초기 몇 년을 보냈다. 샤를마뉴는 앨퀸의 학문적 명성을 듣고 아헨(프랑스)에 있는 자기 궁정으로 불러 귀족 자녀 대상의 학교를 시작하게 했다. 하층 계급 출신의 능력 있는 학생도 결국에는 받아들이긴 했지만 말이다. 앨퀸은 학교의 교과 과정을 설계했다. 또한 통일된 전례를 개발하도록 도왔고, 불가타 성경을 개정했으며, 신학 논문도 여러 편 썼다.[34]

그런가 하면 기도가 수도원 생활을 지배한 때도 있었다. 성무일도를 준수하는 것이 공동체 생활의 중심이 되었다. 909년에 창설된 클뤼니Cluny 수도원보다 성무일도를 잘 지킨 수도원은 없었다. 클뤼니는 중세 시대에 개혁의 산실이 되어, 모든 교회에 교회 지도력을 제공했다. 클뤼니의 핵심에는 전례 준수가 있었다. 클뤼니 수도원과 자매 수도원들은 성무일도를 준수하는 데 전념하였고, 성무일도를 예술로 전환했다. 수도자들은 하루 8시간씩 기도했고, 전례를 지도할 새로운 지위―예컨대, 선창자―를 만들어 전례 수행을 강화하고 풍성하게 했다. 고딕 예배당을 포함하여 걸작 건축물도 세웠다(대수도원장 쉬제Suger의 유능한 지도력 아래). 클뤼니 운동은 인간이 하나님을 예배하도록 지음받았다고 가정했다. 그러나 이러한 가정으로 인해, 세속적인 일도 가치는 있지만 부차적일 뿐이라는 그릇된 결론에 도달했다. 그리고 수도자들이 다른 사람들을 위해 특히 예배를 통해 중보하여 사람들이 구원을 얻을 수 있게 했지만, 천국을 확신할 수 있는 것은 수도자들뿐이었다.[35]

베네딕투스회라고 해서 부패에서 자유롭지는 않았다. 특별히 클뤼니는 성공의 희생자가 되었다. 클뤼니가 넓은 지역으로 뻗어나가는 거대 수도원이 되면서 미술품을 모으고, 크고 화려한 예배당을 세우며, 종교적 봉사에 요금을 부과함으로써, 베네딕투스 규칙에서 정한 수도 생활의 원래 비전과 모순되는 양상을 띠었다. 그러나 수도원 운동은 갱신 운동도 낳았다. 이러한 갱신 운동은 종종 원래의 베네딕투스 규칙을 재발견하고, 그 규칙인 기도와 노동이라는 단순한 리듬으로 돌아가면서 촉진되었다. 예컨대, 1098년에 몰렘의 로베르투스Robert of Molesme가 설립한 시토회Cistercians는 베네딕투스 규칙의 단순성, 엄격성, 순수성으로 돌아가려는 시도를 구현했다. 시토회 운동의 걸출한 지도자는 30년 이상 클레르보Clairvaux

의 대수도원장이었던 베르나르두스Bernard였다. 깊은 열정이 있었던 클레르보의 베르나르두스는 수도 생활의 원래 규칙인 노동과 기도로 돌아갈 것을 주창했다. 베르나르두스는 방종과 허식은 무엇이든 거부했고, 초기 베네딕투스 운동의 특징이었던 기본 훈련을 늘 선호했다. 베르나르두스의 지도력은 영향력 있었다. 그는 직접 86개의 수도원을 시작했고, 1153년에 생을 마감할 때까지 343개의 수도원이 시토 수도회에 속하게 되었다. 종교개혁 직전까지 시토회는 남자 수도원 738개와 여자 수도원 654개를 운영했다.[36]

시토회는 적기에 나타났다. 수도원 운동은 12세기에 전성기에 이르렀다가 이후부터 아주 서서히 쇠락하기 시작했다. 도시와 상업이 발달하고 대학이 등장하며 중산층의 이해관계와 필요가 증가하면서, 영적 생활을 새롭게 표현할 방식이 필요했는데, 더 이상 전통적 수도 생활과는 양립하기 힘들었기 때문이다. 새로운 운동들—종교 기사단, 프란체스코회, 도미니쿠스회, 수도 참사회, 다양한 평신도 수도회(8장에서 이 주제를 다시 다룰 것이다)—이 과도기 유럽이 맞은 새로운 상황과 관심을 다루었기 때문에 대중적 지지를 이끌어 냈다.

현대 생활의 리듬

그러나 수도원 운동은 사라지지 않았다. 전 세계에는 여전히 수많은 수도원이 존재한다. 분명 수도원은 한때 그랬던 것만큼 더 이상 미술 전시관, 학교, 숙박소, 도서관 역할을 하지는 않는다. 그러나 대개 여전히 베네딕투스 규칙을 준수하고 기도와 노동을 번갈아

가는 리듬을 따른다.[37] 현대 세계에 사는 우리는 그 리듬에서 배울 것이 많다. 간절하게 더 건강한 리듬을 찾고 따르는 것이 절실하니 말이다. 수도원은 영적 이유로 리듬을 만들어 냈다. 하나님은 자기 백성을 두 가지 근본 의무, 즉 기도와 노동으로 부르셨다. 기도는 우리를 하나님께로 이끌고, 노동은 우리를 세상으로 보낸다. 기도는 우리의 중심을 잡아 잠잠케 하고, 노동은 우리에게 힘을 불어넣는다. 기도는 우리를 하나님께 회복시키고, 노동은 우리가 하나님이 세상을 회복시키시는 일에 참여하게 한다. 예수님도 이 리듬을 따르셨다. 예수님은 광야로 물러나 기도하셨고, 그런 다음 세상으로 돌아가 복음을 선포하고 병자를 고치고 마귀를 쫓아내고 불의와 맞서고, 결국 세상의 죄를 위하여 고통받고 죽으셨다.

우리는 위험스럽게도 이 두 활동을 갈라놓는다. 먼저, 노동이 없다면 기도는 기계적이고 무의미하고 현실 적합성이 없고 공허한 훈련이 되어 세상에 대한 깊은 관심이라고는 거의 내보이지 않는다. 그러면 기도는 목적을 잃고 열정이 시들고 내면으로 향하며 자기만을 섬긴다. 우리는 입으로는 말하지만 정작 아무런 대가를 치르지 않는다. 기도가 응답되건 무시되건 그리 중요하지 않은 것 같다. 반면, 기도가 없다면 노동은 우상이 된다. 우리는 돈을 벌고 권력과 지위를 얻고 승진하기 위해서 노동한다. 또한 지혜와 권능을 위해 실제로 하나님께 의존하지 않고도 우리의 일로 선한 일을 성취할 수 있다고 주제넘게 생각한다. 그러나 하나님을 기쁘시게 하고 인간의 공동선에 봉사하는 일에는 하나님이 개입하셔야 한다. 하나님만이 초월적 가치와 영원한 의미가 있는 일을 성취하실 수 있기 때문이다. 인간의 노력이 필요하긴 하지만 그것으로 충분한 것은 아니다. 이상하게도 교회와 기독교 단체들조차 이러한 근본 진리를 이해하지 않는다. 그래서 정기적인 기도 훈련을 실천하기 어려워한다. 하나님의 일을 하면서도 정작 하나님의 얼굴을 구하는 데는 소홀하다. 전례에 따르는 수도 생활의 리듬을 통해 균형을 잡지 않을 수 없는데 말이다. 수잔 화이트Susan J. White는 "전례의 기도는 우리 삶의 나머지를 점하는 기도의 본이 되었다"고 말한다.[38] 누가—목사, 부모, 교사, 코치, 학자, 임원, 비서, 기술자, 과학자, 사회사업가, 컴퓨터 기술자—하든 지속적인 효과가 있으려면 모든 일에는 하나님의 도우심이 필요하다. 하나님이 없다면 우리가 하는 최선의 노력도 헛되다.

기도와 노동이라는 수도 생활의 리듬에 의해 수도원들이 여러 세기 동안 따라왔던 일과가 결정된다. 일과는 똑같은 활동을 몇 번이고 되풀이하는 것을 뜻한다. 이를테면, 날마다 기도한 다음 노동한다. 그러한 일과를 통해 우리의 영혼과 세상 속에 하나님이 섬세하고 깊고 변혁적인 일을 하실 수 있는 조건이 마련된다. 이를 위해 끈기와 참을성이 필요하다. 그러므로 기도와 노동의 일과에 안주할 때 우리가 직면할 수 있는 가장 큰 유혹이 '아케디아' acedia라는 것은 놀랍지 않다. 아케디아는 쉽게 번역하기 힘든 헬라어 단어로 1,600년 전에 에바그리우스가 수도자들에게 지적했던 것이다. "나태"는 게으름을 뜻하므로 옳지 않은데, 이는 아케디아의 의미라기보다는 결과다. 아케디아는 권태, 불안, 부주의로 정의하는 것이 좋다. 일과로 인해 우리는 성급해질 수 있다. 그래서 신앙 성숙과 삶의 풍성한 수확에 이르는 더 쉽고 빠른 길이 있기를 바란다. 또 지름길을 택하기 원한다. 그래서 도중에 즐거운 일을 찾고, 빠르게 발전하는 과정이 눈앞에 펼쳐지기를 기대한다. 단조로움과 지루함에 싫증 나기 충분할 정도로 오랫동안 기도와 노동의 일과를 따를 때, 수도원에서 '정오의 마귀'로 알려진 아케디아는 중간 단계를 그만두라고 유혹한다. 음악가들은 음계 연습에 싫증이 날 때, 운동선수들은 자유투 던지기나 왕복 수영을 충분히 했을 때, 학자들은 필요한 연구 조사를 철저히 하느라 소진되었을 때, 이 문제와 싸운다. 그러나 돌아가는 길은 없다. 아무리 지루하고 싫증이 나더라도 일과는 필요하다. 우리 안에 있는 모든 것을 그만두고 싶어질 때 조금 더 노력하여 지속하면 숙달이 찾아온다. 이것은 음악, 운동, 학문, 이 세상의 다른 일들도 마찬가지다. 영적 생활도 그렇다.

우리 가운데 수도원에서 살 사람도, 혹은 방문할 사람도 거의 없을 것이다. 그러나 수도 생활과 같은 리듬을 개발할 수 있는 방법이 있다. 우리가 시간을 어떻게 보는지 질문하면서 시작해야 한다. 우리는, 특히 서구에서는 시간을 소비하거나 낭비할 수 있는 상품으로 보는 경향이 있다. 최선을 다해 효율적이고 생산적으로 시간을 사용하면서 우리가 소유한 시간으로부터 최대한을 끌어내도록 일정을 짜거나 '할 일' 목록을 만든다. 그러나 기껏해야 많은 일을 할 수 있을 뿐이다. 그러다가 바꿀 수 없는 과거와 통제할 수 없는 미래 사이에 매달려 엄혹한 한계에 부딪친다. 사실 우리에게는 우리가 사는 바로 **이 현재의 순간**만 있을 뿐이다. 기도와 노동의 리듬에 따를 때 우리는 현재의 순간을 하나님의 선물로 맛보고, 가까이 있는 하나의 일에 전념하고, 기도로 하나님께 우리의 노동을 내어 드릴 수 있다.[39]

어떻게 하면 수도원에서 살지 않고서도 수도원 같은 리듬을 개발할 수 있을까? 첫째, 노동은 중요하고 존엄하다. 노동의 예로 공부, 허드렛일, 직업, 자원봉사, 환대, 이웃 봉사, 청지기직이 있는데, 모두 다 탁월하고 겸손하게 힘써야 할 일이다. 그러나 너무 많이 노동하여 기도를 소홀히 할 정도여서는 결코 안 된다. 내 생각에 적어도 우리 문화에서는 기도가 더 시급한 훈련인 것 같다. 아침에 30분 일찍 일어나 그날을 위해 기도하고 영적 독서를 실천할 수 있다. 가정이라면 정기적인 식사와 가정 예배 시간을 떼어 놓을 수도 있다. 남편과 아내는 잠들기 전 자녀들과 친구들과 이웃들과 동료들을 위해 기도할 수 있다. 방을 함께 쓰는 친구들은 일주일에 한 번 친구들을 초대하여 식사와 성경 공부를 할 수 있다. 그리스도인 교사들은 일주일에 한 번 학교 일정을 시작하기 전후로 모여 학교 행정과 동료 교사들, 학생들, 가족들을 위해 기도할 수 있다. 재계 지도자들은 점심시간에 만나 도시의 필요를 위해 기도할 수 있다. 무엇보다도 우리 모두는 안식일을 예배와 쉼과 환대와 묵상과 놀이를 위한 날로 지키기 위해 노력할 수 있다. 건강한 리듬의 본은 이렇다. 기도하고 노동하기, 하나님을 찾고 섬기기, 예배 행위를 통하여 하나님께 자신을 드리고 일상생활 속에서 하나님의 뜻을 실행하기. 이것이야말로 수도원 운동이 우리에게 남겨 준 위대한 유산이고, 현대의 삶에 되살리고 적용해야 할 유산이다.

한 달 전, 약 15년 전에 나에게 치유의 집이 되어 준 수도원을 방문했다. 지난 여러 해 동안 수도원 마당을 거닐지도, 작은 처소에서 기도하지도, 플로렌스 수녀와 대화하지도 못했다. 너무 오랜 시간이 흘렀음을 깨달았다. 내가 처음 수도원에 가야 했던 것과 같은 이유로는 돌아갈 필요가 없었다. 평정을 회복하고 새로운 생명을 찾은 지 오래되었으니 말이다. 그러나 최근의 방문을 통해서 내게는 여전히 그 수도원이, 더 정확히 말하면 거기서 실천하는 리듬이 필요함을 깨달았다. 하나님은 나를 두 가지 근본 임무로 부르신다. 나는 기도를 희생하고 일하는 경향이 있는데, 수도원 방문으로 역시 기도가 중요함을 다시 상기했다. 나의 노동이 우상이 되고 하나님의 얼굴을 못 찾게 되지 않으려면 말이다. 나의 유익을 위해 하나님이 손수 세워 주신 리듬을 따르려는 열망으로 새로워진 채 그 사랑스런 곳에서 집으로 돌아왔다.

실천

- 누가복음 6:12-19을 읽으라.
- 통상적 한 주간의 시간 계획을 어떻게 세우는지 자세히 분석하라. 기도와 노동을 통합하는 수도원의 리듬이 반영된 건강한 리듬을 어떻게 만들어 낼 수 있을까? 예컨대, 하루 중 세 차례 짧게 시간을 내어 기도하라(함께 일하는 사람들, 하고 있는 과업들, 수행해야 하는 일상적 일들을 위해서). 더불어, 아침에 그날의 일정을 위해 먼저 기도하라. 그런 다음, 하루의 마지막에 그날의 일을 돌아보면서 하나님이 베풀어 주신 것에 대해

감사하고, 죄를 고백하고, 염려스러운 부분을 하나님께 맡기라. 마지막으로, 일요일을 예배, 경축, 공동체, 안식의 날로 바꾸어 주님의 날을 지키려고 최대한 노력하라. 이것을 염두에 두고 다음 일요일을 계획하라.

5. 거룩한 영웅들
: 성상과 성인들의 영성

우리가 다 수건을 벗은 얼굴로 거울을 보는 것 같이
주의 영광을 보매 그와 같은 형상으로 변화하여
영광에서 영광에 이르니 곧 주의 영으로 말미암음이니라.
(고린도후서 3:18)

적어도 외부인들에게는 이상한 세계처럼 보인다. 교회는 다른 세계에 속한 듯한 사람들의 초상화로 꾸며져 있고, 예배는 이전 시대로 회귀하게 하는 관습과 의식을 따르며, 전례 용어는 고어처럼 들린다. 이 모든 전통을 보며, 우리는 우리 세계와는 아주 멀리 떨어진 다른 시공간으로 옮겨 간다. 그때와 지금, 거기와 여기가 놀랍도록 대조적이어서 이런 전통을 과거의 유물이 아닌 다른 어떤 것으로 볼 수 있을지 의문이다. 전통이 오늘날의 우리 현실에 적합하고 유용한 무엇을 주는가?

동방 정교는 이 책에서 탐구하는 기독교 전통 가운데 가장 낯설 것이다.[1] 미술, 건축, 전례, 신학, 성인들은 이국적이고 신비로워 보이는데, 정교회에서 사용하는 언어들—예컨대, 헬라어와 러시아어—만큼 이국적이다. 그러나 실제로는 처음에 보기만큼 이색적이지 않을 수도 있다. 동방 정교의 가장 성스러운 용어인 **신화**神化, deification는 실제로 예수 그리스도 안에서 이루어진 하나님의 성육신을 통해 신자들 안에 성취하려고 계획한 것 곧 우리를 거룩하게 한다는 뜻을 설명할 뿐 아니라, 신약에서 발견할 수 있는 핵심 진리도 반영한다.[2] 동방 정교 그리스도인들은 여러 세기 동안 "하나님이 인간이 되셨으므로 인간도 하나님이 될 수 있다"고 고백해 왔다. 이 구절은 어구 분석이 필요하다. 이 말은 신자인 우리가 문자 그대로 하나님이 될 것이라는 뜻이 아니다. 예수 그리스도의 구원하시는 역사로 우리가 하나님처럼 될 것이라고 말하는 것이 더 정확하다. 다시 말해, 신자들은 어느 날엔가 그리스도의 부활 영광―그리스도의 권능과 아름다움과 완전함―에 참여할 것이다. 하나님의 형상이 우리 안에서 완전히 회복될 것이고, 우리는 이루 말할 수 없는 하나님의 빛과 사랑을 되비출 것이다. 그러나 그것이 전부가 아니다. 동방 정교의 신앙에서는 이러한 변화 과정이 이미 시작되었다고 가르친다. 사도 바울이 설명했듯, 지금도 신자들은 "[한 차원의] 영광에서 [다른 차원의] 영광"으로 변화되고 있다. 성인이 되는 것은 죽음 후에 우리를 기다리는 멀리 떨어진 희망이 아니다. 하나님의 권능은 우리 안에서 이미 역사하면서 하나님의 형상을 회복시키신다. 신화는 현재적 실재고, 그리스도인은 형성 중에 있는 성인이다.

성인의 형성

그러나 결과가 아무리 확실하고 영광스럽다 할지라도 신화의 과정은 쉬운 여정이 아니다. 그러므로 신자들은 여정 중에 도움이 필요하다. 하나님은 아주 은혜로우시게도 도움을 주신다. 첫째, 하나님은 성령의 은사를 통하여 우리에게 힘을 주실 뿐 아니라 따라야 할 본보기, 곧 닮아야 할 영웅들을 제시하신다. 신약에서 '성인' saint, 성자이란 호칭은 모든 신도를 가리키지만, 삶 속에서 비범한 신앙과 거룩함을 보여 준 사람들을 가리키기도 한다. 히브리서의 저자는 한 장 전체에서 거룩한 영웅들 이야기를 다루면서, 역경 속에서도 그들이 어떻게 모범적인 신앙생활을 했는지 보여 준다. 아브라함과 모세를 비롯한 수많은 사람들이 믿음으로 "나라들을 이기기도 하며 의를 행하기도 하며 약속을 받기도 하며 사자들의 입을 막기도 하며 불의 세력을 멸하기도 하며 칼날을 피하기도 하며 연약한 가운데서 강하게 되기도 하며 전쟁에 용감하게 되어 이방 사람들의 진을 물리치기도"했다. 또한 믿음으로 "더 좋은 부활을 얻고자 하여 심한 고문을 받되 구차히 풀려나기를 원하지 아니하였으며, 또 어떤 이들은 조롱과 채찍질뿐 아니라 결박과 옥에 갇히는 시련도 받았으며, 돌로 치는 것과 톱으로 켜는 것과 시험과 칼로 죽임을 당하[였다]"(히 11:33-34, 35-37). 이 위대한 '성인들'의 행위를 성경에 기록한 것은 우리가 비슷한 어려움에 직면할 때 믿음으로 살도록—그리고 믿음 안에서 견디도록—격려하기 위해서다. 저자는 이렇게 결론 맺는다. "이러므로 우리에게 구름같이 둘러싼 허다한 증인들이 있으니 모든 무거운 것과 얽매이기 쉬운 죄를 벗어버리고 인내로써 우리 앞에 당한 경주를 하며"(히 12:1).

본문은 거기서 끝나지 않는다. 저자는 우리에게 예수님을 바라

보라고 촉구한다. "그는 그 앞에 있는 기쁨을 위하여 십자가를 참으사 부끄러움을 개의치 아니하시더니 하나님 보좌 우편에 앉으셨느니라"(2절). 예수 그리스도는 그리스도인들이 자신들의 영광스러운 운명을 확신할 수 있게 하는 이유다. 예수님이 인간의 본성을 취하셨기 때문에 타락한 인간도 하나님의 본성을 공유할 수 있게 되었다. 아타나시우스는 그리스도가 성육하신 것이 하나님의 창조에 미친 피해를 고치고 타락한 인간 안에서 하나님의 형상을 회복하기 위해서라고 했다. 인간의 고통은 물론 끝내 죽음까지 초래한 타락의 결과를 대하면서 하나님은 끔찍한 딜레마에 직면하셨다. 자신의 창조가 피폐해지고 자신의 형상이 타락하는 것을 원치 않으셨다. 그리고 인간의 본성이 다시 신성에 연합하여 완전한 회복이 있기를 원하셨다. "하나님이 인류 안에 자기 형상을 새롭게 하심으로써 인간이 다시 한 번 하나님을 알 수 있게 하는 것 말고 하나님으로서 달리 무엇을 할 수 있었겠는가?" 그분이 할 수 있는 선택은 하나밖에 없었다. "그분의 형상 자체이신 우리의 구원자 예수 그리스도가 오시는 것 외에 달리 어떻게 이 일을 이룰 수 있었겠는가?…하나님의 말씀은 그분 자신의 **인격** 속에서 나타나셨다. 그 형상을 따라 인간을 재창조하실 수 있는 분은 아버지의 형상인 오직 그분뿐이기 때문이었다."[3]

그러므로 그리스도인들은 사실 완전함과 영광의 운명을 타고났다. 그리스도는 회복의 수단일 뿐 아니라 목적이다. 그리스도는 인간의 모양을 입은 하나님의 형상이고, 하나님의 완전한 자화상이자 인간의 완전한 원형이다. 우리는 하나님이 은혜로 주시는 선물,

성령의 기름부음, 영적 훈련의 실천을 통해 예수님이 타고난 자질과 완전한 순종으로 이 땅에서 보여 주신 모습이 되어갈 것이다. 동방 정교에 나타난 성인들 이야기는 그러한 변화가 가능함을 다시 한 번 말해 준다. 이 일이 죄인인 그들에게 일어났다면, 우리에게도 일어날 수 있다. 그들은 예수님의 제자가 될 수 있고, 될 모습이 무엇인지 보여 준다.

이 장의 목적은 세 가지 사례를 통해 동방 정교 전통에 나타난 '신화'의 개념을 탐구하는 것이다. 또한 성인들이 지금까지 해 왔고 앞으로도 교회의 삶에서 지속할 중요한 역할을 강조한다. 이 위대한 전통에서는 특별히 두 가지 매개물—**성상**聖像, icon과 영적 전기—로 우리를 성인들의 세계로 안내하고 따라야 할 본을 제시한다. 우리는 말할 수 없이 영광스러운 무언가로 이미 변화된 인간 본성을 지닌 사람의 초상화를 응시하도록 이끌리는데, **성상**은 그러한 목적을 성취하기 위한 그림이다. 우리에게 익숙하고 현실적인 그림들과는 거의 유사성 없는, 이상한 그림으로 보일지 모른다. 그러나 이 경우에는 그런 기이함이 필요하다. 왜냐하면 눈으로 자연스럽게 볼 수 없는 실재를 묘사하고, 다른 세상 즉 물질이 영으로 변화되고 인간이 신성으로 채워지는 세상으로 옮겨가게 하는 것이 목적이기 때문이다. 성상은 인간 삶의 영적 변화를 통해 실제로 이루어지는 것을 상징적인 형태로 보여 준다.[4]

영적 전기 혹은 **성인전**의 목적은 약간 다르다. 성인전에서는 그리스도를 구원자와 주님으로 알고 신뢰하는 사람들 속에서 변화가 실제로 어떻게 일어나는지 보여 주기 위해 성인들의 이야기를 전한다. 사람들은 성인전을 일반 전기처럼 읽지 않는다. 단순히 역사 정보를 전달하는 것이 아니라, 신자들이 성인들을 본받고 동일한 믿음의 여정을 시작하게 고무하는 것이 주요 목적이기 때문이다. 성상이 변화의 **결과**를 보여 주면서 우리 안에 변화된 상태로 들어가고픈 열망을 불러일으킨다면, 영적 전기는 변화의 **과정**을 보여 준다.[5] 성인전은 성인의 삶에 관해 곧이곧대로 '사실을 전달'하려는 것이 아니라, 성인의 영적 변화를 밝혀내려는 것이다. 어떤 면에서 성인들의 이야기는 기록으로 된 성상의 기능을 하면서, 그리스도의 모습대로 성장한다는 것이 어떤 의미인지 보여 준다.[6]

성 마크리나의 성상

신화는 언젠가 그리스도의 부활 영광에 참여하고 "그의 참 모습 그대로 볼 것이기 때문[에] 그와 [같아질]" 신자들의 궁극적 운명을 가리킨다(요일 3:2). 성상은 그러한 운명에 대한 예술적 비전을 제공하려는 것이다. 예컨대, 성 마크리나St. Macrina the Younger, 약 327-379년의 성상을 보자.[7] 마크리나는 큰 눈으로 우리를 바라보는데, 마치 우리를 관통하고 또 그 너머의 우리를 응시하면서 우리를 감싸는 더 큰 실재를 보는 것 같다. 그녀의 얼굴은 사나운 폭풍을 뚫고 나와 낮의 밝은 빛을 쬐는 사람처럼 고요하고 평온하다. 우중충하고 단조로운 배경은 마크리나가 자신의 세계와 우리 세계 사이에서 문 역할을 한다는 인상을 준다. 마크리나는 우리를 불러내어 우리 자신의 실재보다 더 큰 실재 속으로 들어오라고 초대하는 것만 같다.

마지막으로 이 성상에는 반투명한 성질이 있어서 성상을 비추는 빛이 마치 그녀 내부에서 나오는 것 같다. 마크리나는 내적 아름다움과 하늘의 광채로 환히 빛나는 것처럼 보인다.

마크리나는 동방 정교 전통에서 성인으로 시성諡聖된 세 형제자매 중 하나인데, 나머지 둘은 카이사리아의 주교 대 바실리우스와 니사의 주교 그레고리우스Gregory다. 셋은 모두 4세기 후반에 오늘날의 터키 중앙에 위치한 카파도키아Cappadocia 지역에서 살았다. 마크리나는 한 수도원의 설립자로서, 깊은 기도와 경건의 소유자였고 기독교 신앙 교사였으며 신비가였다. 바실리우스의 회심에 큰 영향을 미쳤으며 동방 정교의 영성 형성에 도움을 주었다. 그녀의 성상을 숭배하는 것은 그녀가 성인의 기본 가치를 구현하기 때문이다.

마크리나

첫 번째 성상은 5세기에 그려졌는데, 그리스도의 신성과 인성이 어떻게 한 사람 안에서 결합하는지 명쾌히 설명하던 시기와 대략 일치한다.[8] 칼케돈 공의회the Council of Chalcedon, 451년가 그 신비를 신학적으로 설명했다면, 성상은 예술적으로 묘사했다. 이와 같이 초기에 동방 정교에서는 성상이 너무도 중요했기 때문에 동로마 황제 레오 3세Leo III가 성상을 우상이라고 비난하면서 파괴하라고 명하자,

5. 거룩한 영웅들

수많은 사제들과 수도자들은 죽기까지 저항했다. 두 명의 신학자 다마스쿠스의 요한John of Damascus, 약 675-약 749년과 스투디우스의 테오도루스Theodore of Studios, 759-826년는 예배에서 성상을 활용하는 것을 설명하고 옹호하려고 소책자와 논문을 썼다. 현재 알려진 바와 같이, 성상 논쟁은 787년 열린 제2차 니케아 공의회the Second Council of Nicea에서 마침내 해결되었다. 이 공의회에서는 성상이 예수 그리스도의 신적 본성과 인간 본성이 하나이면서 구별된다는 것을 예술 형식으로 묘사하므로 유용하고 가치가 있다고 언명했다. 그렇다면 그리스도야말로 과거도 현재도 늘 가장 중요한 성상이다. 그리스도를 이미지 형식으로 묘사하는 것이 가능했고, 허용되었으며, 심지어 성육신에서는 필요하기까지 했다.[9] 어떤 성상 화가라도 그리스도 성상은 모두 한 인간, 곧 신적 본성과 인간 본성이라는 구별되지만 서로 연결된 본성을 지닌 나사렛 예수를 묘사한다고 말할 것이다. 그리스도 성상들은 예수님을 단순히 신적이거나 추상화된 모습이나 유령이 아니라, 진짜 인간 곧 완전한 신인神人인 나사렛 예수를 보여 준다.

성상 속에서 우리가 보는 이미지는 성상 자체를 넘어 그 인물, 곧 성육하신 하나님의 아들이라는 실재를 가리킨다. 그분은 곧 물질인 피조물을 신성을 담는 그릇으로 변화시킨 분이다. 그리스도 성상은 세상 물질의 이러한 변화가 낳은 결과를 묘사한다. 다마스쿠스의 요한은 "옛날에는 육신도 형체도 없으신 하나님을 결코 묘사하지 않았지만, 이제는 하나님이 육신을 입으신 모습으로 나타나셨고 인류와 어울리셨으므로 하나님에 대해 본 것을 묘사한다.…그분은 나를 위하여 물질이 되셨고, 물질 속에 거하기로 하셨으며, 물질을 통하여 나의 구원을 이루셨다."[10] 우리는 물질세계를 통해 조물주를, 창조를 통해 창조주를 본다. 궁극적으로는 한 인간, 곧 예수 그리스도를 통해 하나님의 본성을 본다. 성육신은 이 두 세계를 한 인간 안에서 함께 녹여낸다. 그리스도 성상은 이러한 영광스러운 실재를 그림으로 묘사한다.

전능자 예수

마크리나와 같은 성인들의 성상에는 약간 다른 목적이 있다. 성상을 통해, 하나님이 우리의 구원을 위해 참으로 인간이 되신 것과 마찬가지로 인간도 하나님의 본성에 참여하고 하나님의 영광을 반영함으로써, 하나님이 언제나 인간에 대해 의도하셨던 모습인 하나님의 형상을 지닌 자의 모습을 회복할 수 있음을 볼 수 있다. 그리하여 인간 본성에 하나님의 성령이 부어져, 인간은 그리스도를 닮은 사람으로 변화된다.[11] 그리스도 성상이 하나님의 **강림**descent 곧 인간이 되신 하나님을 묘사한다면, 성인들의 성상은 인간의 **승귀**ascent 곧 하나님의 본성을 반영하는 인간을 묘사한다. 이것은 성육신과 성령의 사역을 통해 가능하다. 그러나 하나님의 본성이 성육신으로 없어지지 않는 것처럼, 인간 본성도 변화 과정으로 인해 없어지지 않는다. 성인들의 몸은 빛으로 채워진 영광스러운 모습을 하고 있는데, 이는 감추어진 것을 드러내는 하나의 계시다. 성인들은 예수 그리스도 안에 나타난 하나님의 성육신이 타락한 인간 안에 성령의 역사를 통하여 이루고자 하는 바를 보여 준다. 성화의 과정은 성인이 사는 세속의 삶에서 시작된다. 성령은 보통 사람들을 그리스도의 형상에 맞추어, 그들을 채우시고 조명하시며 변화시키신다.[12] 그러므로 성인들은 기적처럼 갑자기 변화되지는 않는다. 그들은 성령의 역사를 통하여 성인으로 성장한다.

성인들의 이중적 본성 때문에 성상 화가들은 의미 있는 문제를 제기한다. 이들 두 본성—물질적이고 영적인, 인간적이고 신적인—의 일치를 직접적으로 묘사할 수는 없다. 어떻게 그러한 실재를 하나의 그림으로 전달할 수 있겠는가? 따라서 다른 초상화를 보는 방식과 똑같이 성상을 보아서는 안 된다. 성상은 우리가 흔히 보는 방식으로 사람을 묘사하지 않기 때문이다. 성상은 예술 작품이기보다는 경건의 작품이다. 성상은 순전히 세상적 존재들만이 아니라 영적 특성도 보게 해 주는 창문 역할을 한다. "두 번째 실재, 성령의 전적으로 거룩하게 하시는 은혜의 임재, 거룩을 어떤 인간적 수단으로 묘사할 수는 없다. 그것은 외적이고 물리적인 눈으로 볼 수 없는 것이기 때문이다."[13] 그러므로 성상은 성인의 영광과 광명과 내적 아름다움을 전달하기 위하여 상징을 사용할 수밖에 없다. 성인은 성령의 역사로 인해 인간 본성이 줄어들지 않고 변화된 사람이다.

그러므로 '비현실성'은 의도적이고 필요에 의한 것이지, 예술적 기교의 부족으로 인한 결과가 아니다. 왜곡은 속이려는 것이 아니라 우리의 관점을 확대함으로써 영적 실재에 우리의 눈을 열고 성상 속에서 그리고 성상을 통하여 하나님 실존의 영광을 볼 수 있도록 조명하려는 것이다.[14] 우리는 성상이 진짜 인간을 묘사한다는 것을 심지어 첫눈에도 알아볼 수 있다. 성인은 세상 속에서 살았던 사람이기 때문에 이름, 정체성, 이야기, 교회사 속에서 차지하는 역할이 있다. 예컨대, 우리는 마크리나의 이름을 알고, 그녀가 수도원을 설립한 것과 멘토이자 교사로 섬긴 것과 보기 드물게 영적 깊이가 있고 깊은 훈련을 한 여인임을 알고 있다.[15]

그러나 인물의 영적 본성이 일차적이므로, 특별한 예술적 관심을 끈다. 따라서 이미지를 기묘하고 이상하고 심지어 기괴해 보이게 만든다. 성상들을 자세히 볼 기회가 있다면, 곧바로 과장되거나 왜곡된 듯한 어떤 신체적 특징들을 발견할 것이다. 이 모든 특징들은 거룩의 다양한 양상들을 상징한다. 이를테면, 넓은 이마는 지혜, 큰 눈은 광명, 수척한 얼굴은 훈련과 자기희생, 흔들림 없는 고요는 완전한 내적 평정을 상징한다. 후광은 거룩, 금색 배경은 영원을 전달한다. 빛의 원천—밖에 있는 원천이라기보다는 성인 내면에서 나오는 것처럼 보이는—은 하나님의 광채를 나타낸다. 이 광채 때문에 그림이 마음에서 떠나지 않고 다른 세상에 속한 것처럼 보인다.

마지막으로, 대부분의 그림에서는 중심점을 주제 **뒤에** 두어 감상자들이 그림 세계를 응시하게 하는 반면, 성상에서는 중심점을 성인 **앞으로** 끌어내어 성인이 **우리** 세계를 응시하는 것 같다. 우리는 더 이상은 자신의 안전한 세상 속에서 그림을 살펴보며 단순히 객관적이고 중립적인 관찰자인 양 있을 수 없다. 그렇다면 이제 역할이 바뀐다. 우리가 그림의 일부가 되고 성인이 우리를 살펴본다. 마치 두 세계 사이에 서 있는 것처럼, 성인은 자기 세계의 더 큰 실재 속으로 들어가라고 손짓한다.[16] 다마스쿠스의 요한은 신학자의 입장보다 목회자의 입장에서 고백했다.

> 공부할 책도 시간도 없어 상충하는 생각들로 지친 마음을 안고 영혼의 피난처인 교회로 들어간다. 내 앞에 놓인 아름다운 그림을 보고 새 힘을 얻어 하나님께 영광을 돌리게 된다.…성인들의 표상은 우리의 신들이 아니라, 하나님을 떠올리고 예배하도록 우리를 인도하기 위하여 교회 안에 펼쳐져 있고 경모받는 책들이다.[17]

성상은 하나님 나라의 실재를 상징하고 그 속으로 들어오라고 우리를 초대한다. 마치 우리에게 말하는 것 같다. "더 많이, 훨씬 더 많이 있으니."

동방 정교에서는 성상을 '신학적' 혹은 '영적' 미술이라고 부르고, 동방 정교의 성상 화가들은 그들의 미술을 영적 훈련이라고 부른다. **누구나** 성상 화가가 될 수 있는 것은 아니다. 참된 성상 화가는 이 같은 거룩한 부르심을 준비하기 위해 엄격한 훈련을 따른다. 예술적이고 영적인 자신감을 개발하고 발휘하며, 예술의 영적 본질을 전달하는 데 필수적인 성숙에 이르도록 금식, 기도, 명상, 관상을 하며 영적 민감성을 기른다. 단순한 예술적 탁월성만으로는 부족하다. 더구나 그들은 예술적 노력에서 엄격한 지침을 따른다. 다양한 양식과 구성이 허용되기는 하지만, 사용하는 재료와 배합하는 색상, 채택하는 상징, 묘사하는 성인에서 고대 전통을 존중해야 한다. 작품이 완성되면, 단순히 예술 작품으로 감탄하며 바라만 보는 것이 아니라 예배에서 사용한다. 동방 정교의 신자들은 교회를 성상으로 장식하고, 이를 사용하여 성인들을 숭배하고 인도와 도움을 구하며 이제는 그 성인들이 거하는 하늘의 영역을 깊이 생각한다. 성상을 통해 신자들은 이 세계가 존재하는 유일한 실재가 아님을 되뇐다.[18]

멜라니아의 전기

성상이 하나님의 영으로 이미 변화된 성인들을 묘사하면서 그들이 성인이 된 **결과**를 나타낸다면, 영적 전기는 **과정**을 보여 준다. 성상이 완전함의 초상을 보여 준다면, 영적 전기는 성장과 변화의 이야기를 전달한다. 우리와 같은 보통 사람들이 세상과 육신과 마귀를 버리고, 거룩하고 덕스러운 삶을 추구하며 그리스도를 따르도록 고취하기 위해서다. 초기 기독교에서 가장 대중적인 주제는 사도, 순교자, 사막 성자, 주교였다. 그

멜라니아

래서 성인들을 따라야 할 본으로 부각시켰고, 그들의 이야기는 봇물처럼 쏟아지는 작품들의 기준이 되었다.[19] 중세 기독교도 주제는 같았지만, 목적이 바뀌었다. 신자들은 성인들을 본보기보다는 중보자로 보았다. 성인들에게는 신자들의 영적 보호자 역할을 위한 권능과 권위가 있었다. 로렌스 커닝햄Lawrence Cunningham은 다음과 같이 언급한다. "순교자들의 중보나 그들이 남긴 유물을 통하여, 질병을 고치거나 재앙을 예언하거나 반대 세력으로부터 보호하거나 회심을 일으키거나 죄를 용서하거나 재난을 피할 수 있었다."[20] 성인들의 이야기는 훨씬 더 공상적이고 허구적이 되어 갔다. 성인들의 유물로 어떻게 병자를 고쳤고, 성인들이 축복한 물로 어떻게 죄를 씻어 냈으며, 성인들의 무덤으로 순례하면서 어떻게 하나님의 특별한 사랑을 받았는지 묘사했다.

그러므로 이러한 전기의 본 목적을 회복하기 위해서는 초기의 설명으로 돌아가야 한다. 멜라니아Melania the Younger, 약 383-438년가 좋은 사례다.[21] 예루살렘에서 여러 해 동안 멜라니아 곁에서 보낸 사제 게론티우스Gerontius는 멜라니아의 전기 작가로, 452년과 453년 사이에 그 이야기를 썼다. 멜라니아는 원로원 지위와 상당한 부를 지닌 로마 가정 출신이었다. 어릴 때부터 그리스도와 순결한 삶(그녀는 이것을 금욕이라고 정의했다)을 갈망했다. 그러나 부모는 상속자를 원했고 집안 친구인 피니아누스Pinian에게 그녀를 강제로 결혼시켰다. 그녀의 나이가 열넷, 그의 나이 열일곱일 때였고, 피니아누스 역시 자녀를 갖자고 고집했다. 멜라니아는 결국 자녀 둘을 낳았지만, 여전히 그녀의 갈망은 확고부동했다. 두 자녀가 죽고 그녀의 병이 깊어지자, 그녀는 다시 간청했다. 이제 자신의 열망을 전적으로 지지해 주는 피니아누스와 자신이 성결한 삶을 추구할 수 있도록 놓아 달라고 아버지에게 간청하였고, 마침내 설득에 성공했다.

둘은 함께 금욕 훈련을 했다. 헐값의 옷을 입고 사치품을 사용하지 않았다. 서로를 형제자매처럼 대하고, 병자를 돌보고, 외부인을 환대하고, 감옥과 광산을 방문하고, 빚진 자들의 빚을 탕감해 주었다. 또한 엄청난 부를 가난한 사람들에게 나누어 주고 로마 세계 도처에 흩어져 있는 엄청난 재산을 처분하기 시작했다.

때가 되어 멜라니아와 피니아누스는 아프리카로 향했는데, 거기에도 재산과 소유지가 더 있었다. 그런데 배가 항로를 이탈하여 한 섬에 상륙했다. 그 섬에서는 야만인들이 몸값을 받아 내려고 몇몇 지도층 시민들을 잡아 두고 있었다. 두 사람은 몸값을 지불하고 그 사람들에게 필요한 물질을 제공했다. 아프리카에 도착한 다음에는 재산을 팔아 가난한 사람들에게 돈을 주었다. 또한 당시 히포의 주교였던 아우구스티누스를 만나 조언을 구하였으며, 마침내 타가스테Thagaste에 여러 해 동안 정착하고 아우구스티누스의 절친한 친구였던 알리피우스Alypius 주교 밑에서 일했다. 둘은 거기에 수도원을 세워 더 강력한 형태의 금욕을 실천했으며, 마지막에는 곰팡이가 핀 빵으로만 살았다. 멜라니아는 신학자로서도 뛰어났다. 성경을 필사하고, 성인들의 논문과 신학 저작을 읽었으며, 헬라어와 라틴어를 공부했다. 향학열을 갖고 열심히 공부한 끝에 위대한 신앙의 옹호자가 되었다.[22]

7년 동안 아프리카에서 산 다음 멜라니아와 피니아누스는 성지를 향해 떠났다. 도중에 알렉산드리아와 이집트 사막을 방문했고, 거기서 멜라니아는 여러 사막 성자들과 대화하며 그들의 필요를 채워 주었다. 마침내 그녀는 "경건으로 충만한 채" 예루살렘에 도착하였다. 피니아누스가 죽은 후에는 한동안 물러나 은둔했다. 결국 예루살렘에 아흔 명의 여자들을 위한 수도원을 세우기도 했지만, 겸손하여 대수녀원장직은 거부했다. 평판이 나쁜 여자들을 데려와, 수도원에서 주거를 제공하고 구원의 도를 가르쳤다. 한번은 콘스탄티노플로 가서 황제를 만나 그리스도를 따르라고 권했다. "불멸을 향해 다가서시기를 간청합니다. 그렇게 하신다면 폐하께서 지금까지 일시적 소유를 누리셨듯, 영원한 소유를 얻으실 수 있습니다."[23] 콘스탄티노플에 머무는 동안 멜라니아는 실제로 '밤낮으로' 성경을 가르쳤고, 논쟁을 통해 이단자들을 밝혀냈다. 최소한 부분적으로나마 그녀의 영향으로 황제는 죽기 전에 세례를 받았다. 또한 황후 에우독시아Eudoxia와도 많은 시간을 보내며 영적 멘토가 되었다. 이때에 이르러서는 기적도 행하기 시작했다. 그러나 건강이 쇠약해지기 시작했다. 마지막이 가까워 오는 것을 깨달은 그녀는 예루살렘으로 돌아가서 마지막 성찬을 받은 다음 숨을 거두었다.

우리는 이런 드문 이야기를 어떻게 해석해야 할까? 첫째, 저자는 복음 전도의 목적을 염두에 두었음이 분명하다. 게론티우스는 책 도입부에서 멜라니아의 삶을 통해 그리스도에 대한 믿음과 그리스도를 본받는 삶을 고취하고 싶다고 진술한다.

나는 우리의 거룩한 어머니 멜라니아의 행위로 가득한 영적 초원에 가서 당장 뽑을 수 있는 꽃을 모을 것이다. 그리고 자신들의 덕을 고양할 이야기를 듣고 싶어 하는 사람들과 최대의 유익을 바라며 자기 영혼을 우리 모두의 구원자이신 하나님께 바치는 사람들에게 줄 것이다.[24]

게론티우스는 이 점을 강조하려고 멜라니아가 임종 자리에서 했던 말을 인용한다. 멜라니아는 하나님께 기도했다. "제가 당신의 천국 신부 방에 들어가기에 합당하다고 생각하게 해 주십시오.…당신에게는 이루 말할 수 없는 긍휼과 풍성한 자비가 있으므로, 당신에게 소망을 거는 모든 사람을 구원하실 것이기 때문입니다."[25] 게론티우스는 성인 관련 주제만큼이나 기독교 신앙에도 열성적이었다. 변증가로서 그는 목적을 위한 수단으로 전기를 사용하며 글을 썼다. 어떤 대가를 치르더라도 예수님을 신뢰하고 복종하도록 독자들을 설득하고 싶어 했다.

둘째, 멜라니아의 전기는 그녀가 변화된 과정을 설명한다. 멜라니아는 이생에서는 아니지만 내생에서 분명 수백 배로 돌려받으리라 믿으며 안락과 안전을 포기했다. 이런 식의 신앙은 멜라니아의 인생 초기에 시작되었다. 급진적 제자도의 삶을 추구하도록 허락받은 후, 멜라니아와 피니아누스는 과거 특권을 버리고 부를 가난한 사람들에게 널리 나누어 주기 시작했다. "그들은 스스로 혼란한 세속적 삶과 원수가 되지 않는 한 하나님께 순전한 예배를 드리기가 불가능함을 분명히 인식했다."[26] 멜라니아는 이러한 노력의 필요성을 절실하게 말했다. "그리스도를 얻을 수 있도록 어서 우리의 재산을 버립시다."[27] 또 그녀는 여자들을 모아 수도원에 받아들였고, 궁핍한 사람들을 돌보았으며, 독거하는 삶을 추구했다. "그녀가 중요한 원로원 가정의 한 사람으로 우아하게 자라긴 했지만, 하나님을 향한 그녀의 사랑은 그토록 불타올랐다."[28] 그러나 이 이야기에서 가장 돋보이는 것은 그녀가 치른 희생의 값이 아니라 그러한 희생을 받기에 합당하신 분이며, 그녀가 한 행위의 위대함이 아니라 그녀에게 자신을 따르라고 명하신 분이다. 결국 이 전기는 그리스도를 알고 따르는 것이 어떤 의미인지 명백하게 보여 준다.

셋째, 멜라니아가 전형적인 신자가 **아니었음**은 분명하다. 멜라니아의 신앙은 일반 수준을 넘어섰고, 그녀가 이룬 성취로 그리스도인 여자가 사회에서 어떤 역할을 해야 하는지에 대한 전통적 인식이 도전받았으며, 그녀의 영향력은 사막 성자들과 주교들과 황제들과 같았다. 그녀는 성 역할과 사회적 차별, 교회 직제를 뛰어넘는 것 같은 지위를 획득했다. 그녀의 모든 삶은 거의 믿을 수 없을 정도다. 그러나 초상에서 기이함은 필수적인데, 성상 그림도 그렇듯 이야기들을 쓴 글에서도 필수적이다. 기독교 신앙을 진지하게 받아들이면 사람의 삶이 바뀐다고 약속하기 때문이다. 지상은 천국에 굴복해야 하고, 현실은 천국의 실재에 자리를 내주어야 한다. 기이함은 중요한 기능을 한다. 기이함으로 인해 성인에 이르는 신비한 과정에 주목하게 되기 때문이다. 하나님은 우리를 영광스러운 피조물로 변화시키기로 계획하신다. 멜라니아의 이야기는 꾸며낸 것이 아니다. 전기 속에서 알게 되는 그 사람은 실제로 존재했다. 그러나 그녀의 기이함을 모방해야 할 원형으로 제시하려는 의도는 없다. 모든 사람이 멜라니아처럼 살 수도 없고 살아서도 안 된다. 그러나 멜라니아가 그랬던 것처럼 모든 사람은 기독교 신앙을 진지하게 받아들여야 한다. 의심할 여지 없이 우리의 좁은 길은 멜라니아의 좁은 길과는 다르겠지만, 완전한 변화라는 목표는 동일하다.

요한 크리소스토무스의 설교

신화神化는 단순한 추상적 관념이 아니다. 오늘날 신자들에게 도전하고 영감을 주기 위한 것이다. 이 점에서 성상과 영적 전기는 분명히 한계가 있다. 성인들은 스스로 말하지도 않고 말할 수도 없다. 우리는 성인들에 관한 해석자 역할을 하는 화가와 저술가의 예술적 시각을 통해 그들에 대해 배운다. 그러므로 작가의 눈을 통해 간접적으로만 성인들을 알 뿐이다. 그것도 나름대로 좋다. 그러나 이러한 예술 매개체를 통해서 진정한 소통의 상태를 만들어낼 수는 없다. 성인들을 볼 수도 있고, 성인들에 대해 읽을 수도 있다. 그러나 성인들이 우리에게 말하는 것을 들을 수는 없다. 그래서 그들과 거리를 두기 쉽다. 여러 해 동안 나는 나보다 한 세대 앞선 신자로 오랫동안 신실하게 그리스도를 좇은 '성인'과 정기적으로 만나려고 노력해 왔다. 나는 그들의 이야기에 귀 기울이고, 조언을 구하며, 우정을 나눈다. 그리고 내 삶에 말하도록 초청한다. 작년에는 네덜란드에서 성장하면서 십 대 시절 반나치 저항 운동에 가담했던 은퇴 목사 리츠 타데마Rits Tadema와 교제했다. 그는 여전히 전쟁에 나설 준비가 된 노전사처럼 눈빛이 살아 있고 영적으로 깊이가 있었다. 단지 성상이나 이야기를 넘어 자신만의 목소리를 지닌 살아 있는 사람이다.

요한 크리소스토무스

고대 성인에게도 그들만의 목소리가 있다. 그들은 지금도 글을 통하여 우리에게 직접 말함으로써 그들이 알고 좇던 동일한 하나님께 우리 삶을 맡기라고 도전할 수 있다. 다행스럽게도 그들 가운데 글로 된 유물을 남긴 사람들이 많다. 동방 정교 전통에서 가장 위대했던—지금도 그렇지만—성인들 가운데 하나는 요한 크리소스토무스약 347-407년였다. 크리소스토무스는 두드러진 성경학자이자 목사, 지도자, 설교자였으며 5세기로 접어들 무렵에는 콘스탄티노플의 주교였다. 뛰어난 설교 때문에 '황금 입'(크리소스토무스의 헬라어 의미)으로 알려진 그는 여러 세기 동안 여러 성상과 영적 전기에서 주제로 등장했다. 성경 주석, 논문, 편지, 설교를 비롯하여 그가 쓴 글도 보존되었다. 강력한 설교는 어째서 성인들이 여전히 중요한 역할을 하는지 설명해 준다. 크리소스토무스 같은 성인들은 현실 적합성이 떨어지는 과거의 유물과는 달리 우리가 배울 것이 많다. 특히 크리소스토무스가 실제적인 그리스도인

의 삶을 다룰 때 그의 글은 시간을 초월하는 가치가 있다.[29]

시리아의 안티오키아에서 태어난 크리소스토무스는 어려서 아버지를 여의었다. 경건한 어머니 안투사Anthusa는 재혼을 포기하고 아들과 딸을 양육하는 데 헌신하기로 작정했다. 크리소스토무스는 유명한 수사학의 대가이자 기독교를 경멸하는 무신론자 리바니우스Libanius 밑에서 공부하며 안티오키아에서 가능한 최상의 교육을 받았다. 법률가가 될 계획도 있었지만, 어떤 이유에서인지 마음을 바꾸어 하나님을 섬기기로 작정했다. 그는 수도원의 은거 생활로 물러나고 싶어 했지만, 어머니는 기다리라고 애원했다. 370년대 초에 어머니가 죽자, 크리소스토무스는 수도원으로 들어가 2년 동안 지낸 다음 4년 동안 완전히 격리된 생활을 했다. 금욕 훈련을 실천했고 부지런히 기도했으며 신약을 거의 모두 외웠다. 은거 기간 동안 영적 결의는 깊어졌고 부르심에 집중했으며 세상의 욕망에서 멀어졌다. 나중에 그가 자기 생애의 이 기간에 대해 이렇게 말했다. "그리스도는 무슨 목적으로 산으로 올라가셨는가? 하나님께 기도해야 할 때는 고독과 은거가 유익함을 가르치시기 위해서다.…광야는 정적의 어머니고, 모든 혼란으로부터 우리를 구원하는 평온이자 피난처이니 말이다."[30]

오랜 격리 생활에서 돌아와(주로 건강상의 이유로) 크리소스토무스는 안티오키아 교회에서 활발히 활동했다. 처음에는 자신에게 적합하지 않다는 생각에 교회 직책을 고사했지만, 결국 부제381년, 집사와 사제386년 임명에 따르기로 했다. 다음 12년 동안은 올림픽 경기, 극장, 축제로 유명한 도시 안티오키아에서 사역했고, 자신의 설교 기술을 연마하기도 했다.

그의 설교 기술은 387년에 제국의 세금 인상 문제로 도시에서 폭동이 일어났을 때 바로 시험대에 올랐다. 폭도들은 황제와 황실 가족들의 동상을 훼손했다. 제국의 분노한 관리들이 도시 지도자들을 체포하여 일부는 고문하고 일부는 처형하면서 벌하기 시작했다. 한창 한겨울이었고 수도까지 1,300킬로미터나 떨어진 곳이었지만, 당시 80세였던 대주교 플라비아누스Flavian가 황제의 긍휼을 구하고자 콘스탄티노플로 급파되었다. 크리소스토무스는 설교와 목양을 위해 남아, "어디에서든 거대한 공포로 침묵이 흘렀고 철저한 외로움이 있었다"고 썼다. 기도하고 금식하면서 한 주를 보낸 다음, 설교단에 올라 위기에서 벗어나기까지 매일 설교했다. 하나님의 긍휼과 심판과 섭리에 대해 감동적이고 설득력 있게 말하면서 신자들에게 영적 전쟁에 대비하라고 권고했다. "씨름할 때이니 옷을 벗으십시오. 마귀와의 격전에 참여했으니 옷을 입으십시오. 오랫동안 폭식하느라 무뎌진 낫을 갈고 금식으로 날을 세우십시오."31 그리고 혼란의 진짜 원인이라고 믿었던 신자들의 사치욕과 탐욕을 맹렬히 비난했다. 8주가 지난 후 부활절 전날, 플라비아누스가 돌아와 황제가 도시를 용서했다는 좋은 소식을 공표했다. 한 번의 위기로 크리소스토무스는 당대 으뜸가는 설교자로 서게 되었다.

398년에 크리소스토무스는 고위 군 관계자의 호위를 받으며 도시 성곽 밖에 있는 예배당의 비밀 집회에 갔는데, 거기서 군인들에게 사로잡혀 콘스탄티노플로 압송되었다. 이는 제국에서 가장 유명한 설교자가 수도에 있는 교회에서 봉사해 주기를 원했던 정부 관리 에우트로피우스Eutropius가 계획한 납치였다. 크리소스토무스는 자신의 소원과는 반대로, 제국의 중심인 콘스탄티노플의 주교로 임명받았다. 그리하여 그의 인생에서 가장 어렵고도 소란스러운 시절이 시작되었다.

크리소스토무스는 열정과 엄정함과 열심으로 포용하면서, 십만 명의 교인과 엄청난 직원들과 황실 가족으로 이루어진 교회를 목양하고 감독하기 위해 최선을 다했다. 권력에 주린 사람들로 둘러싸여서도 궁정에서 단순한 종교 장식품 역할을 하는 것은 거부했다. 크리소스토무스는 완고하고 편협하지는 않았지만, 체제에 순응하기는커녕 비타협적이었던 것으로 드러났다. 자신의 직책을 이용하여 단순히 권력의 자리에 앉아 있는 사람들만이 아니라 온 도시의 필요를 채웠다. 가난한 사람들을 먹이고, 병원을 세우며, 과부들을 지원했다. 또 성직자들을 개혁하는 임무도 떠맡았다. '영적 자매들'—집안 하인처럼 성직자의 집에 살면서 집안일을 하는 독신 여성들—과 함께 사는 독신 성직자들을 징계했다. 영적 자매들 가운데 더러는 '영적 어머니'—크리소스토무스가 그렇게 불렀다—가 되어 교회를 추문에 휩싸이게 했던 것이다. 과부를 돌보고 지원하는 일에서도 개혁을 명하여, 일부 경우에는 재혼을 권하고 독신으로 남은 사람들에게는 더 엄격한 기준을 세웠다. 재정 관리 부실 문제로 소아시아의 주교들과 대립했고, 대중문화와 부를 멋대로 사용하는 것을 반대하는 설교를 했으며, 계속 부도덕한 일을 저지르는 사람들에게 성찬을 보류하겠다고 위협했다. "만일 이러한 심판이 두렵거든 죄인들은 회개했음만 보이십시오. 그러면 심판이 덜어질 것입니다."[32]

크리소스토무스는 사람들에게 엄청나게 인기가 있었다. 이유를 찾기는 어렵지 않다. 긴 여행에서 돌아온 후에 한 설교에서 그가 말했다. "제가 여러분을 떠나 있는 동안 저에 대해 생각해 보셨습니까? 제 편에서는 여러분을 결코 잊을 수가 없었습니다. 오히려 여러분의 모습이 언제나 제 앞에 생생했습니다."[33] 그는 세속적 일을 하는 사람들과 가족을 부양하는 사람들, 세상 속에서 지루한 일과와 생활고에 봉착한 사람들에게 각별한 주의를 기울였다. 그러면서 성경이 성직자와 수도자가 아니라 바로 그들을 위한 것이라고 말했다.

> 당신은 제일 앞 열에 서서 계속 얻어맞고 있습니다. 그러므로 당신에게는 더 많은 치유가 필요합니다. 예컨대, 부인이 당신을 자극하고, 아들이 당신을 슬프게 하고, 하인이 당신의 화를 돋우고, 원수가 당신에 대해 음모를 꾀합니다.…당신은 가난으로 괴롭고, 재산을 잃으면 고통스럽다가, 부유해지면 우쭐해지고, 불행이 찾아오면 우울해집니다.… 그러므로 당신에게는 하나님의 전신갑주가 계속 필요합니다.[34]

크리소스토무스는 하나님의 긍휼에 대해 자주 설교했다. 회개하고 하나님의 용서를 받기에 결코 늦는 법은 없다고 말했다. "당신이 제아무리 나이가 많고 죄를 지었더라도 들어가서 회개하십시오! 여기는 법정이 아니라 의사의 진료실이니 말입니다. 교회는 죄를 징벌하는 곳이 아니라 죄의 용서를 주는 곳입니다."[35]

그러나 상류 계급을 대하는 방식에 있어서는 가혹하기도 했다. 그들의 악덕에 대해서는 지체 없이 징계했다. 포르노에 대해 반대하며 열변을 토하는 오늘날의 선지자들이 외치듯이, 크리소스토무스도 극장(부끄러움도 모르는 음란으로 평판이 나 있는)에 가면 타락할 것이라고 경고했다. 그것은 치명적 바이러스에 무절제하게 노출되는 것과 같았다.

> 극장에서 머리에 아무것도 쓰지 않고 뻔뻔한 태도로, 금으로 장식된 옷을 입고, 달콤한 관능미를 과시하고, 음란한 노래를 부르고, 팔다리를 흔들며 춤추고, 외설스런 말을 하면서 무대를 밟는 부끄러움도 모르는 여자를 보면서도…당신에게 비인간적인 일이 닥친다고 감히 말하겠습니까?

그는 쇼가 끝나고 집으로 돌아오고 나서도 그 모습이 갑자기 사라지지는 않을 것이라고 경고했다.

> 극장이 닫히고 모든 사람이 돌아간 지 오래되어도 그 모습들은 여전히 당신의 영혼 앞에서 떠돕니다. 그들의 말과 행동, 눈짓, 걸음걸이, 자세, 자극, 상스러운 팔다리 말입니다. 당신은 말이죠, 수없이 많은 상처를 입고 집으로 돌아옵니다! 당신 혼자 돌아오지 않습니다. 매춘부가 함께 있고, 보이지는 않지만 당신의 마음과 의식 속에서 떠나지 않으며, 바로 당신 안에 바빌로니아식 퇴폐적 용광로의 불을 붙이는

5. 거룩한 영웅들

데…그 속에서 당신 가정의 평화와 마음의 순수함과 결혼의 행복이 불타 버릴 것입니다![36]

크리소스토무스는 부의 남용에 관해 다룰 때도 마찬가지로 단도직입적이었다. 부유한 시민들과 궁정 사람들이 포함된 회중에게 이토록 과감하게 예언자적 설교를 했다는 것은 놀랍다.

장에 옷을 가득 채우고도, 하나님의 형상과 모습으로 창조된 사람들이 헐벗고 추위에 떠느라 거의 똑바로 설 수 없는데 내버려 두는 것은 어리석은 짓이자 집단 광기입니다.…당신은 몸집이 크고 살이 쪘고 밤늦도록 술 마시는 연회를 하며 따스하고 부드러운 침대에서 잡니다. 그렇다면 당신은 하나님의 선물을 오용한 것에 대해 어떤 식으로든 설명해야 한다고 생각하지 않습니까?[37]

크리소스토무스는 부와 가난의 의미를 재정의했다. "진실을 말하자면, 부자란 많은 재산을 모은 사람이 아니라 재산이 거의 필요 없는 사람이다. 그러므로 가난한 사람은 재산이 없는 사람이 아니라 욕심이 많은 사람이다."[38] 크리소스토무스는 부자에게 선한 청지기가 되라고 권했다. 재산과 돈은 그들의 것이 아니다. 그런 생각은 도둑질과 같다. 그들의 자원은 하나님의 것이며, 부자에게 자기 자원을 하나님의 일, 특히 가난한 사람을 위해 쓰라고 하시는 분은 하나님이시다.

어떻게 모았든지, 우리의 돈은 주님의 것이기 때문입니다. 궁핍한 사람들을 부양한다면, 우리는 더 많이 얻을 것입니다. 이것이 하나님이 당신에게 더 많이 갖도록 허락하신 이유입니다. 매춘, 술, 고급 음식, 비싼 옷, 다른 온갖 종류의 나태한 일에 낭비하는 것이 아니라 궁핍한 사람들에게 나누어 주라는 것입니다.[39]

이와 같은 설교 때문에 적이 생겨났다. 그가 했던 불같은 설교와 개혁에 대한 열심 때문에 권력꾼들과 갈등이 불가피했다. 알렉산드리아에서 온 질투심 많은 주교는 크리소스토무스가 이단자들을 숨겨 주고 권력을 남용한다며 고소했다. 고소당한 크리소스토무스는 법정으로 끌려와 유죄 판결을 받고(무죄였음에도) 직책에서 해임되고 도시를 떠나게 되었다. 그 소식이 퍼지자 도시에서 폭동이 일어났고, 관리들은 그를 불러 복직시키지 않을 수 없었다. 그러나 1년도 채 안 되어 그는 다시 황실 가족의 눈 밖에 났다. 아르카디우스Arcadius 황제는 크리소스토무스를 유배지로 보냈다. 또 다른 폭동을 피하기 위해 크리소스토무스는 예배를 마치는 대로 곧장 교회 옆문을 통해 떠났다. 사제들과 부제들에게 작별 인사할 정도의 시간만 주어졌을 뿐이었다. 그러나 어쨌든 사람들은 또다시 폭동을 일으켰다. 대성당에 불을 놓았는데, 다른 공공건물들로 번졌고, 저항을 진압하기 위해 군대가 급파되었다.

그러는 사이에 크리소스토무스는 먼 흑해 서안을 향해 떠났다. 늙고 연약하고 지칠 대로 지친 그였지만 여름 더위에 험한 지형을 억지로 걸어가야 했다. 그는 어디로 가든 자신을 집으로 맞이

요한 크리소스토무스: 설교

"그리스도의 제자인 우리는 이 세상에서 이룰 우리의 목적이 하늘에 보물을 쌓는 것이라고 주장합니다. 그러나 우리의 행동은 말과 자주 상반됩니다. 많은 그리스도인들이 자신을 위하여 좋은 집을 짓고, 멋진 정원을 꾸미고, 목욕탕을 건축하고, 땅을 삽니다. 그렇다면 많은 이교도들이 우리가 말하는 것을 믿기 거부한다고 해도 이상할 것이 없습니다. 그들은 묻습니다. '만일 저들의 눈이 하늘에 있는 저택을 바라본다면, 왜 굳이 이 땅 위에 큰 집을 짓는가? 저들이 자기 말을 실천으로 옮긴다면, 부를 내어놓고 검소한 오두막에서 살 텐데.' 그래서 이들 이교도들은 우리가 고백하는 종교를 우리 스스로도 진실하게 믿지 않는다고 결론 맺습니다. 그래서 결과적으로 그들은 이 종교를 진지하게 받아들이기를 거부합니다. 여러분은 이런 문제들에 대한 그리스도의 말씀이 너무 어려워서 따를 수 없다고 말할지도 모릅니다. 마음에는 원이지만 육신이 약하다고 말할지도 모릅니다. 여러분에 대한 이교도들의 심판이 여러분 자신의 심판보다 더 정확하다는 것이 저의 대답입니다. 이방인들이 우리의 위선을 고발할 때, 우리 가운데 잘못을 인정해야 할 사람들이 많습니다."

("검소한 삶에 대하여"에서)

해 주는 귀족 제자들을 만났다. 또 절친한 친구들에게 많은 편지를 썼다. 그러나 체력에 한계가 있었다. 흑해 동안의 어느 외딴 마을에 가까워지자 지쳐 쓰러졌고, 사람들이 그를 작은 마을로 데리고 갔다. 그는 세례복을 입고 자기 옷을 마을 사람들에게 주었다. 성찬을 받은 다음 "모든 일에 하나님께 영광을, 아멘"이라는 통상적 맺음말로 마지막 기도를 마치고, 몇 시간 지나지 않아 숨을 거두었다. 407년 9월 14일의 일이었다.

많은 사람들이 그의 죽음을 애도했다. 고대의 이야기에 따르면, 아라베소스의 주교 아델피오스Adelphios of Arabessos는 평소 크리소스토무스를 잘 알았고 크게 동경했기에, 그가 죽은 후 큰 슬픔에 잠겼다. 아델피오스는 동방 교회의 경애하는 지도자가 천국에 이미 들어간 위대한 주교들의 회중 가운데 있는지 알고 싶어 하나님께 기도했다. 그러던 어느 날, 아델피오스는 무아지경에 빠졌다. 하늘의 천사가 나타나서 교회의 위대한 설교자들과 교사들이 모두 머무는 "밝고 영광스러운 곳"으로 인도했다. 천사는 모든 사람의 이름을 일일이 불러가며 그들이 한 행위에 대해 말했다. 그러나 거기서 크리소스토무스를 보지 못하자 괴로워했다. "다른 교사들 가운데서 내가 가장 경애하는 콘스탄티노플의 주교를 보지 못하니 이 슬픔을 가눌 수가 없습니다." 그러자 천사가 대답했다. "회개의 [대가] 요한을 말하는 것이냐? 그는 주의 보좌 앞에 있으므로 육신을 지닌 인간은 누구도 그를 볼 수 없다."[40]

본이 된 거룩한 영웅들

이들 세 명의 사례를 통해 신화의 비전을 볼 수 있는데, 그들의 이야기가 아주 기이하게 들리는 이유를 설명해 준다. 성상, 영적 전기, 과거의 목소리를 통해 신자들을 기다리는 운명이 세상의 상상과 인간의 성취를 넘어선다는 것을 다시 한 번 알 수 있다. 그것들은 순교자들이 영화롭게 되고 금욕자들이 높임을 받는 하나님 나라의 실재를 반영한다. 가장 작은 자가 가장 큰 자가 되고, 종이 주인이 되며, 가장 낮은 자가 가장 높임을 받는다. 그들의 인생 이야기가 전복적으로 보인다면, 그것은 복음 자체가 전복적이기 때문이다. 우리가 주로 공상적이라거나 왜곡되었다거나 우스꽝스럽다 하여 제쳐 놓는 것이 적어도 성인들에게는 기독교적 관점에서 아주 진실되고 올바른 것이다. 성인들은 우리에게 세속성을 버리고 예수 그리스도를 전적으로 좇으라고 요청한다. 그리고 성육하신 하나님 아들의 빛으로 가득한 세계에 들어오라고 손짓한다. 그것은 하나님 나라의 원리에 기초를 두고, 급진적 희생과 섬김을 향한 초대로 인해 생기가 넘치는 그런 세계다.[41]

C. S. 루이스는 그리스도인들이 절대 완전이라는 운명을 지니고 있음을 깨달아야 한다고 썼다. 성인들은 우리에게 그러한 운명을 상기시켜 준다. "가장 위대한 성인들에 대해 기록된 성결이나 영웅적 행동도 마지막에 우리 각 사람 안에서 그분이 만들어 내시기로 작정하신 수준을 넘어설 수는 없다. 그 일이 우리 생애에 다 이루어지지는 않을 것이다. 그러나 하나님은 우리가 죽기 전까지 최대한 이루기를 원하신다." 이루는 과정은 결과만큼 중요하다. 이런 이유로 루이스는 쉬운 삶을 기대해서는 안 된다고 경고한다. 왜 그런가?

하나님은 사람이 더 높은 차원으로 나아가거나 올라가도록 이끄신다. 전에는 꿈도 꾸지 못했던 훨씬 더 용감하거나 인내하거나 사랑할 수밖에 없는 상황으로 몰아넣으신다. 그것이 아예 불필요해 보일 수도 있다. 그러나 이는 그분이 우리에 대해 생각하시는 엄청난 것을 조금도 몰랐기 때문이다.

결국 그리스도인들은 "지금은 상상조차 할 수 없는 힘과 기쁨과 지혜와 사랑으로 온통 두근거리면서, 눈부시고 찬란한 불멸의 피조물, 곧 하나님 자신의 무한한 권능과 기쁨과 선하심을 하나님께로 다시 완벽하게 비추는 흠 없고 깨끗한 거울"이 될 것이다. 요컨대, 동방 정교 전통에서 가르치는 대로 신화될 것이다.[42]

어떤 이유에서인지 우리는 참된 믿음으로 루이스가 언급하는 어려운 '상황들'에서 벗어날 것이라고 생각하는 듯하다. 마치 우리 삶을 편리하게 만들어 주기 위해 믿음이 있기라도 한 것처럼 말이다. 서구 기독교에서 인기 있는 종교 운동에서는 믿음만 충분하면 우리의 모든 문제를 극복하고 완전한 승리를 이룰 수 있을 것이라고 약속한다. 이 운동에서는 순교자들, 사막 성자들, 크리소스토무스와 같은 위대한 지도자들이 치른 희생에 대해서는 거의 언급하지 않는다. 온통 왕관만 있고 십자가는 없으며, 온통 약속만 있고 요구는 없으며, 온통 성공만 있고 일부 고난은커녕 아예 고난이 없다. 믿음으로 인해 우리가 역경으로 떠밀려 가고 실제로 거기 머무르게 될지 모른다고 상상하기는 어렵다. 그러나 그 자리가 하나님이 성품과 영향력에 있어 우리를 그리스도와 더욱 같아지게 만드시는 곳이다.

여러 해 전, 피터 크리프트Peter Creeft의 『천국: 마음속 가장 깊은 갈망』Heaven: The Heart's Deepest Longing을 읽은 적이 있다. 특히 한 단락이 너무도 통찰력 있게 마음을 찌르기에 외워 두었다. 크리프트는 하나님이 우리의 유익을 위해 모든 일을 하시겠다는 약속을 주신다고 주장한다. 하나님의 절대 주권과 창조 목적을 벗어날 것은 아무것도 없다. 따라서 하나님은 말씀하시는 것을 이루실 것이다. "우주가 회전하고 공룡이 번식하고 비가 내리고 사람들이 사랑에 빠지고 아저씨가 싸구려 담배를 피우고 사람들이 직장을 잃고 우리가 모두 죽는 것, 이 모든 것은 우리의 유익과 최종적인 결과, 하나님의 예술 작품, 하늘나라를 위한 것들이다. 천국 밖에는 지옥 말고 아무것도 없다. 지구는 천국 밖에 있는 것이 아니라, 천국의 작업장이자 천국의 모태다."[43]

크리프트는 지구가 천국의 작업장이라고 말하는데, 곧 하나님이 모든 것을 더 멋지게 바꾸시기 위해 사용하신다는 뜻이다. 그렇다면 아무리 꺼려지는 환경도 그것에 우리가 어떻게 반응하는가는 중요하다. 이 땅에서의 삶은 하나님의 작업장과 같아서, 일상적인 경험―결혼과 자녀, 책임과 기회, 장애물과 문제와 고난―은 하나님이 사용하시는 도구이며, 하나님은 예술가로서 우리가 비범한 어떤 것이 될 수 있도록 대리석 덩어리를 조각하실 것이다.

이러한 하나님의 계획을 위해서는 신화의 과정에 주목할 필요가 있다. 우리는 날마다 이렇게 물어야 한다. 하나님이 내 삶에서 무엇을 하기 원하시는가? 하나님은 일상 경험의 재료를 사용하셔서 어떻게 나를 바꾸실 것인가? 하나님이 마음껏 일하실 수 있도록 내가 선택할 수 있는 것은 무엇인가? 기독교 신앙은 혼자 이뤄 내는 종교가 아니고, 성숙한 그리스도인은 자기 힘으로 된 사람이 아니다. 스스로를 바꾸기 위해 우리가 사용할 수 있는 힘은 상당히 제한적이다. 참된 성숙은 하나님의 일임에 틀림없다. 그렇다고 우리가 할 일이 전혀 없다는 말이 아니다. 하나님은 우리가 그분을 신뢰하고, 그분께 기도하고, 복종하며, 그분이 주도하실 때 응하며, 그분의 명령에 순종하라고 요청하신다. 무엇보다도 우리는 우리의 목표인 완전한 변화를 날마다 기억해야 한다. 하나님은 자신이 시작하신 일을 반드시 마치실 것이다(빌 1:6). 이것이 사실이라고 확신할 수 있는 것은, 우리에게는 영감을 주고 길을 보여 주는 과거의 예술 작품이 있기 때문이다. 성인들의 삶은 하나님이 우리를 변화시키시고 완전하게 하시며, 동방 정교에서 말하는 대로 **신화** 하실 것임을 증명한다. 우리는 살아 있는 성상이 될 것이고, 우리의 전기는 변화의 이야기를 전할 것이며, 우리의 삶은 말과 행위로 복음의 능력을 증거할 것이다.

실천

- 누가복음 9:28-36과 고린도후서 3장을 읽으라.
- 이 장에서 소개한 성상들을 자세히 보라. 예수 그리스도와 성인들의 부활 영광을 깊이 생각하라. 당신도 언젠가 그리스도의 부활 영광에 참여

할 것임을 생각하라. 지금도 신자들은 '한 차원의 영광에서 다른 차원의 영광으로 변화되고' 있다. 하나님은 그리스도인의 삶이 이루어져야 하는 일상적 삶의 상황(크리프트의 말대로 하나님의 '작업장')을 통해서 이 일을 하고 계신다.

- 당신을 변화시키기 위해 하나님이 사용하시는 환경은 무엇인가?
- 그러한 상황 속에서 어떻게 하나님께 기도하며 복종할 수 있겠는가?

6. 창
: 성례전의 영성

내가 너희에게 전한 것은 주께 받은 것이니
곧 주 예수께서 잡히시던 밤에 떡을 가지사
축사하시고 떼어 이르시되
"이것은 너희를 위하는 내 몸이니 이것을 행하여 나를 기념하라" 하시고
식후에 또한 그와 같이 잔을 가지시고 이르시되
"이 잔은 내 피로 세운 새 언약이니 이것을 행하여 마실 때마다
나를 기념하라" 하셨으니.
(고린도전서 11:23-25)

규모만으로도 마음이 아찔하다. 주위 전경 가운데 우뚝 솟아 거대한 석조 기념비처럼 아주 멀리서도 보인다. 탑과 첨탑을 빼고도 45미터 이상 올라갔으니, 모두 합하면 훨씬 더 높을 것이다. 너무 무거워 보여서 어떻게 사라지지 않고 지표면에 남아 있는지 궁금해진다. 가까이 갈수록 건물은 훨씬 더 웅장하다. 두꺼운 벽, 버팀도리, 짙은 색 돌, 거대한 규모 때문에 조각된 산처럼 보인다. 지붕 위에 높이 앉은 괴물 석상은 돌에 새긴 최후의 심판 장면처럼 음침한 분위기를 자아내는데, 정면 입구 위에 버티고 앉아 있기 때문에 안전한 곳을 찾아 안으로 도망치고 싶어진다.

그러나 일단 안으로 들어서면 또 다른 세계로 들어간 것 같은 느낌이 든다. 불가능할 것 같지만 바깥보다는 안이 더 커 보임에도

불구하고, 내부는 밝고 통풍이 잘되고 심지어 공중에 떠 있는 것처럼 무중력 상태 같다. 내부로 들어가면 조용하고 평화로우며, 그 자리에 멈추어 경외하는 마음으로 그저 바라보기만 하라고 손짓하는 듯하다. 거대한 기둥이 수직으로 솟아오르다가 나뭇가지 닮은 집처럼 꼭대기에서 지골궁륭支骨穹窿의 부채 모습으로 펼쳐지는 것을 보면서 우리의 시선은 하늘로 향한다. 벽의 절반이나 되는, 커다란 파수병처럼 우뚝 서 있는 스테인드글라스 창을 통해 빛이 스며들어 형형색색 흩어지며 건물 내부에 생기를 불어넣는다. 건물은 대칭 구조를 이루어 완전한 질서와 조화를 느끼게 한다. 우리는 정면(언제나 동향)에 있는 장미 모양 창과 높은 제단에 이끌려 앞으로 나아간다. 그리고 마음을 모아 하나님을 예배하지 않을 수 없다.

고딕 양식 대성당

방금 묘사한 고딕 양식 교회는 신혼여행 때 아내와 방문했던 파리에서 한 시간 거리의 샤르트르 대성당Chartres Cathedral이다. 이 성당에는 12세기 유럽에 나타나기 시작한 건축의 일대 혁명인 고딕 양식의 진수가 고스란히 담겨 있다.[1] 14세기 중엽까지 수천 개의 고딕 성당과 교회가 유럽 특히 잉글랜드와 프랑스를 수놓았다. 프랑스는 500개가 넘는 고딕 교회가 있다며 뽐냈고, 약 5천-1만 명밖에 안 되는 작은 도시인 요크와 링컨Lincoln 같은 잉글랜드 도시들에는 각각 15개가 넘는 고딕 교회가 있었다. 어떤 학자는 1050년과 1350년 사이 유럽에서 고딕 건물용으로 채석한 돌은 이집트 전체 역사의 어떤 주요 건축 시기보다도 양이 많았다고 추정한다. 들보와 발판용으로 벌목한 엄청난 양의 목재는 물론, 형태를 만들고 칠하고 자르고 모양을 내서 아름다운 창을 만드는 데 사용된 유리, 채굴한 뒤 녹여서 유리 제조와 배수관과 지붕을 만드는 데 사용된 납, 건축에 필요한 다른 재료에 대해서는 두말할 것도 없다. 이들 거대 건축물들을 세우기 위해 전 부문에 걸쳐 직공 조합―석공, 목각사, 직물공, 스테인드글라스 예술가―이 설립되고 촉진되었다. 모든 교회나 예배당이 솔즈베리, 노트르담, 샤르트르에 있는 대성당처럼 거대한 규모는 아니었지만, 고딕 건축이라는 독특한 양식과 심오한 형상을 반영했다.

새로운 고딕 양식은 직전의 로마네스크 건축을 차용하여 개선하고 확장했다. 그러나 고딕 양식이 진정으로 새로울 수 있었던 것은 고딕 양식이 나타내는 실재에 대한 표현 때문이었다. 고딕 양식 교회는 천국의 이미지를 지상의 형태로 나타내고자 했다. 고딕 양식을 처음으로 고안했던 위대한 사람 쉬제 1081-1151년는 생드니 St-Denis 수도원의 대수도원장이었다. 쉬제는 최초의 고딕 건물로 알려진 생드니 수도원 교회의 디자인으로 천국의 영적 실재를 물질적 형태로

샤르트르 대성당

묘사하고 싶어 했다. 천상의 도시가 지상의 형태로 육화된 것, 즉 또 다른 세계를 향해 열린 창처럼 말이다. 쉬제는 건축과 신학을 이음매 없는 하나의 전체로 결합하려고 했다. 오토 폰 심슨Otto von Simson(유명한 고딕 건축 역사가)에 따르면, 어떤 면에서 쉬제는 "신학을 **세운** 건축가"였다.² 로마네스크 교회가 특정한 신적 실재를 **보여** 줄 수 있는 장치를 만들어 내려고—이를테면, 성경 이야기를 전하는 벽걸이 융단과 그림을 걸어 둠으로써—했다면, "고딕 건축가는 천상과 지상의 질서를 세우는 법칙을 적용했다."³ 그러므로 고딕 대성당은 단순한 상징을 넘어 하나님 나라를 지상에 직접적으로 표현한 것이었다.

아무리 위엄 있다 할지라도 어떻게 단순한 하나의 건물이 초월적인 무엇으로 변할 수 있는가? 고딕 건축은 두 가지 특성 때문에 이러한 고상한 목표에 기여할 수 있었다. 첫째, 기하학적 설계다. 중세 신학자들은 하나님이 창조 세계에 천상의 실재가 지닌 어떤 양상이 반영되도록 빚으셨다고 믿었다. 그 가운데는 중세 신학자들이 '조화율'調和律이라 불렀던 것도 있었다. 이 원칙을 유지하는 한, 인간도 예술 작품을 만들 때 같은 일을 할 수 있었다. 무엇이 아름답다는 것은 보는 이에게 남겨진 주관적 인상 때문이 아니라 하나님이 설계하신 대로 창조 세계의 아름다움을 반영하는 객관적 특성—완전한 대칭 같은—때문이다.⁴ 특히 건축은 가장 수학적인 예술 형식이었기 때문에(중세 사상가들에 따르면, 음악과 비슷한 점이 많았다) 창조 세계의 조화율을 나타내기에 이상적인 기회를 제공했다. 중세 세계관에서는 기하학이 대칭의 법칙을 수학적 형식으로 구체화했으므로 기하학에는 일종의 우주적 의미가 담겨 있었다.

로버트 스코트Robert A. Scott는 "완전한 비율로 인해 거대한 교회를 지은 건축가들은 건축학을 응용 기하학으로, 기하학을 응용 신학으로, 고딕 대성당 설계자를 신성한 거장이신 하나님의 모방자로 이해했다."[5] 그러므로 고딕 건물은 천장에서 바닥까지 온통 조화율의 원칙을 보여 주는 수학적 경이였다.

둘째, 빛의 사용이다. 중세 신학에서 빛은 하나님의 계시를 상징하는 역할을 했다. 빛은 보이지 않고 감추어진 하늘의 하나님이 물질적인 인간에게 영적 깨달음을 주시면서 자신을 계시하시는 매개체였다. 그러므로 고딕 대성당은 가급적 빛이 많이 들도록 설계했다. 이로 인해 건축가들은 문제에 봉착했는데, 로마네스크 건물—고딕 직전의 양식—에는 무거운 지붕을 떠받칠 두꺼운 벽이 필요해서, 커다란 창을 낼 만큼 충분한 공간이 없었기 때문이다. 그러나 버팀도리와 내력耐力 기둥, 지골궁륭, 첨두아치와 같은 건축 기술의 혁신을 통해, 건축가들은 벽에 커다란 공간을 만들어 거대한 스테인드글라스 창으로 채웠다. 따라서 거대한 창 때문에 벽은 투명하고 빛을 내는 것처럼 보였고, 빛은 동굴 같은 성당 안을 채우면서 예배자들에게 비치었다. 마치 하나님이 예배자들을 비추시면서 자신의 임재를 알리고 은혜를 부으시는 것 같았다. 스테인드글라스는 빛이 **통과해** 들어오는 예술적 매개체이기 때문에 실재에 대한 고딕적 시각을 나타내는 이상적 상징이 되었고, 이로써 조명 환경이 만들어졌다. 그러므로 조화율이 천상의 완전한 질서를 나타낸다면, 조명은 타락한 인간이 사는 어두운 세상을 비추는 하나님의 빛을 반영했다.[6]

성례전적 삶

이러한 고딕 건물의 주요 목적은 성례전을 시행하기에 적합한 환경을 조성하려는 것이었다. 로마 가톨릭교회에는 모두 일곱 개의 성례전이 있었다(세례, 고해, 견진, 성품, 혼인, 성체, 병자 성사).[7] 신자들은 성례전이 은혜의 주요 수단으로 작용한다고 믿었기 때문에, 성례전을 두려워하지는 않았지만 매우 경외하는 마음으로 보았다. 따라서 교회(특히, 주교가 관장하는 대성당)가 그와 같은 거룩한 기능을 수행해야 한다고 생각했다. 건물은 장엄할수록 더 가치가 있었을 것이다. 대성당이 천상의 실재를 비추는 거울이었던 것과 마찬가지로 성례전은 사람들이 그리스도와 교통할 수 있게 해 주는 힘을 지닌 은혜의 유형(有形)적 수단이었다.

고딕 대성당은 믿는 신자들에게 성례전―특히 예배 행위의 절정으로서 매주 드리는 성만찬―을 시행하는 장소인 제단을 주목하도록 지어졌다. 중세 교회는 성례전적 교회였고, 성례전은 신자들이 하나님을 알고 경험하는 주요 수단이었다. 사람들이 하나님을 만나는 것은 개혁주의 전통이 옹호하는 대로 말씀 선포를 통해서도 아니었고, 복음주의자들이 강조하는 대로 회심 경험을 통해서도 아니었으며, 오늘날 우리가 이해

성만찬

하는 대로 합당한 예배를 통해서도 아니었다. 중세에는 많은 사람들이 이해할 수 없는 라틴어로 예배를 드렸다. 그래서 설교는 짧았고 예배는 성가대와 사제가 주도적으로 수행하는 형식적인 것이었는데, 오늘날 우리에게는 모든 것이 유감스러울 것이며 당연히 그럴 만하다. 반면에 대성당은 하나님이 자신의 백성을 은혜로 축복하시는 수단인 장소와 성례전을 제공했다. 그러므로 대성당이 성례전의 신성함과 권능을 전달하도록 설계되는 것이 당연했다. 그리고 신자들을 구원으로 실어 나르는 거룩한 배와 같아졌다. 그래서 사람들이 실제로 서 있던(중세 시대에는 신도석이나 의자가 없었다) 대성당의 뒷부분을 '네이브'nave('해군' navy이란 단어와 밀접하게 관련된다)라고 불렀다.

성례전이 중세 교회에서 그토록 중요해진 데는 납득할 만한 이유가 있다. 5세기부터 사회 질서를 붕괴시키는 부족 이동이 연속적으로 일어나—적어도 부분적으로는—로마 제국이 무너지기 시작했다. 식자율, 평균 수명, 이동성, 경제 발전과 같은 모든 것이 쇠퇴하기 시작했다. 그러한 위기에 직면하여 교회 사역도 새로운—그리고 어려운—환경에 적응하지 않을 수 없었다. 그 결과, 중세의 신앙은 점점 더 유형적이고 구체화됨으로써 혼돈으로 치달으며 동요하는 세상 사람들에게 다가갔다. 이러한 유형적 신앙의 중심에 성례전 시행이 있었다. 그러나 성례전에는 그 이상의 것이 있었다. 중세 교회는 종교에 대한 성례전적 접근을 구체화했다. 교회는 유형물을 사용하여 사람들을 복음의 실재로 인도했는데, 하나님 자신이 우리의 구원을 위해 육신이 되셨다는 믿음에 근거했다. 교회는 이와 동일한 형식을 고수했다. 공식 전례를 사용하고 교회력을 따랐으며, 순례의 기회를 제공했고, 유품과 종교 미술품을 전시했으며, 성인을 숭배했다. 고딕 대성당은 이러한 구체적이고 복잡한 종교 지형을 형성하는 데 핵심 역할을 했다.

여러 세기에 걸쳐 성례전을 중심으로 논란의 소용돌이가 일었다. 교회사의 대부분에 걸쳐 그리스도인들은 성례전의 신학적 의미에 대해 논쟁했고, 성례전의 적절한 횟수에 대해 동의하지 않았고, 세례를 신자들에게만 행해야 하는지 아니면 영아들에게도 행해야 하는지 다투었고, 예수님이 어떤 의미로 "이것은 내 몸이니라"고 말씀하셨는지 언쟁했으며, 목사 혹은 사제가 성례전을 행하면서 해야 할 역할에 대해 논쟁했다. 신학자들도 성례전이 형이상학적으로 어떻게 작용하는지 정확하게 설명하는 것과 같은, 성경에서도 하지 않은 것을 하려고 했다. 그러다 보니 핵심을 놓치는 경우도 많았다. 우리는 성례전이 어떻게 작용하는지 이해하지 못할 수 있지만 그 효과는 이해할 수 있다. 성례전은 진정한 영적 생활의 원천이자 은혜의 객관적 수단이다. 성례전의 유형적이고 구체적이고 물질적인 특징으로 인해 우리는 그리스도가 하신 구원 사역의 실재를 떠올릴 수 있다. 성례전은 성육신과 마찬가지로 물질성과 영성을 이음매 없는 하나의 전체로 결합한다. 성례전은 또 다른 세계를 응시하고, 그 세계에서 우리 세계로 부어지는 은혜를 받을 수 있게 하는 창이다.

성례전은 매우 심오한 신비다. 일요일 아침, 나는 아이들과 함께 빵과 잔을 받으려고 줄지어 앞으로 나가면서 우리 가족에게 주신 하나님의 복을 묵상한다. 우리 자신의 어떠함―내가 어떤 아버지든, 그들이 어떤 자녀든, 우리가 어떤 그리스도인이든―과는 아무 상관없는 그런 복 말이다. 가족으로 함께한 여정을 되돌아보고, 과거에 만났고 미래에도 계속 만날 도전과 어려움에 대해 깊이 생각한다. 하나님이 과거에 우리에게 은혜를 베푸셨던 것처럼 미래에도 계속 그러실 것임을 깨닫는다. 그런 은혜의 증거가 빵과 잔에 있다. 목사는 "이것은 하나님의 백성을 위한 하나님의 선물입니다"라고 말한다. 나는 아이들이 성찬Eucharist(이는 '감사'라는 의미인데, 우리가 한 가족으로서 경험해 온 아낌없는 은혜를 고려하면 적절한 용어다)을 받는 것을 지켜본다. 그 순간, 나는 그들이 더 이상 내 자녀가 아니라 하나님의 자녀이고 하나님 은혜의 수혜자이며 성부가 사랑하시는 자임을 깨닫는다. 그리고 나서 나도 앞으로 나선다. 장로가 "당신을 위해 찢기신 그리스도의 몸입니다"라고 말할 때 빵 한 조각을 받고 나서 그 빵을 잔에 담근다. "당신을 위해 흘리신 그리스도의 피입니다." 하나님은 그 순간 역사하셔서, 언제나 예수 그리스도 안에서 그리고 예수 그리스도를 통해서 나를 깨끗하게 하시고 새롭게 하시며 변화시키신다. 그분은 나를―우리 모두를―자신에게 연합하시기 위해 고통당하시고 죽으신 분이다. 나는 고백한다. "하나님께 감사드립니다."

성례전의 재료

기독교 신앙에서 성례전의 역할은 기독교를 비롯한 종교에서 물질 대상이 하는 역할에 대해 중요한 물음을 제기하는 것이다. 대부분의 종교가 한편으로 영적이고 초월적이며 거룩한 하나님의 존재, 즉 완전히 '타자'인 존재를 긍정한다. 그러나 다른 한편으로, 우리 인간 존재는 물질적 피조물로서 신체적 감각에 의존하여 살고 소통하며 생존한다. 심지어 우리는 감각에 매여 있고, 감각 없이는 무력하다.

그렇다면 물질적 피조물이 어떻게 영적 실재를 이해할 수 있는가? 일부 종교에서는 신적 실재를 인식하고 경험하기 위해 감각과 물질세계를 완전히 떠나는 법을 배워야 한다고 가르친다. 다시 말해, 물질성은 극복해야 할 문제다. 다른 종교에서는 영적인 목적을 위해 물질적 매개체를 따로 구분하여 사용한다. 따라서 물질적 매개체—성물과 성소, 성례—를 통해 지상의 피조물들이 초월하신 하나님을 만날 수 있는 공간을 만들어 낸다. 무슬림들은 모스크를 활용하고, 힌두교도들에게는 사원이 있고, 유대인들은 회당에 모인다. 이러한 건물과 그 안의 성물과 그곳에서 수행하는 성례는 두 개의 세계, 곧 물질적 실재로 이루어진 세계와 영적 실재로 이루어진 세계를 연결하는 창과 같은 기능을 한다. 그리고 마치 하나님의 영적 삶을 우리에게 전달할 수 있는 투과성 물체인 양 두 세계의 자원을 공유한다.[8] 사실 기독교야말로 가장 물질적인 종교라 할 수 있다. 기독교는 하나님을 알기 위해 거칠 필요가 있는 매개체 역할을 하는 물질 대상으로 꽉 차 있기 때문이다.[9] 한마디로 기독교 신앙은 본질적으로 성례전적 신앙이다.

그러나 이 모든 것에는 위험, 곧 우상 숭배라는 위험이 도사리고 있다. 모세오경이 성물, 성소, 성례 사용에 관해 규정함으로써 하나님과 인간은 안전하고 의미 있게 만날 수 있었지만, 동시에 우상 숭배의 죄에 대해 경고하기도 했다. 우상 숭배는 하나님을 하나님의 실제보다 작은 어떤 것으로 축소하거나 하나님을 다른 어떤 것으로 대체하는 것을 말한다.[10] 구약에서는 이 문제를 다루면서, 언약궤로 하나님과 인간이 만날 공간을 마련해 주었다. 그러나 이와 같은 성물에 있어서도 하나님이 스스로를 직접 내보이지는 않으셨다. 하나님을 위한 자리—이른바 '속죄소'—는 하나님을 구체적인 대상으로 축소할 수 없음을 나타내기라도 하는 듯 비어 있었다. 마찬가지로 두 번째 계명에서 경고한다. "너를 위하여 새긴 우상을 만들지 말고 또 위로 하늘에 있는 것이나 아래로 땅에 있는 것이나 땅 아래 물 속에 있는 것의 어떤 형상도 만들지 말며 그것들에게 절하지 말며 그것들을 섬기지 말라. 나 네 하나님 여호와는 질투하는 하나님인즉 나를 미워하는 자의 죄를 갚되 아버지로부터 아들에게로 삼사 대까지 이르게 하거니와"(출 20:4-5).

성례전적 성육신

이러한 물질 대상을 사용함으로써 우상 숭배에 이를 수 있음에도, 물질을 사용하여 하나님을 알리는 것이 대부분의 종교가 직면하는 문제다. 그런데 이 점에서 기독교는 아주 다르다. 기독교 신앙에서는 하나님과 인간이 만나는 궁극적 만남의 장은 제단이나 조각상, 신전, 의식이 아니라 하나님의 성육신이신 한 사람 예수 그리스도시다. 가톨릭 신학자 케넌 오스본Kenan B. Osborne은 "말씀이 육신이 되신 예수님은 우리가 믿고 위하여 사는 바로 그런 하나님을 우리에게 계시하신다"고 말했다.[11] 기독교가 주장하는 바에 따르면, 초월적이고 거룩한 우주의 하나님은 실제로 인간이 되셔서 우리에게 자신을 계시하고 우리의 구원을 이루며 그리스도를 통한 우리와 자신의 연합을 위해 어디까지 가는지 보여 주신다.

기독교의 이러한 주장은 독특하다. 사도 바울은 예수님이 "보이지 아니하는 하나님의 형상"이라고 쓴다. 그리고 "아버지께서는 모든 충만으로 예수 안에 거하게 하[신다]"(골 1:15, 19). 예수 그리스도는 하나님의 자화상, 곧 인간의 육신을 입으신 하나님이며, 진짜 인간이고 이웃이며 친구인 하나님이다. 히브리서 저자는 다음과 같이 쓴다. "옛적에 선지자들을 통하여 여러 부분과 여러 모양으로 우리 조상들에게 말씀하신 하나님이 이 모든 날 마지막에는 아들을 통하여 우리에게 말씀하셨으니…이는 하나님의 영광의 광채시요 그 본체의 형상이시라. 그의 능력의 말씀으로 만물을 붙드시며"(히 1:1-3). 그러므로 성육신은 궁극적인 천상의 실재를 드러내는 일종의 스테인드글라스 창 같은 기능을 한다.[12] 한마디로 예수님은 하나님이 **되심**으로써 하나님을 **계시**하신다. 예수님은 계시자인 동시에 계시 그 자체다.

성육신으로 인해, 그리스도인들은 물질의 영적 목적을 보는 방식을 바꾼다. 그리스도인들이 예배에서 사용하는 물질 대상은 궁극적이고 완전하며, 인간과 신 그리고 물질과 영 사이의 최종 교차점이신 예수 그리스도를 가리켜야 한다.[13] 그리스도 안에서 하나님과 인간이 이음매 없는 하나로 만난다. 하나님이 물질을 입으시고 물질은 하나님과 연합한다. 하나님이 인간이 되시고 인간은 하나님을 구현한다. 하나님이 인간을 품으시고 인간은 하나님께 복종한다. 둘이 합하여 완전한 하나, 곧 위대한 신인神人이 된다. "온 교회가 고백하는 것처럼, 그리스도가 육신이 되신 말씀이고 참하나님이며 참인간이기 때문에, 그리스도는 하나님과 인간, 영과 물질, 보이지 않는 것과 보이는 것이 만나는 장이다."[14]

그러나 하나님이 예수 그리스도 안에서 세상에 오신 것은 하나님이 누구인지 물질 형태로 계시하시는 것 이상을 위해서다. 하나님은 또한 자신의 생명을 우리와 나누려고 오셨다. 그리스도는 하나님이 궁핍한 인간에게 은혜를 주기 위해 사용하는 물질적 매개체로 성례전을 제정하셨다. 다시 말해, 성례전은 영원한 어떤 것을 나타내는 스테인드글라스 창과 같다. 우리는 하나님의 모든 영광과 선하심 속에서 하나님을 보고, 하나님은 우리의 필요와 죄 속에서 우리를 보신다. 하나님은 빛으로 우리를 비추시고, 은혜로 우리를 회복시키시며, 사랑으로 우리를 채우신다. "그분 안에서 모든 새로운 창조가 이루어지고, 새로운 인간이 탄생하며, 그 속에서 우리는 이제 하나님의 아들딸이자 신성에 참여하는 자이며, 천국의 시민이다."[15] 성례전은 목적이 아니라 수단이고, 물질은 그리스도가 베푸시는 은혜의 수단이다. 하나님이 어떻게 성례전을 은혜의 수단으로 사용하시는지는 여전히 **신비**로 남아 있다. 하나님이 성례전을 받으라고 명하시고 그것을 통해 우리에게 은혜를 주시는 것은 하나님의 **약속**이다. 우리는 신비와 약속 사이의 긴장 안에서 산다.

중세 종교의 구성

성례전 | 중세 시대에 성례전은 은혜의 주요 수단으로 작용했다. 유아들에게 시행된 **세례**는 적어도 2세기 말에는 시작된 관행이었다. 유아 세례를 최초로 언급한 사람 중 하나인 카르타고의 주교 키프리아누스약 258년 사망는 당대까지 북아프리카 교회에서 유아 세례가 보편적으로 시행되었다고 전한다. 키프리아누스는 세 가지 이유로 유아 세례를 지지했다. 첫째, 유아들이 개인적 범죄에서는 무고하지만, 아담의 죄에서는 자유롭지 않기 때문이었다. 유아들도 죄짐을 지고 있는데, 그들 자신이 지은 죄는 아니지만 조상들이 지은 죄짐이었다. 그러므로 교회가 최악의 죄인들에게도 세례를 베푼다면, "유아에게 세례 주기를 부인하는 것은 얼마나 부당한가! 유아는 육신으로 아담을 따라 태어나 첫 탄생으로 인해 고대의 죽음에 감염되었다는 것 외에, 태어난 지 얼마 안 된 상태이므로 죄를 짓지 않았다."[16] 둘째, 키프리아누스는 유아들이 성인들 못지않게 하나님 보시기에 소중하고 은혜를 받는 자들이며 하나님이 사랑하시는 자라고 주장했다. 유아도 성인과 마찬가지로 하나님의 형상을 지녔을 뿐 아니라 하나님의 긍휼이 필요하다. 하나님은 "기준에 따라서가 아니라, 공평한 사랑과 아버지의 긍휼하심에 따라 모든 사람에게" 긍휼을 베푸신다. "하나님은 모든 사람이 균형 잡힌 공평함으로 하늘의 은혜를 얻을 수 있도록 스스로를 아버지로 드러내심으로써 사람이나 나이로 차별하지 않으신다."[17] 마지막으로, 키프리아누스는 교회를 노아의 방주처럼 보았다. "교

회 밖에는 구원이 없기" 때문에 교회 안에 있는 사람들만 구원받을 수 있다. 키프리아누스는 세례를 입교와 양육과 보호의 의식으로 보았다. 하나님이 모든 신자의 아버지라면, 교회는 어머니다.

중세 시대에 아기는 집에서 태어났는데, 보통 산파의 도움을 받았다.[18] 유아들은 태어나는 대로 세례를 받았으며, 사제가 없을 경우에는 평신도라도 세례를 주었다. 신생아는 씻긴 다음 배내옷에 싸서 교회로 데려왔다. 세례를 받기 위해 유아를 드리는 일을 대부모가 했는데, 아기 엄마는 부정하게 여겨 그 자리에 참석하지 않았고 참석이 허락되지도 않았다. 사제는 간단한 세례 의식에 따라 전례문을 읊고 마귀를 쫓으며 아기에게 한줌의 소금을 주고 영적 보호를 위해 성유를 바르고 대부모에게 질의한 다음 유아를 물에 담갔다. 그러고 나서 믿음으로 아기를 양육할 책임이 있는 부모에게 다시 데려다 주었다.

견진 성사는 세례받은 신자들이 분별할 나이가 되었을 때, 신앙의 소유권을 가지고 스스로 신앙을 고백하며 그들 대신에 공동체가 했던 세례 서원을 확인하는 수단이 되었다. 견진 성사는 거의 우연히 시작되었다. 교회는 가급적 아기가 태어나자마자 세례를 주었다. 성례를 집행할 책임은 궁극적으로 주교들에게 있었으나, 주교들은 종종 교구 내의 많은 지역 교회로부터 멀리 떨어져 살았다. 이로 인해 출생 이후 세례를 받기까지 오랜 시간 지체되기도 했다. 이 문제를 해결하기 위해 세례의 책임이 사제와 부제, 때로는 평신도에게까지 맡겨졌다. 주교의 방문을 받는 일이 일생에 한 번밖에 안 되는 경우도 있었는데, 주교들은 지역 교회를 방문해서 아이의 세례를 '확인'confirmed했다. 이러한 간단한 해결책이 발전하여 오늘날 가톨릭은 물론 적어도 일부 개신교를 포함하여 많은 교회가 따르는 견진 성사가 되었다. 유아 세례가 하나님이 구원의 개시자이심을 확인한다면, 견진 성사는 인간의 책임을 강조한다.[19] 그리하여 견진 성사는 유아 세례를 보완하고 완성하는 성례전으로 새롭게 등장했다.

교회는 세례와 견진 성사를 모든 신자에게 단 한 번 시행했다. 이 두 성례전의 목적은 구원의 선물을 부여하고 교회로 입교하는 기점을 제공하는 것이었다. 또한 교회는 신자들을 신앙 안에서 양육하기 위해 두 개의 다른 성례전을 시행했는데, 그 목적을 달성하고자 반복적으로 시행했다. 첫째는 **고해**로, 회개의 성례전이다. 초대교회는 세례를 고백과 회개와 용서의 의례로 보면서 세례에 대해 진지하고 엄격했다. 그러나 곧 세례 이후에 저지른 살인과 간음과 배교 같은 죽을 죄를 용서받을 수 있는지에 대한 문제가 제기되었다. 실제로 일부 신자들은 세례 이후에 죄를 범하면 구원을 잃을지도 모른다는 두려움 때문에 죽음이 가까워질 때까지 세례를 미루었다. 세례는 단 한 번만 시행될 수 있었기 때문에, "일정한 보완적 성례전이 필요해져서 그 필요를 채우기 위해 결국 고해 성사로 발전한 성례전이 도입되었다."[20]

세례받은 신자들은 죄를 저지른 후에도 고해 성사를 통해―회개하고 진정한 유감을 표하고 공개적 징계 의식에 따르면―기독교 공동체의 충실한 일원으로 남을 수 있었다. 징계 의식에는 고해복을 입고 예배 중에 교회 뒤에 서서 동료 신자들에게 자신을 위해 기도해 달라고 간청하는 일 등이 포함되기도 했다. 시간이 흐르면서 교회는 성직자들이 사용할 고해 지침서를 제공했는데, 아일랜드 사람들이 개발하여 전수한 혁신적인 것이었다. 가령 어떤 신자가 사업상 거래에서 사기죄를 저질렀다면, 사제는 고해 성사를 시행할 것이다. 그 사람은 사제에게 고백할 것이고, 사제는 사면을 선언하기에 앞서 일정한 고해 의식을 부여했을 것이다. 그리하여 고해는 최초 세례 의식을 넘어서 세례의 효과를 확장시켰다. 마치 "세례 이후에 저지른 죄의 문제를 처리하기 위해 만든" 일종의 "피해를 최소화하기 위한 조치"처럼 말이다. 때로 고해를 "두 번째 세례"로 부른다고 해서 놀라운 것은 아니었다.

두 번째 양육 성례전은 **성만찬**이었다. 이 성례전에는 커다란 신비가 더해져 있었다. 빵과 잔을 엄숙하게 교회 안으로 들여와 사제가 조심스럽게 다루고 제도화된 언어로 확증했다. "이것은 당신을 위해 찢기신 그리스도의 몸입니다. 이것은 당신을 위해 흘리신 그리스도의 피입니다." 중세 그리스도인들은 일단 사제가 축성한 빵과 포도주는 어떤 식으로든 그리스도의 몸과 피가 되었다고 믿었다. 이 의식은 실제로 너무 거룩해서 오로지 사제만 잔을 마실 수 있었고 평신도들은 빵만 받고 만족해야 했다. 그리고 그들은 성체聖體를 자신을 대신해 죽은 그리스도의 죽음을 재현한 것으로 여기며 받들었다. 이러한 성체 숭배는 삼위일체 주일 다음 목요일(늦봄 무렵)에 기념하는 **성체 축일**Corpus Christi로 이어졌다. 그 축일은 특별한 예배로 시작되었고, 그다음 두 개의 긴 행렬이 이어졌다. 성직자들과 도시 관리들, 조합원들, 수도자들이 격조 높은 용기에 축성된 성체를 담고 그 뒤로 행렬을 이루어 행진했다. 사람들은 행로에 있는 집과 가게들을 장식했고 성체가 지나갈 때면 무릎을 꿇었다. 그들이 주님의 몸을 받는다고 믿었기 때문이다.

일반인들은 성년기인 십 대 초반에 이르면 결혼이나 교회 직책, 혹은 수도 생활 가운데서 선택해야 했다. **결혼**은 성례전적인 것으로 간주되었다. 왜냐하면 바울이 결혼을 그리스도와 교회의 연합에 비유하면서 결혼을 하나의 커다란 신비라틴어로 sacramentum로 여겼기 때문이다. 사제는 결혼식을 교회 문밖에서 거행했다. 반지를 교환했고 지참금을 주었으며 서원을 했다. 결혼식이 끝난 후 부부는 성만찬을 받은 다음 축하연에 참석했다. 결혼 서원을 신성하게 여겼으며, 남편과 아내의 연합은 평생 결속된 것이었다. 수도원에 들어간 사람들도 결혼에 헌신했는데, 이 경우는 그리스도와의 결혼이었다. 그들의 서원은 일반적인 결혼식에서 하는 서원만큼 구속력 있는 것으로 여겨졌다.

서품 혹은 **성직**도 성례전적인 것으로 이해되었다. 이를 통해 다른 모든 성례전을 축성함으로써 은혜의 수단으로 구별할 권위를 성직자들에게 부여했기 때문이다. "그러므로 서품 성사는 다른 성례전들의 기본이었는데, 일반적으로 다른 성례전들을 정당하게 시행하기 위해 그것에 의존했다."[21] 남녀 모두 수도원에 들어갈 수는 있었지만 교회 직책을 받을 수 있는 사람은 오직 남자뿐이었다. 그러므로 자녀가 성년기에 이르면, 결혼식을 올려 주거나 교회 직책을 맡기거나 수도원에 받아 줄 교회를 찾았다. 이 세 가지가 자녀에게 열려 있는 진로였다. 물론 중세 시대에 대다수의 일반인은 결혼을 택했다.

중세 시대에는 병원이 너무 적었는데, 특히 일반인에게는 더욱 그랬다. 따라서 대개 일반인은 약초 치료, 식이 요법, 사혈과 같은 가정 치료법에 의존하여 질병을 치료하지 않을 수 없었다. **병자 성사**는 영적 치료 수단이었다. 이 성사를 시행하기 위해 사제는 병자를 방문하여 교회의 전례 기도를 사용하면서 성유를 바르고 하나님께 치유의 자비를 구했다. 그러나 알다시피 수명이 짧았다. 많은 어린이들이 유아일 때 죽었고, 많은 여자들이 출산하다 죽었으며, 많은 사람들이 치료책 없는 질병에 걸려 죽었다. 성년까지 살아남았어도 50세를 넘기는 사람이 거의 없었다. 마지막 의식은 죽음 문턱에 있는 사람에게 시행되었다. 죽음이 임박하면 사람을 보내 사제를 불러왔다. 사제는 중백의와 영대를 갖춰 입고 성만찬과 고해 성사(가능할 때), 병자 성사를 시행했는데, 이때만큼은 죽음을 준비하는 병자 성사였다.

마을 장례식은 간단했다. 시신을 수의에 넣어 꿰매고 교회로 운구하여 검은 관보로 덮었다. 사제는 미사를 드렸고 이따금 짧은 장례 설교를 하기도 했다. 이러한 권고의 말씀도 있다. "모두 다 알다시피, 이렇게 여기 교회에 시신으로 와 있는 이 사람은 우리 모두에게 거울이 되는 훌륭한 사람입니다. 하나님이 그에게 긍휼을 베푸셔서 영원한 천국으로 데려가십니다…그러므로 지혜로운 남녀들은 모두 이것을 준비하십시오. 우리도 모두 죽을 텐데, 언제일지 모르기 때문입니다."[22] 그런 다음 시신을 교회 묘지에 묻었다. 교회 묘지는 보통 마을 중앙에 위치한, 죽은 자들이 자는 곳이었다. 거기서 죽은 자는 산 자들에게 이 세상이 존재하는 유일한 실재가 아님을 상기시키면서 말 없는 증인 역할을 했다.[23]

순례

그렇게 성직자는 무덤에서 요람까지 일반 신자들에게 은혜를 전달하는 수단으로 성례전을 시행했다. 그러나 교회는 사람들이 죄를 깨닫게 하고 그들을 격려하고 치유하며 신앙을 양육할 목적으로 다른 종교 의식들도 광범위하게 주재했다. 예컨대, 일부는 주요 종교 중심지를 방문하는 순례에 착수했는데, 대개 일종의 고해를 수행하거나 기적을 위해 기도하거나 어떤 참담한 상실에서 회복하거나 자신의 성결을 위해 유명한 장소를 방문하기 위해서였다. 중세시대에 순례는 널리 유행하는 활동이었다. 부자와 권력자는 흔히 유명하고 먼 곳으로 긴 순례를 떠났다. 일반인들은 집 가까이에 머무는 것으로 만족해야 했다. 그렇다 해도 가까운 순례도 그 목적지에 순례지로서 가치 있는 특징이 있기만 하다면 영적으로 유익하다고 간주되었다.[24]

물론 일차적인 순례지는 성지였다. 성지 순례에 대한 초기 이야기가 여럿 남아 있는데, 에게리아Egeria가 쓴 것보다 유명한 이야기는 없다. 에게리아는 스페인 출신의 부유하고 저명한 여자로 주후 404년과 417년 사이 언제쯤인가 성지를 방문했다.[25] 그녀의 이야기에서는 유명한 기독교 지도자, 전경, 건물, 기관, 예전에 대해 상세히 설명하기 때문에 특별히 배울 것이 많다. 그녀는 자신의 '거룩한 자매들'을 위해 순례 이야기를 썼다. 이는 그녀가 교육받고 경건한 여자들로 구성된 공동체의 일원이었으리라는 것을 말해 준다. 그녀가 관찰한 바를 통해 5세기 초 성지에 대한 소중하고 상세한 정보, 예루살렘 도시 설계와 콘스탄티누스 치하에 세워진 건물들을 비롯한 당시 전경에 대한 풍부한 설명을 접할 수 있다. 고난주간 예전에 대한 그녀의 설명을 보면, 예루살렘 교회가 매

예루살렘 지도

우 잘 구성되고 멋을 낸 예배 의식을 따랐음을 알 수 있는데, 부활절 아침에 부활을 기념하는 장면에서 절정을 이룬다.

에게리아는 고난주간 의식을 통해 그리스도의 삶과 사역이 자신에게 되살아났다고 썼다. 그녀는 그리스도가 어디서 걸으셨고 잡수셨고 고치셨고 고난당하셨으며 돌아가셨는지 보았다. 도시 자체가 그리스도를 통해 하나님이 하시는 구원 사역에 대한 증거로 서 있었다. 그녀는 그리스도의 지상 생애와 구속 사역의 실재에 대한 살아 있는 증거인 순례를 통해 놀랐고 감동했다. 그녀만 이러한 결론에 이른 것은 아니었다. 4세기 말에 예루살렘의 주교로 봉직했던 키릴루스는 세례 후보자들에게 한 설교에서 그리스도가 하신 사역의 권능의 살아 있는 증거로서 그리스도가 십자가 처형

에게리아의 순례

"비가 내리든 해가 쬐든, 정오가 되면 사람들은 십자가 앞으로 나아간다. 그곳은 야외에 있으며, 십자가와 아나스타시스anastasis, 무덤 사이의 크고 아주 아름다운 안뜰 같기 때문이다. 그곳은 사람들로 너무 붐벼서 문도 하나 열 수 없을 지경이다. 주교의 의자는 십자가 앞에 놓여 있고, 정오부터 3시까지 성경 본문을 읽는 것 말고는 아무 일도 하지 않는다.…정오부터 3시까지 성경을 읽거나 찬송을 하기 때문에, 모든 사람들은 예언자들이 주님의 고난에 대해 예언했던 것은 무엇이든지 복음서나 사도들의 글 속에서 일어나는 것을 볼 수 있을 것이다. 그러므로 3시간 동안 사람들은 미리 예언되지 않았던 것은 일어나지 않고, 완성되지 않는 것은 예언되지 않았음을 배운다. 언제나 이런저런 기도가 드려지지만, 기도는 언제나 그날에 들어맞는다. 성경을 읽고 기도할 때마다 모든 사람은 그것이 놀라운 일이라고 느끼고 울기도 한다.…해산하라는 말이 있으면 사람들은 순교자 기념 성당에서 무덤으로 간다. 무덤에 이르면 요셉이 주님의 시신을 새 무덤에 안치하려고 빌라도에게 시신을 요구하는 복음서 본문을 읽는다.…사람들 가운데서 원하고 또 가능한 사람들은 밤을 지새운다.…아침이 올 때까지 거기서 찬송과 응답송을 부르며 밤을 보낸다. 큰 군중이 철야를 하는데, 저녁부터 하는 사람도 있고 자정부터 하는 사람도 있지만, 어쨌든 모두가 능력껏 한다."

(패트리샤 윌슨-캐스터Patricia Wilson-Kaster 외, 『잃어버린 전통』에서)

을 당하신 곳에 세운 건물인 순교자 기념 성당의 거룩함을 칭송했다. "그리스도께서는 우리의 죄를 위해 참으로 십자가에 달리셨습니다. 이에 반박할 마음이 당신에게 있다 하더라도, 지금 당신의 주변 환경이 당신 앞에서 들고일어나 당신에게 반박합니다. 여기서 십자가에 달리신 그분 때문에 우리가 지금 모여 있는 거룩한 골고다가 말입니다."[26]

스페인 북서쪽에 위치한 산티아고데콤포스텔라Santiago de Compostela 순례는 성지로 가는 순례만큼이나 거룩했다. 전설에 따르면, 야고보는 오순절 성령강림일 이후에 복음을 전하러 스페인으로 갔다. 거기서 10년 동안 사역의 성과를 올린 다음 예루살렘으로 돌아와 순교했다. 두 제자 아타나시우스와 테오도루스Theodore는 야고보의 시신을 다시 스페인으로 옮겼다. 그리고 언덕 위에서 벌판을 발견하여 대리석관에 사도의 시신을 넣어 장사했다. 그 후 그의 무덤 위에 단과 작은 예배당을 세웠다. 800년이 흐르면서 웅장한 무덤의 흔적은 모두 사라졌다. 그러나 9세기에 신앙심이 깊은 은자 펠라요Pelayo는 자신의 동굴에서 가까운 언덕 위에 별 하나가 머무는 것을 보았고 하나님께 찬양하는 천사의 목소리를 들었다. 이를 그 지역의 주교인 테오도미르Theodomir에게 알리자, 테오도미르는 그 사건을 하나님이 보내신 신호로 해석했다.

3일 동안 기도하고 금식한 후에 테오도미르는 펠라요가 별을 본 곳을 찾으러 일꾼들을 보냈다. 그들이 덤불을 걷어 내자 잊혀진 웅장한 무덤이 나왔다. 짧게 조사한 후 주교는 그 웅장한 무덤에 야고보 또는 산티아고(스페인어로 성 야고보)의 시신이 있다고 결론지었다. 무어인들에 대한 군사적 승리가 여러 차례 이어지자, 시신이 참으로 야고보의 것이라는 믿음이 강화되었다. 이 놀라운 승리를 달리 어떻게 설명할 수 있었겠는가? 이윽고 산티아고데콤포스텔라는 중요한 순례지가 되어, 성소로 가는 길에 교회와 숙박소와 수도원이 생겨났다. 오늘날까지도 이곳은 기독교 세계에서 가장 유명한 순례지 가운데 하나로 여겨진다. 매년 수많은 순례자들이 수백 킬로미터 되는 길을 걷는다. 도중에 성 야고보의 무덤에 이르기 위한 준비로 여러 예배당에서 기도하는가 하면 다른 신앙 훈련도 병행한다.[27]

순례

성인들과 유품들

순례는 인기가 많았다. 순례 중에는 신자들이 중세 신앙생활에서 의미 있는 역할을 했던 성인들의 유품을 볼 수도 만질 수도 있었기 때문이다. 중세 그리스도인들은 성인들이 천국에 있으면서 아직 지상에 사는 사람들을 위해 중보자 역할을 한다고 믿었다. 교회에 보관된 성인들의 유품에는 일종의 위임권이 있었는데, 이는 마치 그들의 유골이 성인들의 현존을 나타내고 그들의 유익을 신자들에게 전하는 것과 같았다. 그래서 교회는 이를테면 성인들의 권능을 보관하는 곳, 곧 전능하신 하나님과 궁핍한 인간 사이의 접촉점이 되어 천국의 놀라운 권능을 지상에 전달하는 피뢰침 같은 역할을 했다. 성인들의 유품(머리카락, 뼈, 치아, 성경, 검, 샌들 같은 것들)은 성인들의 효력 있는 현존을 상징했고 구체화했다. 이는 유품이 왜 그토록 가치 있는(금전적인 가치를 포함하여) 대상이 되었고, 왜 그것을 자물쇠와 열쇠로 채우는지 설명해 준다.

유품의 중요성은 초대교회에서 유래했다. 초기 그리스도인들은 순교자들의 유골에 신성한 권능이 있다고 믿었다. 성인들의 유품은 신자들에게 그들의 희생적 죽음에 대한 지속적 증거가 되었다. 예컨대, 폴리카르푸스는 2세기 중엽에 순교했는데, 그의 친구들은 "순금보다도 더 귀한 그의 뼈를 모아 주님이 기뻐하실 적절한 곳에 두었다.…우리는 기쁨으로 함께 모여 그의 순교 기념일을 지킬 수 있다."[28] 예루살렘의 성 키릴루스는 성인의 시신에 기적을 행할 힘이 있다고 믿었다. 시신이야말로 "한때 거기에 고결한 영혼이 머물렀기 때문에" 받들 만하며 강력한 것이었다. "손수건과 앞치마와 같은 외부 물건도 순교자의 몸에 닿은 후에는 병자를 고쳤다는 사실이 널리 알려진 마당이니 시신 자체는 병자를 얼마나 더 잘 고치겠는가."[29]

그러므로 유품은 중세 신자들에게 중요한 물품이 되었다. 그들은 유품을 사고팔기도 했고 훔치기도 했으며, 교회와 수도원에 나누어 주려고 성인들의 시신을 절단하기도 했고, 성유물함으로 알려진 멋진 예술품 안에 넣어 두기도 했다. 이 모든 것은 그들이 유품에 아주 많은 힘이 있다고 보았기 때문이다.[30] 교육받은 엘리트 계층도 유품이 기적을 행할 수 있다고 믿었다. 토머스 베케트Thomas

Becket, 1170년 사망가 살해되어 인기 있는 순례지 캔터베리에 묻힌 지 몇 주도 안 되어서 신학자 솔즈베리의 요한John of Salisbury은 다음과 같은 일을 목격했는데, 거의 믿을 수 없을 정도다.

> 대단한 기적이 많이 일어났는데, 이는 하나님께 영광이었다. 큰 무리의 사람들이 항상 하나님의 성인 안에서 기적과 영광을 보여 주시는 하나님의 권능과 긍휼을 자기 안에서도 느끼고 다른 사람 안에서도 찾기 위해 모였다.…이것이 확실하다는 것을 직접 목격하지 않았다면 어떤 사건에 대해서도 이와 같은 말을 쓸 것이라고 꿈도 꾸지 못했을 것이다.[31]

결과적으로 평신도들은 이러한 유품 앞에서 기도할 때 기적을 기대했고 때로 경험하기도 했다.[32]

모든 성인들 가운데서도 '천국의 여왕'으로 불린 동정녀 마리아는 중세 교회에서 탁월한 위치에 있었다. 특히 예수님을 선한 목자보다 멀리 떨어진 하늘의 왕으로 보기 시작한 후에는 더욱 그랬다. 일찍이 4세기 초부터 신학자들은 마리아의 영구 처녀성을 주장했다. 중세 시대 동안 신자들은 마리아를, 아들을 키우고 십자가 밑에서 아들을 위해 울고 아들이 십자가에서 내려진 다음에는 생명 없는 몸을 자기 팔로 끌어안은 애정 어린 어머니로 여겼다. 예수님의 어머니이자 하나님의 뜻에 순복한 완전한 본보기인 마리아는 신자들을 위하여 중보하는 특별한 권능을 지녔다. 마리아의 유품 역시 권능이 있었다. 그러나 그녀의 경우 유품이 그녀의 몸에서 나오지 않았고(중세 그리스도인들은 그녀가 몸을 가지고 천국으로 들어갔다고 믿었다) 신의 어머니로서 감당했던 일에서 나왔다(이를테면, 그녀가 썼던 머릿수건, 구유에서 나온 지푸라기 하나, 혹은 귀한 물병에 담아 놓은 그녀의 가슴에서 나온 젖 한 방울). 신자들은 교회를 마리아에게 바쳤고 그녀에게 찬송하고 기도하며 그녀를 기리기 위해 촛불을 밝혔다. 마리아 축일을 기념했고, 마리아 전례 본문을 사용했으며, 마리아 기도문을 읽었고, 마리아 예술품을 숭배했고, "아베 마리아"Hail Mary를 반복하면서 마리아 묵주를 사용하는 등 마리아 전례를 지켰다. 리처드 킥헤퍼Richard Kieckhefer는 "실제로 마리아의 명예를 기리기 위해 노래하거나 장식하거나 생각할 수 있었던 것은 무엇이든 다 혼란 속에서도 각기 자리를 잡았다"고 보았다.[33]

교회력

중세 시대 일반인들은 성일, 축일, 성인의 날로 가득 찬 연간 달력을 따랐다. 시간 자체가 실재에 대한 기독교적 관점을 반영했다. 이교의 달력이 로마 사회에 너무 깊이 스며들어 있었기 때문에 달력을 기독교화하는 과정은 여러 세기가 걸렸다. 그러나 중세 초기에 이르자, 교회력의 장점 부분이 확고해졌다. 교회는 이 달력을 당연한 것으로 받아들였다. 사제들, 대수도원장들, 주교들은 교회력을 사용하여 대부분 문맹이었던 일반인들에게 성경 이야기, 특히 그리스도의 삶을 가르쳤다.[34]

교회력의 중심은 부활절Pascha 기념이었는데, 곧 유월절Passover을 기독교식으로 각색한 것이었다. 이 축일에는 가르침, 금식, 회개, 행렬, 기도회, 철야, 세족 목요일에서 부활의 일요일까지 드리는 예배를 행했다. 주교는 일요일 아침에 교리 문답 수강자에게 세례를 주었고, 성만찬 기념이 이어졌다. 시간이 지나면서 부활절은 한 주 앞선 일요일까지 확장되었다. 따라서 부활주일을 정점으로 하는, 고난주간으로 알려진 8일간의 전례 행사는 종려주일부터 시작되었다. 나중에는 고난주간에 이르기까지 40일 동안 금식하고 회개하는 사순절이 추가되었다.

성탄절을 기념한 최초의 증거는 4세기 중엽으로 추정되는데, 아마 주후 336년 정도의 이른 시기였을 것이다. 연대 자체는 이교의 축일인 무적 태양의 탄생일 Natalis Solis Invicti 을 기준으로 한 것으로, 이날은 12월 말인 동지를 나타내려고 주후 274년에 아우렐리아누스 Aurelian 황제가 정한 날이었다. 그리스도인들은 태양의 탄생을 기념하는 이교의 축일과 그리스도의 탄생을 기념하는 그리스도인의 축일이 밀접하게 연결되어 있음을 인식했다. 그리하여 그리스도인들은 이교의 축일을 그리스도 탄생 축일로 각색했다. 시간이 지나면서 4주간의 강림절을 성탄절을 준비하는 기간으로 정했고, 1월 6일을 예수 공현 축일로 제정했는데, 이날은 이방인들(예수님을 방문한 동방박사)에게 처음 지상의 예수님을 보인 것을 기념하는 날이다. 주교들은 양 무리에게 성탄절을 이교의 축일이 아니라 그리스도인들이 그리스도의 탄생을 기념하는 날로 지키라고 권고했다. 나지안주스의 그레고리우스는 "이날은 현재 우리가 지키는 축일입니다"라고 설교했다.

> 오늘 우리가 기념하는 이것은 하나님이 우리에게 오심으로써…우리가 하나님께로 돌아갈 수 있게 되었다는 사실입니다.…그러므로 이 축일을 지키되, 이방의 축제가 아니라 경건한 방식으로—세상의 방식이 아니라 세상 위에 있는 방식으로—우리의 것이 아니라 우리의 소유이신 그분, 곧 우리 주님께 속한 것처럼—약함이 아니라 치유의 날로—창조가 아니라 재창조의 날로 지키십시오.[35]

그리하여 교회력은 오늘날 우리가 알고 있는 형태로 발전했다. 교회력은 12월 25일 그리스도의 탄생으로 정점에 이른 강림절과 함께 시작되었다. 그다음 12일 동안의 성탄절, 예수 공현 축일, 재의 수요일, 사순절, 고난주간, 부활절 일요일, 승천일, 성령강림절로 이어졌다. 그리고 성체 축일과 변모 축일, 만성절萬聖節과 같은 다른 축일들과 성인의 날들이 추가되었다. 이러한 성일과 절기를 통해 연간 리듬을 조성함으로써 신자들은 구원의 역사와 축성된 시간을 기억할 수 있었다. 특히 무지한 소농들은 이러한 연례행사를 통해 성경 이야기를 알게 되었다. 필립 파타이처Philip H. Pfatteicher는 "그리스도의 생명에 참여하는 생명이 목적이다"라고 결론지었다. "곧 궁극적으로 하나이고 하나여야 하는 참된 생명—그분의 생명이자 우리의 생명—이다. 교회력의 목적은 연대기가 아니라 하나됨이다."[36]

성례전의 회복

그리하여 고딕 대성당은 구원의 드라마가 펼쳐지는 무대 같은 역할을 했다. 스테인드글라스 창과 같은 예술 작품으로 장식하여 구원의 이야기와 성인들의 삶을 전했고, 유품과 유물함과 무덤을 보관하여 평신도들이 성인들의 성결을 살짝 스치기라도 할 수 있었으며, 성직자들과 성례전을 집행할 수 있는 적절한 환경이 되어 주었다. 교회는 교회에 보관된 실체들에서 힘을 받았고, 이를 통해 사람들은 그리스도를 알고 그분의 이야기에 참여하며 그분의 생명을 얻을 수 있었다. 많은 신자들이 읽거나 쓰지 못했고, 많은 고초를 겪고 젊은 나이에 죽기도 했다. 그러나 교회 안에서 구원의 이야기, 그리스도에 대한 진리, 성인들의 성결, 마리아의 위안, 교회력의 리듬을 발견했다. 그들의 세계는 기독교 신앙으로 가득했다. 물론 남용되기도 해서, 일반 사람들은 때로 그리스도 대신 성인을 경배했고, 참된 신앙보다는 미신에서 나온 의식을 따랐으며, 충성스런 제자보다는 종교적 방관자로 있기도 했고, 영적 소비자인 양 은혜를 받았다. 많은 사람들이 종교의 형식은 받아들이면서 종교의 권능은 부인했다.

그러나 **오용이 있다 하여 용도를 폐기하지는 않는다**. 그 모든 단점에도 불구하고 성례전 신앙에 대해 중세 때 강조했던 바를 통해 배워야 할 귀한 것이 있다. 중세 그리스도인들은 세계를 기독교화하려고 했다. 우리는 지금 정반대로 하는 중이다. 오늘날 많은 교회들, 특히 서구는 빠른 속도로 텅 빈 기념물에 불과한 모습이 되어 가고 있다. 최근 지역 신문이 영국에 있는 교회 건물의 위기를 다룬 기사를 읽었다. 잉글랜드 성공회 당국자들에게는 더 이상 사용하지 않아 망가진 수백 개의 교회 건물에 대한 책임이 있다. 당국자들은 교회가 더 이상 그 건물들을 유지하거나 개발할 능력이 없다고 한다. 그래서 건물들을 전용하여 고급 아파트, 콘도, 술집, 암벽을 갖춘 놀이 시설, 사무실은 물론 심지어 서커스 훈련 학교로 이용할 개발자들에게 팔기로 했다. 한마디로, 이 건물들은 이교화되어 가고 있다. 더 이상 예배와 성례전을 시행하는 데 사용되지 않고 현대 자본주의의 도구가 되었다. 미국에 있는 교회도 같은 길을 따르고 있다. 오늘날 많은 교회들이 자기 계발 원리를 가르치고, 여러 가지 영악한 종교 제품들을 팔아먹으며, 종교 소비자들에게 다양한 프로그램을 제공하고, 사람들의 '감각적 필요'를 채운다. 얄궂게도, 영국이 교회 건물을 이교화한다면, 미국인들은 신앙 자체를 '이교화'하고 있을 것이다. 교회가 최선의 기능을 수행할 때 하나님의 은혜와 사랑과 권능을 온전히 전하게 된다. 이를 통하여 신자들은 어디에서든 하나님을 위해 살고 하나님 나라에 부합하는 목적을 위해 '세속' 세계—극장, 볼링장, 학교, 기업, 이웃—를 차지할 수 있게 된다. 그러나 교회가 최악의 기능을 수행할 때, 정반대의 일이 일어난다. 세속 세계는 교회를 최종적으로 접수할 때까지 교회에 침입한다.

중세 교회의 신앙은 본질적으로 성례전적이었다. 사람들은 성례전을 통하여 복음이 객관적이고, 구원사의 사건들에 근거하며, 그리스도께서 몸소 세운 은혜의 수단을 통하여 주어진다는 점을 상기하게 된다. 그렇다면 오늘날의 교회를 위해서는 성례전을 어떻게 회복시킬 수 있는가? 첫째, 성례전은 본질적으로 물질적이다. 우리는 이로써 기독교 신앙의 물질적 성격을 되새긴다. 기독교에서는 하나님이 물질적 우주를 창조하셨음은 물론 선하게 창조하셨다고 확언한다. 우주 안의 모든 것들은 어떤 식으로든 하나님의 위대하심과 영광을 나타낸다. "하늘이 하나님의 영광을 선포하고 궁창이 그의 손으로 하신 일을 나타내는도다"라고 시편 19편은 말한다. 인간 역시 물질적이어서, 감각의 구속을 받으며 살과 피로 된 몸의 모습을 지닌 피조물이다. 우리는 물질세계 속에서 살면서 그 물질세계를 돌보도록 부름받았다.

예수님은 물질세계에서 나온 예시를 사용하여 자신의 나라에 대한 가르침을 설명하셨다. 예수님은 씨 뿌리는 자와 씨앗, 포도나무와 가지, 그물과 물고기, 목자와 양, 암탉과 병아리, 아버지와 아들을 언급하셨다. 예수님은 추상적으로 말씀하기를 거부하신 이 땅의 선생이셨다. 예수님은 또한 땅의 방식으로 사셨다. 자고 먹고 울고 피를 흘리고 죽으셨다. 성육신은 기독교의 물질적 성격을 보여 주는 최후의 증거다. 예수 그리스도는 진짜 살과 피를 지닌 사람 안에 오신 하나님이다. 성례전은 살고 고난당하고 우리를 위해 죽으신 물질적 그리스도의 지속적인 현존을 보여 주는 상징이다. 사람이 세례받는 것을 볼 때마다 우리는 예수님이 자신의 죽음을 통하여 주시는 정결을 물리적으로 상기한다. 빵과 포도주를 만지고 맛보고 삼킬 때마다 우리는 그리스도가 우리 생명을 붙들어 주심을 기린다. 추상적이고 모호하고 감정적이고 덧없는 영성이 결코 아니다. 몸과 피이며, 물과 빵과 포도주다. 기독교 신앙에서 영성과 물질성은 그리스도 안에서, 성례전 속에서, 하나님의 구속 계획 속에서 신비롭고 완전하고 궁극적으로 연합한다.

둘째, 성례전을 통해 우리는 은혜가 객관적 실체로 온다는 점도 배운다. 그것은 일부 중세 신학자들이 재고 달고 포장하고 시장에 내놓고 최고가 입찰자에게 팔 수 있는 것처럼 가르치는 수량화할 물질이 아닐지도 모른다. 그러나 여전히 실재하며, 외부로부터 우리에게 와서 우리가 하나님 앞에 서고 세상에서 사는 방식을 바꾸는 참된 능력과 생명으로 나타난다. 그것은 일차적으로 하나님의 행위이므로, 우리가 할 일은 적극적이고 신실한 믿음으로 은혜를 받아들이는 것이다. 성경은 성례전이 실제로 **어떻게** 은혜를 전달하는지가 아니라 성례전이 **하는 일**만 말해 준다. 그것은 온통 신비다.

내가 다니는 지역 교회-장로교회-에서는 성찬 빵을 포도주에 적시는 식으로 성만찬 음식을 나누어 준다. 일어설 수 있는 모든 교인은 교회 앞으로 걸어가서 빵 조각을 떼어 그 빵을 잔 속에 넣어 적시고 기도한 다음 성찬-빵과 포도주, 몸과 피-을 입에 넣는다. 우리에게는 감사 외에는 할 말이 없고, 긍휼 외에는 구할 것이 없으며, 아낌없이 주어진 은혜 외에는 갚을 것이 없다. 입과 마음을 열어 하나님의 선물을 받기만 하면 되는 의존적이고 필사적인 작은 새처럼 성찬-잔에 적신 빵 한 조각-을 받는다. '성찬 식단' 속에는 우리의 구미를 만족시켜 줄 만한 다양한 요리도 없다. 매주 똑같은 기본 재료다. 그것은 몸의 음식이자 영의 음식으로,

이 모든 것이 하나로 통합되어 객관적이고 만져지고 구체적인 어떤 것으로 우리에게 주어진다. 은혜란 그런 식으로 우리에게 주어지는 하나님의 선물이다. 다만 우리는 필요를 인정하고 죄를 고백하며 복음의 기쁜 소식을 믿어야 한다. 그것이 우리 모두가 해야 하고 또 할 수 있는 것이다. 우리의 부와 지위, 직업, 배경, 성취, 의는 전혀 중요하지 않다. 성만찬에서는 오로지 믿음만이 중요한데, 믿음이란 자아로부터 방향을 돌려 하나님을 발견하는 것이다.

나는 우리 교회 사람들을 충분히 잘 알고 있어서 그들의 사연도 어느 정도 안다. 그래서 사람들이 성찬을 받으려고 줄을 서 있는 것을 보면서 그들의 사연을 생각한다. 긴장 상태에 있는 결혼 생활, 말 안 듣는 자녀들, 사업 실패, 정신적 고뇌, 방탕한 습관, 의심과 분노, 엄청난 실패에 대해 알고 있다. 모든 사람은 자신의 이야기를 성만찬 자리로 가져와서 은혜를 발견하고, 계속해서 또 한 주간 믿고 바라고 인내한다. 결국 그리스도인의 믿음이란 우리가 하나님을 위해 한 일이 아니라, 하나님이 우리를 위해 그리고 우리 안에서 하신—그리고 계속해서 하시는—일과 관련이 있기 때문이다.

셋째, 성례전에는 우리 자신을 세상에 대해 살아 있는 성례전으로 변화시키는 힘이 있다. 이로써 우리는 출발점이었던 고딕 대성당으로 돌아가게 된다. 고딕 대성당에는 물질 형태로, 특히 조화율과 빛이라는 두 가지 근본 특징을 통하여 천국의 실재를 나타내려는 의도가 담겨 있다. 우리는 세상에 대한 성례전으로서, 두 가지 동일한 특징을 드러내라는 부름을 받았다. 조화율은 하나님의 뜻과 다스림 아래서 우리가 삶의 질서를 어떻게 바로잡는지와 관계가 있다. 가장 소중한 것을 앞에 두고, 합당한 우선순위에 따라 살며, 우리의 자원들을 가치 있는 목적을 향해 돌리고, 세상을 하나님의 선한 창조로 거룩하게 해야 한다. 다음으로, 빛은 어떻게 하면 하나님의 빛이 우리를 통하여 비칠 수 있는지와 관계가 있다. 스테인드글라스 창은 밤에는 색도 없이 어둡고 불길해 보인다. 그러나 낮에는 색과 광채가 살아난다. 우리는 하나님의 아름다움과 거룩함과 사랑을 나타내는 빛나고 눈부신 스테인드글라스 창처럼 되도록 지음받았다. 하나님이 예수 그리스도 안에서 우리에게 오셔서 하나님의 영광을 드러내신 것과 마찬가지로, 그분은 그리스도로 말미암아 구속받은 백성인 우리가 타락하고 절망적인 세상에 하나님의 영광을 드러내라고 부르신다.

그것은 전적으로 신비다. 하나님이 어떻게 인간이 되셨는가? 처음 제자들은 분명 성육신을 기대하지 않았다. 성육신의 진리에 대해 그들을 설득했던 것은 그리스도의 몸의 부활뿐이었다. 어떻게 물과 빵, 포도주가 하나님의 은혜로 우리를 먹이는가? 이것은 우리의 이해력을 넘어선 진리다. 우리가 어떻게 세상에 대해 성례전이 될 수 있는가? 이것은 우리의 수행력을 넘어선 과제다. 그러나 하나님은 우리가 세상을 향해 살아 있는 성례전이 될 수 있도록, 그분의 은혜로 우리를 변화시키실 수 있고 또 그렇게 하실 것이다. 그리스도는 물질과 영을 이음매 없는 완전한 하나로 결합하셨다. 하나님은 성례전이라는 물질적·영적 음식으로 우리를 기르신다. 하나님은 세상 속에서 물질적·영적 대리인이 되라고 우리를 부르신다.

실천

- 누가복음 22:14-30과 요한복음 1:1-18을 읽으라.
- 교회에서 성찬을 받기 전에 24시간 동안 금식해 보라.
- 기도와 명상을 하면서 토요일 저녁을 보내라. 그러면서 마가복음 전체를 읽어도 좋을 것이다.
- 그리스도의 몸과 피에 적합한 상징으로서 빵과 잔의 의미를 깊이 생각해 보라.
- 일요일 아침 일찍 일어나서 홀로 하나님께 예배하라.
- 교회의 공예배에서 성찬을 받을 때, 하나님이 주시는 은혜의 선물을 믿음으로 받으라. "그러므로 이제 그리스도 예수 안에 있는 자에게는 결코 정죄함이 없나니"를 계속 반복하라.
- 예배 후에 가족이나 친구들과 식탁 교제를 나누라. 늦은 오후에 시간을 내어 로마서 6장과 8장을 읽으라.

7. 연합
: 신비주의 영성

나의 영혼이 잠잠히 하나님만 바람이여
나의 구원이 그에게서 나오는도다.
오직 그만이 나의 반석이시요 나의 구원이시요
나의 요새이시니 내가 크게 흔들리지 아니하리로다.
(시편 62:1-2)

신비주의 영성과 성례전적 영성은 겉보기에 공통점이 거의 없는 것 같다. 성례전적 영성에서는 창조 세계의 물질 재료를 귀하게 여긴다. 물과 빵, 포도주, 기름을 은혜의 수단으로 사용하고, 하나님이 놀라운 일을 하시기 위해 사용하는 기본 도구로 일상적인 것을 택한다. 신비주의 영성에서는 하나님과의 연합을 경험하기 위해 물질을 제쳐 둔다. 성례전이 감각에 호소한다면 신비주의는 직관에 호소하고, 성례전이 은혜의 수단을 강조한다면 신비주의는 목표를 강조하며, 성례전이 지상 실재의 구체성에 굳건히 뿌리박고 있다면 신비주의는 천상 실재의 덧없고 영묘한 영역으로 솟아오른다.

이 책에서 탐구하는 모든 전통 가운데서 신비주의적 방식이야말로 내 기질과 가장 이질적이다. 본성과 자라온 과정으로 보아 나는 신비주의적이라기보다는 성례전적이고, 순수한 영의 사람이라기보다는 육신의 사람이다. 이런 이유로 나는 신비주의 영성에서 배울 것이 가장 많다. 내게 가장 끌리지 않는 전통이 내가 가장 궁금해해야 하는 것이니 말이다. 역사 자체가 이 전통의 중요성을 증거한다. 교회사에서 가장 지혜롭고 심오한 일부 저술가들은 내가 먼발치에서나마 얼핏 볼 수 있었던 영적 통찰과 경험의 정상에 도달했던 신비가들이었다. 나로서는 그들의 저작을 연구함으로써 그들의 발자취를 따라갈 수 있을 것이다.

신비주의 경험은 종종 완전히 놀라운 일로 다가온다. 중세 시대의 가장 대단한 신학자 중 한 사람이 있는데, 그는 타고난 성격상 신비주의에 끌리는 사람이 아니어서 기대하지도 않았고 원하지도 않았지만 신비주의 경험을 했다. 그의 경험은 우리를 신비주의 영성의 놀라움과 모호함과 능력으로 인도한다. 그와 동시대인들은 그가 무겁고 느리고 조용해서 그를 '멍청한 황소'라고 부르긴 했지만, 진리에 있어서만큼은 그 세대에서 가장 위대한 지성 가운데 하나였다. 그가 쓴 책들은 중세 대학 교육 과정에 표준이 되었다. 오늘날도 모든 가톨릭 신학생들이 그를 연구하고, 모든 가톨릭 철학생들은 그의 주요 저작들을 연구한다. 토마스 아퀴나스Thomas Aquinas를 붙들고 씨름하지 않고서는 신학의 역사를 이해할 수 없다. 그는 과거에도 그랬고 지금까

토마스 아퀴나스

지도 지적 거장이다.

    1225년경 부유한 가정에서 태어난 토마스는 어린 시절에 유명한 몬테카시노의 베네딕투스 대수도원에 들어갔고, 나중에는 나폴리 대학에서 공부했는데, 이 모든 것은 수도사의 소명을 위한 준비였다. 나폴리에 있는 동안 그는 논란 많은 새로운 운동인 설교자회Order of Preachers를 접했다. 이는 도미니쿠스Dominic가 얼마 전에 설립한 모임이었다. 토마스는 기독교 신앙에 대한 새로운 비전에 매료되어 설교자회에 가담했고, 이로써 아버지의 소원을 저버렸다. 그러나 아버지도 쉽게 포기하지는 않았다. 토마스가 젊은 치기의 이상주의를 벗어버릴 것이라고 기대하면서 아버지는 토마스의 형들을 시켜 그를 잡아와 마음을 바꿀 때까지 저택에 죄수처럼 가두어 두었다. 토마스는 1년간 거기 있으면서도 도미니쿠스회 수사로 사도의 삶을 살겠다는 헌신을 타협하지 않았다. 누나의 도움으로 감금에서 벗어나 파리로 가서 거장 신학자 대 알베르투스Albert the Great, 약 1200-1280년 아래서 공부했는데, 알베르투스는 토마스에게 아리스토텔레스 철학을 소개했다. 공부를 마친 후 토마스는 신학 교수가 되었고, 방대한 분량의 책을 두 권 썼다. 『대이교도대전』Summa Contra Gentiles은 비기독 종교를 다루고, 『신학대전』Summa Theologica, 성 바오로출판사은 신학을 전체적으로 개관한다. 그의 책은 과학자들의 책처럼 정교하고 명확하며 논리적이다. 실제로 토마스는 신학을 하나의 과학, 곧 하나님을 다루는 과학으로 생각했다.

    그러나 1273년 12월 6일 성 니콜라우스St. Nicholas 축일에 그의 삶은 완전히 바뀌었다. 토마스는 그날도 여느 때처럼 미사에 참석했다. 그러나 성찬식 도중에 그에게 이상한 일이 발생했다. 그는 그 경험에 대해 말할 수도, 학문 연구를 재개할 수도 없었다. 마치 눈이 멀고 입이 막히고 귀가 먼 것 같았다. 그의 좋은 친구이자 비서인 피페르노의 레기날드Reginald of Piperno가 물었다. "신부님, 어떻게 그렇게 엄청난 일을 그만두고 싶어 하실 수 있습니까?" 토마스가 대답했다. "난 더 이상 글을 쓸 수가 없다네." 레기날드는 토마스가 탈진 상태에 이른 것이 아닌지 궁금했다. 그래서 자기 선생에게 무슨 일이 일어난 것인지 다시 물었다. 그러자 토마스가 말을 이었다. "지금까지 내가 쓴 모든 것이 나에게 지푸라기에 불과한 것 같네." 그러고는 다시 침묵에 들어갔다. 나중에 토마스는 자신의 변화를 알고 있는 누나를 방문했다. 그녀는 레기날드에게 사랑하는 동생에게 무슨 문제가 있는지, 무엇 때문에 그런 심한 장애가 생겼는지 물었다. 이번에는 토마스가 좀더 많이 말했다. "지금까지 내가 쓴 모든 것들이…내가 본 것과 나에게 계시된 것에 비하면 지푸라기에 불과합니다." 얼마 후 그는 리용에서 열리는 도미니쿠스회 교무 총회로 떠났고, 그리로 가는 도중 어느 시토회 대수도원에서 죽었다. 1274년 3월 7일이었다.[1]

기독교 신비주의의 뿌리

토마스가 신비적 경험을 한 것은 분명하지만, 그는 실제로 신비가는 아니었다. 그가 하나님과 만난 것은 말로 표현할 수 없는 초월적 사건이었다. 그는 하나님과의 만남으로 신비주의의 목표인 일종의 하나님과의 신비로운 연합에 이르렀다. 신비주의 영성은 한 가지 기본 질문과 관련이 있다. 우리는 어떻게 하나님을 참으로 알 수 있는가? 하나님을 아는 방법 하나는 하나님에 대한 정보를 배우는 것으로서, 이는 교리적이다. 또 하나의 방법은 하나님과 연합하는 것으로서, 이는 신비적이다. 신비주의 저술은 정확한 정의를 피해가며, 알려져 있지 않고 알 수 없는 외국어처럼 흔히 불가해하고 이해할 수 없는 것처럼 보인다. 신비가들은 역설을 좋아하고, 추상적 개념과 은유로 말하며, 신비를 좋아한다. 하나님을 아는 것은 합리적일 뿐 아니라 직관적이고, 머리뿐 아니라 가슴의 일이며, 그야말로 말로는 표현할 수 없는 것이라고 말한다. 그리스도인의 삶은 하나님에 **대한** 지식이 아니라 하나님**을** 아는 지식과 하나님과의 연합을 목표로 하기 때문에, 교리를 아는 지식이 필요하지만 그것으로는 충분하지 않다고 말한다. 그래서 신비가들은 하나님을 아는 참된 지식은 다른 종류의 지식과는 다르다고 일깨운다. 하나님은 주체이지 대상이 아니고, 인식 주체이지 인식 대상이 아니며, 관계를 시작하는 분이다. 하나님은 신자들에게 자신을 계시하는 분이고, 완전한 기쁨과 조화 속에서 신자들을 자신에게 연합하는 분이다.

기독교 신비주의는 중세 시대에 정점에 달했다. 가장 위대한 기독교 신비가들 가운데 많은 사람이 그 시대에 살았고, 신비주의 영성을 형성하는 가장 중요한 개념들이 출현했으며, 신비주의 사상에 대한 다양한 '학파들'이 발전한 것도 이 시기였다. 물론 초대교회에도 신비가들이 있었고 종교개혁 교회에도 마찬가지였다. 현대

교회에도 나름 신비가들이 있다. 기독교 신비주의는 흔히 조용한 목소리이긴 하지만 더 큰 교회에 영적 실재의 비전을 설명하는 길을 늘 찾아냈다. 그 목소리는 중세 시기에 가장 권위가 컸고 명확했다.

기독교 신비주의는 고대 철학자 플라톤에게서 뿌리를 찾을 수 있다. 플라톤에 따르면, 인간 영혼은 선재先在하고 있었다. 영혼은 원래의 지복至福 상태에서 하나님의 영원한 진리를 완전히 순수하게 관조한다. 그러나 창조와 탄생을 통하여 그리고 몸을 입음으로써, 영혼은 참되고 본래적이고 원초적인 지식을 망각하고 물질성에 사로잡힌다. 그러나 영혼은 여전히 신적이고, 참존재와 아름다움과 선과 하나 됨에 대한 불씨와 기억을 어느 정도 지니고 있어서 신적 영역으로 돌아가기를 갈망한다. 집으로 돌아가고 싶은 길 잃은 어린아이처럼 말이다. 이러한 회귀 과정에서 물질적인 모든 것은 멀리할 필요가 있다. 이로써 영혼은 세상의 속박에서 풀려나 신적 원천으로 올라가고 순전한 무아경에서 궁극적 실재를 관상하며 모든 지식을 넘어서는 지식을 얻는다.

신플라톤주의 철학자 플로티누스Plotinus는 플라톤 사상을 발전시켰다. 그는 신, 곧 **하나**the One는 절대적이고 단순하며, 존재를 초월하고, 지식을 초월하고, 이해를 넘어선다고 추론했다. "모든 것을 생성하는 일체the Unity는 만물 그 어떤 것도 아니다. 사물도 아니고 질도 아니고 양도 아니고 지성도 아니고 영혼도 아니다. 움직이지도 않고 쉬지도 않고 공간 속에도 없고 시간 속에도 없다. 자기 스스로를 정의하며 독특한 형상을 지니는데, 무형상이라 함이 더 낫다."[2] **정신**Mind은 하나로부터 유출되어 신에 대한 관념의 영역을 구성한다. 다음으로 **혼**Psyche은 완전하고 영원한 세계와 물질세계 사이를 연결하는 기능을 한다. 마지막으로 **영혼**Soul은 각 사람 안에 있는 혼의 연장으로서 산다. 플로티누스는 영혼이 신에게서 비롯되었지만 창조 세계에 갇혀 신으로부터 분리되었다고 역설했다. 물질세계가 영혼을 밑으로 끌어당기는 일종의 중력인 것처럼 말이다. 플로티누스도 플라톤과 마찬가지로 영혼이 본래 상태를 기억하고 있어서 "생성의 사슬"chain of becoming을 통하여 그 근원인 하나에게로 거슬러 올라가기를 갈망한다고 믿었다. 영혼은 내면으로 주의를 돌림으로써 그 속에서 하나를 발견할 수 있다. 그러기 위해 영혼은 하나를 향한 갈망으로 고취되어 하나와의 동일성을 회상하면서 정화되고 거리를 두며 관상하는 과정이 필요하다.

> 영혼은 자유로워지기를 갈망한다. 그래서 우리 존재의 모든 것이 [하나]에게 붙어 있을 수 있기를 갈망한다. 즉 우리 존재의 어떤 부분도 신과 닿지 않는 곳이 없기를 갈망한다. 그렇다면 영혼이 신과 영혼 자신을 신성하게 보는 것이 가능할 것이다. 또한 영혼은 자신이 밝아졌음을, 이해할 수 있는 빛으로 가득함을 볼 것이다. 아니 오히려 영혼은 순수하고 자유롭고 생기발랄한 빛 자체가 될 것이다. 그리고 신이 될 것이다. 아니 오히려 신으로 존재할 것이며, 온전히 불타오를 것이다.[3]

바로 그때 모든 자의식은 사라지고 이원성에 대한 모든 의식은 녹아 없어진다. 영혼은 완전한 합일을 경험한다. "여기에는 불멸하는 모든 것이 포함되는데, 신적 정신Divine Mind 외에 아무것도 없으며, 모든 것이 신이다. 여기가 곧 모든 영혼의 거처다."[4]

중세 시대에 가장 영향력 있는 플라톤주의 기독교 신비가는 5세기 말에 살았던 무명의 시리아 주교 혹은 수도자였을 것이다. 그는 스스로를 아레오파기타의 디오니시우스Dionysius the Areopagite라 칭했는데, 사도행전 17장에서 빌려온 이름으로 자신이 사도 시대에 글을 썼으며 사도적 권위를 갖고 있다는 인상을 주려는 것이었다. 중세 그리스도인들이 그의 저작을 초기 기독교에서 유래했다고 생각한 것으로 보아 그의 전략은 통했던 것 같다. 그가 필명을 사용했다는 것이 여러 세기가 지난 다음에야 발견되었는데, 현재 위僞디오니시우스(혹은 간단히 디오니시우스, 또는 드니)로 알려져 있다. 그가 누구였든, 그는 중세 시기 전체 동안 신비주의 사상을 형성하는 데 주요한 역할을 했다.[5]

디오니시우스는 신은 자신의 삼위일체 생명이 고동치고 넘쳐흐르는 순수한 존재라고 믿었다. 사실상 창조 세계 자체는 그 모든 다양한 형태로 하나님의 자기 내어줌self-giving, 즉 삼위일체의 사랑이 흘러넘친 결과다. 창조된 실재는 모두 완전하고 질서 있는 발현을 통하여 하나님으로부터 세상으로 내려왔다. 먼저 스랍과 그룹과 '보좌'로 이루어진 천상의 위계질서가 오고, 그다음 주교와 사제와 부제로 이루어진 지상의 위계질서가 온다. 이들은 교회의 신적 신비를 주재하고 예전과 성례를 사용하여 신적 생명을 신자들에게 전달한다. 창조는 하나님의 선하심을 드러내고, 인간이 하나님을 알고 하나님과 교통하는 길을 제시한다. "그분 자신이 선하시기에 존재하는 모든 것을 선히 대하심으로써 그분의 선하심을 확장하시기 때문이다."[6] 창조는 또한 그분의 생명을 인간과 나누려는 하나님의 열망을 계시한다. 인간 역시 하나님을 알기를 열망함으로써 하나님의 생명에 참여한다. 그러나 이런 일이 일어나려면 인간은 창조 질서를 일종의 사다리로 삼아 하나님께 **올라가야** 한다. 그러므로 디오니시우스의 사상에서 근본적인 것은 이러한 **발현**procession과 **회귀**return의 구조다. 이는 마치 창조 세계의 모든 것이 일종의 영광스러운 여정에 참여하는 것과 같다. "우리의 본성이 필요로 할 때 우리를 인도해 줄 수 있는 이 같은 물질적 수단의 도움이 없다면, 우리 인간이 어떤 물질적 방법으로 천상의 위계질서를 모방하고 관상에 이른다는 것은 아주 불가능하기 때문이다."[7] 그러므로 창조된 위계질서는 목적이 아니라 수단이다. 그 목적은 "단순하고 하나인 진리"를 보는 것이다.[8] 그러므로 플라톤주의자들과는 달리 디오니시우스는 창조에 대해 긍정적 관점을 가졌다. 구원은 창조를 벗어나는 것이 아니라 창조를 통하여 하나님께 이르기까지 올라가는 것이다.

여전히 하나님은 창조와는 다르고 더 크며 창조를 초월하므로, 세상의 관점으로는 알 수 없는 분이다. 결국 하나님을 설명하고 하나님께 올라가고 하나님과 교통하기 위해 사용하는 모든 수단들은 충분하지 않으며 실패할 뿐이다. 영혼은 올라가면서, "말을 더 듬거리다가, 계속 올라가 오르막을 넘어서면 완전히 말문이 막힐 것이다. 마침내 영혼이 설명할 수 없는 그분과 하나 됨에 도달하기 때문이다."[9] 그러므로 알기 위해서는 세상의 모든 지식을 버리고

무지의 어둠 속으로 들어가야 한다. 그래서 영혼이 "지성을 넘어선 그 어둠 속으로" 뛰어들 때, "우리는 자신이 단지 말이 부족한 것만이 아니라 실제로 말문이 막히고 무지하다는 것을 발견할 것이다."[10] 지식에는 두 가지 종류가 있다. 하나는 직접적이고 이성적이고 계시적인 지식으로서, 창조 질서나 상징에 의존해 하나님을 안다. 다른 하나는 직관적 지식으로서, 이것을 통해 "우리는 초월에까지 단계적으로 올라간다. 모든 것을 부정하고 초월하면서, 그리고 모든 것의 원인을 추구하면서 그 길을 좇을 수만 있다면 말이다.…그러므로 하나님은 모든 것 속에서 알 수 있는 분이고, 모든 것으로부터 떨어져 계신 분이다." 이 두 번째 지식이 하나님의 본성에는 더 참되므로, 이 지식을 통해 하나님과의 연합에 이를 수 있다. 이러한 연합이 이루어질 때, 우리의 이해력은 "모든 것으로부터 물러나고, 우리의 이해력 자체를 버리며, 눈부신 빛과 하나 되어, 도저히 찾아낼 수 없는 깊은 지혜로 말미암아 그 빛 속에서 그리고 그 빛으로부터 밝아진다."[11]

디오니시우스는 이러한 심오한 지식에 도달한다면 언어로는 결코 정확하게 하나님을 설명할 수 없다고 주장했다. 예컨대, 하나님이 선하다고 할 때 하나님은 선하지 **않다**고 말하는 것이 나을 것이다. **선**이란 단어에 대한 우리의 이해는 하나님의 선의 깊이에는 못 미치며, 우리의 세속적 선善 경험으로 제한되어 있기 때문이다. 하나님은 선보다 높거나 '선을 초월'해 계신다. 하나님은 아름다움보다 높고, 존재보다 높고, 영원보다 높으며, 초월보다도 높고, 심지어 삼위일체보다 높으시다. 그러므로 결국 우리는 하나님에 대해 부정적인 용어, 곧 이른바 '부정'apophatic 신학으로 말할 수 있을 뿐이다. 디오니시우스가 긍정적 언어 곧 '긍정'cataphatic 신학의 사용을 즉각 거부하지는 않았지만 말이다.

디오니시우스와 그의 제자들은 하나님과의 연합을 경험하기 위해서라면 예수 그리스도마저도 충분하지 않다고 믿었다. 예수님은 분명 수단이지 목적이 아니다. 예수 그리스도보다 높고 뛰어난 무엇인가가 있는데, 그것은 신비 경험을 통해서만 도달할 수 있는 것이다. 그러므로 그리스도는 하나님의 완전하고 전적이며 최종적인 계시가 아니다. 계시된 하나님 뒤에는 정의할 수 없고 알 수 없는 하나님이 계신다. 이 점이 디오니시우스가 예수님을 자신의 신비주의 시각 주변부로 격하시키는 이유이자, 나를 비롯해 많은 신학자들이 그의 신학에 혐의를 두는 이유다. 그렇다면 우리는 디오니시우스의 하나님을 어떻게 알 수 있을까? 전적으로 직관에 달려 있는가? 그렇다면 하나님의 성육신이신 예수님께는 어떤 계시적 의미가 있는가? 폴 로렘Paul Rorem이라는 학자는 예수님을 이렇게 도외시하는 것에 대해 다음과 같이 말한다. "예수 그리스도의 성육신, 죽음, 부활, 승천은 필수 불가결한 기반, 근원, 원인은 고사하고 이런 주제의 주요 사례조차 아니다…디오니시우스의 종교 인식론 체계는 정통 기독론의 역사적 특수성에 그늘을 드리운다."[12]

아무리 복잡하고 이해할 수 없고 때로 미심쩍기조차 하지만, 디오니시우스에게는 우리가 배워야 할 소중한 것이 있다. 그는 모든 사람이 하나님을 알기를 갈망하는데, 이는 하나님이 우리 안에 그러한 갈망을 두셨기 때문이라고 믿었다. 이러한 갈망은 교리 지식, 예전 수행, 성례와 금욕 훈련이 줄 수 있는 것보다 더 깊이 들어간다. 궁극적으로 우리는 하나님과의 연합을 경험하기를 갈망한다. 이러한 연합은 세상의 모든 범주를 초월하는 법이다. 신비주의는 결국 설명할 수 없는 실재를 다루기 때문에 이해할 수 없는 것처럼 보인다. 기독교 이야기를 하고, 기독교 교리를 늘어놓으며, 기독교의 훈련 방법을 규정하고, 성례를 시행하는 것은 가능하다. 그러나 하나님과의 연합에 이른다는 것이 무엇을 의미하는지 설명하는 것은 불가능하다. 그 경험이 충분히 실제적이라 하더라도, 말과 개념으로는 실패할 뿐이다. 그 경험은 전적으로 심원한 신비다. 디오니시우스의 시각을 통해 우리는 이 거대한 신비, 곧 신약이 말하는 예수 그리스도 안에서 알려진 그 신비를 얼핏 볼 수 있다.

신비가들은 하나님과의 연합으로 가는 여정에 착수하도록 우리를 초대한다. 이 여정은 세 단계를 거친다(한 단계에서 다음 단계로 완전히 이동하는 것은 불가능하지만). 첫째, **정화**purgation의 길로서 고백, 회개, 엄격한 훈련이 필요하다. 모든 죄를 근절하고 버려야 한다. 아무리 유익하고 필요하더라도 금욕 훈련을 통해서는 거기까지만 도달할 뿐이다. 둘째, **조명**illumination의 길로서 기독교 신앙의 본질적 진리에 대해 깊은 지식과 통찰을 일으키는 것이다. 신비적 지식은 초월적이고 거룩하며 완전하신 존재를 포함하기 때문에 독특하다. 그래서 성경과 교리를 숙달하는 것 그 이상이 필요하다. 명상은 올바른 훈련이다. 그러나 그러한 훈련이 필요하더라도 그것을 통해서는 거기까지만 도달할 뿐이다. 셋째, **연합**union의 길이 있다. 이 단계에서 인식자와 피인식자는 연합하고, 영혼은 하나님과 교통하는 더없는 기쁨을 경험한다.

정화의 길

신비가의 길에서 첫 번째 단계는 정화다. 정화의 길을 가르친 첫 신비가들 중 하나는 『거룩한 등정의 사다리』 The Ladder of Divine Ascent, 은성를 쓴 요한 클리마쿠스 John Climacus, 약 579-약 649년였다.[13] 그는 열여섯 나이에 여러 수도원 공동체의 발상지인 시나이 산으로 갔다. 사람들이 계속해서 머물던, 기독교 세계에서 가장 오래된 수도원인 성 카테리나 수도원 St. Catherine's Monastery에서 여러 해를 보낸 후, 그는 수도원을 떠나 8킬로미터쯤 떨어진 톨라스 Tholas에서 은수자로 살았다. 그리고 대부분 은둔 생활을 하며 40년이 지난 후에 그 수도원의 대

성 카테리나 수도원

수도원장으로 선출되었다. 수도사들은 그를 제2의 모세로 여겼다. 그리고 동료 대수도원장 라이투의 요한John of Raithu의 요청으로 『거룩한 등정의 사다리』를 썼다. 라이투의 요한은 클리마쿠스에게 말했다. "당신이 옛 모세처럼 산에서 거룩한 이상 중에 본 것을 무지한 우리에게 말해 주십시오. 그것을 책에 써서 하나님이 쓰신 율법의 판인 것처럼 우리에게 보내 주십시오."[14] 요한 클리마쿠스는 처음에는 자신이 "아직 배우는 자들 가운데" 있다고 주장하면서 거절했다. 그러나 결국 수락했다.

요한의 '사다리'는 정화의 길을 아주 상세하게 설명한다. 책의 상당 부분에서 악덕의 문제를 다룬다. 예컨대, 다변에 대해 경고하는데, 다변은 "헛된 영광의 보좌로서 그 위에서 혀로 치장하고 드러내기를 좋아하는 것"이다.[15] 낙담이나 권태의 위험성을 언급하는데, 이것들은 "영혼의 무기력, 정신의 태만, 영적 훈련의 소홀, 서원에 대한 적의"로 이루어져 있다.[16] '위의 기만'인 탐식의 문제도 끄집어낸다. 충분히 채우고도 위는 "결핍에 대해 불평한다. 마구 먹어대고 채우면서도 위는 배가 고프다며 울부짖는다…적당히 먹었으면서도 모든 것을 한꺼번에 게걸스럽게 먹고 싶어 한다."[17]

'사다리'에서는 이러한 치명적 악덕을 정화하기 위해 아주 다양한 영적 훈련을 선정한다. 욕구를 억제하고 죄를 근절하기 위해 강력한 자기 부인을 요구하는데, 요한이 세상에 대한 집착—"돈과 소유, 가족 관계, 세속적 영광에 대한 관심과 걱정"—으로 인해 신자들이 영적 삶에서 성장을 이루지 못한다고 믿었기 때문이다. "이 모든 생각을 벗어 버리고 그런 것들에 개의치 않을 때, 그리스도께로 흔쾌히 돌아설 것이다."[18] '사다리'는 회개도 촉구한다. 회개는 "세례를 통한 갱신"으로 이어지고, "삶의 새로운 출발"과 순종, "의지의 매장지와 비천한 자의 부활을 제공한다." 한마디로 회개는 자신의 삶을 통제하려는 욕망을 억제한다.[19]

이러한 금욕 훈련으로 마음을 마비시키려는 것이 아니다. 『거룩한 등정의 사다리』에는 냉정한 요구가 포함되어 있다. "식욕의 억제, 밤샘 수고, 적정량의 물, 작은 분량의 빵, 불명예의 쓴 잔―이 모든 것이 좁은 길을 보여 줄 것이다."[20] 실패한다면 어떻게 되는가? 이 점에서 요한은 놀랍도록 친절하고 자비로워 보이는데, 실패했던 사람이 회복되면 약자를 도울 수 있기 때문이다.

> 그들이 어떤 함정에 굴러떨어지더라도, 어떤 덫에 걸리더라도, 어떤 질병으로 고통당하더라도, 건강을 회복한 다음에는 모든 사람에게 빛이 되고, 치료자이자 등불이며 안내자로 드러난다. 그들은 우리에게 모든 질병의 특징을 가르치고, 자신의 경험을 통해 잘못에 빠질지 모를 사람들을 구할 수 있다.[21]

그것이 곧 정화의 길로서, 하나님을 향한 신비주의적 상승의 시작을 나타낸다. 그러나 요한이 인식했듯이 정화가 목적은 아니다. 실제로 정화에는 그 자체의 위험과 한계가 있다. 우리가 정화에 속아 인간의 노력만으로 악덕을 극복하는 것이 가능하다고 생각할 수 있기 때문이다. 요한은 바로 이 점을 말하려고 익살스러운 사례를 든다. "우물에서 물을 길을 때 본의 아니게 개구리도 건져 올리는 일이 일어날 수 있다. 덕을 얻을 때 때로 자신도 모르게 덕과 뒤섞인 악덕에 연루되는 것을 발견할 수 있다."[22] 이에 현대의 신비가이자 수도사인 토머스 머튼은 단호히 경고한다. "그러나 우리가 잘못이라고 인식하는 잘못을 없애는 것은 상대적으로 간단하다. 그것 역시 굉장히 어려울 수도 있지만. 완전함과 내적 청결에 있어 결정적인 문제는 창조된 것들과 자신의 의지 및 욕망에 대한 모든 **무의식적** 집착을 포기하고 근절하는 것에 있다." 달리 말하면, 명백한 문제들에 관해서는 스스로를 정화하지만 교만 같은 더 깊은 문제에 관해서는 근절은 고사하고 아예 인식조차 못할 가능성이 있다. 우리 자신의 훈련은 준비에 불과하다. 하나님만이 마음의 가장 깊은 죄악들로부터 우리를 정화하실 수 있다. 때로 하나님은 어둠과 고난이라는 가장 끔찍한 것들을 사용하셔서 이 일을 이루신다. "우리는 건조하고 고난으로 가득한 밤에 직접적으로, 또는 사건이나 다른 사람들을 통해 우리 영혼 속에서 일하시는 하나님의 손에 주도권을 맡길 필요가 있다."[23]

조명의 길

정화의 길은 본질적으로 부정적이다. 우리 삶에서 씻어 내야 할 죄악들에 주의를 집중시켜 우리로 신비주의의 길에 들어서게 한다. 다음 단계는 조명으로, 우리로 하나님을 하나님으로 알고 하나님의 임재의 빛 안에서 살며 하나님의 영광을 바라볼 수 있게 한다. 여기서 요한 보나벤투라 John Bonaventure —13세기 프란체스코회 신학자이자 교회 지도자이며 신비가—에게 고개를 돌려 안내를 받지 않을 수 없다. 그가 조명의 길에 대해 저술을 많이 했기 때문이다. 1217년경 이탈리아의 반뇨레죠Bagnoregio에서 태어난 보나벤투라는 부유한 이탈리아 가정에서 성장했다. 열일곱 나이에 대학에서 공부하려고 파리로 향했다. 파리에서 프란체스코 운동에 접했는데, 프란체스코 운동은 설립1209년된 지 얼마 되지 않았지만 이미 수많은 사람을 그 운동으로 끌어들였다. 보나벤투라는 프란체스코회에 가입하여 프란체스코회의 위대한 학자 할레의 알렉산더 Alexander of Hales의 제자가 되었고, 마침내 신학 교수가 되었다. 1257년에는 프란체스코 수도회의 총회장으로 선출되었다. 그는 수도회의 조직 정비에 나섰고 회원들에게 학교에 출석하고 성 프란체스코의 정신을 존중하라고 촉구했다. 그는 아주 성공적이어서 "제2의 수도회 설립자"로 알려졌다. 1273년에는 추기경에 임명되었고, 그 자격으로 교황을 도와 주요 교회 협의회 하나를 준비했다. 1274년, 그 협의회에 참석하던 중 죽음을 맞았다.

보나벤투라는 교회 조직상의 책임을 수행하면서도 일급 신학자로 교회를 섬겼다. 가장 유명한 저서는 『하나님께 이르는 영혼의 여정』The Soul's Journey into God이다. 이 책을 쓰기에 앞서 그는 프란체스코가 '성흔'聖痕, 곧 그리스도의 상처를 선물받았던 라 베르나La Verna 산으로 순례의 길을 가기로 작정했다. 이 순례는 그에게 깊은 인상을 남겼다. 그는 『하나님께 이르는 영혼의 여정』 서론에서 이렇게 쓴다.

거기서 영혼이 하나님께로 올라가는 다양한 방법들에 대해 묵상하는 동안, 다른 무엇보다도 바로 이 자리에서 복된 프란체스코에게 일어났던 기적이 마음에 떠올랐다.…이에 대해 묵상하는 동안, 나는 이 이상이 [프란체스코가] 관상 중에 빠진 황홀경과 이 황홀경에 이르는 길을 나타내는 것임을 즉각 알았다.[24]

보나벤투라는 이상에서 깨어난 후, 지금은 영적 저작의 고전으로 통하는 『하나님께 이르는 영혼의 여정』을 썼다.

보나벤투라는 영혼은 일련의 단계를 거쳐 조명을 향해 나아간다고 주장했다. 무엇보다도 먼저, 우리 자신의 **바깥**을 볼 때 창조된 세계 속에서 조명이 온다. 거기서 '사물 그 자체'와 목적, 의미를 발견한다. 창조된 사물들은 그 자체를 넘어 하나님의 성품을 알려 주는 '자취'와 '상징' 역할을 한다. 프란체스코는 자연이 하나님의 위대하심과 사랑을 반영한다고 가르쳤다. 우리의 감각은 하나님 존재의 위대한 실재로 통하는 문처럼 기능을 하며, '근본적 실재'primordial reality로서 진리이며 아름다움이신 하나님을 보게 한다. 우리가 굳은 마음으로 거부하지만 않는다면, 창조 세계를 통하여 하나님을 바라보지 **않기란** 불가능하다. "그러므로 창조된 것들의 영광을 보고 계몽되지 않는 사람은 누구나 눈이 먼 것이고, 창조의 그러한 외침을 듣고 깨닫지 않는 사람은 누구나 귀가 먹은 것이며, 이 모든 결과로 인해 하나님을 찬양하지 않는 사람은 누구나 벙어리이고, 그러한 분명한 신호들을 보고도 제일원리를 발견하지 않는 사람은 누구나 바보다."[25]

둘째, 우리 자신의 **내면**을 볼 때 조명이 온다. 보나벤투라는 아우구스티누스를 따라 우리의 시선을 내면으로 돌릴 때 우리의 본성을 향한 일종의 삼위일체적 차원을 보게 된다고 주장했다. 우리의 기억, 이해, 의지는 모두 그 자체를 넘어 하나님의 삼위일체적 본성을 지향한다. 보나벤투라는 외쳤다. "그러므로 영혼이 하나님께 얼마나 가까운지, 그리고 어떤 작용을 통해서 기억이 영원을 향하고 이해가 진리를 향하며 선택의 능력이 지고선을 향하는지 보라." 내면을 향함으로써 그 실재가 인간의 영혼에 반영될 때 우리는 결국 삼위일체 하나님과 만난다.

마지막으로, 우리의 눈을 돌려 우리 **위에** 있는 것을 볼 때 조명이 온다. 디오니시우스가 가르친 대로, 우리 위에 있는 그것은 하나님의 존재와 하나님의 선하심에 대한 비전으로 이끈다. 하나님의 **존재**는 영원하고, 단순하고, 실제적이고, 독특하며, 하나이다. 하나님의 존재는 "가장 완전하고 가장 광대하며, 궁극적으로 하나이지만 모든 것을 내포한다."[26] 하나님의 **선하심**은 삼위일체의 완전한 공동체 속에서 그 자체를 드러내는 "자기 확산"self-diffusion으로 이루어져 있다. 여기서 우리는 구별과 일치, 다양성과 하나 됨, 완전한 사랑과 복을 본다. 이는 곧 하나님이 비추시는 순수한 빛이다. 그러나 우리는 그 빛을 직접 볼 수는 없다. 태양을 직접 보면 그 빛 때문에 우리의 눈이 멀게 되는 것처럼, 하나님의 빛 때문에 우리 영혼의 눈도 멀게 된다. 그러므로 하나님을 볼 수 있는 유일한 방법은 어둠 속에서다. 영혼은 "바로 이 어둠이 우리 정신의 최고 조명임을 깨닫지 못한다. 이는 눈으로 순수한 빛을 볼 때 그 자체보나벤투라, 『하나님께 이르는 영혼의 여정』

"우리의 정신이
그 바깥에서
하나님의 자취를 통하여 그리고 하나님의 자취 속에서
그 안에서
하나님의 형상을 통하여 그리고 하나님의 형상 안에서
그 위에서
우리 위에서 빛나는 하나님의 빛과 유사한 것을 통하여
그리고 그 빛 속에서
하나님을 바라본 후에,

이것이 나그네 된 우리의 상태에서
그리고 우리의 정신을 훈련함으로써 가능한 한,

마침내…우리의 정신이
최초 최고의 원리 속에서
그리고 하나님과 인간의 중보자이신
예수 그리스도 안에서
피조물 속에서는 그와 유사한 것을 찾을 수 없고
인간의 지성에 의한
모든 통찰을 능가하는 그런 것들을
관상하는 지점에 이를 때,

> 이제 우리의 지성은
> 이런 것들을 관상함으로써
> 이러한 감각의 세계뿐 아니라
> 그 자체마저도 초월하고 지나간다.
>
> 이렇게 지나갈 때
> 그리스도는 길이고 문이며,
> 그리스도는 사다리이고 수레다."

로는 아무것도 보지 못하는 것과 마찬가지다."[27] 이러한 조명은 완전한 무아경과 황홀경으로 이어지며, 영혼은 하나님께로 가서 하나님과 연합한다. 보나벤투라가 이 경험에 대해 설명할 때 디오니시우스로부터 많은 것들을 빌려온 것은 놀라운 일이 아니다.

그러나 디오니시우스와는 달리 보나벤투라는 자신의 신비주의 저술을 예수 그리스도로, 특히 그리스도의 수난으로 가득 채웠다.[28] 그리스도의 고난에 대한 그의 설명은 참으로 격조 높다.

> 하나님이 멸시를 받으심으로 당신이 영예를 얻을 수 있고, 채찍에 맞으심으로 당신이 위안을 받을 수 있으며, 십자가에 달리심으로 당신이 자유를 얻을 수 있다. 흠 없는 어린양이 도살당하심으로 당신이 먹을 수 있고, 창에 찔려 그분의 옆구리에서 물과 피가 나옴으로 당신이 마실 수 있다.…오, 나를 위하여 당신을 아끼지 않으신 주 예수 그리스도시여, 당신의 상처를 통하여 내 마음이 상하고 내 영이 당신

의 피에 취해 내가 어디로 가든 당신을 내 눈앞에서 십자가에 달리신 분으로 계속 받아들일 수 있고…당신 말고는 아무것도 발견할 수 없습니다.[29]

보나벤투라가 주장한 것처럼, 그리스도를 통하여 우리는 죄 씻음을 받고 하나님께로 회복되며 영적 삶의 진보를 이룰 힘을 얻는다. "그러므로 그리스도 안에서 인간의 본성을 취하는 진리가 사다리 되어 아담 안에서 깨어졌던 첫 번째 사다리를 회복하지 않았다면, 우리 영혼은 이 감각적인 것들에서 완전히 다시 살아나 영혼과 영원한 진리를 그 자체로 볼 수 없었을 것이다." 우리에게 믿음, 소망, 사랑, 본질상 관계적이고 그리스도 안에서 발견되는 모든 특성이 없다면 하나님을 아는 기쁨을 결코 맛볼 수 없을 것이다. 따라서 낙원에서 하나님을 즐기기 원한다면, "우리는 하나님과 인간 사이의 중보자이신 예수 그리스도를 향한 믿음, 소망, 사랑을 통해 들어가야 한다."[30] "그리스도의 위격의 통일성 안에서 하나님과 인간의 놀라운 연합"을 통해, 우리는 하나님이 주시는 구원의 선물을 받고 하나님을 하나님으로 본다.[31] 하나님과 인간이 만나는 지점은 예수 그리스도시고, 오직 예수 그리스도만 그 지점이 되실 수 있다.

연합의 길

조명은 하나님과의 연합으로 이어진다. 그렇다면 어떤 종류의 연합인가? 하나의 대안으로 **흡수 연합**union of absorption이 있을 수 있다. 이 경우 자아는 대양 속에 사라지는 물 한 방울처럼 신성 안에서 사라질 뿐이다. 하나님을 향한 영혼의 여정은 플로티누스가 이른 대로 "궁극적 단독자를 향한 단독자의 비행"이 된다. 물질과 영성, 시간과 영원, 자아와 신, 심지어 선과 악까지 모든 구별이 용해된다. 모든 것이 하나가 된다. 다른 대안으로 **관계 연합**union of relationship이 있다. 관계는 소통, 신뢰, 사랑을 의미한다. 관계를 통해 인격 간의 참된 친밀함이 가능하다. 그러한 연합에서는 자신과 타인, 사랑하는 자와 사랑받는 자의 구분이 유지된다. 하나님은 창조자이시고 우리는 피조물이다. 하나님은 구원자이시고 우리는 구원받은 자들이다. 하나님은 주님이시고 우리는 그분의 백성이다. 하나님은 계시하는 분이시고 우리는 그분에게서 계시를 받는 자들이다.

내 생각에, 가장 심오하고 유익한 그리스도인 신비가들은 이러한 관계의 연합을 지지한다. 그들은 인간의 육신 안에 있는 하나님의 자화상이신 예수 그리스도를 통해 하나님과 연합하는 것을 강조하기 때문이다. 예수 그리스도 안에서 우리는 하나님의 영광을 바라보고, 하나님의 고난을 보며, 하나님의 용서를 받고, 하나님의 사랑을 경험하고, 하나님을 알아간다. 마치 하나님이 바로 지금 계시는 것처럼 친밀하게 말이다. 예수 그리스도는 구원의 수단일 뿐 아니라 목적이자 하나님께 이르는 길이고 하나님에 대한 진리이고 하나님의 생명이다. 카를 바르트Karl Barth는 연합에 대해 이렇게 설명한다.

하나를 위해 다른 하나가 사라지거나 파괴되지 않는다. 그리스도는 여전히 주님으로서 말씀하시고 명령하시며 베푸시는 분으로 계신다. 그리고 그리스도인은 여전히 주의 종으로서 듣고 대답하며 받는 자로 존재한다. 양자는 교제하면서 각자의 기능과 역할을 혼동하거나 맞바꾸지도 전적으로 다른 개인을 버리지도 않으면서 참으로 자기 존재가 되며 또 실제로 자기 존재이다.[32]

요한복음

요한복음은 초월적인 우주의 하나님이 어떻게 예수 그리스도 안에서 자신을 영단번에 계시하셨는지 보여 준다. 하나님의 정체성의 신비—헬라 철학의 '**신의 말씀**'divine Word과 유대교의 '**나는 스스로 있는 자다**'I AM—는 성육신 안에서 구체적으로 드러난다.

> 말씀이 육신이 되어 우리 가운데 거하시매 우리가 그의 영광을 보니 아버지의 독생자의 영광이요 은혜와 진리가 충만하더라.…율법은 모세로 말미암아 주어진 것이요 은혜와 진리는 예수 그리스도로 말미암아 온 것이라. 본래 하나님을 본 사람이 없으되 아버지 품 속에 있는 독생하신 하나님이 나타내셨느니라. (요 1:14, 17-18)

요한은 인간 예수와 만남으로써 하나님과 만나게 된 사람들—평판이 나쁜 여자, 눈먼 자, 슬픔에 빠진 친구, 의심하는 제자—에 대한 이야기들을 전한다. 그들은 처음에 예수님이 단지 인간일 뿐이라고 생각한다. 그러나 이야기 막바지에 이르면 예수님이 인간을 훨씬 뛰어넘는 존재라고 고백한다. 그들이 보는 예수님은 인간의 육신 안에 계신 **하나님**이시기 때문에, 그들은 예수 그리스도 안에서 살아 계신 하나님을 만난다. 인간 예수님은 하나님의 말씀으로, 그리고 위대한 '스스로 있는 자'로 내보이신다. 그래서 사마리아 여인은 자기 친구들과 이웃들을 초대하여 "내가 행한 모든 것을…내게 말[한]" 사람을 만나 보라고 했다. 그들은 예수님을 만난 후 그녀에게 말했다. "이제 우리가 믿는 것은 네 말로 인함이 아니니 이는 우리가 친히 듣고 그가 참으로 세상의 구주신 줄 앎이라"(요 4:39, 42). 눈먼 것을 고침받은 한 남자는 심문하는 자들에게 말한다. "창세 이후로 맹인으로 난 자의 눈을 뜨게 하였다 함을 듣지 못하였으니 이 사람이 하나님께로부터 오지 아니하였으면 아무 일도 할 수 없으리이다"(요 9:32-33). 마르다는 나흘 동안 죽어 있던 오라버니 나사로가 일어나는 것을 통해 예수님이야말로 부활이고 생명이시므로, 그분을 믿으면 그 사람은 결코 죽지 않을 것임을 깨닫는다(요 11:25-26). 도마는 예수님의 상처에 손가락을 넣어 보고 나서, 무릎을 꿇으며 고백한다. "나의 주님이시요 나의 하나님이시니이다!"(요 20:28)

그러나 요한은 거기서 멈추지 않는다. 예수님이 하나님의 이름으로 자신을 언급하며 인용하실 때도 의심할 여지를 남기지 않는다. "내가 곧 생명의 떡이로다", "나는 세상의 빛이니", "나는 선한 목자라", "아브라함이 나기 전부터 내가 있느니라", "나와 아버지는 하나이니라."[33] 나사렛 예수는 육신이 된 말씀이시다. 그리고 언제나 그럴 것이다. 요한일서의 저자는 이렇게 말한다. "사랑하는 자들아 우리가 지금은 하나님의 자녀라. 장래에 어떻게 될지는 아직 나타나지 아니하였으나 그가 나타나시면 우리가 그와 같을 줄을 아는 것은 그의 참 모습 그대로 볼 것이기 때문이니"(요일 3:2).

클레르보의 베르나르두스

클레르보의 베르나르두스는 예수 그리스도가 관계의 연합을 가능하게 하신다고 믿었다. 이는 그가 개인적 경험과 여러 책 속에서 계속되는 탐구를 통해 깨달은 바다.[34] 베르나르두스1090-1153년는 상상력이 풍부하고 관대하며 매력적이고 열정적이고 때로 가차 없는 사람으로서, 아마도 12세기 유럽에서 가장 두드러지고 영향력 있는 교인이었을 것이다. 그는 클레르보에서 가장 중요한 수도원의 대수도원장으로 봉직하면서 수도원 개혁 운동인 시토회의 주요 지도자가 되었다. 그는 교부들을 연구했으며 교회의 예전을 사랑했다. 그는 성경을 아주 철저히 흡수함으로써, 그가 쓴 글은 성경과 함께 호흡을 같이할 정도였다.[35] 그는 또한 논란을 일으키기도 했다. 악명 높은 아벨라르두스Abelard를 포함하여 동시대인들과 계속 반목했고, 실패로 끝난 제2차 십자군 전쟁을 지원했다.[36] 끝으로, 그는 다작 작가였다. 아가서에 대해 쓴 86편의 설교는 아가서에 대한 우의적 해석의 기준이 되었다. 그 설교에서 그는 그리스도와 그리스도의 교회 간 사랑의 관계를 격찬했다. 그는 좋은 면에서는 물론 때로 나쁜 면에서도 거목이었다.

베르나르두스의 신비주의는 사랑—우리를 향한 하나님의 사랑과 하나님을 향한 우리의 사랑—으로 활기가 넘쳤다. 베르나르두스는 타락하고 무력하고 무가치한 사람들인 우리에게 하나님의 사랑이 필요하다고 믿었다. 베르나르두스는 자신에 대해 이렇게 말했다. "나는 쾌락적이고 호기심이 많다. 나는 야심이 많다. 내 발바닥부터 머리끝까지 어떤 부분도 이 세 가지 병폐로부터 자유롭지 않다."[37] 그러나 우리의 무가치함에도 불구하고 하나님은 우리를 사랑하시되, 열렬히 사랑하신다. "인간을 행복으로 이끄는 것은 비참함이 아니라 긍휼이다. 그럴 때 굴욕감은 겸손으로, 결핍은 강함으로 바뀐다."[38] 베르나르두스는 하나님의 사랑은 그에 대한 보답으로 우리 안에 하나님을 사랑할 욕구를 일으킨다고 주장했다.

그러나 하나님을 향한 우리의 사랑은 결코 완전하지 않다. 그 사랑은 점점 자라야 한다. 사실 우리가 제일 먼저 사랑의 충동을 느끼는 대상은 하나님이 아니다. 우리 자신이 초점이다. 우리가 자신을 위하여 스스로를 사랑할 때 가장 낮은 **첫 단계** 사랑을 드러낼 뿐이다. 연약하고 유한한 피조물로서 우리가 거의 배타적으로 자신을 생각하는 것은 자연스럽다. 우리는 우리의 필요와 욕구를 채우려고 아우성친다. 물론 하나님은 자비롭게도 섭리적 돌봄으로 채워 주신다. 그러나 우리는 이러한 선물로 만족하지 않는다. 그 이상의 무엇, 즉 하나님과의 교제를 원하기 때문이다. 그리하여 여전히 자신을 위해서긴 하지만 하나님을 사랑하는 **두 번째 단계** 사랑으로 넘어간다. 우리는 하나님이 우리에게 관심을 갖고 계시고 우리의 필요를 채우신다는 것을 깨닫고, 우리가 갈망하는 모든 것의 원천이신 하나님께 다가간다. 우리는 하나님을 사랑한다. 그러나 자신을 일차적인 동기와 관심으로 하는 그런 사랑이다. **세 번째 단계** 사랑에서는, 단순히 하나님이 우리에게 주시는 좋은 것들 때문이 아니라 그분의 선하심 때문에 하나님을 흠모한다. 우리는 하나님을 위해 하나님을 사랑한다. "하나님이 얼마나 놀라우신지 깨달아 알아갈 때 하나님과의 친밀함은 감미로워진다. 그리고 이러한 경험을 통해 하나님에 대한 우리의 사랑은 촉진되고 우리의 모든 필요를 초월한다."[39] 놀랍게도, 베르나르두스는 하나님을 향한 그러한 이타적 사랑이 최고 단계의 사랑은 아니라고 믿었다. 우리는 하나님을 위하여 우리 자신을 사랑할 때 **네 번째 단계** 사랑을 경험한다. 우리는 우리 안에서 회복되고 있는 하나님의 형상, 그리고 우리를 변화시키는 하나님의 완전함과 아름다움의 이미지를 품는다. 여기서 베르나르두스는 사랑하시는 분과 사랑받는 자, 생명을 주시는 분과 생명을 받는 자 사이에서 이루어지는 관계의 연합을 크게 기뻐한다. "공기가 햇빛으로 인해 빛나서 그 자체가 햇빛처럼 보이듯, 성인들도 그러하다. 그들의 인간적 사랑은 하나님 그분의 뜻으로 변화된다."[40]

우리는 예수 그리스도를 통하여 하나님의 사랑을 알고 경험한다. 로완 윌리엄스Rowan Williams는 베르나르두스의 신비주의에 대해 이렇게 쓴다. "모든 사랑은 깊은 감사에서 시작하므로, 하나님의 사랑도 하나님이 인류에게 주신 것들을 인정할 때 시작한다. 그리고 최대의 선물, 곧 하나님의 사랑이 드러난 최대의 표현은 성육하신 말씀이신 예수님이다."[41] 그래서 베르나르두스는 성경의 그리스도와 니케아 및 칼케돈의 그리스도, 전례의 그리스도, 실제로 완전하게 사셨고 순전하게 사랑하셨으며 세상의 죄를 위해 고난받으셨고 죽음 자체를 정복하신 그리스도를 경배했다. 하나님과의 참된 연합은 예수 그리스도를 알고 예배하며 누리고 사랑함에 있다.

노리치의 율리아나

신비가들이 다 유명한 남자만은 아니었다. 노리치(그녀의 교회 이름)의 율리아나로 알려진 이 여자는 후세를 위해 주옥같은 글을 남겼다. 중세 시대의 격동기에 태어난 율리아나약 1342-약 1420년는 살면서 흑사병, 프랑스와 잉글랜드의 백년전쟁을 비롯한 많은 재난을 목격했다.[42] 그녀의 초기 시절에 대

노리치의 율리아나

해서는 거의 알려진 것이 없다. 그녀가 쓴 글에 수도 생활에 대한 언급이 없는 것을 보면, 그녀는 아마도 평신도였을 것이다. 그리고 이십 대 초반에 여자 은자가 되었다. 이는 그녀가 한 교회에 속하고, 거의 전적으로 격리되어 살며, 공동체를 위해 기도하고, 찾아오는 사람들에게 영적 조언을 해 주어야 한다는 의미였다. 그녀의 처소에는 노리치의 교회에 인접한 여러 개의 방이 있었다. 성소를 향해 열린 창으로 그녀는 미사에 참석할 수 있었고, 바깥세상을 향

해 열린 다른 창으로는 노리치의 시민들에게 다가갈 수 있었다.[43] 그리고 사막 성자들과 달리, 엄격한 금욕주의를 실천하지는 않았다.[44] 그녀는 하인을 고용하여 도움을 받았고, 덕분에 기도와 조언을 하면서 나날을 보낼 수 있는 시간과 자유를 얻었다.

율리아나는 하나님께 세 가지 은사—그리스도의 고난에 대한 이해, 심한 육신의 질병, 그리고 "세 가지 상처"(진정한 회개, 사랑의 긍휼, 하나님을 향한 갈망)—를 구했다. 그녀는 고통을 경험함으로써 그리스도의 고난에 깊이 동참하고 자신과 세상을 향한 하나님의 큰 사랑에 대해 이해하리라 믿었다. 그녀의 기도는 나이 서른이 되어 중병에 걸렸을 때 응답받았다. 그녀는 3일 동안 사경을 헤맸다. 한 사제의 영적 인도를 받아, 십자가 발치에 앉아 십자가형의 고뇌를 목격하듯 그리스도의 고통을 묵상했다. 그녀는 회복된 후에 열여섯 개의 '계시'showings를 받았는데, 그 짜임이 아주 느슨하긴 하지만 전부 그리스도의 고난과 연관되었다. 예를 들어, 가시 면류관의 의미에 초점을 맞춘 '계시'가 있는가 하면, 천국의 경이에 초점을 맞춘 것, 인간을 향한 하나님의 순전한 사랑에 초점을 맞춘 것도 있었다.

율리아나는 하나님이 주도권을 잡으시고 우리와 관계를 설정하신다고 믿었는데, 하나님의 주도권은 우리를 향한 하나님의 깊은 갈망에서 나왔다. 하나님은 세상을 창조하심으로써 그 갈망을 드러내셨다. 가장 보잘것없는 것이라 해도 세상을 향한 하나님의 사랑과 관심을 반영한다. 율리아나는 환상 중에 '개암만 한' 작은 것을 눈여겨보았다. 그녀는 그것이 무엇일지, 무슨 의미가 있을지 궁

> 노리치의 율리아나, 『하나님 사랑의 계시』 *Showings*
>
> "나는 하나님 안에서 모두 목적이 같은 세 종류의 갈망을 보았다. 그리고 우리 안에도 같은 권능에서 나오고 목적이 같은 동일한 갈망이 있다. 첫째, 하나님은 우리를 가르쳐 언제나 더욱더 하나님을 알고 사랑하게 되기를 갈망하시기 때문이다. 우리에게 적합하고 유익하도록 말이다. 둘째, 하나님은 영혼들이 고통에서 빠져나와 천국으로 가듯, 우리를 양육하여 지복至福으로 이끌어 가고 싶어 하신다. 셋째, 하나님은 우리를 지복으로 채우시는데, 이는 마지막 날에 성취되어 영원히 지속될 것이다. 믿음 안에서 알게 된 바를 보았으니, 곧 그날에 구원받을 사람들에게서 고통과 슬픔이 끝날 것이다. 그리고 우리는 천국에서 영혼들이 이미 갖고 있던 동일한 지복을 받을 뿐 아니라 새로운 지복을 받을 것이다. 그것은 하나님으로부터 우리에게 풍성하게 넘쳐흘러 우리를 가득 채울 것이다."

금했다. "그것은 창조된 모든 것이다. 너무 작아서 갑자기 없어질 수 있을 거라 생각했기에, 그것이 존속할 수 있다는 것이 놀라웠다.…[그러나] 그것은 지금도 존재하고 앞으로도 존속할 것이다. 하나님이 그것을 사랑하시고, 모든 것은 하나님의 사랑을 통해 존재하기 때문이다."[45] 하나님은 예수 그리스도로 우리에게 오심으로써 그와 같은 갈망을 표현하셨다. 예수 그리스도는 우리를 위하여 수난을 당하심으로써 타락으로 훼손된 것을 고치고 깨어진 관계를 회복하기 위해 어디까지 가셨는지 입증하셨다.

율리아나는 베르나르두스와 같이 흡수 연합이 아니라 관계 연합을 긍정했다. 하나님과 우리는 서로 다른 존재다. 우리는 사랑의 관계 속에서 하나님을 안다. 하나님은 그 관계를 시작하시고 유지하시며 완성하신다.

이 일을 통해 네 주님이 뜻하신 것이 무엇인지 알고 싶은가? 잘 알아두라. 그분의 뜻은 사랑이었음을. 누가 너에게 그것을 계시하는가? 사랑이다. 그가 너에게 무엇을 계시하는가? 사랑이다. 왜 그가 너에게 그것을 계시하는가? 사랑 때문이다. 여기에 머물라. 그러면 너는 같은 것을 더 많이 알 것이다. 그러나 나 없이 네가 달리 알 수 있는 것은 없을 것이다.[46]

율리아나는 이러한 친밀한 관계를 맛보았다. 그녀는 자신이 사랑받았음을 알았기에 자신감이 넘쳤고 안전하고 평온하다고 느꼈다. 회의, 의문, 죄, 고통, 고난 속에서도 하나님이 몇 번이고 말씀하시는 것을 들었다. "나는 만사를 형통하게 할 수 있고, 만사를 형통하게 할 능력이 있으며, 만사를 형통하게 할 것이며, 반드시 그렇게 할 것이다. 그러므로 너는 모든 일이 형통해지는 것을 볼 것이다."[47] 하나님에 대한 그녀의 시각은 어둠으로 가려지거나 무지의 구름 속에서 흐릿해지지 않았고, 예수 그리스도의 사랑스런 얼굴로 빛났다. 예수 그리스도는 그녀가 하나님의 아들이자 구원자이며 주님으로 사랑하며 화답했던 분이다. 그래서 『계시』의 마지막 문장은 다음과 같다. "이루 말로 표현할 수 없는 하나님 사랑의 숭고하고 놀라운 계시는 여기서 끝난다. 하나님이 사랑하시는 자에게 허락된 예수 그리스도 안에서, 그리고 하나님이 사랑하시는 모든 친구들과 사랑하는 자들에게 허락된 그녀 안에서 말이다. 그들의 마음은 그녀의 마음처럼 우리가 극진히 사랑하는 예수님의 사랑 안에서 불타오른다."[48]

기도의 길

이러한 관계의 연합이 가능하다면, 우리는 어떻게 그것을 삶의 양식으로 경험할 수 있겠는가? 미래의 어떤 날이 아니라 바로 오늘 말이다. 하나님의 선하심이라는 빛 속에서 살 때가 아니라, 이 세상의 어둠 속에서 몸부림치는 동안 말이다. 기도의 훈련을 통해서 가능하다. 율리아나는 하나님이 우리에게 기도하라고 촉구하신다고 주장했다. 기도는 한마디로 예수 그리스도 안에서 듣는 하나님의 선재적 부르심에 대한 인간의 반응이다. 하나님이 우리에게 말씀하셨고, 하나님의 음성은 우리의 영혼 속에서 메아리처럼 울려 퍼진다. 하나님의 목소리를 들을 때 우리는 응답하고 싶어진다. 율리아나는 마치 하나님이 말씀하시는 것처럼, "나는 네가 하는 간청의 근거다"라고 썼다. "첫째, 네가 그것을 가지는 것이 나의 뜻이고, 그래서 너로 하여금 그것을 원하게 했고, 간청하게 했다. 만일 네가 그것을 간청한다면, 어찌 네가 간청한 것을 가질 수 없겠느냐?"[49] 기도는 어둠 속으로 완전히 뛰어드는 것이 아니다. 기독교 신앙에서는 텅 빈, 이름 없는 허공에 대고 말하듯 기도하는 것이 아니라고 가르친다. 하나님이 예수 그리스도 안에서 자신을 알려 주셨기 때문에, 우리는 우리가 알고 있는 하나님께 기도한다. 우리는 예수님 안에서 하나님의 얼굴을 본다. 하나님은 가난한 자를 돌보시고, 쫓겨난 자를 사랑하시고, 죄인을 용서하시고, 교만한 자를 심판하시고, 우리의 인간성을 이해하신다. 예수 그리스도는 하나님을 이해하기 쉽게 설명해 주실 뿐 아니라 기도에 대해서도 그렇게 해 주신다. 하나님은 기도를 가장 인간적이고 일상적인 활동으로 바꾸신다.

기도에 대한 가장 자연스럽고 익숙한 표현은 청원이다. 주의 기도는 완전한 본이 된다. "아버지의 나라가 오게 하시며, 아버지의 뜻이 하늘에서와 같이 땅에서도 이루어지게 하소서", "오늘 우리에게 일용할 양식을 주시고", "우리가 우리에게 잘못한 사람을 용서하여 준 것같이 우리 죄를 용서하여 주시고", "우리를 시험에 빠지지 않게 하시고, 악에서 구하소서." 이것은 일상생활을 다루는 실제적 기도다. 그러므로 최선의 기도는 단순히 삶의 장엄한 모든 일상성 속에서 하루하루 살아가면서 삶에 대해 하나님과 나누는 대화를 연장하는 것이다. 삶의 일상은 어떻게 기도하는지 배우는 큰 기회가 되고, 세상은 우리에게 기도하는 법을 가르치는 실험실이 된다.

청원 기도와 관련하여 마술적인 것은 아무것도 없다. 청원 기도에는 우리의 삶 속에서 하나님이 적극적으로 활동하시도록 초대하는 것 외에는 아무것도 없다. 잠시 동안 평범한 하루에 일어나는 일의 무게에 대해 깊이 생각해 본다면, 우리는 깊은 무력감과 연약함에 압도될 것이다. 완전한 절망 가운데 하나님께 부르짖을 것이다. 하나님의 도움 없이, 우리 가운데 어느 누가 세계의 문제들을 해결하는 것은 고사하고, 자녀를 키우거나 훌륭한 결혼 생활을 하고, 활기차고 정직하게 일하고, 위기에서 살아남고, 궁핍한 이웃을 돌보는 것을 생각이나 할 수 있겠는가? 우리가 느끼든 그렇지 않든 우리에게는 하나님이 필요하고, 의식하든 그렇지 않든 우리는 하나님 알기를 갈망한다. 율리아나는 다시 한 번 마치 하나님이 그녀를 통해 말씀하시는 것처럼 썼다. "전심으로 기도하라. 아무것도 느껴지지 않을지 몰라도, 아무것도 보이지 않을지라도, 그리고 분명 건조하고 황폐하며 병들고 연약하여 네가 할 수 없으리라 생각되더라도, 바로 그럴 때 하는 너의 기도가 나를 가장 기쁘게 한다. 그 기도가 네게는 거의 아무런 맛도 없다고 생각하겠지만 말이다. 내가 보기에는 그 기도야말로 너의 살아 있는 기도다."[50]

반면, 또 다른 종류의 기도가 있다. 이것은 우리에게는 덜 익숙하지만 신비주의 영성에는 훨씬 더 핵심적이다. 관상 혹은 무언의 기도로서, 어둠과 침묵, 하나님의 주권과 아름다움과 순전함에 대한 깊은 인식으로부터 나온다. 토머스 머튼은 이와 같은 기도에 대해 이렇게 쓴다. "관상은 우리 안에 있는 생명과 존재가 보이지 않고 초월적이며 무한히 풍부하신 근원으로부터 나온다는 그 사실을 생생하게 깨닫는 것이다. 관상은 무엇보다도 근원의 실재를 인식하는 것이다." 대부분의 신비가들처럼 머튼 역시 관상 기도는 우리가 언어나 운동을 배우는 것과 같은 방식으로 숙달할 수 있는 영적 기술이나 지적 연습 또는 자연적 과정이 아니라고 믿었다. "그것은 우리 자신이 노력하여 얻는 열매가 아니다. 긍휼하심으로 우리의 정신과 마음을 밝혀 주심으로써 숨어 있고 신비로운 창조의 일을 우리 안에서 완성하시는 하나님의 선물이다."[51]

실제로 신비가들은 관상은 노력이 아니라 어둠을 통한 길이라고 주장한다. 가톨릭 신비주의 작가인 십자가의 요한 John of the Cross 은 이러한 어둠의 길을 탁월한 통찰력으로 설명했다. 요한1542-1591년은 비록 귀족 집안 출신이긴 하지만 상대적으로 가난하게 성장했다. 수도 서원을 한 후에는 아빌라의 테레사 Teresa of Ávila를 도와 수도원 갱신 운동인 맨발의 카르멜회 Discalced Carmelites를 설립했다. 요한은 『가르멜의 산길』Ascent of Mount Carmel, 바오로딸과 『어둔 밤』Dark Night of the Soul, 바오로딸을 비롯하여 영성에 대한 책 여러 권을 썼다. 이 책에서 요한은 영적 생활의 가장 큰 적은 그 자체로는 제아무리 좋은 것이라 할지라도 하나님으로부터 멀어지게 하는 것들에 집착하는 우리의 본성이라고 주장했다. 놀랍게도, 심지어 종교 의식, 훈련, 신앙조차도 영적 생활에는 부정적 영향을 미칠 수 있다고 했다. "그러므로 마찬가지로 다른 어떤 것이든 그것을 사랑하는 영혼은 하나님과의 순전한 연합과 하나님 안에서의 변화를 감당할 수 없게 된다. 가장 낮은 피조물이 가장 높으신 창조자와 연합한다는 것은 어둠이 빛과 함께하는 것보다도 훨씬 더 어렵기 때문이다."[52] 그러므로 요한은 이러한 집착으로부터 멀어지기 위해서는 "감각의 어두운 밤"과 "영혼의 어두운 밤"을 통과해야 한다고 가르쳤다. 그런 어두운 밤을 통과하여 우리는 이러한 집착으로부터 단절하고 우리가 연합하기를 갈망하는 하나님을 향해 나아갈 수 있을 것이다. 요한은 하나님이 신자들 속에서 이것을 이루시기 위해 무엇을 하시는지 설명하면서 다음과 같이 썼다.

> 그분은 영적이고 감각적인 그리고 외적이고 내적인 그들의 능력과 애착과 감정을 벗겨 내시고, 이해를 어둡게 하고 의지를 메마르게 하고 기억을 텅 비게 하고 애착을 가장 깊은 고통과 괴로움과 속박 속에 두시면서, 영혼이 이전에 누렸던 영적 복의 기쁨과 경험을 거두어 가심으로써…영의 영다운 형태가 영혼 안에 도입되고 영혼과 연합하게 하시는데, 이는 곧 사랑의 연합이다.[53]

그러므로 우리는 인간의 노력만으로는 하나님과의 연합에 이를 수 없다. 그렇다고 전적으로 수동적일 필요는 없다. 예컨대, 우리는 하나님이 우리 안에서 심오한 일을 하실 때, 날마다 스스로를 하나님께 복종시킬 수 있다. 금식과 명상 같은 영적 훈련을 실천할 수도 있다. 또한 어둠의 시기를 통과할 때 하나님이 우리를 버리지 않으셨고 사실은 더 친밀한 교통 속으로 이끄신다는 것을 신뢰할 수 있다. 마지막으로, 기도하며 침묵하는 가운데 기다리는 법을 배울 수 있다. 시편 기자는 이렇게 쓴다. "나의 영혼아 잠잠히 하나님만 바라라. 무릇 나의 소망이 그로부터 나오는도다. 오직 그만이 나의 반석이시요 나의 구원이시요 나의 요새이시니 내가 흔들리지 아니하리로다. 나의 구원과 영광이 하나님께 있음이여 내 힘의 반석과 피난처도 하나님께 있도다"(시 62:5-7).

침묵 기도는 자연스러운 것이 아니다. 침묵 기도를 하려고 할 때, 우리의 생각이 얼마나 시시하고 피상적인지, 우리의 세상이 얼마나 시끄러운지, 우리가 하나님 임재의 실재에 얼마나 무심한지 여실히 드러난다. 신비가들은 이러한 산만함을 기도로 전환하라고, 성경 말씀 한 줄을 계속 되풀이함으로써 영혼을 고요하게 하고 우리 생각을 하나님께 향하게 하라고 촉구한다. "주 예수 그리스도, 하나님의 아들이여, 이 죄인을 불쌍히 여기소서", "주님은 나의 목자이십니다", "나의 주여 나의 하나님이시여!", "제가 믿사오니, 저의 믿음 없음을 도우소서", "제가 침묵 가운데 하나님만을 기다립니다." 시간과 연습이 필요하다. 물론 그렇게 하더라도 지속적인 연습으로는 충분하지 않음을 깨달을 것이다. 오직 하나님만이 자신을 우리에게 알려 주실 수 있다. 그러므로 관상 기도는 수단이자 목적이다. 관상 기도는 우리가 연습하는 훈련이자, 우리가 받는 선물이다. 이러한—무언의, 침묵하는, 인내하는, 확신하는, 확고한—기도는 우리를 비우고 채울 것이고, 우리를 깨트리고 회복할 것이고, 우리를 어둠 가운데 던져 넣었다가 빛으로 끌어낼 것이고, 창조를 통해 아는 하나님으로부터 우리를 떼어 내어 그리스도 안에서 아는 하나님과 연합할 수 있게 할 것이다. 이로써 우리는 우리 영혼이 진실로 갈망하는 하나님과의 연합을 경험할 수 있을 것이다.[54]

실천

- 시편 62:1-8, 마태복음 6:5-15, 로마서 8:26-27을 읽으라.
- 주기도문으로 기도하면서 한 주를 보내되 청원 기도 하나하나에 주목하라. 각각의 청원 기도를 반복한 다음 해당 청원 기도에 비추어 더 구체적으로 기도하라. 예컨대, 이미 일용할 양식이 있을 때 '일용할 양식'을 구하는 것은 어떤 의미인가? 우리를 시험에 들지 말게 해 달라고 하나님께 기도하는 것은 어떤 의미인가?
- 아침과 저녁에 침묵 기도를 하면서 두 번째 주를 보내라. 조용한 곳에 앉아서 영혼을 고요하게 하라. 분명히 산만한 마음이 일어날 텐데, 그러면 그것을 기도의 형식으로 하나님께 드리라. "제가 침묵 가운데 하나님만을 기다립니다"와 같은 구절을 반복하라.
- 성령께 당신을 위해 말할 수 없는 탄식으로 개입해 달라고 간구하라. 하나님의 은혜 안에서 쉬는 법을 배우라.

8. 일상성
: 중세 평신도의 영성

또 무엇을 하든지 말에나 일에나
다 주 예수의 이름으로 하고
그를 힘입어 하나님 아버지께 감사하라.
(골로새서 3:17)

모든 세대마다 다른 사람들에 비해 특히 부각되는 소수 그리스도인들이 있기 마련인 것 같다. 그들이 보인 용기, 희생, 비범한 업적으로 인해 특별히 칭송할 만한 사람으로 구별되는데, 이것이 교회가 그들을 성자라 부르는 이유다. 교회는 2천 년 동안 공식·비공식적으로 그렇게 해 오고 있다. 이 책에서는 이미 그들의 이야기 중 몇몇을 소개했다. 그들의 이름—페르페투아, 안토니우스, 아우구스티누스, 베네딕투스, 베르나르두스, 토마스 아퀴나스—은 그리스도인 영웅들을 모아 놓은 명사 인명록처럼 읽힌다. 나는 학생들에게 이들 성자의 이야기를 해 주는 것을 좋아한다. 학생들은 그들에게 현혹되지는 않지만 매혹을 느낀다. 그러나 그다음 이런 일도 늘 일어난다. 어떤 학생이 대뜸 묻는다. "그래서 어쩌란 말인가요?" 그런 단순하고 노골적인 질문을 통해 토론은 다른 방향으로 흘러간다. 학생들이 성자 **문제**에 대해 깊이 생각하기 시작하는 것이다. 과연 누가 이런 비범한 사람들을 따라 할 수 있겠는가? 우리들 대부분은 순교를 당하거나, 사막에서 금욕자로 살거나, 주교로 섬기거나, 선교사가 되어 저 먼 곳으로 가지는 **않을** 것이다. 보통 사람도 참된 제자가 되는 것이 가능한가?

평신도의 세계

이런 이유로 나는 '성자'의 수준에 이르지 못한 사람들에게 초점을 맞춘, 중세 후기 평신도의 영성에 대한 장을 쓰기로 했다. 결국 대부분의 그리스도인들은 교회에 출석하고 결혼하고 집을 사고 가족을 양육하고 정기적인 직업을 갖고 일을 하면서 보통 사람으로 산다. 놀랍게도, 교회는 종종 이런 대다수 사람들의 필요와 관심을 다루지 못했다. **종교적** 관심—교회 건물, 교회 위원회, 교회 프로그램과 활동—에 시간과 힘을 아주 많이 기울임으로써 **세속** 세계는 순전히 무시당하는 고통을 겪는다. 그러나 그 세계야말로 그리스도인들이 대부분의 시간을 보내는 곳이다. 기독교 신앙이 어떤 영향이라도 미치려고 한다면, 신자들이 세속 세계에서 어떻게 사는지 다루어야 한다. 보통 사람들은 교회에 있지 **않을** 때 예수님의 제자로 사는 법을 배워야 한다. 아마도 새로운 범주의 성자, 곧 은행원, 교사, 건설 노동자, 예술가로 일하면서 그리스도를 위해 열정적으로 사는 '세속' 성자 secular saint가 필요할 것이다.

    기독교 역사를 통해, 우리는 보통 사람들의 필요, 이익, 관심이 진지하게 다루어질 때 기독교 운동이 번성한 것을 배울 수 있다.

초대교회는 오늘날 서구 교회가 누리는 물질 자원과 문화 혜택이 거의 없었지만, 모든 사람에게 호소력과 매력이 있었기 때문에 매우 신속히 로마 세계 전역으로 퍼졌다. 2, 3세기에 교회는 역경 속에서도 계속 성장했는데, 보통 그리스도인들이 효과적인 증인이었기 때문이다. 그들은 거의 모든 영역에서 로마 사회에 침투했다. 2세기의 변증가 테르툴리아누스는 보통 그리스도인들이 했던 섬세하고 효과적인 증거를 언급하면서 다음과 같이 썼다. "우리에게도 당신처럼 같은 종류의 삶이 있고…공공 광장과 시장에서 벗어나지 않은 채, 목욕탕과 상점과 부티크와 여관과 다른 모든 영업장을 버리지 않은 채 당신과 함께 이 세상 속에서 산다." 테르툴리아누스는 기독교가 로마의 무대에 이제 겨우 등장했을 뿐이지만 일종의 전염병처럼 로마인의 거의 모든 생활 영역에 침투하고 사람들을 개종시키면서 벌써 신속하게 퍼지고 있었다고 풍자했다. "우리는 겨우 어제 도착했지만 이미 당신들의 모든 것은 물론 온 땅을 채우고 있다. 도시, 마을, 자치시, 추수 밭은 물론 심지어 병영, 부족, 의회, 궁궐, 원로원까지 말이다."[1]

이 운동은 억압하기 어려운 것으로 밝혀졌는데, 비지배 계층이 매우 성공적으로 기독교의 메시지를 퍼트렸기 때문이다. 로마 관리들은 아예 심지를 잘라 기독교를 근절하려고 주요 지도자들을 박해의 목표로 삼았다. 지배 계층을 공격하면 문제를 말끔히 제거할 수 있을 것이라 생각했던 것이다. 그러나 이런 전략은 효과가 없음이 밝혀졌다. 그들은 기독교가 다른 종류의 종교라는 것, 곧 공식적으로는 덜 종교적이었지만 문화적으로는 더 영향력 있는 종교라는 사실을 깨닫지 못했다. 기독교는 적어도 이방 종교와 같은 방식으로는 전혀 '종교적'이지 않았다. 이방 종교에서는 대부분 종교적 관행을 신전, 신사, 종교 휴일에 배타적으로 국한시켰으니 말이다. 이로 인해 기독교 운동을 감시하고 통제하기는 더 어려워졌지만, 기독교 운동 자체는 더 탄력적이고 적응력이 좋고 효과적이 되었다. 테르툴리아누스가 언급한 대로, 기독교 운동은 한 사람에게서 다음 사람으로 퍼지는 전염병과 같았다. 로마는 이 질병의 확산을 통제하기 원했다. 로마는 해독제가 없자 더욱 눈에 띄는 보균자들을 검역하려고 했다. 그러나 가장 영향력 있는 보균자는 지도자들이 아니라 평신도들이었음이 드러났다. 그래서 기독교 신앙은 계속해서 번성했다. 로마는 기독교 신앙이 어떻게 일어났는지, 왜 주의를 끄는지, 혹은 어떤 사람들이 관여되었는지조차 알 수 없었다. 기독교 운동은 보통 사람들의 사역을 통하여 비범한 영향력을 발휘하게 되었다.

중세의 계급제

콘스탄티누스가 주후 312년에 권력을 잡은 후 기독교는 계속해서 수적으로 성장했다. 보통 교인들 사이에 신앙의 성숙을 돌보는 능력이 커지면서 성장률까지 증가했다. 그러나 5세기에 들어서자, 이러한 순탄한 성장도 제국의 서쪽 절반에서만큼은 끝이 났다. 부족 집단들이 로마 세계의 많은 부분을 휩쓸고 정착을 위해 영토를 나누었다. 결과는 치명적이었다. 제국의 부는 감소했고, 교육도 부실

해졌으며, 세계주의적 성격도 줄어들었고, 안정성도 약화되었다(로마 백성들이 종종 놀라울 정도로 근면하고 기업가적이며 독창적임을 보여 주긴 했지만). 제국이 붕괴되자, 도처에서 분열이 일어나던 세계에 교회와 수도원이 가장 안정적인 기관으로 등장했다.

수도자들과 성직자들은 당대의 종교 세계를 지배했다.[2] 중세 사회는 중세 계급제 속에서 사람 각각의 계급에 가치를 매겼다. 보통 신자들 혹은 이른바 '평신도'는 자녀 양육이나 농사와 같은 세속적 일을 하면서 대부분의 시간을 보냈기 때문에 가장 낮은 지위에 있었다. 성직자는 교회를 섬기긴 했지만 세상 속에서 살아야 했기 때문에 중간 지위에 있는 '세속인'seculars이었다. 다음으로 '종교인'(수도자와 수녀)은 세상에서 떨어져 살면서 예배와 기도로 나날을 보냈기 때문에 가장 높은 지위에 있었다. 유명한 대수도원장인 플뢰리의 아보Abbo of Fleury는 11세기 중반에 쓴 글에서 이렇게 세 층위로 된 신자 계급을 설명했다. "우리는 그리스도인 남녀 모두에게 이른바 세 가지 계급과 세 가지 단계가 있음을 알고 있다. 셋 가운데 죄 없는 이는 아무도 없지만, 첫째는 선하고 둘째는 더 나으며 셋째는 탁월하다.…첫째는 평신도 계급이고 둘째는 성직자 계급이며 셋째는 수도자 계급이다." 아보는 여러 이유로 평신도를 사회 체계의 밑바닥에 두었다. 평신도가 결혼을 하고 자녀를 가진다는 것이 하나의 이유였는데, 아보는 이를 인간의 연약함에 굴복하는 것으로 간주했다. "결혼 상태는, 남자가 육신의 연약함으로 인해 유혹이 가장 강력한 나이에 더 나쁜 상황에 빠지지 않게 할 목적으로 허용되었다." 평신도가 전적으로 수도자 같은 삶을 사는

데 전념한다면 훨씬 좋았을 테지만, 그것이 언제나 가능하지는 않았다.[3]

평신도는 자신의 구원을 위해 수도자들에게 의존했다. 909년에 시작된 수도원 갱신 운동 클뤼니의 지도자들은 사회적 계급 중에서 수도자들이 구원을 확신할 수 있는 하나의—그리고 유일한—집단이라고 믿었는데, 그들만이 세상의 악으로부터 떨어질 자유와 기회를 갖고 전적으로 하나님을 추구하는 데 전념할 수 있었기 때문이다. 사실상 수도원 밖에 사는 사람들은 과연 구원받을 수 있는지 의문이었다. 그러므로 "그리스도께로 회심한 것에 대해 전심을 다하기 원하는 사람들에게 유일하게 인정된 희망은 수도자나 수사 신부가 되어 세상에서 벌어지는 혼란과 삶에서 아주 물러나는 것이었다."[4] 그러나 다행스럽게도 평신도들은 수도 훈련을 아주 가치 있는 것으로 여겼으므로, 영적 노력의 일환으로 수도자들을 지원하고 수도자들에게 중보를 요청하면서 수도 생활을 통해 유익을 얻을 수 있었다. 그러므로 클뤼니의 수도자들은 평신도들의 유익을 위하여 실천한 중보 기도의 대가가 되었다. 역사가 앙드레 보쉐André Vauchez는 다음과 같이 결론지었다. "봉건 시대 사람들은 자신이 죄인이며 평신도의 처지로는 바라기는 해도 죄를 피할 수는 없다고 확신하면서, 영적인 일을 맡는 전문가들인 지배 계층에 구원의 과제를 위임했고, 그러면 전문가들은 사회 전체의 유익을 위하여 그 의무를 수행했다."[5]

중세의 평신도

그러나 중세 시대 말기 1200-1450년에 유럽의 상황은 변하기 시작했다. 평신도들이 교회에서 눈에 띄고 영향력 있는 세력으로 아주 서서히 등장한 것이 바로 이 시기였다. 평신도들은 더 교육을 받고 더 도시적이고 더 부유하고 더 여행하고 더 세련되어져 갔다. 그들은 세속 세계, 곧 모두가 수도 서원을 위해 포기하지는 않을 그런 세계 속에서 영적 삶을 살아야 하기 때문에 삶을 다룰 더 견고한 영적 삶을 추구했다. 평신도들이 원했던 것은 그리스도인의 삶의 새로운 모델, 곧 교회와 수도원 바깥의 삶에 더욱 적실한 모델이었다. 시간이 흐르면서 평신도들의 필요로 인해 교회는 스스로를 위해 새로운 과정, 즉 세속 세계를 하나님의 정당한 영역으로 받아들이는 과정을 밟았다.

중세 후기에 등장한 이윤 경제도 이러한 상황 변화에 기여했다. 이로써 의미 있는 경제적 확장이 이루어지면서 중세 시대에 전에는 볼 수 없었던 새로운 계급의 사람들, 곧 중산 계급이 대거 출현하였기 때문이다. 도시가 새로운 경제 작동의 중심지가 되었다. 도시 속에서 사람들은 봉건 사회에서는 현실적으로 몰랐던 일들을 수행했는데, 그들 가운데 일부는 실제로 아무것도 **생산하지 않**으면서도 돈을 벌었다. 그들은 돈을 빌리고 빌려주며, 상품을 거래하고, 계약서를 쓰고, 공정 가격을 결정하고, 이윤을 위해 경쟁하고, 이윤 경제가 제공하는 기회에서 이득을 얻기에 열심인 젊은이들을 교육했다. 도시와 상인 단체, 대학이 새로운 유럽에서 지배적

사회 기관이 되어 점차 수도원을 대신했다.[6]

예컨대, 남프랑스에 사는 포도주 양조 업자는 불과 한 세기 전만 해도 대체로 막혀 있던 기회를 누렸다. 자기가 사는 땅과 기후에 가장 적합한 특수 품종의 포도를 재배하는 것이 가능해졌다. 여러 세대 동안 가족들이 해 오던 대로 기본 생필품이라 여기는 것들을 계속 만들고 재배하며 생산할 수도 있었지만, 지역 시장이나 특별한 장에서 필요한 것들을—심지어 원하는 것들도—구매함으로써 자신의 수고를 덜 수도 있었다. 포도주를 거룻배에 싣고 거리가 먼 도시에 가서 팔아 이익을 낼 수 있었는데, 주로 상인의 용역을 이용하여 포도주를 수송하고 거래를 처리했다. 그런 다음 돈으로 잉글랜드에서 양모를, 독일에서 도구를, 중국에서 비단을, 또 인도에서 향신료를 살 수 있었다. 생산을 확장할 수도 있었는데, 지역 은행에서 돈을 빌려 땅을 더 많이 사고 포도를 더 많이 심어 통수를 늘리며 포도주 병을 더 많이 선적하여 돈을 더 많이 벌어들일 수 있었다. 자기 아들들이 가업을 이을 것이라고 생각하기보다는, 파리에 있는 대학에 보내 교양 과정을 공부해서 법률이나 의학, 신학 분야의 직업을 위한 준비를 시킬 수도 있었다. 반면 아들들은 도시에 머물면서 아버지와 할아버지가 전혀 꿈조차 꾸지 못했던 직업을 추구할 수도 있었다.

이러한 새로운 계급의 사람들은 도시에서의 삶, 세상 속에서의 일, 출세와 성공 추구에 적실한 영적 경험을 추구했다. 그렇다고 그들이 13세기에 이르기까지 중세를 지배했던 전통적 영성을 거부했던 것은 아니다. 계속 성례전을 받았고 성인의 유물을 숭배했으며 순례를 떠났고 성인들의 전기를 읽었고 다양한 의식들을 행했다. 그러나 다른 것들도 추구했다. 세계인으로서 교회가 더 고차원적인 문화적 소양을 반영하기를 기대했다.[7] 작고 칙칙한 교회에 앉아 무식한 성직자가 전하는 설교를 듣고, 대다수가 이해하지 못하는 언어(라틴어)로 드리는 예전을 따르고, 세계 시민인 그들의 필요와 관심사를 감지하지 못하는 종교에 많은 관심을 쏟아야 하는 것이 그들로서는 끔찍했다.

수도원이 답을 줄 것 같지는 않았다. 실제로 11, 12세기에 등장했던 모든 수도원 갱신 운동은 하나같이 금욕적 헌신과 사회로부터의 분리를 강조했다.[8] 예컨대, 클레르보의 베르나르두스는 시토회의 동료들에게 유럽의 새로운 도시들을 가리켜 "바빌론에서 빠져나오라"고 촉구했다.[9] 카르투지오회Carthusians의 저명한 지도자 귀도Guido는 저서 『관습』Customs에서 사회로부터 거리 두기, 가난한 삶, 수도자의 영혼 구원은 세상의 필요를 비롯한 다른 모든 관심사보다 우선한다고 말했다. 이는 카르투지오회의 회원들이 먼저 세상에서 멀어지기로 작정한 이유를 설명해 준다.

> 결국 우리는 다른 사람들의 신체적 필요를 세상적으로 돌보기 위해서가 아니라 우리 자신의 영혼의 영원한 행복을 위해 작은 처소에 격리되어 사는 은거 생활을 택했다. 그러므로 몸 때문에 오는 사람들보다 영혼 때문에 오는 사람들에게 더 개방적이고 관심을 보이는 것이 당연하다. 만일 그렇지 않다면, 혹독하고 멀리 떨어져 있으며 발길이 거의 닿지 않는 곳이 아니라…분주한 거리에 정착하기를 줄곧 갈

구해야 했었으리라.[10]

탁발 수도사

그러나 중세 후기에 새로운 운동이 새롭게 등장하여 서구 교회의 방향을 영원히 바꾸어 놓았다. 탁발 수도사들(세상 속에서 살면서 양식을 구걸하며 복음을 전파하는 금욕자들)은 유럽의 종교 생활에 새로운 기운을 불어넣었다. 탁발 수도사들은 예수님의 본을 좇고자 열망하였으며, 평신도들에게도 똑같이 하라고 청했다. 수도사들이 특히 영적 독서를 실천함으로써 그리스도의 삶을 **명상하는** 데 전념했다면, 탁발 수도사들은 그리스도의 삶을 **본받는** 데 전념했다. 예수님이 가난하셨으므로, 그들도 가난을 추구했다. 예수님이 사람들과 함께 사셨으므로, 그들도 도시로 이주하기로 했다. 예수님이 검소하게 사셨으므로, 그들도 자기 소유를 가난한 사람들에게 주었다. 예수님도 평범한 사람들과 버림받은 사람들에게 복음을 선포하셨으므로, 그들도 누구든 듣고자 하는 사람들에게 복음 이야기를 전했다. 예수님이 하나님을 공경하고 인간을 섬기기 위해 자기 목숨을 희생하셨으므로, 그들도 그렇게 했다. 그들은 지켜보는 세상 앞에서 철저히 검소하고 가난하게 살았다.

탁발 수도사 운동은 13세기에 시작되었다. 탁발 수도사의 생활 양식을 받아들인 가장 중요한 두 수도회는 프란체스코회와 도미니쿠스회였다. 그러나 이렇게 평신도가 세상을 끌어안는 추진력은 이들 수도회를 넘어 더 널리 퍼졌다. 동시에 다른 운동들도 새롭게 등장하여 평신도들이 새로운 형태의 종교 생활을 실험하고 경험하기에 열심이었음을 보여 주었다. 베긴회와 제3회, 공동생활형제회는 보통 그리스도인들에게도 가능한 적극적이고 활기찬 영적 생활을 형성하도록 도왔다. 이들 운동들도 프란체스코회 및 도미니쿠스회와 마찬가지로 도시에 관심을 두었다. 그들은 자신들에게 열정적으로 반응하는 평신도들의 독특한 필요와 문제를 다루었다. 수많은 사람들이 그들에게 가입했으며, 멀리서 그들을 동경하는 사람들은 더 많았다. 반응은 차치하더라도 모든 사람이 유럽 전역에서 일어나고 있는 일의 영향을 받았다.

프란체스코회 | 아시시의 프란체스코가 중세 교회에 미친 영향은 아무리 크게 평가해도 지나치지 않다.[11] 동시대인들이 보기에 프란체스코는 너무나 유명해서, 교회에서는 그가 죽은 지 2년도 안 되어 성인으로 시성했다. 두 제자 첼라노의 토마스Thomas of Celano 와 보나벤투라는 프란체스코가

아시시의 성 프란체스코

죽은 바로 그 세대에 그의 생애를 다룬 주요 전기를 썼다. 두 사람은 프란체스코가 일반인들을 위해 참된 제자도의 본을 보였다고 강조했다. 토마스는 프란체스코의 전기에서 다음과 같이 썼다.

따라서 그 안에서 그리고 그를 통하여…전 세계에 뜻밖의 행복과 거

룩한 새 일이 생겨났고, 돌연 고대 종교의 새싹이 돋아 이미 굳어 버린 사람들과 아주 낡은 것들에 거대한 갱신을 가져왔다. 그리스도의 종이자 거룩한 사람이 천국의 빛 가운데 하나같이 새로운 의식과 새로운 표지로 눈부시게 빛을 비추자, 택함받은 사람들의 마음속에 새로운 영이 탄생했고, 그들 가운데 구원의 도유塗油가 부어졌다.[12]

아시시의 프란체스코[1182-1226년]는 부유한 상인의 가족으로 태어났다. 젊은 시절에 그는 무모하고 경박하게 살았다. 첼라노의 토마스는 다음과 같이 썼다. "거의 스물다섯 살이 되기까지 그는 시간을 마구 낭비했다. 실제로 하찮은 일에서는 모든 친구들 가운데서도 가장 돋보였고, 여러 나쁜 짓들을 주도했으며, 온갖 어리석은 일에 열심이었다."[13] 그는 유명한 기사가 되기를 갈망했지만, 전투 중에 사로잡혀 아버지가 그의 방면을 보증할 수 있을 때까지 1년 동안 투옥되었고, 기사가 되려는 염원은 꺾이고 말았다. 그리고 아시시로 돌아와 요양하며 1년을 지냈다. 이를 계기로 그는 깊은 반성과 회개의 시기를 보냈다. 토마스 이렇게 썼다. "그는 마음속에서 가장 큰 고통을 겪었는데, 마음속에 품었던 것을 행동으로 완수하기 전까지는 안식할 수 없었다."[14]

그는 삶의 방식을 바꾸어야 한다는 것을 알고서 집을 떠나 은자의 삶을 살았다. 은자의 옷을 입고 버려진 교회에 살면서 그 교회를 천천히 다시 세우기 시작했다. 또한 아버지의 재산을 가난한 사람들에게 나누어 주기 시작했다. 그러자 아버지는 화가 나서 프란체스코의 새로운 삶이 과거보다 훨씬 더 나빠졌다고 생각했다. 프란체스코의 무모한 관대함에 격노한 아버지는 그를 가족 사유지에 수인처럼 잡아 두었다. 그러나 프란체스코는 전혀 후회하는 빛이 없었고 행동을 바꾸려고도 하지 않았다. 절박해진 아버지는 프란체스코를 지역의 주교 앞으로 끌고 가서 응분의 처벌을 하여 자기 재산을 되찾아 달라고 요구했다. 이에 프란체스코는 세상의 옷을 벗어 버리고 유산을 포기하며 그 순간부터 자신의 유일한 아버지는 하늘에 계신 아버지라고 선언했다. 보나벤투라는 이 행동을 프란체스코가 스스로를 그리스도와 전적으로 동일시한 본보기로 인용했다. "그리하여 지극히 높으신 분의 종이 모든 소유를 빼앗김으로써 이제 일찍이 십자가에 매달리신 사랑하는 그분을 따를 수 있었다.…세상의 모든 속박에서 자유로워진 프란체스코는 도시를 떠나 고독과 침묵 가운데 홀로 있으면서 하나님이 계시하실 비밀을 듣기 위해 조용한 곳을 찾았다."[15]

프란체스코는 오랫동안 은둔하며 지내지는 않았다. 예수님이 광야에서 40일을 보낸 다음 그러셨던 것처럼 세상으로 다시 들어오기로 했다. 물론 사는 방식에서 세속성은 조금이라도 피하기로 작정했지만 말이다. 예수님은 모든 일에서 그의 모범이셨다. "실로, 그는 언제나 예수님께 사로잡혀서 마음, 입, 귀, 눈, 손, 나머지 모든 지체 속에 예수님을 품었다."[16] 프란체스코는 절대 가난의 삶을 추구했다. "그는 하나님 안에서 모든 것을 더 충만히 소유하기 위하여 소유권과는 아무런 관계가 없기를 원했다."[17] 세상에 사는 동안 결코 방심하지 않았고 세속성을 거부했으며 죄를 회개했다. "그러므로 그의 가장 큰 관심은 그저 먼지에 불과한 것에 물들어 단

아시시의 프란체스코, "형제 태양의 찬가"

지극히 높으시고 전능하시고 선하신 주여,
찬양과 영광과 존귀와 모든 복을 당신께 돌립니다.
그것은 지극히 높으신 분 당신 한 분께만 속하였으니,
누구든 당신의 이름을 부르기도 버겁습니다.

내 주여, 당신의 모든 피조물 그리고 특히 형제 태양의 찬양을
 받으소서.
그는 낮이 되고, 그를 통해 당신은 우리에게 빛을 주십니다.
그는 아름답고 거대한 광채로 빛나며,
지극히 높으신 분, 곧 당신의 모습을 품었습니다.

내 주여, 누이 달과 별들의 찬양을 받으소서.
당신이 맑고 귀하고 아름답게 꾸며서 하늘에 달아 놓으신 것들
 입니다.
내 주여, 형제 바람을 통해,
흐리고 화창한 대기와 온갖 날씨를 통해 찬양을 받으소서.
당신은 이것들로 당신이 만드신 것들을 자라게 하십니다.

내 주여, 누이 물을 통해 찬양을 받으소서.
아주 유용하고 겸손하며 귀하고 순결한 누이입니다.
내 주여, 형제 불을 통해 찬양을 받으소서.
그를 통해 당신은 밤을 밝히고,

> 그는 아름답고 장난기 많으며 힘이 세고 강합니다.…
>
> 내 주여, 당신의 사랑 때문에 용서를 베풀고 질병과 시련을 견디
> 　내는 사람들을 통해 찬양을 받으소서.
> 평화 가운데 견디는 자는 복이 있으니,
> 지극히 높으신 분, 당신께 면류관을 받습니다.
>
> 내 주여, 우리 누이 몸의 죽음을 통해 찬양을 받으소서.
> 살아 있는 사람은 누구도 피할 수 없는 것입니다.
> 죽을 죄를 짓고 죽은 자에게 화 있으라.
> 당신의 지극히 거룩한 뜻을 따라 죽는 자들에게 복이 있을 것이니,
> 두 번째 죽음이 그들을 해치지 못할 것이다.
>
> 내 주를 찬양하고 송축하며 그에게 감사를 돌리고,
> 겸손을 다하여 그분을 섬기라.

한 시간이라도 마음의 평정을 흐트러뜨리지 않도록 세상 모든 것에서 자유로워지는 것이었다."[18] 예수님이 그러셨던 것처럼, 가난한 사람들과 병자와 버림받은 사람들 가운데서 살기로 선택했다. 나환자들은 가장 큰 도전이었다. 그러나 그는 한 나환자의 얼굴에 과감히 입을 맞추며 혐오감을 극복했다. "그때부터 그는 구속자의 긍휼로 스스로를 넘어 승리를 완수하기까지 자신을 더욱더 낮추기 시작했다."[19] 모든 사람에게, 심지어 무슬림에게도 복음을 선포하기로 마음먹었다. 실제로 이집트로 가기도 했는데, 십자군 전쟁

동안 적진을 가로질러 술탄Sultan과 한 달을 보내며 그를 기독교 신앙으로 개종시키려고 했다. 프란체스코는 무모하기까지 한 기쁨으로, 그가 하나님이 주신 귀한 선물이라고 찬양한 자연 세계를 비롯한 온 세계를 품었다.[20]

프란체스코의 영향력은 선풍적이었다. 사람들은 그를 너무도 흠모했다. "모두에게 다른 세계의 사람처럼 보이는 하나님의 거룩한 사람을 보고 그의 말을 들을 수 있을까 싶어, 남자도 달려갔고 여자도 달려갔으며 성직자도 서둘렀고 수도사들도 서둘렀다."[21] 프란체스코는 보통 사람들이 거하는 동일한 세상 속에서 그리스도와 같은 삶을 살았기 때문에 사람들의 존경을 받았다. 그는 모든 세속적 추구를 피하면서도 도시 속에 살면서 사람들에게 자신의 삶을 바쳤다. 그리하여 "[그는] 사회의 새로운 권위자들 그리고 이들이 추구하는 이익에 대한 욕구와 대조되는, 완전한 분리를 보여주었다. 특히 돈과 관련해서는 그렇다."[22]

다른 사람들이 프란체스코를 따르기 시작했다. 1209년 봄에 그는 여러 규칙들 가운데 첫 번째를 써서 수도회의 원칙을 개괄했다. 그다음 제자들과 함께 로마로 가서 교황의 승인을 구했다. 그리고 작은 탁발 수도회Friars Minor 혹은 '작은 형제회'Little Brothers라는 이름을 택했다.[23] 그들의 주된 목적은 대중들에게 다가가서 예수님처럼 살고 가르치는 것이었다. 이 수도회는 급격히 성장하여 프란체스코의 능력으로는 관리할 수 없는 지경이 되었다. 그래서 그는 지도자에서 물러났다. 그러나 따라야 할 이상적인 본으로서 계속 섬겼다. "그러므로 모든 수도회, 모든 성, 모든 연령이 프란체스코에게서 구원의 길에 대한 가시적 양식과 거룩한 행위에 대한 뛰어난 모범을 취했다."[24] 그는 멈추지 않고 제자들이 절대적 가난, 복음 선포, 희생적 봉사, 그리스도를 본받는 삶이라는 운동의 원래 비전을 상기하도록 했다. 그리고 삶의 막바지에 이르러서는 성흔(그리스도의 상처)을 받는 신비적 경험을 했다. 그 후 2년이 지나 생을 마감했다. 그러나 그의 영향과 인기가 함께 사라지지는 않았다. 그가 순교자나 주교나 수도자는 아니었지만, 평신도들은 그를 참된 성인의 본으로 추대했다.

도미니쿠스회 | 약간 다른 이유긴 하지만 도미니쿠스도 비슷한 수도회를 시작했다.[25] 1170년, 무어인들로부터 막 해방된 카스티야Castile에서 태어난 도미니쿠스는 사제가 되기 위해 공부하여 한 대성당 참사회의 부수도원장이 되었다. 외교 임무를 띠고 덴마크를 여행하다가, 평신도들의 충성을 사로잡은 대중적 이단을 접했다. 그가 보기에 이단에게는 흔히 추종자들이 붙는데, 그것은 이단들이 희생적 삶의 본을 보이고 오도된 메시지이긴 하지만 단순하고 이해하기 쉬운 메시지를 전달하는 법을 알기 때문이었다. 몇 년 후에 도미니쿠스는 이단자들과 이교도들, 무지한 가톨릭교도들에게 설교를 할 수 있게 해 달라고 교황에게 허락을 얻으러 로마로 향했다. 그것이 그의 소명이었다.[26] 도미니쿠스는 가톨릭교도들이 예수님처럼 살지 못하여 도미니쿠스가 본질적이라고 생각했던 그들 교리의 유익을 포기했다고 믿었다. 그래서 그는 이단들이 가장 성공을 거두고 있는 듯 보이는 지역으로 갔고, 자신을 도와서 사역에 동참할 제자들을 모집했다. 그리고 그리스도처럼 살고

지역 주교를 섬기면서 이단들을 설득하고 신자들을 가르치기로 함께 서약했다.

1216년, 도미니쿠스는 교황에게 설교자회Order of Preachers라는 이름의 수도회를 승인해 줄 것을 청했다. 그는 수도회의 회원들이 당시 유럽 전역에 새롭게 등장한 대학들에서 손쉽게 접하게 된 적절한 신학 훈련을 받고, 믿을 만한 설교 방법론을 배우며, 그리스도인의 좋은 모범으로 살고, 공동체 속에서 삶을 나누어야 한다고 역설했다. 프란체스코회와는 달리, 도미니쿠스회는 가난을 증거의 수단으로서 높이 평가하긴 했지만 절대선으로 보지는 않았다. 그들이 지향하는 바는 항상 실용적이었다. 평신도를 훈련하는 데 헌신하여 전통적 기독교의 가르침을 일상생활의 흐름에 적용하여 가르쳤다. 도미니쿠스회는 프란체스코회보다는 덜 대중적이었지만, 주로 설교와 가르침을 통하여 중세 유럽의 종교 생활을 형성하는 데 그에 못지않은 영향을 미쳤다.[27]

도미니쿠스와 프란체스코의 만남

이들 탁발 수도사 운동은 평신도들에게 문제가 되기도 했다. 물론 도달할 사람이라고는 거의 없는 기준을 세웠던 프란체스코 자신이 가장 큰 문제였다. 그의 인기는 의심할 여지가 없었다. 그러나 얼마나 많은 평신도들이 프란체스코처럼 열정적으로 절대 가난을 끌어안고 그리스도의 사랑을 아낌없이 드러낼 수 있었겠는가? 도미니쿠스는 실용적이었기 때문에 사실상 더 현실적인 본보기가 되었다. 그렇다 해도 그 역시 지식인이고 설교자였지 은행가나 빵 굽는 사람, 상인, 법률가는 아니었다. 프란체스코와 도미니쿠스는 여전히 수도사들을 도시로 보내는 운동을 시작했다. 탁발 수도사들은 평신도보다는 수도사처럼 살았지만, 평신도들의 세계로 들어와서 그들이 이해할 수 있는 언어로 설교했으며 그들에게 실용적인 용어로 기독교 신앙을 설명했다. 레스터 리틀Lester Little은 다음과 같이 결론지었다. "탁발 수도사들의 고유한 업적은 특히 사회의 도시 지역과 주로 그 속에서 사는 사람들에게 새로운 형태의 종교적 표현을 만들어 낸 것이었다."[28]

평신도 운동들

탁발 수도사 운동은 본연의 생기를 되찾게 하는 영적인 것에 대한 대중적 관심을 일깨웠다. 평신도들은 스스로 일을 추진하면서 수동적 관망자가 아니라 적극적 참여자로서 기독교 신앙을 실천할 수 있는 운동을 주도하기도 했다. 그들은 전쟁에 참여하고, 영적 훈련을 실천하고, 돈을 벌고 돈을 나누어 주고, 일상적인 일을 하되, 모든 것을 하나님의 이름으로 했다. 그리고 하나님 자신이 보통 사람이 되셨기 때문에 일상생활은 존엄하다고 생각했다.[29]

평신도 성인들 | 1200년경부터 평신도들은 교회의 계급제가 동의하건 하지 않건, 자신들 계급에서 예외적으로 거룩한 평신도

들을 찾아내어 성인으로 높이기 시작했다. 이 때문에 교회 당국자들은 그 운동을 통제하고, 평신도들 가운데 가장 유명하고 덕망 있는 사람들을 시성하지 않을 수 없었다. 그리하여 교회사에서 처음으로 평신도가 성인이 될 가능성이 생겼다. '평신도 성인들'은 세상 속에 머물기로 선택했지만 수도사와 수녀처럼 살았다. 아이러니하게도, 그들이 세상에 가까이 있었기 때문에 수도원에서도 실천하지 않는 영적 엄격성이 일정 수준 요구되었다. 그야말로 문밖만 나서면 바로 다가오는 세속적 영향으로부터 자신을 지키기 위해 엄격한 자기 훈련을 실천**해야 했다.** 리처드 킥헤퍼는 다음과 같이 관찰했다. "고대 말기 수도사들은 타락한 사회의 도전에 직면했을 때 피해 달아났지만", 이들 평신도들은 "그 사회 속에 머물면서 다양한 역할로 사회를 섬기고 불가피하게 찾아오는 고통을 참을성 있게 견디는 것을 과업으로 삼았다."[30] 그들이 **평신도로서** 매우 희생적으로 산 것은 그들의 영웅적 위업을 더 돋보이게 했다. 도시가 그들의 사막이 되었고, 가정이 그들의 동굴이 되었으며, 시장은 마귀의 유혹자 역할을 했다.[31]

그들은 음식과 잠을 자제했고, 세속적 명예를 멀리했으며, 다른 사람들과의 교제를 피했다. 그들은 사막 성자들과 마찬가지로 금욕 생활을 했는데, 그들을 넘어서기까지 했다. 일부는 이른바 '순결 결혼'을 실천했다. 결혼 제단에서 배우자에게 충실함을 서원하는 것은 물론 결혼 관계 안에서도 육체적 순결을 실천하기로 했다. '부부간의 순결'이라는 대안을 추구하는 사람들도 있었다. 그들은 우선 자녀를 가졌는데, 아마도 부모에게 기쁨을 주고 가계를 계속

잇기 위해서였을 것이다. 그러나 일단 가족의 의무를 다한 다음에는 남은 결혼 생활 동안 순결을 유지하기로 서원했다. 예컨대, 실레지아의 성 헤드윅St. Hedwig of Silesia은 53년 동안 결혼 생활을 했는데 마지막 30년 동안 순결을 유지하며 살았다. 1208년에 그녀와 남편은 마치 배우자를 잃은 것처럼 살겠다고 주교 앞에서 엄숙히 서원했다. 이러한 형태의 평신도 영성은 평신도들의 존경을 받았다. 존경이 반드시 모방으로 이어진 것은 아니었지만, 평신도 성인들의 위업은 경외를 받았다. 대부분의 보통 신자들은 세상 속에 살면서 결혼하고 가정을 세우며 세속의 일을 하고 삶의 기쁨을 하나님이 주신 선물로 즐기기를 선호했다. 그들은 또 다른 대안, 곧 세속 세계의 삶에 더 현실 적합성 있는 무언가를 찾은 것이다.

베긴회 | 동시에 다른 평신도 운동들이 새롭게 등장했다. 예컨대, 베긴회Beguines는 평신도 여성들이 수도원에 들어가지 않고도 더 활발한 영적 삶을 추구할 수 있게 했다.[33] 사회에서 격리되지 않고 사회에 관여하면서도 참된 제자로 살기 원하는 여성들을 이끌어, 공식적 수도회와는 독립적으로 운영하면서 느슨한 조직을 유지했다.[34] 그들은 기도, 금식, 가난, 육체노동, 궁핍한 자에 대한 봉사를 실천하는 데 헌신했다. 인간의 모습으로 오신 예수님을 그들이 따라야 할 본보기로 삼았는데, 특히 그분의 고난에 있어 더욱 그랬다. 경건과 자선 행위로 유명한 사람들도 더러 있었다. 이 운동의 초기 옹호자였던 자크 비트리Jacques de Vitry는 그들의 신앙 실천에 대해 이렇게 썼다. "우리는 많은 사람들이 자기 부모의 부를 수치로 여기고 남편이 주는 가증하고 부유한 것을 거부하면서, 손수

8. 일상성

실을 잣고 노동하여 얻을 수 있는 것 말고는 어떤 것도 없이 형편없는 옷과 검소한 음식에 만족하며 매우 가난하게 사는 것을 본다."35

유명세를 얻은 초기 베긴회의 한 예로 오와니에의 마리아Mary of Oignies, 1178-1213년가 있다. 그녀는 남편과 함께 성적으로 금욕하며 살다가, 집을 나환자 요양소로 바꾸었다. 마침내 그녀는 남편에게 독방으로 물러나 독거하겠으니 허락해 달라고 요청했다. 3년 후에 그녀는 다시 나타나 작은 평신도 공동체를 이끌었다. 그들은 어떻게 살아야 하는지에 대한 지침이 담긴 규칙을 사용하면서, 함께 예배하고 노동했으며, 기도와 희생적 봉사로 두각을 나타냈다. 마리아의 거룩한 삶과 가난한 사람들에 대한 섬김, 실제적 지혜는 일정한 표준이 되었고 폭넓은 층이 추종했다. 자크 비트리는 그녀를 본보기로 묘사했다. "그녀는 가난에 대한 갈망이 너무 커서 누군가 줄지 모를 자선품이나 음식 그리고 물을 떠 마실 컵 하나를 넣는 가방 하나밖에 지니지 않았으며, 누더기를 걸치고 다녔다. 그녀 주위의 사람들은 울음을 참을 수 없었다."36

제3회 운동들 | 동시에 다양한 제3회third-order 혹은 제3의tertiary 운동들이 새롭게 등장했다. 프란체스코회 및 도미니쿠스회와 밀접하지만 여러 이유로 수도회의 공식 회원이 되지는 않는 여러 평신도 집단이 여기 속했다. 프란체스코회의 여러 제3회 집단들 가운데 첫 번째인 '참회자회'Order of Penitents는 예수님의 삶을 본받고자 했는데, 프란체스코 정신을 본받아 '종교인'이건 평신도건 모든 그리스도인들이 따라야 할 모범을 보였다. 1221년에 프란체스코는 참

회자들을 위한 지침을 자세히 설명한 규칙을 썼다. 프란체스코는 가난이 예수님의 삶을 보여 주는 완벽한 상징으로 작용하며, 이는 병으로 인한 고통, 엄격한 금욕, 사회로부터의 완전한 도피가 아니라 적극적 사랑과 섬김으로 나타난다고 믿었다.

제3회 운동들은 중세 유럽 말기에 유명해진 성인들을 여럿 배출했다. 프란체스코회의 제3회원인 코르토나의 마르가리타Margaret of Cortuna, 1247-1297년의 이야기가 좋은 예다. 그녀는 난잡한 성생활을 회개하면서 프란체스코회에 평신도로 들어가 그리스도를 신비적으로 관상하는 데 전념했다. 그러다 마침내 궁핍한 사람들을 돕기로 작정했다. 1286년에는 마르가리타가 자비로우신 마리아Mary of Mercy라 부른 병원의 설립 허가를 얻었다. 그녀는 프란체스코회 제3회에 속한 회중들을 조직하여 병원에 간호사와 운영 직원으로 수급하였다. 가장 유명한 도미니쿠스회 제3회원은 시에나의 카테리나Catherine of Siena, 1347-1380년였다. 카테리나는 젊은 여성으로서 부모에게 도미니쿠스회 제3회원이 될 수 있도록 허락해 달라고 간청했다. 그리고 1365년, 운동에 가입했다. 오와니에의 마리아처럼 그녀도 여러 해 동안 고립되어 관상하며 살았다. 그런 다음 개혁가로서의 소명을 실천하기 시작했다. 그녀는 자신과 교회와 세상을 개혁하기로 작정했는데, 이는 과연 야심 찬 과제였다. 마침내 피렌체 시민들로부터 중재자 및 조정자 역할을 해 달라는 요청을 받았다. 그녀는 프랑스의 아비뇽으로 급파되었는데, 아비뇽은 프랑스가 이해관계에 따라 지배하고 물질적 관심으로 이용했던 곳으로, 70년 이상 교황청이 여기에 머물러 있었다. 그녀는 교황에게 교황직을 로마로 되돌리라고 설득했다.

이러한 여성들은 유럽의 영적 삶에서 길고도 서서히 이루어지는 변화의 시작을 상징적으로 보여 주었다. 그들은 순결(오와니에의 마리아는 결혼하긴 했지만)과 가난, 금식과 같은 전통적인 수도회의 덕목에 계속해서 헌신했다. 손수 일했고, 가난한 사람들을 섬겼으며, 적어도 비공식적으로는 교회의 지도자 역할을 했고, 남녀 모두의 추종을 받았다. 그들은 사회로부터 완전히 물러나지 않고도 평신도들도 수도사들과 수녀들과 같은 종류의 확신과 열정을 갖고 살 수 있음을 보여 주었다.

공동생활형제회 | 공동생활형제회Brethren of the Common Life도 비슷한 궤도를 따랐다. 이 운동의 창설자인 헤이르트 흐로테Geert de Groote, 1340-1384년는 네덜란드 데벤테르의 부유한 상인의 집에서 자랐다. 흐로테는 소르본느에서 교육을 받았는데 교회직을 갖기 위한 준비로 신학과 법학을 공부했다. 그에게는 세속적 야망과 폭넓은 관심이 있었는데, 그 모든 것이 엄밀히 정통에 맞지는 않았다(예컨대, 점성학과 마술을 깊이 연구했다). 그는 멋을 부리는 그런 사람으로서 멋진 옷을 입고 자신의 교육과 지성으로 사람들에게 인상적으로 보이기를 좋아했다. 그러나 여러 친구들은 그에게 영혼이 위태롭다며 경고했다. 초기 전기 작가가 썼듯이, "그는 놀라고 가책에 휩싸여 자기 영혼을 구원하는 일에 대해 생각하기 시작했다."[37] 그 후 1372년, 흐로테가 중병에 걸리자 한 사제는 흐로테가 마술을 기꺼이 포기하기만 한다면 병자 성사를 치러 주겠다고 했다. 흐로테는 언젠가는 하나님의 심판에 직면해야 한다는 것을 깨달았다. 그래

서 자신의 비행을 인정했고 죄를 회개했으며 문제 되는 책들을 모두 불살랐고 성례를 받았다. 그리고 거의 즉각적으로 질병에서 회복되었다. 흐로테는 삶의 방식을 고치기로 결심하고 세속적 야망을 버렸다. 성직복을 입기 시작했고 수입과 소유를 포기했으며 카르투지오 수도회에 가입하여 기도하고 금식하고 노동하고 공부하며 매일 미사에 참석했다. 그러나 그에게는 행동주의자나 개혁가의 기질이 너무 많았기 때문에, 폐쇄적 공동체에 영원히 남아 있을 수는 없었다. 그는 소명 의식 때문에 수도원에서 나오지 않을 수 없었다. 그리고 신앙을 선포하고 대중들 속에서 내핍 생활을 하기 시작했다.

흐로테는 교회 갱신 운동에 가담했다. 그는 교회의 세속성에 깊은 관심을 느꼈다. 어디에서든 부적절한 사제들, 부패한 주교들, 무지하고 미신에 빠진 평신도들을 발견했다. 그는 용감하게 때로 자신만만하게 주저하지 않고 악습을 비판했다. 약간의 지지자들도 끌어들였는데, 학생들과 유명하지 않은 성직자들이 대부분이었다. 그 과정에서 적이 생겨난 것도 놀라운 일은 아니다. 흐로테의 운동이 성공하면서 탁발 수도사들이 프란체스코의 비전을 얼마나 많이 절충했는지 드러났는데, 이 때문에 그들은 그에게 반대했다. 성직자들은 그가 자신들보다 성직에 더 적합하게 임무를 수행했기 때문에 그를 싫어했다. 결국 그는 설교할 기회를 박탈당하고 말았는데, 항변서를 여러 번 썼지만 소용이 없었다. 1384년, 그는 역병으로 죽었다. 그가 죽은 후 제자 가운에 하나인 플로렌티우스 라데빈스Florentius Radwijns가 그의 제자들을 모아 공동생활형제회를 설립했다. 그들은 1395년에 참사회를 구성했고 1402년에 정관을 썼다. 이 운동은 1424년에 이르기까지 대략 30개의 참사회로 성장했다.

형제회는 보통 지역 교회 가까이 위치한 개인 집에 함께 살면서 금욕 훈련을 실천했고 수공 일을 하였으며(보통 필사본을 베끼는 일) 수입을 공유했다. 그들의 공동체는 "처음 사도들의 본을 근거로 했지만, 마을이나 교회를 떠날 필요도 없었고 아무런 어려움과 의무를 부과하지 않고도 서원하고 입회할 수 있었다."[38] 그들에게 특별히 중요했던 것은 겸손, 자선, 봉사 같은 덕을 배양하는 것이었다. 이 운동은 보통 사람들을 끌어들였는데, "남녀 평신도들과 유명하

토마스 아 켐피스Thomas à Kempis, 『그리스도를 본받아』

"겸손이 부족하여 삼위일체를 거스른다면 삼위일체를 논한들 무슨 유익이 있겠는가? 사실, 고상한 말을 한다고 사람이 거룩하고 의로워지는 것이 아니다. 고결하게 살아야, 사람이 하나님께 사랑스러워진다. 나의 죄에 대해 신학적 용어로 정의할 수 있기보다는 나의 죄에 대해 깊은 슬픔을 느끼고 싶다. 네가 만일 성경 전체와 모든 철학자의 말을 외운다 해도 하나님의 사랑과 은혜가 없다면 그 모든 것이 무슨 유익이 있겠는가? 하나님을 사랑하고 다만 그분을 섬기는 것 말고는 헛되고 헛되며 모든 것이 헛되다. 최고의 지혜는 바로 이것, 곧 세계를 그 진실대로 알고 세계를 그 자체를 위해서가 아니라 하나님을 위해 사랑하며 하늘나라를 이루는 방향으로 너의 모든 수고를 기울이는 것이다."

지 않은 성직자들이었다. 그러한 '헌신'을 하리라고는 거의 기대하지도 않던 사람들이었다. 교회에서 아주 많은 다른 사안들이 무관심과 타락으로 몸살을 앓는 것으로 보이는 이 '현대 시대'에는 특별히 그러한 헌신을 기대할 수 없었다."[39] 이 운동에서 나온 가장 중요한 책 『그리스도를 본받아』The Imitation of Christ, 예찬사는 금욕 훈련과 실제적 제자도라는 두 가치를 강조했다.

종교개혁가들

앞서 말한 운동들은 종교개혁의 장을 마련했고, 종교개혁은 더욱 급진적인 방향으로 흘렀다. 종교개혁가들은 수도원들을 철폐했고, 교회의 계급 체계에 반발했으며, 보통 신자들에게 세상 속에서 그리스도의 진지한 제자로 살라고 촉구했다. 또한 그들은 참된 신앙은 종교 생활 못지않게 세속의 삶에도 적용된다고 믿었다.[40] 예컨대, 제네바의 종교개혁 지도자였던 장 칼뱅John Calvin의 주장에 따르면, 타당한 관점으로 다룬다면 세상은 우리에게 주어진 하나님의 선물이기에 감사함으로 받아야 한다. 또한 칼뱅이 말하기를, "창시자 자신이 창조하고 우리를 위해 정해 놓은 목적을 지향하기만 한다면, 그분이 우리의 파멸이 아니라 우리의 유익을 위해서 하나님의 선물을 창조하셨으므로 그것을 사용하는 것은 잘못된 방향이 아님을 우리의 원칙으로 삼자."[41] 마르틴 루터는 따라야 할 일차적 본으로 그리스도를, 특히 그분이 보통 사람으로 사셨던 방식을 들었다. 루터는 1532년에 작센 지방Saxony의 공작이 될 요한 프리드리히John Frederick에게 보낸 편지(1521년 3월 31일자)에서 이렇게 말했다. "[그리스도가] 언제나 그리고 모든 일에서 아버지를 기쁘시게 했다는 것은 사실입니다. 그분은 먹고 마시고 잠자는 것을 통해 위대한 기적만큼이나 아버지를 기쁘시게 했습니다. 아버지는 행위가 아니라 그 안에 있는 의도를 보시기 때문입니다."[42] 루터는 신자들에게 기대하는 것 하나가 있다면, 명백한 세속적 행위를 할 때에도 믿음으로 사는 것이라고 역설했다. 신자들은 오직 믿음을 통해서만 세상 속에서 하나님의 뜻대로 살 수 있다.[43]

종교개혁가들은 보통 사람들의 필요와 문제, 책임을 다루었다. 그들은 세상이 하나님께 속했다고 믿었다. 어떤 행동 영역도 하나님의 구속 목적에서 벗어나 있지 않다. 일상의 의무들은 금식, 고독, 독거 생활만큼이나 하나님께 중요하다. 그래서 루터는 결혼이 하나님의 신적 계획에 속하므로, 극복해야 할 유혹이나 견뎌야 할 부담이 아니라 끌어안아야 할 부르심이자 즐겨야 할 선물이라고 주장했다. 그가 자신의 주장대로 **사제 신분으로** 결혼을 택하여 아버지를 기쁘게 하고 교황을 골치 아프게 하자, 모든 사람들이 놀랐다. 루터는 카타리나와 결혼하기 전에는 '사랑에 빠지지' 않았지만, 결혼한 다음에는 분명 사랑에 빠졌고 여러 해 동안 결혼 생활의 행복을 누렸다. 그 행복에는 활기찬 육체 관계로 보이는 것도 포함되었다. 친구 결혼식에 참석할 수 없게 되자 그는 글을 하나 써서 보냈다.

너의 캐서린과 함께 자면서 그녀를 안을 때 이것을 생각하게나. "이 여인은 한 인간이고 하나님이 만드신 가장 훌륭한 작은 피조물이며, 그리스도가 이 여인을 나에게 주셨구나. 그분께 찬양과 영광을 돌리자." 네가 이 편지를 받게 될 날 저녁, 나도 내 아내를 같은 식으로 사랑하고 너를 기억하겠네. 그러면 우리는 함께할 것이라네.[44]

그는 동료 수도사들에게도 결혼하라고 촉구했다. 결혼을 고려하던 수도사 볼프강 라이센부쉬Wolfgang Reissenbusch에게 보낸 편지에서도 루터는 다음과 같이 썼다.

사람이 먹고 마신다 하여 놀랄 사람은 아무도 없는데, 남자가 아내를 취하는 것에는 놀라거나 부끄러워하는 어리석음을 보이니 애석하다네. 인간 본성을 따르는 이러한 필요가 회의와 놀라움의 대상이어야 한단 말인가? 가급적 빨리 우리의 모든 감각을 따르고 스스로를 하나님의 말씀에 맡기며 하나님이 우리에게 원하시는 것은 무엇이든 하는 것이 최선이라네.[45]

칼뱅은 세속 직업을 이같이 보았다. 칼뱅은 하나님이 보통 신자들을 칼뱅의 용어인 '초소'로 부르셨기에, 신자들은 자신의 은사로 세상 속에서 하나님을 섬길 수 있다고 주장했다. 그러한 '세속' 일은 성직자의 일과 마찬가지로 하나님께 중요하고, 평신도들에게는 세상 속에서 하나님 나라의 일에 기여할 기회가 된다. 이런 의미에서, 아무리 초라하고 비천해도 모든 일이 하나님께 영광이 될 수 있는 것처럼, 모든 일에는 존엄성과 목적이 있다. 결국 "일 속에서 당신을 부르시는 부르심에 순종하기만 한다면, 어떤 일도 빛나지 않거나 하나님 눈에 하찮을 정도로 너무 더럽거나 천하지 않을 것이다."[46] 하나님은 보통 사람들—은행가, 교사, 정부 관리, 문지기—을 하나님의 비범한 일을 위해 부르시고 준비시키시며 사용하신다. 종교개혁가들은 평신도들에게 그들이 하나님 나라의 최전선에서 섬긴다고 상기시킨다.[47] 신앙의 목적은 사람들이 (수도 공동체들이 으레 하듯이) 세상으로부터 물러나기를 요구하거나 (현대의 자조 종교가 가르치듯이) 세상 속에서 성공하게 하는 것이 아니라, 사람들에게 권능을 부여해 세상을 하나님 나라를 위한 것이라 주장하게 하는 것이다.

평신도 영성

보통 신자들이 세속 세계에서 그리스도의 진지한 제자로 살려면 무엇부터 할 수 있겠는가? 먼저, 우리는 일상생활을 제자도의 정당한 영역으로 보는 법을 배울 수 있다. 하나님이 보시기에는 성聖과 속俗의 구분이 없다. 삶의 모든 영역이 하나님께 속한다. 영성 작가 A. W. 토저Tozer는 이렇게 썼다. "인간이 주 하나님을 자기 마음속에서 인정한다면 하찮은 일을 할 수 없다. 그가 하는 모든 것은 예수 그리스도를 통할 때 하나님께 선하고 그분이 받으실 만한 것이 된다. 그런 사람에게는 삶 자체가 성례전적이고 온 세계가 성소일 것이다."[48] 우리가 하는 가장 평범한 일들—청구서 지불하기, 심부름하기, 세탁하기, 요리하기, 통근하기—에는 하나님의 목적이 있다. 어떻게 하면 이런 의무들을 거룩한 행위로 바꿀 수 있겠는가? 우리는 최선을 다해 하나님을 공경하고, 일할 때조차 기도하며, 주위 사람들을 사랑하고, 사회의 공동선을 위해 봉사하고, 예수 그리스도에 대한 신앙을 증거하고, 우리에게 주신 모든 선물에 대해 하나님께 감사할 수 있다. 사도 바울은 이 원칙에 대해 분명했다. "또 무엇을 하든지 말에나 일에나 다 주 예수의 이름으로 하고 그를 힘입어 하나님 아버지께 감사하라"(골 3:17).

둘째, 하나님이 하나님 나라의 일에 투자하라고 선물로 주신 우리의 자원들을 하나님께 바칠 수 있다. 우리의 시간, 소유, 재능, 돈은 하나님께 속하고, 하나님은 우리를 이런 선물들을 맡은 청지기가 되라고 부르신다. 서구 그리스도인들이 자선 운동에 시간과 돈을 너무 적게 기여하는 것을 보면 이 원칙을 이해하지 못한다는 것이 드러난다. 하나님은 모든 것을 소유하시지만 우리는 아무것도 소유하지 못한다. 하나님께 속한 것에 대해 우리는 하나님께 책임을 다해야 한다. 칼뱅은 여기서 훌륭한 조언을 해 준다. "그러므로 이것을 관대함과 자선의 원칙으로 삼으라. 곧 우리는 하나님이 우리에게 수여하신 모든 것의 청지기로서, 그것을 통해 우리의 이웃을 도울 수 있고 우리의 청지기직을 나타낼 필요가 있다. 게다가 유일하게 올바른 청지기직은 사랑의 법칙으로 검증된 것뿐이다." 칼뱅이 말했듯이, 우리의 자원을 하나님께 바치고 다른 사람에게 투자할 때에야말로 비로소 하나님을 섬기는 것이다. 하나님이 우리에게 관대하셨으므로, 우리도 다른 사람들에게 그러해야 한다.[49]

셋째, 오도될 수도 있지만, 영적 목적에 도움 되는 '세속' 훈련이라 할 수 있는 것을 해 나갈 수 있다. 수도원의 훈련에는 고독, 금식, 금욕, 명상이 포함되는데, 이는 우리의 욕구를 다잡고 우리의 마음을 진정시키기 때문에 유용하다. 그러나 또한 세속 훈련은 보통 그리스도인들이 세속 세계에서 하나님을 섬기도록 준비하고 힘을 얻을 수 있게 해 주므로 가치가 있다. 예컨대, 환대하는 훈련을 통해 소외받은 자를 소중한 친구로 삼아 자기 집에 초대할 수 있다. 섬김의 훈련을 통해 어떤 이유에서건 스스로를 돌볼 수 없는 사람들의 실제적 필요를 채워 줄 수 있다. 지도력의 훈련을 통해 세상 속에서 하나님 나라 사역을 위해 성취할 수 있는 것을 마음에 품을 수 있다. 이러한 세속 훈련을 통해 신자들은 세상을 하나님을 위한 것이라 주장할 수 있다. 세상은 **하나님의 것**이기 때문이다. 이러한 영성을 통해 보통 평신도들이 비범한 제자들로 바뀔 것이다.

1990년대에 기독교로 극적 회심을 하기에 앞서, 마자르 말로우히Mazhar Mallouhi는 모든 전통 종교를 현대 세계의 필요에 완전히 적실성이 없다고 보아 거부했다. 그러나 간디에게 영감을 받아 성경을 읽었다. 그리고 간디가 말했듯, 설교한 바를 몸소 실천한 유일한 사람인 예수의 삶을 연구하기 시작했다. 교회나 그리스도인과 공식적으로 접촉하지는 않았지만, 말로우히는 자신의 삶을 예수 그리스도께 바쳤다. 그는 회심 후에 다음과 같이 썼다. "그리스도가 나의 주님이십니다! 당신이 약속하신 새 생명을 주십시오!" 그는 자신을 바쳐 예수 그리스도를 섬기기로 작정했다. 그가 그리스도인이 되었다는 말이 퍼져서 결국 시리아 관리의 귀에까지 들어갔고, 시리아 관리는 말로우히와 그의 부인을 죽이겠다고 위협했다. 말로우히는 도망쳐서 망명 생활을 할 수밖에 없었다. 그러나 어디서 살든지 말로우히는 예수님처럼 살리라는 헌신을 타협하려고 하지 않았다. 선교 행정가이자 말로우히의 친구인 폴고든 챈들러Paul-Gordon Chandler는 특별히 환대에 헌신한 말로우히에게 감명을 받았다.

> 그 결과 그들의 가정을 통하여 계속 사람들이 찾아왔는데, 카이로에 살 때는 매주 수백 명이 왔다. 무슬림 근본주의 족장들과 가톨릭 사제들 및 수녀들, 침례교 목사들, 콥트 정교, 공산주의자들, 유대인 랍비들, 바하이들로부터 서구의 온갖 추방자들에 이르기까지 모든 사람들이 찾아왔다. 모로코에서 사는 동안 말로우히는 거리에서 만난 사람들을 집으로 데려와 먹이고 도와주었다.[50]

말로우히는 환대라는 '세속' 훈련을 실천했다.

우리에게는 여전히 성인이 필요한데, 다른 종류의 성인이 필요하다. 오늘날 필요한 성인은 세속 성자—부모, 교사, 코치, 법조인, 정치가, 이웃, 자원봉사자, 임원—다. 그들은 그리스도인들이 세상에서 어떻게 사느냐가 하나님께 중요하다고 믿는다. 주교, 수도사, 순교자의 시대가 최소한 서구에서는 이미 지나갔을지 모르지만, 성인들에 대한 필요성은 없어지지 않았고 앞으로도 그럴 것이다. 어느 때보다 지금이야말로 세속의 삶을 하나님의 적법한 영역의 일부로 다루는 사람들이 필요하다. 세속의 삶이 하나님의 적법한 영역에 속함은 당연하다. 기독교 신앙은 자기 부정을 하지 않는 한, 교회와 종교 행위에만 국한될 수 없다. 제자라면 신앙을 교회에서만 간직하는 데 결코 만족하지 않는다. 신앙을 세상에 적용하지 않을 수 없다.

실천

- 마태복음 6:25-34, 로마서 12:1-13, 골로새서 3:12-17을 읽으라.
- 당신 삶의 일상성에 대해 구체적으로 깊이 생각해 보라. 일터에서 잡다한 단순 업무를 반복할 수도 있다. 혹은 여덟 살이 안 된 세 자녀를 키울 수도 있다. 그런가 하면 매주 장보기나 요리 같은 여러 가사를 할 수도 있다. 예수 그리스도의 제자로서 이런 행위들을 당신 삶에 어떻게 통합할 수 있는가? 이런 행위들에 대해 감사를 표할 수 있는가? 이런 행위들에 대한 하나님의 목적은 무엇인가? 각 행위에 대해 어떻게 기도할 수 있는가? 하나님은 이런 행위들을 통하여 당신의 삶 속에서 어떻게 구속 목적을 이루어 나가시는가?
- 매일 아침 하루를 시작하기 전에 시간을 내어 일상생활 속에서 임재하실 하나님을 떠올리라. 하나님이 무슨 일을 하시는지 보이는가? 믿음 안에서 어떻게 반응할 수 있겠는가?
- 하루가 끝날 때 당신의 삶 속에서 하나님이 하신 선한 일과 하나님 그분의 선하심에 대해 하나님께 감사하라.

9. 말씀
: 종교개혁가들의 영성

하나님의 말씀은 살아 있고 활력이 있어
좌우에 날선 어떤 검보다도 예리하여
혼과 영과 및 관절과 골수를 찔러 쪼개기까지 하며
또 마음의 생각과 뜻을 판단하나니
지으신 것이 하나도 그 앞에 나타나지 않음이 없고
우리의 결산을 받으실 이의 눈 앞에 만물이 벌거벗은 것 같이 드러나느니라.
(히브리서 4:12-13)

지금까지 살면서 설교를 최소한 3천 번은 들었다. 앞으로 들을 설교는 분명 더 많을 것이다. 그 가운데 내가 기억하는 설교는 얼마 되지 않는데, 보통 형편없든지 훌륭하든지였다. 그리고 대부분은 잊어버렸다. 완전히 다 잊었다는 말은 아니다. 뇌는 어느 정도의 정보만 담을 수 있는데, 내 뇌는 그렇게 많은 설교를 담아 두지 않기로 했다. 그러나 그 설교들은 분명 영혼 속에서 조용히 일하면서 나에게 인상을 남겼다고 믿는다. 여러 해 동안 부모, 교사들, 친구들이 해 준 많은 교훈과 조언의 말도 내가 많이 기억하지는 못하지만 나에게 영향을 미쳤던 것과 마찬가지다. 우리는 종종 굳이 기억할 필요 없는 진리에 의해 빚어진다. 설교자들이 특히 자기 설교에 적용할 때 더 큰 확신과 자신을 갖고 믿었으면 하는 그런 진리로 말이다. 오늘날 교회에서 설교의 훈련은 심각하게 무시되기 때문이다.

종교개혁의 설교

종교개혁 시절에는 그렇지 않았다.[1] 오늘날 우리는 마르틴 루터를 종교개혁에 불을 붙인 아주 용기 있고 끈질긴 수도사로 알고 있다. 분명 그런 평판을 받을 만하다. 성격, 글, 지도력으로 그는 그 시대에도 거장이었다. 그러나 루터가 당대에 설교자로도 유명했고 사랑받았다는 사실은 잘 알려져 있지 않다. 그의 설교는 글 못지않게 큰 동조를 얻었다. 그가 설교에 매우 전념했다는 사실은 중세 말기 기독교에 일어난 중요한 전환을 나타낸다. 중세 시대에 성찬대는 교회 건축은 물론 교회 의식에서 예배의 중심 기능을 했다. 사제가 미사를 거행하는 곳도 거기였기 때문이다. 종교개혁 때는 설교단이 성찬대를 대신했다. 설교를 통해 이해한 것을 눈으로 보게 하는 성례를 소홀히 하지는 않았지만, 하나님의 말씀을 설교하는 것이 종교개혁 예배의 중심으로 새롭게 등장했다.[2]

비텐베르크에 있는 루터의 교회가 가장 좋은 본보기다. 교회는 일요일 오전 5시와 10시 그리고 오후에, 각각 한 번씩 모두 세 번 공예배를 드렸다. 회중들은 예배 때마다 매번 예전을 따라 찬송을 부르고 기도를 하며 성만찬을 행했다. 또한 설교를 들었는데 아주 긴 설교였다. 심지어 그때도 일요일만 예배와 설교를 하는 유일한 날은 아니었다. 비텐베르크에서 목사들은 월요일과 화요일에 교리 문답으로 설교했고, 수요일에는 마태복음으로 설교했고, 목요일과 금요일에는 사도들의 편지, 특히 바울의 편지로 설교했으며, 토요일에는 요한복음으로 설교했다. 루터는 대부분의 설교를 감당했다. 그가 한 일의 양은 엄청났다. 일요일에 흔히 세 번, 주 중에 서너 번 설교하고도, 교회력의 특별한 날이자 특히 그가 가장 좋아했던 절기인 강림절과 성탄절에도 설교했다. 1528년에는 다섯 달 동안 195차례 설교를 했다. 그가 했던 4천 번 이상의 설교 중에서 2,300개가량이 보존되어 있다.[3]

루터만 그런 것이 아니었다. 다른 종교개혁가들—스트라스부르의 마르틴 부처Martin Bucer, 취리히의 울리히 츠빙글리Ulrich Zwingli, 스코틀랜드의 존 녹스John Knox—도 루터만큼이나 정기적으로 설교했다. 제네바의 장 칼뱅은 이들 모두보다 더 많이 했다.[4] 칼뱅은 일요일에 두 번, 격주로 주 중에도 매일 설교했다. 일요일에는 신약을 강해했고 주 중에는 구약을 강해했는데, 고난주간만 예외였다. 예컨대, 1555년 3월과 1556년 7월 사이에 칼뱅은 신명기만으로 200번이나 설교했다. 일요일에 하는 설교와 학교에서 주 중에 하는 강의는 별도였다. 속기사가 1549년과 1564년 사이에 칼뱅이 했던 설교를 거의 모두 기록했는데, 그것들을 편집해서 엮으니 약 44권에 달했다. 칼뱅의 후계자 테오도뤼 베자Theodore Beza는 칼뱅이 연평균 290회나 설교했다고 주장했다![5] 역사가 롤런드 베인턴Roland Bainton은 "종교개혁은 설교에 중심적 지위를 부여했다"고 말한다.[6]

우리가 종교개혁가들이 말씀 설교에 부여한 중요성까지 추측하기는 어렵다. 오늘날도 여전히 세계 도처의 무수한 교회에서 목사들이 설교를 하고, 일부는 하나님 말씀의 식단을 풍부하고도 지속적으로 차려 내면서 신자들에게 지식과 영감을 주며 설교를 아주 잘한다. 그러나 목사들의 마음속에서나 평신도들의 마음속에서나, 설교가 종교개혁 시기처럼 두드러진 위치를 차지하지는 않는다. 종종 설교는 훨씬 더 긴박해 보이는 다른 요구와 의무들 때문에 밀려나기도 한다. 특별히 평신도들은 교회가 청년회에서 갱생 프로그램에 이르기까지 폭넓고 다양한 사역을 제공해 주기를 기대한다. 이러한 기대가 반드시 잘못은 아니다. 아마도 500년 전이나 200년 전만 하더라도 그렇지 않았겠지만, 교회는 이제 기독교 신앙과 윤리에 따라 작동하지 않는, 세속화되어 가는 사회가 만들어 낸 진공을 채우라는 엄청난 압력에 직면해 있다. 그러나 교회―목사들에게는 물론―에 우리가 많은 것들을 해 달라고 요구할 때는 그만큼 치러야 하는 대가가 있다. 그 대가란 성경적 설교를 소홀히 하는 것이다. 그러면 우리가 생각한 그 이상의 것을 잃어버릴지도 모른다.

종교개혁가들은 설교를 첫째 의무이자 최고의 소명으로 여겼는데, 이는 곧 하나님 말씀에 대한 그들의 믿음을 반영하는 것이었다. 이러한 믿음이야말로 종교개혁 영성의 본질적 특성이고, 설교에 대한 그들의 헌신은 그러한 믿음을 가장 분명히 표현한 것이다.[7] 종교개혁가들은 하나님이 무한한 사랑과 긍휼로 그분의 영광과 우리의 구원을 위하여 자신을 우리에게 계시하기로 작정하셨다고 믿었다. 이러한 자기 계시의 내용이 하나님의 말씀으로 알려져 있다. 말씀의 궁극적 현현은 예수 그리스도이며, 그분은 하나님의 아들로서 육신이 된 말씀이고 하나님의 완전한 자화상이다. 또 말씀은 특히 예수 그리스도가 오시면서 절정에 이르는 구원사 이야기를 글과 말로 전한다. 마지막으로, 말씀은 말씀 선포와 성례 시행을 통하여 오늘날 우리에게도 지속적으로 말씀하신다. 둘 다 예수 그리스도, 곧 성육하신 하나님의 말씀을 가리킨다. 따라서 종교개혁가들은 말씀에 대한 이해와 헌신 때문에 설교에 대한 높은 견해를 견지했다. 그리고 설교를 하나님 말씀이 말로 표현된 것임은 물론 가시적 표현인 성례로 여겼다. 루터는 다음을 위해 "그리스도가 선포되어야 한다"고 말했다.

> 그분에 대한 신앙이 세워지고, 그분이 그리스도일 뿐 아니라 바로 당신과 나의 그리스도시며, 그분에 대한 말과 그분의 이름으로 한 말이 우리 안에서 유효해지기 위해서다. 그러한 신앙은 그리스도가 왜 오셨는지, 그리스도는 무엇을 생각하시고 무엇을 주셨는지, 그분을 받아들이면 어떤 유익이 있는지 설교함으로써 우리 안에서 생성되고 보존된다.[8]

종교개혁가들은 말씀이 그들만의 소유라고는 생각하지 않았다. 오히려 정반대였다. 그들은 사람들이 말씀을 접할 수 있기를 원했다. 말씀을 설교할 뿐 아니라 모국어로 번역하고 여러 소책자, 고백, 주석, 교리 문답을 써서 말씀을 해설했다. 또 평신도들이 스스로 말씀을 읽도록 격려했고, 새롭게 발명된 인쇄술을 이용한 것도 그 때문이었다.[9] 종교개혁가들은 하나님의 말씀이 단지 선택된 소수가 아니라 우리 모두를 향한 것이라고 믿었다. 우리는 이러한 말씀을 진지하게 받아들여, 말씀이 하나님에게서 온 **하나의** 말씀 a Word이 아니라 하나님의 **유일한** 말씀the Word이라고 믿으면서 부지런히 연구하고 밤낮으로 묵상하고 지성은 물론 마음으로 믿으며 우리의 삶으로 말씀에 복종해야 한다. 말씀은 우리에게 주신 하나님의 마지막 자기 계시로, 하나님의 아들 예수 그리스도 안에서 우리에게 왔고, 우리를 위하여 성경에 기록되었으며, 선포와 성례를 통하여 우리에게 계속 말씀하신다.

종교개혁의 배경

종교개혁은 16세기 유럽에서 번성했던 광범위한 종교개혁운동을 말한다.[10] 당시 유럽 자체가 엄청난 변화를 겪고 있었다. 크고(국가 정부) 작은(도시 정부) 정치 집단은 모두 교황의 지배로부터 독립을 주장하고 있었다. 도시 문화의 증대로 사업과 교역, 결혼과 가정, 여행과 여가 같은 사람들의 독특한 필요와 관심에 맞추어 교회는 더 많은 일을 해야 한다고 요구하는 이들이 늘어 갔다. 유럽 전역에서 많은 사람들이 교회의 실패에 대해 점점 더 비판적이 되었는데, 그냥 지나치기에는 너무도 명백했다. 교회에 모종의 개혁이 필요하다는 데 광범위한 의견 일치가 있었다. 그러나 개혁이 어떤 것이어야 하는지에 대해서는 의견 일치에 쉽게 이르지 못했다.

로마 가톨릭의 계층제―수도사, 성직자, 주교, 교수―는 문제 해결에 큰 도움이 되지 않았다. 도움이 되었다 할지라도, 계층제 자체가 문제의 주요 일부였다. 계층제는 현실과 동떨어져 있고 현실 적합성이 없으며 무능하고 부패한 모습을 자주 보였다. 수도사들은 평신도들이 보기에 불쾌하지는 않더라도 매력 없는 삶의 방식을 따랐다.[11] 대학 교수들은 스콜라주의로 알려진 연구 방법을 사용하여 평신도들이 보기에는 어리석고 좀스럽게 신학적 문제들을 탐구했다. 지역 교회의 많은 성직자들이 축첩했고 봉사에 대해 수고비를 요구했으며 기독교 신앙에 대해서는 소름 끼칠 정도로 무지했다. 주교들과 추기경들은 실제로 의무를 수행하지 않으면서도 고위직의 부와 명성을 누렸다. 그러나 단연 최대의 문제는 르네상스기의 교황제였다. 15세기 말과 16세기 초의 교황들은 교회를 위해 영적 지도력을 발휘하기보다 미술품을 수집하고 호사스러운 대성당을 건축하며 사치스럽게 사는 데 더 관심이 있었다. 에라스무스Erasmus와 같은 신랄한 인문주의자들은 물의를 빚은 교황들의 행위를 풍자하며 정곡을 찔렀다.[12] 이런저런 이유로 종교개혁은 봇물이 터지기 직전이었다.

종교개혁의 결과는 원인만큼이나 복잡했다. 현재 우리에게는 루터와 칼뱅이 가장 유명한 종교개혁가일지 모르지만, 당시로 돌아가서 보면 종교개혁 운동의 한쪽 진영만 대표할 뿐이었다. 소위 관료적 종교개혁Magisterial Reformation이라는 이름의 특수 진영은 정치 관료들의 권력에 의지해 교회를 개혁하려고 했고, 바른 교리의 중요성을 강조했으며, 구원이 그리스도와 은혜와 믿음을 통해서만 온다고 선언했는데, 지금 우리는 그것을 성경을 통해서만이라고 알고 있다. 메노 시몬스Meno Simons(메노나이트 창설자)와 같은 급진적 종교개혁Radical Reformation의 지도자들은 루터와 칼뱅이 충분히 나아가지 않았다고 주장했다. 그러면서 사회로부터 그들을 구별해 주는 산상수훈을 비롯한 성경의 **모든** 가르침을 따르기 원했다. 그래서 사회로부터 스스로 분리하고, 평화주의를 채택하고, 맹세를 하거나 어떤 종류의 정치적 자리를 맡는 것도 거부했다. 잉글랜드의 종교개혁은 또 다른 방향으로 움직였다. 잉글랜드의 종교개혁가들은 교회에 대한 교황의 권위를 거부하는 대신 국왕을 교회의 수장으로 삼았다. 더불어 가급적 여러 계파를 만족시키기 위하여 중도Middle Way라는 신학적 타협을 이루어 『성공회 기도서』Book of Common Prayer에 공식화된 예전을 중심으로 잉글랜드 성공회를 연합하려고 했다. 그러나 가톨릭 지도자들 역시 게을리 앉아 있지 않았는데, 가톨릭 종교개혁을 일으키면서 교회 개혁을 위한 단계를 밟았다. 스페인의 두 신비가 아빌라의 테레사와 십자가의 요한은 스페인에서 개혁을 촉구했다. 결과는 덜 만족스러웠지만 이탈리아에서도 대주교 콘타리니Contarini가 같은 시도를 했다. 로욜라의 이그나티우스Ignatius of Loyola는 개신교도들에게 빼앗겼던 영역을 되찾으려고 예수회Society of Jesus라는 새로운 수도회를 설립했다. 마지막으로, 교황은 가톨릭 교리를 분명히 하고 교회의 관행을 개혁하기 위해 트리엔트 공의회the Council of Trent를 소집하여 1545년부터 1563년까지 세 번의 모임을 가졌다.

그러나 여전히 마르틴 루터와 장 칼뱅이 종교개혁가들 중 가장 유명하다. 마르틴 루터는 여러 해를 수도원에서 보냈는데, 수도원은 루터가 종교개혁 신앙으로 회심한 결과로 떠난 중세 문화의 보루였다. 장 칼뱅은 당대의 한 선두적인 대학에서 교양 과정을 공부하면서 종교개혁 신앙으로 전환하는 여정을 밟았다. 그들의 여정이 아주 다르긴 했지만 결국은 동일한 목적지에 도달했고 모두 말씀을 전하는 설교자가 되었다.

루터의 영적 여정

마르틴 루터1483-1546년는 농사짓는 부모의 가정에서 자랐다. 부모의 재산은 조금씩 증가했다.[13] 아버지 한스Hans는 교육을 중시하여 아들이 법률가같이 안정된 직업을 잡아 늘그막에 자신을 부양할 수 있기를 바랐다. 루터도 그 기대에 기꺼이 부응하려고 했다. 그러나 사나운 뇌우를 만났을 때, 자신의 수호성인 안나Anne에게 자기 생명을 구해 주면 수도사가 되겠다고 약속한 일로 진로를 바꾸었다. 폭풍우 속에서 살아남은 루터는 약속을 지키고자 즉시 아우구스티누스 수도회에 가입했다.

 루터는 자기 죄성을 깊이 인식했고, 이 문제를 극복하려고 고해 성사에 열성을 다했다. 그러나 아무리 힘을 다하여 그런 훈련을 실천해도 결코 만족하지 못했다. 그는 한 번에 여러 시간 동안 죄를 고백했고, 계속 범하는 죄악들에 대해 자기를 정죄했다. 아이러니하게도 고해 성사는 의도와 정반대 결과를 낳아, 루터는 자기 죄성을 더 인식할 뿐이었다. 루터의 고해 신부인 요하네스 폰 스타우피츠Johann von Staupitz는 루터의 고통을 걱정하며 그에게 신비가들을 연구하라고 권했다. 그러나 신비가들을 연구하면서 문제는 더 악화되었다. 신비가들이 강조한 대로 하나님을 사랑하려고 노력하자 자신에게 하나님 사랑이 없음을 더 의식하게 되었기 때문이다.[14] 도리어 하나님을 미워하기에 이르렀다. 루터는 자신이 무가치하다는 의식 때문에 절망의 끝자락까지 내몰렸다. 스타우피츠는 루터를 구제하려는 간절한 마음으로 그를 대학원으로 보내 신학을 공부하게 했다. 루터는 학위를 받은 후 비텐베르크에 있는 대학에서 교수직을 맡아 성경과 신학을 가르쳤다.

루터는 비텐베르크에서 열심히 성경을 공부하기 시작했고, 자신에게 놀라움과 위안과 두려움을 주는 생각을 발견했다.[15] 시간이 흐르면서 계속된 성경 연구로 루터는 새로운 진리를 깨달았다. 그리고 몇 년 후, 그때의 경험을 되돌아보면서 로마서 1장을 공부하는 중에 전환점이 찾아왔다고 했다. 특별히 한 구절—로마서 1:17—이 그를 당황하게 하고 괴롭혔다. 그가 말한 대로, "나는 바울의 로마서를 분명히 이해했다고 확신했지만…그것은 1장의 한 절이 내 앞을 가로막기 전까지만이었다." 그 구절은 "하나님의 의"였다. 그는 이것이 자신이 하나님의 **능동적** 의라고 칭한 것, 곧 하나님의 완전한 의에 미치지 못하는 사람은 누구든 심판하고 정죄하는 기준이라고 생각해 왔다. 게다가 "의인은 믿음으로 말미암아 살리라"라는 구절은 오직 의로운 사람만 믿음을 가진다는 의미라고 생각했다. 그리고 루터는 자신이 의롭지 않음을 알았다. 이는 곧 자신에게는 믿음이 없고 따라서 자신은 구원받지 못한다는 뜻이었다. "나는 의로우신 하나님을 사랑할 수 없었다.…나는 '복음에는 하나님의 의가 나타나서'라는 개념이 싫었다. 나는 죄인들을 정죄하시는 의로운 하나님이 싫었다."

그러나 루터는 자신의 말대로 '밤낮으로' 그 구절을 숙고하여 돌파구를 찾기에 이르렀다. 그는 '하나님의 의'가 하나님의 **수동적** 의, 곧 하나님이 죄인들에게 은혜로 후히 주시는 의의 선물을 가리킨다는 것과 "의인은 믿음으로 말미암아 살리라"라는 것은 믿음으로 사람을 의롭게 한다는 말이지 의로운 사람이 믿음을 가진다는 말이 아님을 발견했다. 루터는 이 깨달음에 압도되었다.

> 이로 인해 급기야 나는 다시 태어난 것 같고 열린 문을 통해 그야말로 낙원으로 들어간 것 같은 느낌이 들었다. 그때부터 나는 성경의 모든 면을 새로운 빛 안에서 보았다.…그리고 이제, 한때 싫어했던 구절, 즉 "하나님의 의"를 가장 아름다운 구절로 사랑하고 찬양하기 시작했다. 바울의 이 본문이 나에게는 낙원으로 향하는 문이 될 정도였다.[16]

다음 수년에 걸쳐 루터는 비텐베르크의 교수들과 학생들에게 성경을 가르치기 시작했고, 그들도 점차 루터의 관점을 갖게 되었다. 또한 면죄부 판매와 같은 교회 내부의 폐해에 도전했다. 면죄부는 신자들이 연옥에서 보내야 하는 연수를 줄여 주기 위해 교황이 베푼 것이었다. 면죄부 제도는 돈을 늘리는 데 편리한 방법이었는데, 루터의 격노를 더할 뿐이었다. 1517년에 교황 레오 10세Leo X와 브란덴부르크의 알베르트Albert of Brandenburg는 도미니쿠스회원인 요한 테첼Johann Tetzel을 고용하여 독일에서 면죄부 판매 계획을 진행했다. 두 지도자는 이익을 나누어 가질 작정이었다. 알베르트는 빚을 갚기 위해 돈이 필요했고, 레오는 로마에 성 베드로 대성당St. Peter's Basilica 건축에 재정을 지원하기 위해 돈이 필요했다. 테첼은 뛰어난 장사꾼이었고 사람들의 두려움과 걱정을 이용해 먹는 법을 알고 있었다. "당신이 친애하는 다 죽어가는 친척들과 친구들이 당신에게 애원하는 목소리를 들어 보십시오. '우리를 불쌍히 여기세요, 우리를 불쌍히 여기세요. 약간의 기부로 당신이 우리를 구속할 수 있는, 그런 무서운 고통 가운데 우리가 있습니다.' 당신이 그들을 해방시킬 수 있음을 명심하십시오." 그는 그들의 잇속을 끌 만한 짧은 어구를 사용하기도 했다. "금고 안에서 동전이 울릴 때마다 연옥의 영혼이 벌떡 일어납니다." 평신도들은 테첼에게서 면죄부를 사려고 모여들었다.[17]

1517년 10월 31일, 루터는 모든 면죄부 제도를 반박하고 토론을 요청하는 95개 논제를 게시했다. 루터는 면죄부 제도가 구원을 돈으로 축소해 버린다고 믿어 이를 거부했다. 그리고 다음 여러 해 동안, 구원은 그리스도가 십자가 위에서 치르신 완전한 희생을 통하여 거저 주시는 선물임을 강조하는 신학을 발전시켰다. 완전한 중보자이신 그리스도가 우리의 죄를 위하여 죗값을 치르셨다고 주

마르틴 루터

장했다. 그리스도는 죽은 자들 가운데서 살아나신 후 자신을 믿는 사람들에게 용서와 영생을 주신다. 루터는 결혼의 유비를 사용하여 주장을 펼쳤다. 결혼 관계 안에서는 남편에게 속한 것이 아내의 것이 되고 아내에게 속한 것이 남편의 것이 된다. 마찬가지로 우리의 죄가 그리스도께 주어지고, 그분의 의가 우리에게 주어진다.

> 믿음이란 결혼반지 같은 것으로서, [그리스도는] 자기 신부의 것인 지옥의 죄와 죽음과 고통을 공유하신다.…그리하여 믿는 영혼은 믿음의 서약으로 인해 신랑이신 그리스도 안에서 자유로워져서 모든 죄로부터 자유로워지고 죽음과 지옥에 대해 안전하며, 신랑이신 그리스도의 영원한 의와 생명과 구원을 부여받는다.[18]

복음은 우리를 하나님의 진노에서 구원하고, 죄와 죽음과 지옥에서 구원하며, 우리 자신 곧 우리의 연약한 수고와 비참한 행위에서 구원하기까지 한다.

> 그리고 이것이 바로 우리의 신학이 확실한 이유다. 곧 우리를 우리 자신에게서 구해 내어 우리 자신의 바깥에 둠으로써 우리가 스스로의 힘이나 양심, 경험, 인격, 행위에 의지하지 않고 우리 바깥에 있는 것, 곧 속일 수 없는 하나님의 약속과 진리에 의지할 수 있게 한다.[19]

루터의 항의가 쇠귀에 경 읽기는 아니었다. 지지자들이 생겼을 뿐 아니라 대적들의 관심을 끌기도 했다. 그리고 결국 교회 지도층도 주목하게 되었다. 1517년과 1520년 사이, 루터는 여러 청문회와 토론회에 참석했다. 교회 지도자들은 루터가 생각을 바꾸기를 바랐지만, 루터는 훨씬 더 강경해졌다. 1520년에 교황이 루터를 파문하자, 루터는 그 문건을 태워 그 소식에 대응했다. 1521년에 신성로마제국 황제 샤를 5세 Charles V는 당시 겨우 21세였는데, 보름스 의회에 출두하라고 루터를 소환하였다. 거기서 황제와 교황 모두는 루터에게 그의 주장을 철회하라고 명령했다. 그러나 루터는 단순하고 직접적인 답을 하라는 요청에 굽히지 않았다. 그리고 성경과 이성 위에만 자신의 입장을 세우려고 했다.

> 교황과 공의회가 종종 잘못을 범하고 스스로 모순된다는 것이 잘 알려져 있는 바이고, 나는 교황이든 공의회든 어느 것도 신뢰하지 않기 때문에, 성경의 증거나 분명한 이성으로 설득하지 않는 한, 나는 내가 인용해 온 성경에 매여 있고 양심은 하나님의 말씀에 붙들려 있다. 양심에 역행하는 것은 안전하지도 옳지도 않기 때문에, 나는 조금도 물러날 수 없고 물러날 뜻도 없다. 달리 어찌할 수가 없어 여기 서 있으니, 하나님이여 나를 도우소서. 아멘.[20]

칼뱅의 영적 여정

루터가 종교개혁의 주요 촉매자였다면, 장 칼뱅 1509-1564년은 종교개혁의 주요 신학자이자 조직가였다.[21] 어린 시절 칼뱅은 지적으로 유행하던 새로운 인문주의 학문을 접했다. 인문주의 학자들은 과거 고대의 지혜를 중시하여 고전 문학을 연구했다.[22] 그들에게 성경보다 더 중요한 자료는 없었다. 그들은 당시에 가용한 최상의 학문 도구, 특히 히브리어와 헬라어와 같은 언어들을 사용하여 성경을 주의 깊게 연구하며 정확하게 해석하려고 노력했다. 예컨대, 독일의 인문주의자 요하네스 로이클린Johannes Reuchlin, 1455-1522년은 히브리어를 독파하여 히브리어 문법과 사전을 출판함으로써 다른 학자들이 구약을 원어로 연구할 수 있게 했다. 런던에 있는 세인트 폴 대성당St. Paul's Cathedral의 학장인 존 콜렛John Colet, 1466-1519년은 바울 서신을 형판으로 사용하여 교회를 판단해야 한다고 주장하면서 바울 서신에 대한 일련의 강의를 했다. 당대 교회에 대한 그의 평가는 칭찬과는 거리가 멀었다. 최고의 인문주의자 로테르담의 에라스무스Erasmus of Rotterdam, 1469-1536년는 헬라어 신약 성경 최초의 비평판이자 합성본을 준비해 출판했다.[23] 에라스무스도 콜렛처럼 교회에 대해 심한 비판을 퍼부었다. 그러나 그는 교회를 떠나지 않았는데, 그의 동료 인문주의자들도 대부분 교회를 떠나지 않았다.

칼뱅은 1533년 혹은 1534년 어간에 종교개혁 신앙에 헌신했는데, 루터보다 족히 20년은 지난 후였다. 칼뱅이 증언하듯이, "나의 갑작스러운 회심으로 하나님은 나의 마음을 압도하여 가르침을 받을 수 있도록 틀을 잡아 주셨는데, 그런 일들

장 칼뱅

로 이 틀은 내 인생 초기에 기대할 수 있었던 것보다 더욱 굳건해 졌다."[24] 그 시점에 칼뱅은 그리스도인 학자가 되기로 작정했다. 그리고 1536년에 이르면 이미 『기독교 강요』Institute of the Christian Religion, 기독교문사 초판을 출판했는데, 여러 종교개혁가들로부터 호평을 받았고, 일부 종교개혁가들은 칼뱅이 운동의 지도자가 되어 달라고 촉구했다. 그러나 칼뱅이 자신에 대해 설명했듯, 그는 "다소 세련되지 않고 수줍어하는 기질 때문에 늘 그늘에 있고 은거하기를 좋아했다."[25] 프랑스에서의 박해를 피해 그는 스트라스부르Strasbourg(지금은 프랑스에 있지만 당시에는 알자스에 있었다)로 가서 학문적 관심사를 계속 추구할 수 있었다.

얼마 후 칼뱅은 스트라스부르를 떠나 이탈리아로 향했다. 스위스에서 전쟁이 일어나서, 칼뱅은 종교개혁 사상으로 혼란에 빠진 제네바를 통해 우회로를 택할 수밖에 없었는데, 제네바에서는 하룻밤만 지내고 갈 길을 갈 계획이었다. 그러나 제네바에 사는 종교개혁가 윌리엄 파렐William Farel, 1489-1565년은 칼뱅이 도시에 있다는 소식을 들었다. 그리하여 칼뱅을 찾아가 그곳에 머물면서 교회 개혁 추진을 도와 달라고 설득하려고 했다. 칼뱅은 정중하게 거절했지만, 나중에 칼뱅이 전하듯 파렐은 완강했다. "필요가 이렇게 급박한데도 내가 물러나서 도움을 주지 않는다면, 하나님은 내가 은거하는 것과 평온히 추구하던 연구를 저주하실 것이다."[26] 그래서 칼뱅은 마음을 굽혔다. 1536년에 시의회가 칼뱅을 제네바의 주 설교자로 임명한 후, 칼뱅은 교회 개혁을 위한 일에 본격적으로 착수했다. 그러나 모든 사람이 그의 전략에 동의하지는 않았고, 그의 방법을 인정하거나 그의 성격을 좋아하지도 않았다. 2년 후 시의회는 칼뱅에게 물러나라고 요청했다.

칼뱅은 스트라스부르로 돌아가기로 결정했다. 그리하여 그의 성년으로서의 삶에서 가장 행복했던 3년이 시작되었다. 그는 프랑스 난민으로 구성된 회중의 목사가 되었으며 다른 관심사들로도 바빴다. 여러 중요한 신학 저작들을 썼고, 스트라스부르의 사랑스런 목사인 마르틴 부처와 같은 저명한 종교개혁 지도자들과 깊은 우정을 닦았으며, 교회를 어떻게 조직해야 하는지에 대한 확신을 굳혀 갔다. 또한 1540년에는 이델레트 드 뷔러Idelette de Bure라는 과부와 결혼했다. 1549년에 그녀가 결핵으로 죽기까지 9년 동안 결혼 생활을 즐겼다.

한편, 제네바의 형편은 악화되기 시작했다. 1541년에 시의회는 너무 절박한 나머지 칼뱅에게 돌아오라고 요청했다. 칼뱅은 거기에는 오직 난관만이 있을 것이라는 생각에 처음에는 거절했다. 그러나 결국 그는 편안함보다 의무를 택했다. "그러나 나의 의무에 대해 엄숙하고도 양심적으로 충분히 고려하여, 떨어져 있던 양 무리에게로 돌아가기로 마음먹었다. 그러나 어떤 슬픔과 눈물, 큰 근심과 고통이 있어도 나는 이 일을 했다."[27] 칼뱅은 나머지 생애 동안 거기에 머물며 사역에 전념했다. 그는 목사로서 신도들을 돌보았고 교회의 치리를 행사했다. 신학자로서『기독교 강요』를 확대 개정했고 여러 편의 주요 논문을 저술했으며 거의 모든 성경 각 권에 대한 주석을 썼다. 서유럽 전역에 사는 종교개혁가들과는 동료로서 광범위하게 교류하며 주도적인 종교개혁 에큐메니스트ecumenist

가 되었다. 제네바에서는(그리고 다른 곳에서도) 지도자로서 교회를 조직하고, 학교를 설립함으로써 젊은이들을 교육하고 제네바의 공동선을 위해 봉사하는 여러 계획을 추진했다. 그러나 칼뱅의 삶과 사역에서 지속적으로 나타나는 핵심—그의 '참된 목표'—은 하나님 말씀을 강해하는 것이었다. 칼뱅은 **말씀을** 공부함으로써 **말씀에 대한** 이러한 확신에 도달했다. 그는 말씀 자체를 통해 말씀의 권위를 확신하게 되었다.

하나님의 말씀에 대한 칼뱅의 이해

루터와 마찬가지로 칼뱅도 말씀을 통해 하나님이 자신을 인간에게 계시하셨다고 믿었다. 이러한 자기 계시 행위를 통해 하나님은 우리 인간의 제한된 수용 능력에 자신을 '맞추시기'로 작정하셨다. 마치 우리의 세상 언어로 말씀하시는 것처럼 말이다.

> 보통 유모가 유아에게 그러하듯, 하나님도 우리에게 말씀하실 때 '혀 짧은 소리로 말씀'하시는 버릇이 있다는 것을 약간의 지능이라도 있는 사람이라면 누구나 알 수 있지 않은가? 그래서 그런 형식의 말씀으로는, 고작해야 우리의 미약한 수용 능력에 그분에 대한 지식을 맞추는 만큼만 하나님이 어떤 분이신지를 나타낼 수 있다. 이를 위해 하나님은 자신의 고결함보다 훨씬 아래로 내려오셨음에 틀림없다.[28]

하나님의 자기 계시는 성육신에서 정점에 달했다.[29] 예수님은 신인 동시에 인간으로서 하나님과 인간 사이의 완전한 중보자시다. 칼뱅은 주장했다. "그러므로 우리는 그리스도를 통하지 않고서는 하나님을 신뢰할 수 없다. 하나님은 그리스도 안에서 우리의 수용 능력에 맞추어 자신을 낮추기 위하여, 말하자면 자신을 작아지게 하셨다. 오직 그리스도만이 우리의 양심을 가라앉혀서서 감히 하나님께 가까이 나아갈 수 있게 하신다."[30]

그러나 하나님은 거기서 멈추지 않으셨다. 칼뱅에 따르면, 하나님은 그분의 섭리로 구원 이야기가 기록되는 과정을 인도하셨다. 성경도 예수 그리스도 안에 있는 하나님의 구원 행위에 대한 기록을 담고 있으므로 하나님의 말씀이다. 그러므로 하나님의 자기 계시는 (예수 그리스도 안에서) 보여지기도 하고 (성경 안에서) 기록되기도 한다.[31] 그리스도보다는 부차적이긴 하지만 성경에 나타난 하나님의 계시는 예수 그리스도 안에 나타난 하나님의 계시만큼이나 확실하고 신뢰할 만하다. 성경에서 "하나님은 인간의 형식에 맞추어 말씀하시고 행동하심으로써 하나님 자신과 인간 사이에 놓인 무한한 간극을 메우셨다."[32] 칼뱅은 안경을 예로 들어 논지를 분명히 했다. 시력이 나쁜 사람 앞에 책을 두면, 그는 책이 있다는 사실은 알 수 있지만 "두 낱말도 파악하지 못 할" 것이다. 그러나 알맞은 안경을 주어서 쓰게 하면, 제대로 읽을 수 있을 것이다. 마찬가지로 성경은 "성경이 없다면 혼란스러웠을 하나님에 대한 지식을 우리의 정신 속에 모아 주고 아둔함을 흩어 버리면서 우리에게 참 하나님을 분명하게 보여 준다."[33]

마지막으로, 칼뱅은 성령이 신자들의 마음속에 내적 증거를 심어 주셔서 말씀을 믿고 그 말씀에 순종할 수 있게 하셨다고 믿었다. 하나님 자신보다 더 높고 큰 증인은 있을 수 없기 때문이다.[34] "그러므로 우리는 스스로의 판단이나 다른 누구의 판단에 의해서가 아니라 성령의 능력으로 조명을 받아 성경이 하나님으로부터 온 것임을 믿는다. 그러나 우리는 인간의 판단을 넘어 완전한 확신을 갖고…성경이 사람의 사역을 통하여 하나님의 입으로부터 흘러나왔다고 믿는다."[35]

칼뱅이 성경 기록의 신뢰성을 입증하는 증거를 무시하거나 잊어버린 것은 아니다. 오히려 성령의 내적 증거를 통해 드러나는 것을 강화하는 외적 증거를 잘 알고 있었다. 그는 성경이 오래되었음을 피력했고, 성경 저자들의 증언에 나오는 기적을 언급했으며, 반대와 박해와 배교를 겪으면서도 성경이 보존된 사실도 언급했다. 또 이러한 증거들의 사례로 성경 메시지의 보편적 적실성을 언급했다. 그러나 아무리 이러한 증거가 납득이 간다 할지라도 그 중요성은 부차적이다. "하늘에 계신 우리 아버지께서 위엄을 드러내셔서 논란의 영역을 넘어 성경에 대한 경외감을 끌어올리기 전에는, 이것들은 저절로 확고한 믿음을 줄 만큼 충분히 강력하지는 않다."[36]

설교자의 짐

루터와 칼뱅 모두 하나님 말씀의 **선포**가 곧 하나님의 말씀이라고 믿었다. 칼뱅에 따르면, "하나님은 자신의 사역자들의 음성을 통하지 않고서는 말씀하기 원하지 않으신다."[37] 이는 중대한 책임으로서, 설교자는 이를 가벼이 여겨서는 안 된다. 그러나 이는 또한 고귀한 부르심이자 커다란 영예다. 설교자 자신이 부적합하다고 느끼더라도 문제될 것은 없다. 그렇다 하더라도 그분의 방식에 완벽하게 들어맞는다. 하나님은 낮은 자를 사용하셔서 위대한 목적을 성취하신다. 그리스도의 고난과 성경의 단순하고 꾸밈없는 이야기들은 그 방식에 완벽하게 들어맞는다. 그러므로 설교가 취약하고 어리석어도 마찬가지다. 사도 바울은 이렇게 썼다. "하나님의 지혜에 있어서는 이 세상이 자기 지혜로 하나님을 알지 못하므로 하나님께서 전도의 미련한 것으로 믿는 자들을 구원하시기를 기뻐하셨도다"(고전 1:21). 설교는 하나님이 잃어버린 자를 구원하기 위해 사용하시는 수단이다. "하나님이 우리의 입으로 구원의 증거를 사람들에게 전하고 우리가 진리의 증인이 되며 전에 저주받고 잃어버렸던 사람들에게 구원을 제시해야 한다고 작정하셨을 때, 복음을 선포하라고 부름받은 우리는 그분이 우리를 귀하게 여기신다는 사실을 알아야 한다."[38]

루터는 설교가 성경보다 더 큰 역할을 한다고까지 말한다. 하나님의 음성은 설교를 통하여 들을 수 있기 때문이라는 것이다. 루터는 기독교 메시지를 받아들이는 일차적 기관은 눈이 아니라 귀라고 말했다. 보는 것보다 듣는 것이 더욱 근본적이다. 한때 예수 그리스도 안에서 세상에 가시적으로 현존하셨던 하나님은 말씀 선포를 통하여 자신을 계속 나타내기로 하셨다.[39] 하나님은 말씀 선포를 통하여 사람들을 자신에게로 부르신다.

마르틴 루터, "주의 만찬에 대한 설교"

"그러므로 그것[주의 만찬 혹은 성찬]을 냉담하게 대하지 마십시오. 우리가 강요하는 것은 아니지만, 여러분은 스스로의 자유 의지로 나와야 합니다. 여러분이 나와야 하는 이유에 대해 가르치는 것이 나의 의무입니다. 이는 명령이 아니라 여러분의 필요입니다. 여러분이 느끼기에도 여러분의 믿음은 질병에 걸려 있고, 여러분은 모든 악을 저지르는 경향이 있지 않습니까. 이러한 위험 때문에 여러분은 어떤 명령이 없어도 움직입니다. 나에게 강요하는 것은 교황도 아니고, 황제도 아니고, 공작도 아닙니다. 나에게 강요하는 것은 나 자신의 필요입니다.…[우리를 성례전으로 나오지 않을 수 없게 하는] 필요는 죄와 마귀와 죽음이 언제나 현존한다는 사실에 기인합니다. 그 유익은 우리가 죄 용서와 성령을 받는다는 것입니다. 이제 그 필요를 인정한다면, 여러분은 독이 아니라 치료책과 구원을 받습니다. 오늘은 자격이 없으니 잠시 기다리겠다고 말하지 마십시오. 마귀의 속임수입니다. 죽음이 찾아올 때도 자격이 없다면 어찌하겠습니까? 그러면 누가 여러분에게 자격을 부여하겠습니까? 차라리 이렇게 말하십시오. 나에게 강요하는 것은 설교자도, 군주도, 교황도, 황제도 아니며, 오직 나의 큰 필요와 그 이상, 곧 유익이라고 말입니다. 첫째, 성례전은 말씀 안에서 이해할 수 있는 빵과 포도주 안의 그리스도의 몸과 피입니다. 둘째, 그 유익은 죄의 용서입니다. 여기에 필요와 유익이 포함됩니다. 셋째, 믿는 자들이 와야 합니다."

(존 딜렌버거John Dillenberger가 편집한 『마르틴 루터: 마르틴 루터 선집』에서)

어떤 공로가 있어야 그리스도인이라는 이름으로 불리기에 합당한지 어느 그리스도인에게 묻는다면, 그는 하나님 말씀을 듣는 것 곧 믿음 말고는 다른 대답을 줄 수 없을 것이다. 그러므로 그리스도의 사람에게는 오직 귀라는 기관만 있을 뿐이다. 어떤 다른 지체의 공로가 아니라 믿음으로만 의롭다 함을 얻고 그리스도인이라 인정받기 때문이다.[40]

설교자의 준비

설교의 비중을 고려할 때, 과연 어떤 설교자가 그런 무거운 짐을 짊어질 수 있겠는가? 종교개혁가들은 이 문제를 알고 있었다. 그러므로 설교에 **대해서뿐** 아니라 설교자들**에게** 할 말이 많았다. 그들은 동료 설교자들에게 하나님 말씀의 선한 종이 되라고 권고했는데, 이를 위해서는 일정한 훈련이 필요했다. 그들은 복음에 대한 충성을 최우선으로 여겼다. 칼뱅은 설교란 실제로 하나님의 말씀을 선포할 때에만 하나님의 말씀을 전하는 것이라고 판단했다. 그리고 **대사**와 **종** 같은 단어를 사용하여 설교자의 역할을 규정하였다. 권위는 위임된 것이지 타고난 것이 아니다. "이제 우리는 이것을 이상하게 여겨서는 안 된다. 하나님의 종들이 그렇게 말할 때 아무것도 자신의 덕으로 돌리지 않는다. 다만 위임받은 것과 책임 맡은 것을 보여 주고, 그리하여 스스로를 하나님에게서 분리시키지 않는다."[41]

그러나 그들에게도 능력은 중요했다. 말씀을 읽고 이해하고 토론하는 것은 모든 사람이 할 수 있는 일이다. 그러나 모든 사람이 예배 중에 설교를 할 수 있는 것은 아니다. 칼뱅은 "분명 모든 사람이 목사가 되기에 적합한 것은 아니다"라고 썼다. 설교자들은 성경을 알고, 교리를 이해하고, 훌륭한 성품을 보여 주어야 하며, 가르침의 은사가 있어야 한다.[42] 그러나 심지어 그러한 자질이 있다 해도 충분하지는 않다. 설교자들은 또한 성실한 학생이어야 한다. 칼뱅은 준비 부족을 특별히 위험하고 뻔뻔한 잘못으로 여겼다.

> 만일 내가 건방지게 책 한 권도 들여다보지 않고 설교단에 올라가서는 장난삼아 "뭐 대충! 설교단에 오르면 하나님이 말할 것을 넉넉히 주실 것이다"라고 상상한다면, 그리고 내가 선언해야 할 것에 대해 겸손한 자세로 읽지 않거나 생각하지 않으며, 사람들을 교화하는 데 성경을 어떻게 적용해야 하는지 주의 깊게 심사숙고하지 않은 채 이 자리에 나선다면, 나는 거만한 돌팔이가 될 것이고, 하나님은 나의 뻔뻔함 가운데서 나를 혼란케 하실 것이다.[43]

종교개혁가들은 진지한 학생으로서, 말씀은 물론 훌륭한 소통의 기술 또는 수사법을 갖추고 있었다. 수사법의 첫째 규칙은 표현 수단이 메시지에 맞아야 한다는 것이다. 말씀 선포 방식은 그 말하고자 하는 뜻에 부합해야 한다. 설교 방식은 다음 순서다. 루터는 강해 설교 방식을 선택했다. 본문의 핵심 의미를 찾은 다음 더 큰 상황이라는 맥락에서 의미를 설명했다. 칼뱅은 절별과 권별로 성경 전체를 설교했는데(연속 강해 *lectio continua*), 한 번 설교에 평균

4절을 다루었다. 루터와 칼뱅은 원고 설교가 아닌 즉흥 설교를 하였다. 다양한 수사법도 사용했다. 성경 이야기를 바꾸어서 다시 말하는가 하면(특별히 루터는 이 방면에 도사였다), 바울의 구절을 바꿔서 설명하기도 하고, 단어와 그림과 교인들의 일상생활에서 얻은 것을 은유로 쓰기도 했다.

칼뱅의 설교단

칼뱅은 화술을 유용한 기술로 여겼다. 그러나 칼뱅은, 설교자가 오류를 범한다면 그것은 화술이 문제가 아니라 단순한 강해가 문제라고 믿었다.

> 화술을 정죄하거나 경멸해서는 안 된다. 여기서 말하는 화술은 겉만 번지르르한 말로 그리스도인들을 사로잡거나, 공허한 유희에 빠트리거나, 딸랑거리는 소리로 귀를 간질이거나, 가리개로 덮듯이 공허한 허세를 부리며 그리스도의 십자가를 덮어 버리지 않고, 오히려 복음 본래의 단순성으로 돌아가게 하고, 화술 자체를 자발적으로 낮춤으로써 십자가에 대한 단순한 설교를 높이는 경향이 있다. 그래서 결국 전령의 소임을 다하는 것이다.[44]

설교자의 특성

종교개혁가들은 자신의 소명이 제아무리 고귀하다 하더라도 자신은 여전히 인간임을 인식하고 있었다. 그들의 설교가 먼저 설교하는 자신들을 향해야 한다고 믿었다. 이 점에 대해서 칼뱅은 분명했다. 설교자가 말씀을 자신에게는 적용하지 않은 채 강해하는 주제넘은 짓은 아예 받아들이지 않았다. "하나님을 제일 먼저 따르는 자가 되기 위한 고통을 감내하지 않는다면, 차라리 설교단으로 올라가는 목을 꺾어 버리는 게 나을 것이다."[45] 칼뱅은 그러한 위험성을 두려워했고, 어떤 값을 치르더라도 그러한 주제넘은 죄를 저지르지 않았다. "내가 설교단으로 올라가는 것은 다른 사람을 가르치기 위해서만이 아니다. 나는 나를 예외로 두지 않는다. 나는 학자여야 하고 내 입에서 나오는 말은 당신에게는 물론 나에게도 도움이 되어야 하기 때문이다. 아, 슬프구나!"[46]

종교개혁가들의 설교는 흔히 겸손하고 인간적인 특성이 있었다. 특히 루터의 경우가 그랬다. 루터가 인간의 상태를 잘 이해했음이 분명하며, 이는 그의 설교에 자주 드러나 있다. 일례로, 1530년 고난주간 동안 루터는 그리스도의 고난에 대해 설교했는데, 신자들이 그들이 겪는 고난에 어떻게 반응해야 하는지 말해 주는 예로 이용했다.

사람은 고난과 고통이 최악일 때에는 극심한 고통에 짓눌려서 더 이상 견딜 수 없어 반드시 죽을 것이라고 생각한다. 그러나 그리스도에 대해 생각할 수 있다면, 신실하신 하나님이 오셔서 당신을 도우실 것이다. 세계가 시작할 때부터 자신에게 속한 자들을 언제나 도우셨던 것처럼 말이다. 그분은 언제나처럼 동일한 분이기 때문이다.[47]

루터는 예수님의 낮아지심을 일컬어 위로와 격려의 원천으로 삼곤 했다. 어느 크리스마스이브에 했던 설교에서 이렇게 말했다. "내게는 인간에게 주어진 위안 가운데 이보다 더 큰 위안은 없다."

그리스도가 인간이 되었다는 사실, 곧 가장 은혜로운 엄마의 무릎에서 그리고 가슴팍에서 노는 어린아이이자 아기가 되었다는 사실이 말이다. 이 광경을 보고 위로받지 않을 사람이 어디 있겠는가? 이제 죄와 죽음과 지옥과 양심과 죄책의 권세가 극복되었다. 옹알이를 하는 아기에게 나아오고, 이 아기가 당신을 심판하러 온 것이 아니라 구원하기 위해 왔음을 믿는다면 말이다.[48]

루터는 그의 회중이 대개 보통 사람들로 구성되어 있음을 알았다. 엘리트에게만 설교하고 나머지 모든 사람을 무시하는 것은 옳지 않다고 생각했다. 교육받고 지적인 사람에게 설교하고 보통 사람들의 관심사를 무시하는 동료 설교자들을 비판했다. 동료 목사들에게 외쳤다. "이런, 교회 안에는 열여섯 살 소녀, 여성, 노인, 농부가 있는데, 그들은 고매한 일들을 이해하지 못하는구나!…언젠가 기교만 있는 설교자들에 반대하는 책을 하나 써야겠다."[49] 루터는 고도로 교육을 받았지만, 보통 사람들의 세계에서 나온 언어와 예화를 사용하여 그들이 이해할 수 있는 방식으로 말했다. "나는 설교할 때 박사나 관헌을 고려하지 않는다. 회중 가운데는 그런 사람이 마흔 명도 넘긴 하지만, 나는 여종이나 아이에게 온통 주목한다. 식자들은 듣는 것이 달갑지 않겠지만, 문은 열려 있다."[50]

목회적 돌봄

종교개혁가들은 하나같이 목사였다. 그리고 자기가 맡은 사람들의 일상에 관심을 가졌다.[51] 칼뱅은 이렇게 썼다. "다른 사람이 뭐라 생각해도, 우리는 우리의 직분에 대해 생각할 때, 설교가 끝나면 할 일을 다한 것처럼 편히 쉬어도 좋다는 식으로 아주 편협하게 생각하지 않는다. 우리의 나태함 때문에 잃어버린다면 그들의 피는 우리 책임이 될 것이다. 우리는 그들을 훨씬 더 밀접하고도 열심히 돌보아야 한다."[52] 종교개혁가들은 교인들과 같은 세계에 살았다. 주요 종교개혁가들은 거의 다 결혼하여 자녀가 있는 삶을 택했다. 비극적 사별로 고통받고 심각한 건강 문제로 고투한 사람도 많았다. 모두가 거의 끊임없는 반대에 부딪혔다. 루터는 가장 투명하고 개방적이어서, 우리에게는 루터의 삶에 대해 엄청난 정보가 있다. 예컨대, 우리는 루터에게 두 자녀를 잃은 고통이 있음을 알고 있다. 겨우 열세 살밖에 안 되는 사랑스런 딸의 죽음은 루터로서는 도저히 견딜 수 없는 것이었다. 그는 딸을 간병하는 데 전념했다. 한 친구에게 이렇게 편지를 쓰기도 했다. "나는 딸을 무척 사랑했네. 하나님께서는 지난 천 년 동안, 나에게 주신 것과 같은 그렇게 큰 선물을 그 어떤 주교에게도 주신 일이 없다네. 가끔씩 짧은 찬송을 하고 하나님께 감사하긴 하지만, 내 마음으로부터 기쁨이 우러나와 하나님께 감사하지는 못한다는 사실에 자신에게 화가 난다네. 죽든지 살든지 우리는 하나님의 것이라네."[53] 딸의 죽음이 가까워 오자, 루터는 침대 옆에 무릎 꿇고 비통하게 울면서 하나님의 뜻이라면 딸을 살려 달라고 기도했다. 잠시 후 딸은 그의 팔에 안겨 숨을 거두었다. 나는 학생들에게 어린 딸의 죽음에 대해 읽어 줄 때마다 눈물을 감출 수가 없다. 루터라고 하는 위대한 인물이 평범한 인간이 되는 순간이다.

이델레트의 죽음에 대한 칼뱅의 반응도 마찬가지로 강력하다. "아내의 죽음이 내게는 매우 가혹한 일이지만, 내 슬픔을 가급적 누그러트리려고 애쓴다.…그러나 드러난 결과는 매우 보잘것없다. 실제로 당신은 내 영혼이 얼마나 연약한지 알게 될 것이다." 그는 자신의 상실감을 누그러트리지 않았다. "물론, 내가 슬퍼하는 이유가 일상적이지는 않다. 나는 인생에서 탁월한 반려자를 잃었다. 불운이 닥쳐와 추방이나 슬픔은 물론 죽음을 당한다 해도, 그녀는 단연코 나의 반려자일 것이다."[54] 칼뱅은 타인이 고통당할 때도 슬퍼했다. 칼뱅은 절친한 친구 샤를 리쉬부르Charles Richebourg가 겪은 여러 죽음에 대해 언급하면서 한 친구에게 이렇게 썼다. "나는 이 사건들로 인해 너무 큰 슬픔에 빠져 완전히 넋이 나갔고 영혼마저 무너져 내렸다네."[55]

통속적 견해와 반대로, 칼뱅은 학자로 존경받은 것 못지않게 친구와 목회자로도 사랑받았다. 많은 사람이 그의 지성뿐 아니라 인간

성 때문에도 존경했다. 그는 뛰어난 목회자였다. 실례로, 칼뱅을 묘사하는 한 편지에서 그의 친구는 다른 친구에게 다음과 같이 썼다.

> 그가 해 준 조언이 얼마나 충실하고 신중한지 말로 표현할 수가 없다네. 그에게 오는 사람 모두가 받은 친절함, 가장 중요한 문제들에 대해 그의 견해를 묻는 사람들에게 준 대답의 명확성과 기민성, 그 앞에 놓인 어려움과 문제들을 풀어내는 능력 말일세. 고통스러워하는 사람을 위로하고 실패로 괴로워하는 사람을 일으켜 줄 수 있는 온유함도 이루 다 말할 수 없다네.[56]

우리를 위한 하나님의 말씀

종교개혁가들은 하나님 말씀을 중시했기 때문에 제대로 설교하려고 노력했다. 성육신한 말씀이든, 기록된 말씀이든, 선포된 말씀이든, 성례전 속에 가시적으로 드러난 말씀이든 말이다. 우리는 이 말씀에 어떻게 반응해야 하는가? 첫째, 우리는 그 말씀을 자신의 것으로 만들어야 한다. 우리가 성육신한 말씀과 하나님의 구원 사역을 알게 된 것은 기록된 말씀을 통해서이기 때문이다. 성경은 인간의 저항과 하나님의 인내가 담긴 이야기를 전한다. 이 이야기는 결함 있는 영웅들과 이상하게 뒤틀린 구성, 악의 비참함과 선의 승리로 가득하다. 이 승리는 아무도 예측할 수 없는 방식, 즉 예수 그리스도의 죽음과 부활을 통하여 성취되었다. 이는 놀라운 이야기이자, 인간의 상황 깊은 곳에 건네는 참된 이야기다. 이 이야기는 우리에게 진리를 전해 주는데, 이 진리를 통해 우리는 우리 자신의 이야기를 이해할 필요가 있다. 하나님이 과거에 이루신 일을 예수님은 지금 이루실 수 있다. 예수님은 동일한 방식으로 일하시는 동일한 하나님이시기 때문이다. 심지어 우리는 우리 이야기에 의미가 부여된다는 사실을 깨닫는다. 그 이야기가 **우리의** 이야기이기 때문이 아니라 **구속사**의 이야기에 위치하기 때문이다. 복음은 우리 자신보다 더 큰 세상으로 우리를 초대한다.

그러므로 우리 자신의 영적 건강을 위하여 이 이야기를 반복하여 읽음으로써 제대로 배워야 한다. 이는 이야기의 기본 사실을 파악하기 위해서뿐 아니라 신앙적으로도 이해하기 위해서다. 신앙적 독서를 위해서는 이야기를 배울 뿐 아니라, 그것을 삶에 적용할 필요가 있다. 나는 학생들에게 일 년에 한 번 성경 전체를 통독하라고 도전한다. 이를 통해 학생들은 구속 이야기를 전체 맥락에서 파악할 수 있을 것이다. 아울러 주요 본문(예를 들면, 시 27편, 사 55장, 마 5-7장, 롬 8장, 빌 3장)을 암기하고 그 본문을 하루 종일 묵상하라고 도전하기도 한다. 이러한 훈련을 통해 학생들이 변화되는데, 성경 이야기가 그들 자신의 이야기가 되기 때문이다.

둘째, 말씀을 **듣는** 법을 배워야 한다. "믿음은 들음에서 나며 들음은 그리스도의 말씀으로 말미암[기]" 때문이다(롬 10:17). 듣기는 읽기와는 다르다. 들으려면 귀를 사용하고, 읽으려면 눈을 사용한다. 듣기는 공동의 행동이지만, 읽기는 혼자만의 행동이다. 유진 피터슨Eugene Peterson은 말한다. "듣기는 상호 간의 행위로, 둘 이상의 사람이 아주 가까이 있어야 가능하다. 읽기는 멀리 떨어져 있거나 죽은 지 오래된 사람, 혹은 둘 다 해당되는 사람이 쓴 한 권의 책과 한 사람만 있으면 가능하다. 듣는 사람은 말하는 사람에게 주의를 기울여야 하는데, 대부분 말하는 사람에게 의존한다."[57] 사실, 기록된 말씀에 담긴 내용은 애초에 기록된 말로 시작되지 않았다. 성경의 이야기―율법, 예언, 복음―는 여러 세대에 걸쳐 교사가 사람에게, 스승이 제자에게, 부모가 자녀에게 전해 준 것이다. 그들은 이야기를 말 한 마디 동작 하나까지도 그대로 말하고 듣고, 반복하고 암기했다. 하나님 백성의 뇌리에 박힐 때까지 말이다. 기록되기 훨씬 전에 구전의 기능을 수행했다. 기록되었을 때조차도 말씀은 조용히 개인적으로 읽히기보다는 더 자주 큰 소리로 낭독되기 일쑤였다. 공동체 전체를 위한 말씀이었기 때문이다.

우리는 하나님 말씀을 듣는 기술을 회복해야 한다. 그리하여 마치 하나님이 말씀하시는 분이고 우리는 듣는 자인 것처럼 그 말씀을 직접 들어야 한다. 읽을 때는 우리가 통제하지만, 들을 때는 말씀이 통제한다.[58] 또한 선포된 말씀을 듣는 법을 배워야 한다. 나는 하나님의 말씀을 선포할 필요가 우리에게서 없어질 것이라고 보지 않는다. 좋은 설교를 들어 본 적이 없어서 무엇이 부족한지조차 모르는 사람들이 많다. 그 무엇도 하나님 자신이 말씀하시는 것과 같은 좋은 설교를 듣는 경험과 필적할 수는 없다. 그러한 설교는 하나님 말씀에 대한 더 깊은 갈증을 일깨운다. 평신도는 목사보다 더는 아니더라도 그에 못지않게 설교를 진지하게 받아들여야 한다. 그들의 영적 건강이 설교에 달려 있기 때문이다. 우리는 하나님으로부터 온 말씀을 들으러 간다는 기대 하나 없이 일요일 아침에 나타나기가 너무 쉽다. 물론 모든 설교가 다 심오하지는 않으며, 재미있거나 후련하거나 배울 것이 많지도 않을 것이다. 그러나 모든 설교가 성경에 충실하고 삶에 적용되기를 기대할 수는 있다. 진짜로 나쁜 설교가 있다면, 믿음과 순종 안에서 자랄 수 있도록 예수 그리스도를 하나님의 말씀으로 전하지 않는 설교일 뿐이다.

만일 설교가 탐탁지 않다면, 기도하면서 겸손하게 개인적으로 목사에게 다가가 우리의 마음을 전하면서 분명한 개선 사항을 제안해야 한다. 적당히 그냥 참아 내다가는 결국 일요일 아침이 돌아오면 늘 짜증이 나게 된다. 더 나쁜 것은, 기대치를 낮추다가 결국 아무것도 기대하지 않게 된다. 그러느니 차라리 정직하게 이의를 제기하는 편이 낫다. 목사가 보이는 의외의 반응에 놀라는 유쾌한 경험을 할 수도 있다. 내가 아는 한, 대부분의 목사들은 더 훌륭한 설교자가 되고 싶어 한다. 목사들이 두려워하는 것이 있다면, 건설적 비판이 아니라 무관심하고 지루해하고 거부하는 것이다. 설교는 의사소통의 한 형식이다. 말은 거의 설교자가 하기 마련이다. 공감이건 비판이건 설교자 역시 우리의 말을 들을 필요가 있다. 그러나 우리는 말을 할 때 신중하게 해야 한다. 나는 여러 목사들에게 그들이 받은 비평에 대해 들어 본 적이 있는데, 어리석고 무례하며 잔인하기까지 한 비평이었다. 방식과 내용을 구분하지 못하는 비평이었다. 목사에게 다가가려고 한다면, 지혜롭게 말하고 우리의 제안으로 인해 파생되는 결과까지 감당하려고 노력해야 한다. 목사들이 화요일 아침 학습 모임에 참여해 일요일 준비를 도와 달라고 하거나, 학습과 준비에 더 많은 시간을 투자할 수 있도록 자신의 일정을 보호해 달라는 요청을 받을 수도 있다.

셋째, 기록된 말씀을 삶에 적용해야 한다. 종교개혁가들은 설교할 때 말씀을 사적이고 개인에게 국한된 일로 제한하지 않았고, 반대 극단으로 가서 성경에 닻을 내리지 않은 채 설교의 적실성만을 추구하려고 하지도 않았다. 그들은 할 수 있는 최선을 다하여 말씀이 가르치는 바를 설명하고 그것을 교인들이 속한 세상에 적용하려고 애썼다. 상업, 정치, 대중오락, 가정생활, 고통, 사회 정의에 대해 서슴없이 말했다. 이 부분은 우리도 따라 하는 것이 좋을 것이다. 말씀을 연구하고 선포하고 경청할 때에는, 자신의 개인 문제가 아무리 절박하다 할지라도, 그것만이 아니라 세상의 필요를 염두에 두어야 한다. 언젠가 카를 바르트는 설교자가 설교를 준비할 때는 한 손에는 성경을 다른 손에는 신문을 들어야 한다고 말했다. 평신도도 같은 원리를 염두에 두고 기독교 신앙에 접근해야 한다. 성경은 어떻게 투표해야 하는지, 어떻게 의료 체계를 개혁해야 하는지, 혹은 어떻게 수단의 내전을 해결해야 하는지 말하지 않는다. 그러나 우리가 세상 속에서 어떻게 살아야 하는지에 대한 일반 원리를 제공한다. 종교개혁가들은 말씀의 수월성과 기독교의 문화 참여 둘 다에 헌신했다. 우리는 그들의 상속자로서 그들의 전례를 지혜롭게 따라야 할 것이다.

그러나 여전히 기록된 하나님의 말씀이 말하는 최우선 가치는, 성경이 **하나님의 말씀**과 하나님의 아들이자 세상의 구세주이신 예수 그리스도에 초점을 둔다는 데 있다. 종교개혁가들은 우리가 말씀에 어떻게 순종해야 하는지 많이 말했지만, 결국 말씀에 대해 무엇을 **믿어야** 하는지 더 많이 말했다. 그들은 하나님이 우리의 구원을 위하여 육신이 된 말씀으로 이 세상에 오셨다고 고백했다. 종교개혁가들이 열정적이고 비전에 넘친 설교를 통하여 거듭 보여 주었듯이, 기독교 신앙에는 그보다 더 많은 것이 있다. 그러나 이것만으로도 결코 부족하지 않다. 결국 그들은 계속해서 하나의 중심 메시지로 돌아왔다. 예수 그리스도는 하나님을 드러내시고, 우리를 하나님께 합당하게 하려고 오신 하나님의 말씀이시다.

실천

- 로마서 1:16-17, 에베소서 2:1-10, 디모데전서 4:6-10을 읽으라.
- 다음 두 달여 동안 다음 성경 이야기를 읽어 보라. 창세기 1-11장, 12-24장, 37-50장, 출애굽기 1-15장, 여호수아 1-2장, 사사기 6-16장, 룻기, 사무엘상 16-31장, 열왕기상 1-12장, 에스라, 느헤미야, 에스더, 아모스, 누가복음, 사도행전. 이 이야기들을 읽으면서, 이 본문들이 당신이 자신의 삶의 이야기를 보는 방식에 어떤 교훈을 주는지 생각해 보라. 그들의 이야기를 배경으로 삼아, 하나님이 당신의 이야기를 쓰신다면 어떤 이야기가 될지 생각하며 당신 자신의 이야기를 써 보라.
- 앞의 과제를 마친 다음, 다음 두 달 동안 다음 신약 본문을 암기하고 묵상하라. 마태복음 5:1-12, 로마서 5:1-5, 8:1-8, 빌립보서 2:1-11, 3:7-14, 골로새서 3:1-4. 아침에 일어나고, 운전하고, 밤에 잠자리에 들 때 각각의 구절을 묵상하라. 이 본문이 당신 영혼에 뿌리박히게 하라.

10. 회심
: 복음주의자들의 영성

하늘과 땅의 모든 권세를 내게 주셨으니
그러므로 너희는 가서 모든 민족을 제자로 삼아
아버지와 아들과 성령의 이름으로 세례를 베풀고
내가 너희에게 분부한 모든 것을 가르쳐 지키게 하라.
볼지어다 내가 세상 끝 날까지 너희와 항상 함께 있으리라.
(마태복음 28:18-20)

기독교 역사에서 어떤 운동도 복음주의보다 더 열정적이고 창조적이고 다양하고 복잡한 운동은 없었다. 복음주의는 지난 200년 동안 매우 극적으로 성장하여 지금은 전 세계에 퍼져 있다. 10억에 가까운 그리스도인들이 자신을 복음주의자로 자처할 것이다. 복음주의에는 청교도에서 오순절에 이르기까지 광범위한 교파와 운동이 포함된다. 그러나 아무리 다양하다 해도 여전히 복음주의는 하나의 기본적 확신을 고수하는데, 곧 (성경을 통해 아는 대로) 예수 그리스도를 향한 회심의 필수성이다.[1] 복음주의자는 참된 영성에는 교회 출석, 예전 실행, 성례전 준수, 신경에 대한 동의 그 이상이 필요하다고 믿는다. 분명히 이런 것들이 중요한 훈련이긴 하지만, 형식적이고 외적인 수준에 머무는 경향이 있고 명목적 신앙으로 흐르기 쉽다. 이러한 훈련의 유용성을 부인하지는 않지만, 복음주의자는 개인적 경험과 마음에서 우러나오는 반응의 중요성 또한 강조한다. 복음주의 영성의 핵심에는 하나님을 향한 인생 전체의 회심이 있다.[2]

복음주의 영성의 본질을 담아내는 성경 본문이 떠오른다. 요한복음에는 니고데모와 예수님이 나눈 긴 대화 이야기가 기록되어 있다. 두 사람의 차이보다 더 놀라운 것도 없을 것이다. 니고데모는 전형적 유대인 내부자로서 바리새인이자 백성들의 관원인 데다 이스라엘에서 존경받는 선생이었다. 반면, 예수님은 외부인으로서 변절한 랍비이자 기적꾼인 데다 카리스마적 지도자였다. 대화 속에서 예수님은 니고데모에게 이렇게 말했다. "진실로 진실로 네게 이르노니 사람이 거듭나지 아니하면 하나님의 나라를 볼 수 없느니라." 니고데모는 권력도 있고 교육도 제대로 받았지만 예수님의 말씀이 무슨 뜻인지 이해하지 못했다. 그래서 물었다. "어찌 그러한 일이 있을 수 있나이까?" 예수님이 대답하셨다. "너는 이스라엘의 선생으로서 이러한 것들을 알지 못하느냐?"(요 3:3-10) 복음주의 영성에는 언제나 새로운 탄생, 곧 '이전'과 '이후'가 있다. 잃어버린 양과 동전과 아들의 비유에서는 반복해서 '잃어버린' 것은 반드시 '찾아야' 하고 죽은 것은 반드시 살아나야 한다고 말한다. 회심이 일어나야 한다.

회심의 과정

복음주의 진영에 간증이 풍부한 것은 놀라운 일이 아니다. 복음주의자들은 회심 이야기를 나누는 것을 좋아한다. 존 뉴턴John Newton 의 회심 이야기는 아주 유명하다.[3] 이 이야기에는 복음주의 영성의 독특성과 좋은 점들이 많이 요약되어 있다. 뉴턴은 1725년에 조용하고 독실한 어머니와 거만하고 비종교적인 아버지 사이에서 태어났다. 아버지는 상선의 선장이어서 뉴턴이 어린 시절에 상당 기간 집을 비웠다. 1732년 어머니가 죽은 후, 뉴턴은 몇 년 동안 기숙학교에서 지낸 후 바다에서 일하는 아버지를 따라가 사환이 되었다. 어린 시절에는 종교성을 보이기도 했지만, 청소년기가 되면서는 종교에 대한 관심을 아예 잃어버린 듯했다.

아버지의 보호 아래 뉴턴은 안정을 누렸지만, 아버지가 바다 생활에서 은퇴하면서 그것도 금세 끝이 났다. 아버지는 아들이 조셉 마네스티Joseph Manesty라는 선장의 견습생이 되도록 주선했다. 견습생 생활은 1년 동안 지속되었다. 그 후 뉴턴은 젊은 여인 메리 캐틀렛Mary Catlett에게 마음을 주었고, 그녀를 방문하는 동안 할 일 없는 젊은 영국인들을 징집하려고 찾아다니는 해군 '강제 징집대'에 붙잡혔다. 그들은 뉴턴을 하리치Harwich 호에 태워 영국 왕립 해군에서 복무하게 했고, 뉴턴은 나락으로 떨어지기 시작했다. 살아가는 것을 괴로워했고 기독교에 적대적이었다. 하리치 호가 5년간 세계를 누비는 항해에 나서려고 한다는 것을 알게 되자, 그는 아버지에게 자신을 위해 개입해 달라고 요청하기 위해 배에서 나왔다. 몇몇 선원들이 그가 배에서 나가는 것을 보고 탈영하는 것으로 생각하고 그를 끌고 왔다. 선장은 그에게 태형을 가하고 고급 선원에서 강등시켰는데, 이는 그가 장교 훈련생의 지위를 잃었다는 뜻이었다. 며칠

후 배는 세계 일주를 떠났다. 뉴턴은 회한의 감정이 너무 커서 자살을 생각할 정도였다. 그는 자서전에서 이렇게 썼다. "더 이상 [영국 해안이] 보이지 않자, 바닷속으로 몸을 던지고 싶은 유혹에 빠졌다." 그랬다면 "한 번에 내 모든 슬픔에 마침표를 찍었을 텐데."[4]

뉴턴의 하리치 호 생활은 비참했다. 선장은 그를 미워했고, 동료 선원들은 그를 놀렸다. "내 가슴은 극심한 고통, 열렬한 욕구, 쓰라린 분노, 암담한 절망으로 가득했다. 매 순간 나에게는 새로운 모욕과 어려움이 닥쳤다. 빠져나오거나 상황이 나아질 희망이라고는 없었다. 내 편을 들거나 내 불평을 들어줄 친구도 없었다."[5] 배가 아프리카 서안을 항해하는 동안, 뉴턴은 기지를 발휘하여 자신의 방면을 두고 교섭하여 아프리카 연안 플랜틴 섬Plantain Island에 있는 노예상에서 일자리를 얻었다. 그 노예상은 노예를 사기 위해 자주 긴 항해를 떠났는데, 자신의 아프리카인 부인에게 뉴턴의 일을 감독하는 책임을 맡겼다. 아이러니하게 역할이 뒤바뀐 상태로, 뉴턴은 그녀 밑에서 지독한 고통을 받았다. 그녀는 쉴 틈 없이 그를 조롱하고 괴롭히고 구타했다. 사실상 그를 노예처럼 부렸다. 얼마 지나지 않아 뉴턴은 중병에 걸려 거의 죽을 지경이 되었다. 뉴턴 생애 최악의 시기였다. 신체적으로도 그랬지만 영적으로는 더욱 그랬다. "내 행동과 원칙과 마음은 외적으로 드러나는 상태보다 훨씬 더 어두웠다." 그러나 여러 해가 지난 후 뉴턴은 이 경험을 하나님이 자신에게 주신 선물로 회고했다. "아프리카에서 지낸 시절을 돌아보며 주께서 나를 인도해 오신 길을 되짚어 보는 것은, 주께서 나를 불신과 광기로부터 불러내신 이후 약 47년간 내가 해 온 일과의 일부였다."[6]

뉴턴의 운명은 다른 노예상과 일하면서 더 나은 형편으로 바뀌기 시작했다. 뉴턴은 편안한 방탕 생활에 점차 안주해 갔다. 그래서 과거에 그렇게도 바라 마지않던 것들에 대해 무관심해져서, 또 다른 영국 선박 그레이하운드Greyhound가 도착하여 집에 데려다 주겠다고 했을 때 배에 타기를 거부할 정도였다. 그의 마음은 아버지 친구였던 선장의 애원과 여전히 강렬했던 메리를 향한 사랑만이 바꿀 수 있었다. 그러나 그레이하운드는 영국으로 직행하지 않았다. 고향으로 돌아가기에 앞서 우선 브라질로, 그다음 뉴펀들랜드로 항해해야 했다. 그의 비행이 너무 지독하여 선장—선장 자신도 귀감이 되지는 않았지만—마저 그를 질책하지 않을 수 없었다. 뉴턴은 선원들에게 욕을 해댔고, 신을 모독했고, 인사불성이 되도록 술을 퍼마셨고, 선원들을 선동했다. 그의 어리석음으로 일어난 사고에서 그는 두 번이나 간신히 살아났다. 그의 마음은 돌덩이처럼 완강해졌다. "계속해서 양심의 가책을 거역하다 보니 나의 양심은 점점 더 약화되어, 마침내 완전히 정지해 버렸다. 몇 해 동안은 아니겠지만 여러 달 동안 나에게 양심이 한 조각이라도 있었는지 전혀 기억할 수 없다."[7]

그러나 기독교 신앙을 향한 뉴턴의 길고도 느린 전환은 항해 중에 이루어지기 시작했다. 1748년 5월, 우연히 15세기 고전 『그리스도를 본받아』를 발견해 읽기 시작했다. 그 책의 메시지는 그의 가슴에 사무쳤다. 그리고 토마스 아 켐피스의 메시지가 참이라면 자신은 죽을 수밖에 없고 천벌을 받아 마땅하다는 사실을 깨달았다. 어떤 대안도 없었다. 바로 그날 저녁, 배가 여러 날 계속된 사나운 폭풍을 만나 거의 가라앉을 지경이 되었다. 어느 순간 선장이 뉴턴에게 키를 붙잡으라고 강제로 떠맡겼는데, 이로 인해 그는 사나운 역경 속에서 자신의 인생을 점검하게 되었다. "여기서 나는 예전에 했던 신앙 고백, 부르심, 경고, 내가 받은 구원, 방탕한 삶, 복음을 불경한 조롱거리로 만든 비할 데 없는 뻔뻔스러움에 대해 생각할 여유와 기회를 가졌다." 반성의 시간을 거친 후 그는 진지한 결론에 도달했다. "나 같은 죄인은 결코 없었고, 또 있을 수도 없다고 생각했다. 내가 무시해 버린 은택을 비교할 때, 처음에는 내 죄가 너무 커서 용서받을 수 없다고 결론 내렸다."[8] 배는 폭풍에서 살아남았고 아일랜드 항구로 간신히 기어들어 왔다. 아일랜드에 있는 동안 뉴턴은 매일 두 차례 교회에 들러 기도했다. 또한 처음으로 성찬을 받았다. "이것은 공식적인 것은 아니었지만, 최근에 받은 자비를 따스하게 느끼며 우러난 진심 어린 항복이었다."[9] 그는 늘 바다에서 겪은 이 한 번의 경험을 회심의 순간, 또는 적어도 회심의 시작으로 언급하곤 했다.

영국으로 돌아오자마자 뉴턴은 메리에게 구애하며, 정직하게 살고 벌이가 되고 떳떳한 생계 수단을 얻겠다고 약속하면서 자신의 뜻을 분명히 밝혔다. 놀랍게도, 그러한 조건을 충족하는 일을 노예 매매업에서 찾았다. 첫 번째 항해에서는 일등 항해사로 일했다. 그 후 메리와 결혼한 다음 선장으로 세 번의 항해를 더 했다. 그때도 그리스도인이긴 했지만, 뉴턴은 새로운 신앙과 새로운 직업 사이에 모순을 인식하지도, 혹은 최소한 인정하지도 않았다. 노예를 해방하는 것이 아니라 잘 대해 주는 것을 기독교적 의무로 믿으면서 아무런 양심의 고통도 느끼지 않았다.[10]

뉴턴은 선장으로 일한다 해도 선상에서 그리스도인으로 사는 것은 쉽지 않다는 것을 깨달았다. 종종 옛 습관으로 빠져들기도 했다. 아침이면 성경을 공부하고 기도하면서 "기도와 찬양의 훈련을 하며 하나님과의 달콤한 연합"을 맛보았지만, 저녁은 "헛되고 무가치한 사교"로 보냈다. 그는 이러한 모순으로 인해 괴로웠다. 아무리 열심히 노력해도, 이전 생활 방식의 죄악 된 타성을 극복할 수가 없었다. 그리고 그러한 고투로 지쳐 갔다. 그가 사로잡혀 있는 악순환을 보면 그에게 은혜가 얼마나 절실한지 분명히 알 수 있다. "나에겐 더 이상 아무런 해결책이 없어서, 그저 주의 기쁘신 뜻대로 처분하시도록 나 자신을 주 앞에 맡겼다…양심의 짐이 덜어졌고, 평화뿐 아니라 건강도 회복되었다…"[11] 그토록 오랫동안 그를 괴롭히던 패배의 순환도 극복할 수 있게 해 준 것은 은혜였다. "이제 나는 은혜의 언약에서 오는 안정을 이해하기 시작했다. 또한 만고불변하신 구세주를 믿음으로써 보호받을 것을 기대하기 시작했다. 나 자신의 힘과 성결이 아니라 하나님이 주시는 권능의 힘과 약속으로 인해서 말이다."[12]

결국 건강 문제로 뉴턴은 노예 매매에서 은퇴할 수밖에 없었다. 그 후 7년 동안 리버풀에서 세관원으로 일하면서, 영국에서 성장하고 있는 복음주의 운동에 참여했다. 또한 성공회의 사제 서품을 받고자 했다. 그러나 주교는 대학 교육을 받지 않은 그를 후보로 받아들이지 않았다. 그래도 그는 끈질기게 포기하지 않았고, 그의 회심 이야기 『진실한 이야기』An Authentic Narrative의 출간으로 사제 서품의 문이 열렸다.[13] 이 책은 널리 읽혔고 복음주의 진영에서 찬사를 받았다. 1764년, 뉴턴의 자서전을 읽은 부유하고 유력한 복음주의자였던 다트머스 경은 뉴턴을 올니Olney에 있는 교회의 관할 사제로 청빙했다. 다트머스는 많은 토지를 소유한 귀족으로 이 지역에서 영향력 있는 사람이었다.

뉴턴은 결국 그 도시의 2,500명에게 영향력 있는 목사가 되었다. 교인들의 일터에 방문했고, 가난한 사람들에게 돈과 음식을 나누어 주었으며, 어린이들에게 성경을 가르쳤다. 화요일마다 기도회를 인도했고, 목요일마다 신학 강의를 했는데, 이 두 모임은 매우 인기가 있었다. 일요일 예배를 마친 후에는 교인들을 자기 집으로 초대하여 음식을 먹고 대화를 나누었다. 1779년에는 『올니 찬송가』Olney Hymns를 출판했는데, 이는 그 자신과 좋은 친구이자 이웃이었던 시인 윌리엄 쿠퍼William Cowper가 쓴 찬송가를 모은 것이었다. 이 찬송집에는 훗날 그의 이름을 전 세계에 알린 찬송 "나 같은 죄인 살리신"Amazing Grace이 실려 있었다.

존 뉴턴

1780년, 뉴턴은 런던에 있는 부유한 성공회 교회의 관할 사제로 청빙받았다. 그의 우정 관계는 상당히 폭이 넓어졌다. 실례로, 조지 윗필드George Whitefield와 존 웨슬리John Wesley, 찰스 웨슬리Charles Wesley 같은 큰 인물들과 돈독한 친분 관계를 맺어 갔다. 시간이 흐르면서 그는 복음주의 운동의 지도자로 떠올랐다. 그가 쓴 목회 서신은 너무도 유명해서 한데 모아 책으로 편집 출판되었다. 또한 당시 젊고 부유하고 재치 있고 명석한 의회 의원이었던 윌리엄 윌버포스William Wilberforce와도 좋은 친구가 되었다. 윌버포스는 그리스도께로 회심한 후에도 정치를 계속해야 하는지 물었다. 뉴턴은 그에게 자신이 처한 자리를 지켜서, 부유하고 유력한 과거의 많은 친분 관계를 유지하고, 의회에서 맡은 일을 계속하라고 권고했다. 또 정치가 목회 사역 못지않게 값진 소명이라고 설득했다. 나중에 윌버포스에게 다음과 같은 편지를 썼다. "요셉과 모세와 다니엘에게 영향을 미쳤던 지혜가 그대에게 임하기를 비네. 정치 직무를 수행하는 중에 인도를 받을 뿐 아니라, 특별히 자네 주변의 모든 변화와 분주함 속에서 하나님께 의지하고 교통하는 습관을 가지도록 말일세."[14] 윌버포스는 이후 45년 동안 의회에 남아 영국에서 일어난 도덕 개혁의 옹호자이자 노예 해방 운동의 지도자가 되었다.

한편, 윌버포스도 은혜를 갚았다. 그는 뉴턴에게 노예 제도를 공개적으로 반대하라고 도전하면서, 노예상이었던 뉴턴의 과거 삶이 발언할 수 있는 가시적 발판을 마련해 준다고 했다. 뉴턴은 도전을 받아들였다. 그리고 1788년에 그는 『아프리카 노예 매매에 대한 생각들』Thoughts upon the African Slave Trade을 출판했다. 이 책에서는 노예 제도에 대해 통렬한 비판을 가했다. 뉴턴은 노예 제도를 "사악하고" "잔인하고" "억압적이고" "파괴적이고" "불법적이고" "부끄러운" 것이라고 했다. 그의 진술을 들어 보면 자신이 저질렀던 끔찍한 악행을 마지막으로 자백하기라도 하는 것 같다. "공개적으로 자백하며 스스로 수치스럽게 여길 정도로 양심의 가책을 받았지만, 자백이 아무리 진실하다 할지라도 과거에 내가 종범으로 남에게 준 고통과 피해를 막거나 고치기에는 너무 늦었다."[15] 나중에 그는 노예 제도에 관한 의회 청문회에서 중요한 증인 역할을 하기도 했다.

런던에 머무는 동안 뉴턴은 매력적인 성격, 따스한 설교, 광범위한 친분 관계, 유명한 회심 이야기 덕분에 사실상 유명 인사가 되었다. 복음주의의 대의를 위해 자신의 영향력을 활용하였고 연합을 위해 최선을 다했다. 이를테면, 복음주의 에큐메니스트가 되었다. 존 웨슬리는 줏대 없이 굴거나 비굴하게 보이지 않으면서도 분열과 분쟁을 넘어서는 뉴턴의 능력에 놀랐다. 언젠가 뉴턴에게 이렇게 쓴 적도 있다. "그대는 하나님의 섭리로 설계된 것처럼 보인다네. 단절된 관계의 치유자요, 정직하지만 편견에 빠진 사람들을 화해시키는 자이며, 하나님의 자녀를 연합시키는 자로 말일세."[16] 그는 죽기 1년 전인 1806년에 마침내 설교와 목회 사역에서 은퇴했다. 그때까지 깊은 종교적 경건과 확신, 영향력을 지닌 사람으로서 뛰어난 명성을 얻었다. 그러나 뉴턴은 자신이 어디에서 왔는지, 얼마나 쓸모없는 인간이었는지, 자신에게 어떤 은혜가 미쳤는지 결코 잊지 않았다. 언젠가 그는 친구에게 이렇게 썼다. "참 많이 용서를 받았지만, 참 적게 사랑했지. 참 많이 자비를 누렸지만, 참 적게 갚았지. 엄청난 특권을 누렸지만, 애석하게도 삶은 그에 못 미쳤지." 다른 친구에게는 이렇게 썼다. "내 기억력은 거의 사라졌지만,

두 가지만은 기억하고 있다네. 나는 큰 죄인이고, 그리스도는 큰 구세주라는 사실을 말일세." 그가 죽기 몇 개월 전에 손수 쓴 묘비명에는 이렇게 적혀 있다. "한때 불신자이자 난봉꾼이었으며, 아프리카 노예들의 종이던 일꾼 존 뉴턴은 우리 주요 구세주이신 예수 그리스도의 풍성한 자비로 말미암아 보호받고 회복되고 용서받아 오랫동안 파괴하려고 애써 왔던 믿음을 전파하도록 임명받았다."[17]

우리 삶 전부

사람들은 대부분 뉴턴을 "나 같은 죄인 살리신"의 작사자로 알고 있다. 이 찬송은 실제로 뉴턴의 간증으로서, 자신의 죄가 얼마나 끔찍한지, 믿음을 향한 여정이 얼마나 격정적인지, 그리스도 안의 삶이 얼마나 달콤한지 말해 준다. 이 찬송은 은혜가—오직 은혜만이—인간을 죄인에서 성자로 어떻게 변화시킬 수 있는지 보여 준다. 이 찬송은 복음주의 영성의 백미를 담고 있다.

나는 이 책에서 탐구하는 모든 영성의 전통을 가치 있게 생각한다. 그러나 내 속 가장 깊은 곳에는 복음주의 영성이 흐르고 있는데, 그럴 만한 이유가 있다. 나는 스무 살 때 회심을 경험했다. 나 역시 뉴턴처럼 기독교 가정에서 자랐고 정기적으로 교회에 출석했다. 나도 십 대 시절에는 교회를 나가지 않았고, 방탕한 생활을 했다. 대학 생활 2년이 지난 후 여름 캠프 상담사로 일을 하게 되었다. 진행자 교육 주간에 훈련차 초대받아 온 지역 목회자 탐 스타크Tom Stark를 만났다. 훈련 중에 잠시 그는 우리에게 복음을 설존 뉴턴, "나 같은 죄인 살리신"

나 같은 죄인 살리신
그 은혜 놀라워라! (얼마나 달콤한 소리인가)
잃었던 나 자신을 이제야 찾았고,
눈이 멀었지만 이제야 보게 되었다.

내 마음에 두려움을 가르쳐 준 것도 은혜였고
두려움을 덜어 준 것도 은혜였다.
나 처음 믿은 그 시간,
그 은혜가 얼마나 귀하고 귀했는지!

숱한 위험과 고역과 함정에 빠져
살아왔는데,
이제껏 나를 안전하게 인도하고,
또 장차 본향에 인도해 줄 것도 은혜다.

주께서 나에게 선을 약속하시고,
그분의 말씀 나의 희망 되어 안전하게 붙드시니,
사는 날 동안,
그분이 나의 방패요 분깃이 될 것이다.

그렇다, 이 육신과 마음이 사라지고,
죽을 인생이 다할 때,

> 주의 보호 안에서
> 나는 기쁘고 평화로운 삶을 누리게 될 것이다.
>
> 땅은 곧 눈처럼 녹을 것이고,
> 태양은 그 빛을 멈추겠지만,
> 나를 이 비천한 곳에서 불러 주신 하나님은
> 영원토록 나의 것일세.

명했다. 나는 그의 메시지에 충격을 받았는데, 전에는 그런 메시지를 들어본 적이 없었기 때문이다. 그날 저녁 늦게 그에게 가서 질문 공세를 퍼부어 댔다. 그의 대답을 들으니 복음의 메시지는 더욱 명백해질 뿐이었다. 나는 대화 말미에 그에게 이렇게 말했다. "그리스도인이 된다는 것이 그런 의미라면, 결코 그리스도인이 되고 싶지 않네요." 그러나 그 후 몇 주 동안 자꾸 탐의 말이 떠올랐다. 6월 말 어느 금요일 밤에 해변을 거닐다 그만 무릎을 꿇고 예수님께 내 삶을 드렸다. 곧바로 내 영혼에는 억누를 수 없는 기쁨이 넘쳤다. 여러 달 동안은 그날 경험했던 '도취감'에서 헤어나지 못했다.

그러므로 나는 내부자의 입장에서 이 장을 쓴다. 그렇기 때문에 이 전통의 약점과 강점 모두를 더 예민하게 의식하게 된다. 한편으로 복음주의는 회심의 의미를 쉽사리 사소한 것으로 여길 수 있다. 여러 해 동안 나는 피상적인 회심을 많이 목격했다. 내가 아는 복음주의자들 가운데는 회심이 영적 순례의 시작이 아니라 종점인 경우가 너무도 많다. 그들은 진리를 겨우 몇 구절 안 되는 성경 지식과 자의적 공식 정도로만 이해한다. 그리스도에 대한 헌신도 관습적 교회 출석보다 더 요구하는 것이 거의 없다. 이 위대한 전통이 얼마나 자주 오용되고 왜곡되는지를 생각할 때 아주 당황스럽기 그지없다. 한편, 복음주의는 결코 타협할 수 없는 핵심 진리를 강조한다. 성경은 우리가 그리스도께로 회심해야 한다는 점을 분명히 한다. 오순절 날 베드로의 설교를 들은 후 동료 유대인 청자들은 마음에 찔려 물었다. "형제들아, 우리가 어찌할꼬?" 베드로는 그들에게 대답했다. "너희가 회개하여 각각 예수 그리스도의 이름으로 세례를 받고 죄 사함을 받으라. 그리하면 성령의 선물을 받으리니"(행 2:37-38). 결국 베드로는 그들을 회개로 불렀던 것이다.

회심이란 무엇인가?

회심이라는 개념은 방향 전환이나 변화, 새로운 삶의 길을 시사한다. 몇몇 비슷한 말이 있긴 하지만, 그 단어 자체는 성경에 나타나 있지 않다. 가장 중요한 두 가지로는, 마음과 지성과 방향의 변화를 의미하는 **회개**repentance와 본질상 영적인 생명인 일종의 두 번째 출생을 의미하는 **신생**new birth이 있다. 회심 역시 다양한 방식으로 일어날 수 있다. 회심은 극적이거나 조용하게, 감정적이거나 이성적으로, 갑작스럽거나 점진적으로 일어날 수 있다.[18] 중요한 것은 회심의 **방법**이 아니라 회심했다는 **사실**이다. 회심의 진정성에 대한 참된 시험은 장기적인 결과다.[19]

유럽에서 발원한 17세기의 세 가지 운동 모두 결과의 중요성을 강조했다. 이들 운동은 현대 복음주의의 기초를 놓았다.

과정으로서의 회심 | 청교도는 회심을 과정으로 규정했다.[20] 청교도주의는 교회 개혁에 대해 온건한 입장인 이른바 '중도 노선'을 따르는 엘리자베스 1세의 종교 정책에 반발하여 잉글랜드에서 처음 출현했다. 종교개혁가들은 그녀가 자기 이복형제인 에드워드 6세가 시작했던 개혁의 궤도를 유지할 것으로 기대했다. 그러나 그들은 그녀에게 정치적 편의성이 성경에 대한 충실보다 더 중요함을 곧 인식했다. 그럼에도 개혁가들은 교회에서 불경不敬을 일소하고 하나님 말씀으로 교회를 청결하게 하려는 노력을 그치지 않았다. 이것이 곧 그들이 '청교도'Puritans, 淸敎徒로 불리게 된 이유였다. 그러나 기대만큼 성공하지는 못했다. 왕권의 반대와 교권의 공격을 받았으며, 내부 불화와 알력으로 만신창이가 되었다. 17세기 초에 이르러 이 운동은 해체되기 시작했다.

청교도는 잉글랜드와 식민지에서 엄청난 신학자와 작가와 목사를 배출했다. 영어로 쓰인 가장 사랑받는 책 가운데 하나인 『천로역정』의 저자 존 번연John Bunyan, 1628-1688년만큼 유명한 사람도 없었다.[21] 비국교도인 번연은 왕권의 공인 없이 설교했다는 죄목으로 베드퍼드 카운티Bedford County 감옥에서 12년을 보냈다. 그리고 감옥에 있는 동안 자서전 『죄인 괴수에게 넘치는 은혜』Grace Abounding to the Chief of Sinners, 규장를 비롯한 여러 권의 책을 썼다. 또한 『천로역정』의 줄거리를 구상하고 쓰기 시작했는데, 이 책은 1678년에 출간되자마자 일약 베스트셀러가 되었다(1692년까지 10만 부 이상이 팔렸다).

『천로역정』은 회심의 본질을 탐구하기 위하여 우화라는 문학적 장치를 사용한다. 이 책에서는 주인공 크리스천의 영적 여정을 따라가는데, 크리스천은 '파괴라는 도시'City of Destruction에서 '하늘의 도시'Celestial City로 여행한다. 이야기 앞부분에서 크리스천은 갑작스럽고 극적인 회심을 경험한다. 전도자는 크리스천에게 십자가에 도착할 때까지 구원의 길을 좇으라고 말한다. 크리스천은 무거운 죄 짐을 지고 십자가로 나아간다. 바라보니, "그의 짐이 어깨에서 풀려 나가고, 등에서 떨어져 나가고, 굴러떨어지기 시작했다. 그리고 이 일은 그 짐이 빠져 들어간 무덤 입구에 오기까지 계속되었다. 그러고 나서야 그것이 더 이상 보이지 않았다."[22]

그러나 십자가 밑에서 그가 겪은 경험은 회심의 시작에 불과하다. 바로 그 지점에서, 앞으로 계속 이어질 길고도 험난한 여정이 시작된 것이다. 도중에 그는 여러 위험에 직면하는데, 이는 모든 그리스도인이 직면하게 되는 갖가지 유혹과 시험을 상징한다. '어려움의 계곡'과 '허영의 시장', '죽음의 그림자 계곡'이 있다. 크리스천은 '세속 현자', '휩쓸림', '완고', '합법', '수다', '무지'와 같은 사악한 인물도 만난다. 이들은 신자들이 하나님의 말씀을 신뢰하지 않고 진리에 따라 살지 않을 때 빠지기 쉬운 오류를 나타낸다. 그러나 이러한 난관들은 신의 목적을 수행한다. 크리스천의 친구 '희망'은 여정 말미에 그에게 이렇게 말한다. "네가 이 험난한 세파 속에서 겪는 곤경과 고통은 하나님이 너를 버렸다는 표지가 아니라, 너를 시험하기 위해 보내신 것들이야. 이전에 하나님의 선하심으로 받아들였던 것을 상기하면서 고통 속에서도 그분을 의지하며 사는지 말이야."[23]

청교도는 회심이 때때로 순식간에 일어날 수 있다고 믿었다. 존 번연을 포함하여 그러한 회심을 경험하는 사람들은 많다. 그러나 그들은 또한 회심이 하나의 과정, 곧 하나님이 언제나 우리를 그분께 더 가까이 인도하여 그분을 더 닮게 하려고 사용하시는 과정이라고 단언했다.[24] 그들은 이를 "언약을 소유하는" 과정이라 불렀다. 그들은 회심에는 일종의 이야기 요소가 있다고 생각했다. 특히 아메리카 식민지에서 청교도 목사들이 입교 후보자들에게 입교인이 되어 성만찬을 받기 전에 그들이 회심한 이야기를 하라고 요청하는 이유가 이 때문이다. 목사들은 일회적인 사건 이상을 기대했다. 하나님께 회심했다는 삶의 증거를 보고 싶어 했다.[25]

성결한 삶으로의 회심 | 그러므로 회심은 하나의 과정으로서 결과, 곧 성결한 삶(혹은 경건)을 낳아야 한다. 17세기에 독일에서 시작된 경건주의 운동은 회심의 이러한 특정 측면을 강조했다.[26] 경건파는 독실한 루터교인으로서 구원이 오직 그리스도, 오직 믿음, 오직 은혜를 통해서만 오고, 이 세 가지는 모두 오직 성경을 통해서만 안다고 믿었다. 그러나 그들은 거기서 멈추지 않았다. 특히 피로 물든 30년 전쟁1618-1648년 이후에 독일 국가교회에 만연한 명목적 종교라는 문제를 깊이 의식하면서, 진심 어린 믿음과 개인적 성결을 강조했다. 그들은 그리스도를 **향한** 회심이 그리스도를 **위한** 삶을 의미한다고 믿었다.

이 운동의 가장 유명한 지도자는 필립 야콥 슈페너Philipp Jakob Spener, 1635-1705년였다. 독실한 루터교 가정에서 양육받은 슈페너는 극적인 회심을 체험하지는 못했지만, 번민이나 의심이라고는 거의 없이 어린 시절의 신앙을 계속 유지했다. 마침내 그는 독일 루터교회에서 유명한 목사가 되었다. 그가 쓴 가장 유명한 책 『경건의 열망』Pia Desideria, 크리스챤다이제스트에서는 참된 그리스도인의 삶에 대한 자신의 관점을 약술한다. 그가 보기에는 하나님의 말씀이 핵심이었다. 그는 말씀에는 성령을 통하여 사람들의 삶을 변화시키는 능력이 있기 때문에, 말씀을 평신도의 손에 쥐여 주어야 한다고 믿었다.[27] 또한 평신도는 성경의 가르침을 일상생활에 적용해야 한다고 주장했다. "기독교는 오히려 실천으로 이루어지기 때문에, 사람들은 기독교 신앙에 대한 지식을 갖는 것으로는 충분하지 않다는 사실을 분명 알았을 것이고 또 그 사실을 익히 믿어야 한다."[28] 또한 개인적 성결이 자라도록 돕기 위하여 "경건한 자들의 모임"Collegia Pietas이라는 소모임을 설립했는데, 이는 이 운동의 두드러진 특징 가운데 하나가 되었다. 슈페너는 참된 회심에는 신경에 대한 동의 이상이 필요하고, 참된 믿음과 성결한 삶을 함양할 의무가 있다고 믿었다.

세상을 향한 회심 | 진정한 회심이라면 세상에 대한 관심을 갖도록 고무해야 한다. 사도 바울이 말했듯이, 세상을 "위하여 그리스도가 죽으셨다." 하나님께 중요한 것은 단지 **우리의** 회심만이 아니라 **세상의** 회심이다. 기독교 역사에서 어떤 집단도 회심의 이러한 측면을 모라비아파, 특히 유럽의 대단한 명문가 자손인 친첸도르프 백작Nicolaus Ludwig von Zinzendorf, 1700-1760년의 유능한 지도력 아래 있던 사람들만큼 진지하게 받아들인 이들은 없었다.[29] 슈페너와 마찬가지로 친첸도르프도 어린 시절에 예외적인 신앙의 표지를 나타냈다. 정식 교육을 마친 다음에는 유럽 일주 여행을 시작했다. 여

행하는 동안 일종의 회심을 경험했는데, 이미 경험했던 그리스도를 향한 회심이 아니라 섬김을 위한 회심이었다. 뒤셀도르프 미술관에서 그는 도메니코 페티Domenico Feti의 유명한 그림 "이 사람을 보라"Ecce Homo와 마주쳤다. 이 그림은 가시 면류관을 쓰고 있는 예수님의 초상화였다. 그림 아래 다음과 같이 새겨져 있었다. "나는 너를 위해 이 일을 했는데, 너는 나를 위해 무엇을 했느냐?" 친첸도르프는 자신이 일생 동안 예수님을 사랑했음은 알았지만, 여태까지 예수님을 섬기지는 않았음을 그 순간 깨달았다.

1721년, 친첸도르프는 할머니에게서 작센Saxony에 있는 토지를 구입했다. 이미 독실한 그리스도인으로서 명성이 자자했던 때였다. 모라비아 망명자 크리스티안 다비드Christian David가 그를 찾아 나선 것도 그런 유명세 때문이었을 것이다. 다비드는 친첸도르프에게 그의 영지에 자신과 동료 망명자들을 받아들여 줄 수 있는지 물었고, 친첸도르프는 요청을 받아들였다. 1722년, 최초로 10명의 모라비아 교도들이 정착하여 공동체를 형성하고, 이를 헤른후트Herrnhut라 명명했다. 1726년에 이르자 그들의 정착지—이제 모라비아 교도는 물론 가톨릭교인, 루터교인, 분리파, 재세례파를 비롯하여—는 300명 규모로 성장했다. 친첸도르프는 기도와 성경 공부를 위한 작은 '모임'band을 조직하고, 공동체 생활을 규정하는 헌법을 만들었으며, 열두 명의 장로 선출을 주선했다. 친첸도르프의 지도력 아래 공동체는 번성했고 유럽의 다른 지역으로 확산되었다.

친첸도르프는 크리스티안 6세Christian VI 대관식에 참석하기 위해 코펜하겐을 방문하는 동안, 안톤 울리히Anthony Ulrich를 만났다. 울리히는 서인도 제도에 있는 세인트 토마스St. Thomas 섬 출신의 새로운 그리스도인으로 과거에는 노예였다. 울리히는 친첸도르프에게 선교사를 보내 노예들에게 복음을 전해 달라고 간곡히 요청했다. 헤른후트로 돌아온 친첸도르프는 그 비전을 공동체와 나누고, 기도와 성경 공부에 열심을 내자고 요청했다. 1년 후 공동체는 레오나르드 도버Leonard Dover와 다비드 니취만David Nitschman이란 두 명의 선교사를 임명하여 첫 선교 사역을 시작했다. 겨우 10년 만인 1742년까지, 헤른후트는 고작 600명에 이르는 작은 공동체인데도 불구하고 이미 그린란드와 아프리카 기니 해안, 남아프리카, 알제리, 실론, 루마니아, 콘스탄티노플로 70명의 선교사를 파송했다. 친첸도르프가 죽은 1760년까지 모라비아 교회는 전 세계에 226명의 전임 선교사를 파송하여 복음을 전하고 궁핍한 사람들을 섬겼다.

친첸도르프는 혼신의 힘을 다해 지상명령에 순종했다. 루터교회 사역자로(나중에 모라비아 교회의 사역자로도 임명받았다) 임명받기 전, 친첸도르프는 튀빙겐의 심사단에게 다음과 같이 진술했다.

> 저는 예수님과 그분의 피로 얻는 구속에 대해 모르는 먼 나라로 갈 것입니다. 이방인들에게 첫 번째 선교사가 되는 영예를 누린 형제들의 수고를 본받고자 노력할 것입니다.…그리스도의 사랑이 저를 강권하고, 그분의 십자가가 저를 새롭게 합니다. 저는 더 높은 권세에 즐거이 복종하고, 원수에게 신실한 친구가 될 것입니다.[30]

청교도들과 마찬가지로 친첸도르프도 회심을 단순한 한 번의 사건이 아니라 과정으로 이해했다. 그는 경건파로부터 회심이 성결한 삶으로 나아가야 한다고 배웠다. 그러면서 또한 회심이 그와 온 교회를 세상으로 부른다고 믿었다.

이들 세 운동―청교도, 경건주의, 모라비아파―은 복음주의 영성의 토대를 놓았다. 복음주의자는 청교도와 달리 과정보다는 경험을 주로 강조하긴 하지만, 그리스도를 향한 개인적 헌신을 요청한다. 때로 율법주의 편에 서는 오류를 범하기도 하지만, 성결한 삶을 권장한다. 그리고 교회사에 나타난 다른 어떤 집단보다도 더 각별한 열정과 확신을 갖고 세계 선교의 과제를 추구한다.

회심의 진정성을 말해 주는 것은 무엇인가?

그러나 회심을 강조하다 보니 복음주의 영성에는 하나의 문제가 발생했다. 참된 회심이 무엇인지 우리는 어떻게 아는가? 그것이 진정한 회심인지 무엇으로 아는가? 회심이 지속적이지 못하다면 어찌 되는 것인가? 진정한 회심을 경험한 것처럼 보이는 많은 사람들이 결국 이전 생활 방식으로 돌아간다. 확 타오르기가 무섭게 거의 순식간에 시들어 버리는 청소년기 연애 감정 같은 영적 감정을 경험한 것처럼 말이다. 이러한 역전으로 인해 복음주의자들은 회심의 진정성을 말해 주는 것은 무엇이며, 진실해 보이긴 하지만 일부 회심이 지속적이지 못한 이유가 무엇인지 규명하지 않을 수 없었다.

특별히 한 신학자가 자신의 뛰어난 경력 전반에 걸쳐 이 문제를 깊이 생각했다. 그는 뉴잉글랜드의 제1차 대각성 운동에 주요 촉매가 되었는데, 나중에는 보다 광범위한 대중에게 이 운동을 알리고 분석하고 변호하고 설명했다.[31] 그는 미국이 배출한 가장 위대한 신학자로 간주된다. 1703년에 태어난 조나단 에드워즈Jonathan Edwards는 열한 자녀 가운데 다섯째이자 독자였다.[32] 어린 시절에는 깊은 종교적 헌신과 지적 예리함을 보여 주었고, 예일 대학에서 교육을 마친 후 그 어간에 회심을 경험했다고 『자서전』Persoanl Narrative에 기록했다.[33] 여러 해 동안 강사와 목사로 일한 후 에드워즈는 1727년에 매사추세츠 주 노샘프턴의 회중 교회로부터 청빙을 받았다. 자신의 할아버지이자 58년 동안 교회 설교단을 지켜온 유명한 솔로몬 스토다드Solomon Stoddard 아래서 부목사로 일해 달라는 요청이었다. 그리고 이내 할아버지의 담임 목사직을 맡아 달라는 요청을 받았다.

에드워즈는 곧바로 복음을 선포하기 시작하면서 회심하라고 요청했다. 몇 년이 지나자 교회 안에서 극적인 변화가 보이기 시작했다. 공동체 안에서 일어난 몇몇 때 이른 죽음에 정신이 든 교인들은 신앙에 대해 진지한 관심을 갖기 시작했다. 더 열심히 기도했고, 더 부지런히 성경을 공부했고, 영적 문제에 대해 더 터놓고 대화했다. 그 후 6개월 동안 영적 각성이 교회를 휩쓸었다. 에드워즈의 교회에서만 300명가량의 사람들이 회심했고, 다른 교회에도 각성이 확산되었다. 에드워즈는 계속해서 설교하고 목양하며 최선을 다해 회심한 사람들을 상담해 주었다. 그러면서 각성 운동을 관찰하여 기록하기도 했는데, 이를 1737년에 『놀라운 부흥과 회심 이야기』A Faithful Narrative of the Surprising Work of God, 부흥과개혁사로 출간했다.

에드워즈는 젊은이건 노인이건, 부자건 가난한 자건, 지혜로운 자건 어리석은 자건, 멀쩡한 자건 방탕한 자건, 모든 계층의 사람들이 회심을 경험한다는 점에 주목했다. 또한 회심 이후 뒤따르는 것으로 보이는 패턴—죄 확인, 더 나은 삶을 살겠다는 헌신, 거듭되는 실패, 전적인 무력감과 죄의식, 마지막으로 확신과 환희와 사랑으로 회심자를 압도하는 은혜의 경험—을 관찰했다. 그는 각성이 하나님이 하시는 일이라고 확신했다.

> 이러한 하나님의 일이 계속 이어지고 참된 성도가 늘어나면서 도시에는 아름다운 변화가 일어났다. 1735년 봄과 여름에 도시는 하나님의 현존으로 가득한 듯 보였다. 도시가 그렇게 사랑으로 가득하거나 기쁨으로 가득하지는 않았고, 오히려 옛날처럼 고통으로 가득했다. 거의 모든 집에는 하나님의 현존을 보여 주는 놀라운 징표가 있었다.[34]

에드워즈의 삼촌이 자살하고, 인근 도시에 사는 두 여인은 정신이 나가고, 사람들이 절망에서 벗어나 득의양양해지면서 감정의 격변을 드러내기 시작하자, 대각성 운동은 갑자기 끝이 났다. 그러자 곧 비판이 따랐다. 보스턴의 엘리트층은 대각성 운동이 참된—즉 합리적인—신앙이 아니라 종교적 '열광주의'(광신이나 극단주의)의 산물이라고 비난했다. 에드워즈는 문제가 있다는 것은 인정했지만, 대각성이 여전히 참으로 초자연적인 것이라고 방어했다. 그리고 자신의 입장을 명확히 하려고 두 권의 책, 『성령의 역사 분별 방법』Distinguishing Marks of a Work of the Spirit of God, 1741, 부흥과개혁사과 『뉴잉글랜드에서 현재 일어난 신앙 부흥에 관한 몇 가지 생각』Some Thoughts Concerning *the Present Revival of Religion in New England*, 1742을 연달아 썼다.

그러나 에드워즈 입장에서는, 이런 책들로도 문제가 가라앉지 않았다. 교회 안에서 열심이 식고 갈등이 일어나자, 에드워즈는 마지막으로 한 번 더 그 문제로 씨름하지 않을 수 없었다. 진정한 회심 혹은 자신이 '참된 신앙'true religion이라고 칭한 것의 본질을 규정하고 싶어 했다. 그리고 진정한 회심을 경험한 것처럼 보이는 몇몇 사람들이 나중에 회심의 증거를 거의 보이지 않는 이유가 무엇인지 의문을 품었다. 그들은 정말 회심한 것인가, 아니면 단지 회심한 **겉모습**만 보인 것인가 궁금했다. 에드워즈는 칼뱅주의자로서 구원이 시종일관 하나님의 사역이라고 믿었다. 하나님이 선택하시고, 부르시고, 의롭다 하시고, 거룩하게 하시고, 영화롭게 하신다. 모든 것은 하나님이 주도하신 결과다. 회심자는 한 번 구원받으면 구원을 잃을 수 없는데, 하나님이 그것을 허락하지 않으시기 때문이다. 에드워즈는 이러한 신념과 실망을 안겨 준 노샘프턴의 대각성 운동 후유증을 어떻게 조화시킬 수 있었겠는가? 그가 쓴 『신앙감정론』Religious Affections, 부흥과개혁사은 적어도 이 질문에 대한 대답의 일환이었다.

그의 핵심 주장은 단순하고 품격 있다. "참된 신앙은 대개 거룩한 감정으로 이루어져 있다."[35] 에드워즈는 '감정'affections을 우리에게 진정 중요한 것을 대할 때 나오는 본래적이고 강렬한 반응—긍정적이건 부정적이건—으로 규정했다. 그래서 우리는 가치 있는 것에는 강하게 끌리는 반면, 우리가 싫어하는 것을 보면 강한 혐오감에 뒤로 물러난다. 신앙은 본질상 심오하게 의미심장하고 지극히

조나단 에드워즈, 『신앙감정론』

"신성한 것에는 초월적 탁월성이 있으므로, 자비의 감정에는 효험이 있다. 자비의 감정은 그 자체로 본질적이어서, 자아나 이기심과는 아무 내적 관련성이 없다. 바로 이 때문에 사람의 모든 행동은 거룩해지고, 나아가 언제나 인내할 수 있게 된다. 신앙의 본질은 항상, 언제나, 그리고 모든 변화 속에서도 변함없이 동일하기 때문이다. 어떤 면으로든 결코 달라지지 않는다. 모든 거룩한 감정의 토대는 도덕적 탁월성과 거룩함이 지닌 아름다움에 있다. 거룩에 대한 사랑은 그 자체로 존재하면서 사람들로 하여금 거룩을 실천하게 한다. 따라서 거룩이 하는 주 역할은 모든 자비의 감정을 일으키고 끌어내며 지배하는 일이다. 그러므로 그러한 모든 감정이 거룩을 지향한다고 해서 이상할 것이 없다. 사람은 자신이 사랑하고 바라는 것에 연합되고 붙들릴 것이기 때문이다."

중대한 것들을 수반한다. 형언할 수 없이 영광스럽고 아름답고 거룩한 하나님의 존재와 연관되어 있기 때문이다. 그러한 분을 안다고 하면서도 기쁨과 갈망과 사랑에 압도되지 않는 것은 불가능하다. 따라서 에드워즈의 주장대로 유일하게 적절한 반응은 '거룩한 감정', 곧 하나님을 향한 영혼의 강렬한 끌림뿐이다. 이것이 참된 신앙 혹은 회심의 본질이다.

에드워즈는 불이 열과 빛을 발산하듯 이러한 거룩한 감정이 가시적이고 현저하게 드러날 것으로 믿었다. 그러나 당장 회심의 진정성을 입증하는 표지와 아무것도 입증하지 않는 표지를 구분하는 일에는 신중했다. 아무리 인상적이라 할지라도 모든 표지가 다 이견의 여지가 없을 정도로 진정한 회심의 증거가 되지는 못한다. 노샘프턴에서 일어났던 극적 각성의 경우도 마찬가지였다. 에드워즈는 한편으로 강렬한 정서와 '신체적 반응'(실신이나 과도한 울음)과 교리 지식을 거짓 표지로 보았다. 이러한 표지들이 어떤 상황에서는 여전히 유용한 목적 달성에 이바지할 수 있다고 즉시 덧붙이긴 했지만 말이다. 그런가 하면 다른 한편으로, 에드워즈는 죄에 대한 슬픔, 하나님을 즐거워하는 것, 삶의 기쁨, 특히 역경을 맞이했을 때 보여 주는 믿음의 인내는 타당한 표지로 보았다. 그러나 결국 하나의 표지를 다른 모든 표지들보다 우월하게 보았다. 그 표지는 믿음의 지속적 **실천**으로서, 거룩한 삶, 하나님을 즐거워하기, 이웃 사랑으로 드러난다. "구원의 증거로는 갑작스런 회심이나 신비스러운 깨달음, 단순한 정서적 위로의 경험보다는 기독교적 실천이 훨씬 더 선호된다."[36] 그러므로 회심의 진정성을 확립하는 것은 회심의 **결과**, 곧 우리가 어떻게 살고 사랑하며 섬기는가에 미치는 회심의 영향이다. 예수님이 말씀하셨다. "그 열매로 나무를 아느니라."

아이러니하게도 에드워즈는 자신의 회중마저 이러한 생각을 받아들이도록 설득하지 못했다. 그가 교회에 권징을 행하고 성만찬의 고결성을 지키려고 하자 많은 사람들이 등을 돌렸다. 에드워드와 회중의 갈등은 여러 해 동안 지속되다가, 끝내 교회가 그에게 떠나라고 요청하면서 마감되었다. 1년 뒤인 1751년, 에드워즈는 매사추세츠 주 스톡브리지에 사는 원주민들에게 가서 선교사로 일하라는 부름을 받아들였다. 그리고 이 광야와 같은 전초기지에서 『의지의 자유』Freedom of the Will와 『원죄』Original Sin를 비롯한 가장 원숙한 작품들을 써냈다. 그때에 이르러 위대한 신학자로서 그의 명성이 굳건히 확립되었다. 1758년에 그는 뉴저지 대학교(나중에 프린스턴으로 개명된) 학장으로 일해 달라는 초빙을 받았으나, 몇 개월 뒤 천연두로 사망하였다.

회심의 책임은 누구에게 있는가?

에드워즈는 그의 교회를 휩쓴 대각성이 어떤 식으로든 계획하거나 유발한 것이 아니라고 믿었다. 1730년에 했던 것이나 1745년에 했었을 것과 다른 어떤 일도 1734년에 하지 않았다. 그러나 그 해 6개월 동안 단순한 인간의 노력을 초월하는 어떤 일이 일어났다. 그의 말마따나 그것은 하나님의 **놀라운** 사역으로서, 인간이 아닌 하나님이 개입하신 결과였다. 그러나 에드워즈를 따르는 많은 복음주의자들은 덜 놀라운 것을 원하는 것 같았다. 회심이 하나님의 일이기도 하다는 사실을 부인하지는 않았지만, 회심을 인간의 일로 바꾸어 버린 것이다. 두 가지 변화가 일어났다. 첫째, 복음주의자들은 회심 **체험**을 점점 더 강조하면서, 체험의 강도에 따라 그 실체적 진실성이 어떻게든 입증될 것이라고 믿었다. 이로써 회심을 가급적 예측 가능하고 편리한 것으로 만들어 주는 방법을 사용하기에 이르렀다. 둘째, 회심자들을 얻고 제자로 삼을 **전략**을 개발했는데, 이로 인해 복음주의는 사업적 방향으로 나아가기에 이르렀다. 체험과 전략은 19세기 복음주의의 두드러진 특징이 되었다.

에드워즈는 변화가 다가오는 것을 알았을 것이다. 에드워즈가 조지 윗필드의 설교를 평가하는 장면에서 그의 예견을 엿볼 수 있다. 윗필드1714-1770년는 옥스퍼드에서 공부하는 동안 신성 클럽에 가담하면서 웨슬리 형제들과 어울린 적이 있었다. 열아홉 살에 극적 회심을 경험한 후에는 즉각적으로 복음을 선포하기 시작했는데, 극적 결과를 가져오는 일이 잦았다. 그리고 오래지 않아 전도 사역을 미국까지(일곱 번 방문했다) 확장했다. 1740년, 에드워즈는 유명하고 화려한 언술을 구사하는 윗필드를 초대하여 자신의 설교단에서 설교하게 했다. 윗필드가 노샘프턴에 도착했을 때, 그는 이미 식민지 전역에서 탁월한 설교자이자 성공적인 전도자로 명성이 자자했다. 그가 입을 열 때마다 헤아릴 수 없이 많은 사람들이 그리스도께로 나아오는 듯했다. 노샘프턴에서 그의 영향력은 가히 선풍적이었다. 사라 에드워즈는 일기에서 그의 방문에 대해 이렇게 언급했다. "그가 청중에게 어떤 말을 던지는지 지켜보니, 그저 놀라울 뿐이었다.…눈을 들어 보니, 천 명이나 되는 사람들이 숨이 멎을 듯 침묵하며 그의 말을 붙들고 있었다. 숨죽여 흐느끼는 소리만 이따금씩 들리는 그런 침묵이었다." 사라의 남편도 수긍하며 말했다. "대부분 사람들의 마음은 신앙 속으로 더 빠져드는 것 같았고, 스스럼없이 신앙을 자신들 회심의 주제로 삼았으며…모든 기회를 내서 선포되는 말씀을 듣고자 했다."[37]

그러나 에드워즈에게는 의구심도 있었는데, 윗필드가 떠나자마자 씨 뿌리는 자의 비유에 대한 일련의 설교에서 이를 드러냈다. 그는 순회 설교의 일시적 특성으로 순간적 결과가 나오기 마련이라는 점에 주목하면서 말했다. "갑작스런 회심은 잘못된 경우가 아주 흔하다." 또한 윗필드의 극적인 스타일이 갖는 영적 효험에 대한 의구심을 드러냈다. 이는 윗필드의 극적인 방식은 방식 자체에 지나치게 주의를 기울이기 때문이었다. 또한 "설교자가 화술로 과도하게 포장할" 때에만 신앙을 받아들이고, 사람들이―에드워즈는 이들을 일컬어 '돌짝밭'이라 했다―"설교자의 표현력, 열정, 활력, 멋진 몸짓을 즐기기" 때문이었다. 윗필드의 방식은 참된 회심자보다는 위선자를 더 많이 만들어 내는 경향이 있었다. 결국 에드워즈가 윗필드의 역할을 인정하기는 했지만, 어쨌든 그의 관심사는 이제 막 일어나려는 복음주의 운동에 변화가 있기를 기대하는 것이었다.[38]

체험 │ 윗필드의 방식이 득세하는 듯했다. 이후로 사역에 다가가는 그의 방식은 복음주의 운동에 영향을 미쳤다. 윗필드를 비롯하여 18, 19세기의 유명 전도자들은 대부분 극적 회심을 경험한 사람들이었는데, 이는 회심에 대한 그들의 시각과 전도자로서의 사역 방식에 영향을 미쳤다. 그들의 자서전에는 회심에 대한 매우 체험적인 관점이 반영되어 있다. 존 웨슬리의 극적 체험이 전형이 되었다. 존 웨슬리1703-1791년는 경건한 성공회 가정에서 성장했다.[39] 옥스퍼드에서 공부를 마친 후 성공회 사제 서품을 받았는데, 옥스퍼드에서 형제들과 함께 신성 클럽을 조직하여 학생들의 영적 성장을 도모했다. 그는 거의 10년 동안 설교했고, 교도소 사역을 했으며, 조지아에서는 선교사로 섬겼다. 그러니 어느 모로 보나 그에게서는 참된 그리스도인이라는 인상을 받을 수 있었다. 그러나 그에게 회심은 여전히 미래의 일이었다.

미국으로 항해하던 중 웨슬리는 일군의 모라비아 교도들을 만났는데, 조용하면서도 열정적인 그들의 믿음에 깊은 인상을 받았다. 그런데 항해 도중 배가 돌풍을 만나 침몰할 지경이 되었다. 모든 사람들이 죽음을 두려워하면서 극심한 공포에 빠져 있는 상황인데도, 모라비아 교도들만은 예외로 침착하게 기도하면서 찬송을 불렀다. 조지아에 도착해, 웨슬리는 피터 뵐러Peter Boehler를 만났다. 그 역시 모라비아 교도였는데, 웨슬리의 영적 멘토가 되어 주었다. 뵐러는 웨슬리의 영적 불안을 간파하고는 믿음의 확신이 있는지 날카롭게 물었다. 그리고 이 질문은 웨슬리의 뇌리에서 떠나지 않았다. 여러 해 뒤에 웨슬리 자신이 설명했듯이, 그는 원주민들을 구원하러 조지아로 갔지만, 과연 그 자신은 누가 구원할지 자문했다. 사역에 실패하고 죄를 극복하지 못하면서 그가 품은 회의는 악화될 뿐이었다. 그는 일기에 이렇게 썼다. "이렇게 죄에 속박되어 절대 용납할 수 없고 절망적인 상태에 빠진 나는 정말이지 끊임없이 투쟁했지만, 극복하지 못했다.…넘어지고, 일어서고, 또다시 넘어졌다."[40]

이러한 고투는 잉글랜드로 돌아온 후에도 계속되었다. 그리고 다시 한 번 모라비아 교도들이 도움 되지 않을까 생각하게 되었다. 그는 런던 올더스게이트Aldersgate에서 있었던 모라비아 교도들의 모임에서 누군가 루터의 로마서 서문을 읽는 것을 듣고 회심을 경험했다. 그의 회심은 갑작스럽고 감정적인 것이었다. 그는 일기에 이렇게 썼다. "이상하게 가슴이 뜨거워지는 것을 느꼈다. 그리스도를, 구원을 위해서는 오직 그리스도만을 신뢰한다는 느낌이 들었다. 그분께서 **내** 죄는 물론 **내 모든 것**을 가져가시고 **나를** 구원하셨다는 확신이 들었다."[41] 그의 회심은 이후 수많은 회심이 따르는 전형이 되었다. 지금은 회심이 일어난 정확한 시간과 장소를 대는 것이—대부분은 아니라할지라도—많은 복음주의자들에게 흔한 일이 되었다. 하나님의 약속과 그들의 믿음이 진실함을 확인해 주는 회심 **체험**이 있기 때문에, 그들은 안정감과 자신감을 갖는다.

체험의 중요성에 자극받은 19세기 미국 복음주의자 찰스 피니 Charles G. Finney, 1792-1875년는 복음 전도 사역이 올바른 결과를 낳을 것임을 확증할 '새로운 방법'을 개발했다.[42] 그는 로체스터, 필라델피아, 뉴욕 같은 도시에서 6주간 열린 부흥회를 인도했다. 이렇게 복음에 지속적으로 노출되자, 사람들은 열광적 감정에 휩싸였고 부흥회가 진행될수록 군중의 규모는 불어났다. 또한 자원봉사자를 보내 사람들에게 부흥회에 참석하라고 했다. 회심할 것으로 보이는 사람들을 위해 강당 앞줄에 '참회자석'anxious bench을 마련했고, 여자들을 비롯한 평신도들로 다양한 리더십 자리를 채웠다.[43] 마지막으로, 회심자들에게 부흥회가 끝나면 지역 교회에 참여하라고 강권했다. 찰스 피니는 자신의 명저『찰스 피니의 부흥론』Lectures on Revivals of Religion, 생명의말씀사에서, 부흥이란 에드워즈가 주장하듯 기적적인 사건이 아니라 자연스러운 사건이며 하나님이 인정하시는 방법을 제대로 사용한 결과라고 주장했다. 요컨대, 부흥을 과학적인 일로 바꿔 놓은 것이다.

전략 | 윗필드와 그의 후예들은 회심자들을 얻고 훈련시키기 위하여 여러 혁신적 기술을 사용했다. 윗필드는 순회 설교자가 되어 이 길을 선도했는데, 이는 효과적인 전도 방법임이 드러났다.[44] 설교단을 일종의 무대로 바꾸어 자신의 극적 방식과 매력적 메시지로 청중을 사로잡았다. 그는 야외 설교를 시도한 첫 번째 복음주의자였다. 윗필드가 5천이나 1만 명의 군중에게 설교한 것은 이상한 일이 아니었다.[45]

설교하는 윗필드

윗필드의 개성과 남다른 은사로 미루어 보건대, 순회 설교는 윗필드에게 딱이었다. 또한 복음주의 운동에도 들어맞았다. 존 웨슬리는 53년 동안 잉글랜드 전역을 다니며 설교했고, 종종 야외에서도 설교했다. 평생 4만 번가량 설교를 했고, 말을 타고 40만 킬로미터 이상을 다녔다. 그는 복음을 단순하고 이해하기 쉽고 설득력 있게 만드는 일에 천재여서, 영국의 노동자 계급에게 더욱 효과적으로 다가갈 수 있었다. 그의 형제인 찰스는 대략 8,900곡이나 되는 대중 찬송을 작곡하여 복음을 촉진시켰다. 둘은 함께 예배당을 건축하고 주 중 예배를 열어, 기성 교회에서 환영받지 못하거나 편안함을 느끼지 못하는 사람들에게 다가갔다.

존 웨슬리는 또한 탁월한 조직가이기도 했다. 신성 클럽의 구조를 응용하여 회심자들을 믿음으로 양육했다. 감리교 운동에서 '속회'라 부르는 12명으로 이루어진 소그룹은 정기적으로 모여 죄를 고백하고 성경을 공부하고 기도하고 서로 책임을 져 주고 엄격한 권징을 행했다. 웨슬리는 특히 권징을 행하는 일에 전념했다. 그가 물었다. "기독교적 권징이 이루어지는 곳을 찾을 그리스도인이 거의 없다는 사실이 놀랍지 않은가? 잉글랜드 어디에 가면 기독교적 권징이 기독교 교리에 추가되어 있는가? 교리는 선포하지만 권징이 없는 곳에서는 완전한 효력이 듣는 자들에게 미칠 수 없다." 그는 심지어 속회원들이 매주 모임에 나올 때 지도자들이 사용할 질문 목록을 제공하기도 했다. "지난번 모임 이후, 알고 있는 죄 가운데 어떤 죄를 저질렀는가? 어떤 유혹을 극복했는가? 하나님께서 어떻게 구해 주셨는가? 죄가 될지 모를 어떤 일을 생각하거나 말하거나 행하지는 않았는가?"[46]

웨슬리는 평신도를 임명하고 훈련하여 속회를 인도하게 하였고, 운동이 확장됨에 따라 이를 통해 준비된 능력 있는 지도자들이 대거 공급되었다. 이것이 감리교Methodism 이면의 **방법**method이었다.

본질적으로, 그가 했던 대규모 전도 사역을 소규모 제자도 사역으로 전환하는 것이었다. 웨슬리는 또한 성결의 신학을 써서 새로운 회심자들이 믿음 안에서 성숙하도록 고무했다. 이후 회심자들은 19세기 초 복음주의자들이 설립한 다양한 사회 개혁 단체의 열렬한 자원봉사자가 되었다. 이들 단체들은 광범위한 자선 활동을 전개했다. 전도, 해외 선교, 성경 배포, 노예 폐지, 금주 운동, 교도소 개혁, 참정권 운동, 안식일 준수, 과부와 고아 돌봄 등 많은 일들을 실천했다. 결국 웨슬리와 그를 따르는 사람들은 교회에만 국한된 좁은 관심사를 넘어 교회의 사역을 확장하는 일종의 자선 제국을 건설하는 일에 일조했다.[47]

오늘날의 복음주의 영성

복음주의 영성은 세계적으로 경이로운 영향을 미쳤다고 해도 전혀 손색이 없다. 복음주의자들은 말 그대로 수억 명의 사람들에게 복음을 선포하여 많은 사람들을 기독교 울타리로 이끌었다. 이것이 오늘날 복음주의가 세계에서 가장 빠르게 성장하는 기독교 집단인 이유다. 처음에는 유럽인(특히 영국인)과 미국인이 이 운동을 주도했다. 19세기와 20세기 초에 걸쳐 헤아릴 수 없이 많은 선교 조직을 설립하여 잃어버린 영혼을 구했고, 수많은 자원봉사 단체를 조직하여 세계 전역의 실제적 필요를 채워 주었고, 여성을 비롯한 많은 사람들을 감화시켜 그리스도의 대의를 위해 자신의 은사를 사용하게 했으며, 대중의 높은 관심을 받는 복음 전도자들의 사역을 지원했다. 이들 전도자들의 세계적 영향력은 날로 성장하는 복음주의의 영향력을 보여 주는 전형적 본보기였다. 드와이트 무디Dwight L. Moody는 19세기 말에 가장 유명한 복음 전도자가 되어, 영국과 미국에서 수천만 명의 사람들에게 설교했다. 빌리 그레이엄Billy Graham은 역사상 가장 성공적인 복음 전도자로서, 전 세계 수억 명의 사람들에게 설교했다. 우리는 이들 유럽과 미국의 복음주의자들이 보여 준 대담한 수고에 많은 빚을 진 셈이다. 복음의 진리와 성경의 권위, 혁신적 사역에 대한 그들의 깊은 헌신 덕분에 기독교 세계는 이전과는 같지 않을 것이다.

그러나 이제 복음주의 운동은 세계화되었다.[48] 20세기 초 이래 가장 역동적인 복음주의 운동은 1906년 로스엔젤레스 아주사 스트리트의 부흥에서 비롯된 오순절 운동으로, 100년밖에 지나지 않았음에도 현재 오순절 운동은 전 세계에 퍼져 있다. 미국이 오순절 운동의 씨앗을 만들어 냈다면, 전 세계는 그 토양이 되었다. 오순절 운동은 사실상 지구상 모든 나라에 수많은 토착 교회를 탄생시켰다. 오순절 운동의 성장을 보면, 여러 면에서 비서구 그리스도인들이 복음주의 운동의 지도력을 양도받았음을 알 수 있다.

이러한 극적 전환은 두 가지 개인적 경험을 살펴보면 잘 알 수 있다. 2000년에 나는 자녀들과 함께 케냐 나이로비에서 여름을 보낸 일이 있다. 나는 한 대학에서 강의를 했고, 아이들은 마더 테레사 고아원에서 자원봉사를 했다. 일요일이면 나이로비 채플에서 예배했는데, 이 교회는 지난 10년 동안 도시 전역에 12개의 교회를 개척했을 뿐 아니라 도시 슬럼가에서 진료소 같은 다른 사역도 시작했다. 오스카 목사는 내게 말했다. 미국 그리스도인들에게는 돈과 조직이 있고, 아프리카인들은 그로부터 도움을 받을 수 있고 실제로 도움을 받는다고. 그러나 그들 또한 물질주의적이고 현실에 안주하며 세속적이라고 말이다. 그는 자신의 사역이 이러한 문제에서 벗어나는 쪽으로 나아가기를 원한다고 했다.

2006년 겨울, 이라크 쿠르드족 안에서 일하는 복음주의 사역 단체의 지도자 한 명이 휘트워스 대학 캠퍼스를 방문했다. 그는 스포케인에 본부를 둔 선교 단체 파트너스 인터내셔널Partners International 과 협력 사역을 하고 있었다. 파트너스 인터내셔널은 서구인들, 특히 미국인들에게 늘 우호적이지만은 않은 지역에서 토착 사역 단체들과 전략적 동반자 관계를 개발하는 단체다. 유시프 매티Yousif Matty 목사는 걸프전 중에 이라크 군에서 복무한 후에 극적 회심을 경험했다. 그리고 주님의 부르심을 받아, 쿠르드족 안에서 전도 사역을 하기 시작했다. 지금은 교회를 세우고, 공동체 사업에 착수하고, 기독교 서점을 운영하고, 기독교 학교를 운영하는 사역을 하고 있다. 그는 첫 세대 복음주의자들 못지않게 열심과 개척자 정신이 뛰어나다. 물론 그에게 서구 문명의 미래를 보호하고 보존해야 하는 부담은 없다. 매티 목사는 복음주의 운동을 위해 비전과 에너지를 보내는, 제3세계 복음주의 지도자들의 새로운 물결을 상징한다.

웨슬리를 비롯한 다른 초기 개척자들과 마찬가지로, 이 새로운 세대의 복음주의자들도 회심에 전념한다. 그러면서 구원의 메시지를 선포하는 것만으로는 충분하지 않다고 말할 것이다. 우리는 사람들에게 그 메시지에 반응하라고 요청해야 한다. 어쨌든 이 지도자들은 하나같이 회심에 대한 통전적 이해에 충실하다. 이러한 통전적 이해가 참된 회심이 뜻하는 바다. 그리스도께로 회심하는 것은 단 한 번의 사건일 수도 있다(가령, 전도 집회에서). 흔히 회심은 그런 데서 시작하기도 한다. 그러나 참된 회심은 거기서 멈추지 않는다. 참된 회심은 우리의 모든 삶—결혼, 가족, 정신, 지갑, 일정, 관계, 직업, 여가 활동, 투쟁, 정치—이 그리스도께 복종하기를 요구한다. 끝없는 과정이다. 예수님은 제자들을 부르시면서, 자기를 부인하고 십자가를 지고 따르라고 말씀하셨다. 언젠가 C. S. 루이스가 썼듯이, 하나님은 우리에게서 무언가를 원하시는 것이 아니라, 우리 자신을 원하신다. 다시 한 번, 우리의 삶 전체가 하나님께 회심하는 것이 복음주의 영성의 핵심이다.

뉴턴의 이야기는 진정한 회심의 힘을 잘 보여 준다. 그의 모든 삶은 복음으로 변화되었다. 그의 삶은 완전한 회심이었다. 모름지기 회심이란 그래야만 한다. 그러나 자신의 힘으로 이룰 수 있는 것이 아니다. 그의 능력을 넘어서기 때문이다. 그가 깨달았던 것처럼, 그는 완벽한 진정성을 성취하거나 완전한 복종의 경지에 다다르거나 '참된 신앙'의 표지를 보여 줄 수는 없었다. 그래야만 하는 것도 아니었다. 결국 뉴턴의 찬송은 자신 혹은 회심에 대한 것마저도 아니다. 은혜에 대한 것이다. 하나님의 은혜로 그는 잃었던 영혼을 찾았고, 눈이 열렸고, 참된 두려움을 배우고 두려움에서 벗어났으며, 위험에서 구출받았고, 본향으로 돌아오게 되었다. 그에게 선한 것을 약속하고 희망을 불어넣어 준 것은 은혜였다. 그에게 영생의 선물을 준 것도 은혜였다. 그를 회심시킨 것도 은혜였다. 은혜는 강력하고 완전하다. 은혜는 하나님의 아들이자 우리의 구원자이며 주님이신 예수 그리스도를 통해 오기 때문이다.

실천

- 요한복음 3:1-21을 읽으라.
- 회심은 우리의 삶 전체에 적용되어야 한다. 언젠가 C. S. 루이스는, 하나님은 우리의 **일부**가 아니라 단지 우리 자신, 곧 우리의 **모든 것**을 원하신다고 말했다. 우리 삶의 다양한 측면들을 생각해 보라. 각각의 영역을 하나님께 복종시킨다는 것은 어떤 의미인가? 우리의 관계에는 어떤 영향을 미치는가? 돈과 시간은 어떠한가? 천연자원은? 일과 놀이는?
- 한 주간 동안 매일 로마서 12:1-2을 묵상하라.

11. 모험
: 개척 선교사들의 영성

그러나 무엇이든지 내게 유익하던 것을
내가 그리스도를 위하여 다 해로 여길뿐더러
또한 모든 것을 해로 여김은
내 주 그리스도 예수를 아는 지식이 가장 고상하기 때문이라.
내가 그를 위하여 모든 것을 잃어버리고 배설물로 여김은
그리스도를 얻고 그 안에서 발견되려 함이니
(빌립보서 3:7-9)

개척 선교사들은 완벽한 모험가였다. 우리가 보통 회피하는 곳으로 과감하게 가서, 우리가 간과하는 사람들에게 나아가고, 우리가 흔히 소홀히 하는 필요를 채우고자 사역한다. 그들이 이러한 모험을 감행하는 것은 일편단심 예수 그리스도에 대한 헌신 때문이다. 그들에게는 그들을 구별되게 하는 예수님과 그분의 나라를 향한 열정이 있다. 또한 인간이 되심으로써 궁극의 모험을 감수하신 하나님을 사랑한다. 하나님은 하늘 집의 영광을 떠나, 위대한 왕이 아니라 비천한 아기로 땅 위에 자리 잡으셨다. 하나님은 인간과 아주 완벽히 같아지셔서, 동시대인들은 대부분 그분이 진짜 어떤 존재인지 도무지 알 수 없었다. 그분은 우리와 우리의 구원을 위해 모든 것을 희생하셨고, 하늘과 땅 사이의 간격을 이으셨으며, 신의

진리를 모든 사람들이 이해할 수 있는 언어로 번역하셨다. 하나님은 인간을 위해서 행동하셨을 뿐 아니라 인간이 되셨다.[1] 만일 모험 감행의 완벽한 전형을 보고자 한다면, 우리가 할 일이라고는 복음서를 읽는 것이 전부다.

모험 감행이라는 개념을 생각하면, 극단에 이르기까지 하나님을 위해 위대한 업적을 이룬 사람들의 이미지가 떠오른다. 기독교에 적대적인 나라로 성경을 밀반입하거나, 무질서하게 뻗어 있는 도시 슬럼가에 진료소를 세우거나, 세계 멀리 외진 곳에 교회를 개척하는 사람들이 생각난다. 그러면서 이런 일들은 위험한 행동을 겁내지 않는 성향을 타고난 소수에게나 어울린다는 생각이 든다. 확실히 이런 삶은 조용하고 평범하게 살기 원하는 우리 같은 사람들에게는 적용되지 않는다. 나 역시 집 안에서 편히 지내고, 가까이 사는 친구들을 사랑하며, 안정된 직장이 주는 안정감을 즐기는 편이다. 그다지 모험을 감행하는 유형이 아니라는 말이다.

그러나 모험은 애초부터 기독교 신앙에 내재해 있다. 예수님 자신이 제자들에게 세상으로 가서 모든 민족을 제자 삼으라고 말씀하셨으니 말이다. 그렇다면, 세계 멀리 외진 곳으로 가서 선교 사역을 하든, 길 건너 이웃과 친구가 되든, 우리는 위험한 모험에 관여하지 않을 수 없다. 최근, 기혼의 중년 동료 하나가 기독교 신앙에 대해 더 알고 싶어 하는 세상 친구들 몇몇과 전도 성경 공부를 시작했다. 그는 이미 그들의 삶에 깊숙이 관여하게 되었다. 목사 친구 하나는 몇 년 전에 여름 동안 해외에서 봉사할 기회를 모색하기로 했다. 벌써 일련의 일들에 시동이 걸려, 가족들을 데리고 여러 달 동안 잠비아로 여행했을 뿐 아니라, 에티오피아 아이 셋을 입양하기도 했다. 기독교 신앙을 진지하게 받아들인다면, 우리는 아마 어디론가 떠나거나, 누군가를 사랑하거나, 전에는 전혀 상상도 못했던 일을 시도하게 될 것이다. 이는 단순히 제자도의 삶이 요구하는 것일 뿐이다.

선교적 신앙

기독교는 선교적 신앙으로 시작되었다. 그리스도의 전 사역은 유대인이라는 내부인뿐 아니라 이방인이라는 외부인을 향한 것이었다. 예수님은 창녀와 세리와 사마리아인처럼 당대의 유대 지도자들이 무시하거나 정죄했던 바로 그 사람들을 소중히 여기셨다.[2] 예수님은 세리나 죄인의 친구라고 비난받으시자, 잃어버린 양, 잃어버린 동전, 잃어버린 아들 이야기를 말씀하시며 대응하셨다(눅 15장). 예수님은 잃어버린 자들 찾기를 거부하는 유대 지도자들을 향해 가장 날카로운 비판을 쏟으셨다. 부활하신 후에도 예수님은 제자들에게 같은 사명을 행하라고 명하셨다(마 28:16-20).

교회는 예수님의 명령에 신속하고 흔쾌히 복종하지 않았다. 처음 그리스도인은 모두 다 유대인이었다. 예루살렘에 있었던 최초의 기독교 운동에서, 제자들이 성전 경내에 옹기종기 모이고, 유대 문화에 속하고, 유대 관습을 따르며, 유대 의식을 행하는 초기 제자들의 모습을 볼 수 있다. 박해를 당하고 나서야 그들은 마지못해 예루살렘을 떠났다. 심지어 예루살렘에서 빠져나가 복음을 선포한 대상마저도 헬라어를 말하는 유대인(헬라파 유대인)이었지, 아람어를 말하는 유대인들이 아니었다. 실제로 많은 사람이 예루살렘을 떠난 것도 아니었다. 이들 헬라파 유대인들은 전통적 유대교에 가장 위협적인 위치를 차지했으며, 비유대인들에게는 최상의 선교사가 되었다. 그들은 예루살렘 밖의 사람들에게 전도하기 시작했다. 거기에는 유대인뿐 아니라 사마리아인과 이방인도 포함되었다. 마침내 그들은 안티오키아에 교회를 세우기에 이르렀고, 안티오키아는 이방 기독교의 중심지가 되었다. 안티오키아 사역을 도우라고 바울을 부른 사람은 거기 살던 헬라파 바나바였다. 이어 바울은 초기 기독교에서 가장 성공적인 선교사였다. 이방 도시 타르수스에서 자랐지만, 예루살렘의 랍비 학교에서 훈련받은 바울은 유대 문화와 이방 문화의 가교가 되었다.

자료를 살펴보면, 이방인 선교는 많은 유대 그리스도인에게 도전은 물론 위협이 되기까지 했다. 그들은 이방인 선교로 인해 기독교의 설립 기반인 유대적 기반이 약화될 것이라고 생각했다. 기독교 운동을 고대 유대교라는 태 안에 보존하기를 바라면서, 이방인들에게 먼저 유대인으로 회심하라고 강요했다. 이방인들은 할례나 음식 규정 같은 유대 규정을 따르라는 요구를 받았을 것이다. 바울과 동료들은 이러한 요구 조건을 반대하면서, 구세주이자 주님이신 예수님께 회심하는 것으로 충분하다고 주장했다. 두 진영은 결국 무엇이 교회에 최선인지 공동체로 결정하기 위해 예루살렘에서 공의회를 소집했다. 베드로가 이방인 가운데서 행한 자신의 사역을 이야기하고 바울이 이방 지역을 돌며 선교한 결과를 보고할 때, 유대 지도자들은 주의 깊게—그리고 아마도 의혹을 품고—들었다. 예수님의 형제이자 예루살렘 교회의 지도자인 야고보는 모인 사람들 가운데 합의를 이루기 위한 발언을 했다. 복음은 오직 하나의 회심, 곧 그리스도를 향한 회심만을 명한다고 주장했다. 유대교로 회심할 필요는 없었다(행 15장). 이 하나의 결정으로 운동 전체를 위한 궤도가 설정되었다. 그리스도인이 되기 위해 먼저 유대 문화건 로마 문화건 유럽 문화건 지배 문화로 회심하지 않아도 된다는 사실로 인해 선교사들은 다양한 문화에 광범위하게 복음을 적응시킬 수 있게 되었다.[3]

기독교 선교사들은 수 세기를 거치는 동안 이 원리를 따랐다.[4] 기독교 신앙을 특정한 지역 문화에 적응시키려고 노력했다. 지역 언어를 배우고, 문화적 규범에 맞추고, 문화적으로는 수용할 수 있지만 신학적으로는 타협하지 않는 방식으로 기독교 신앙을 제시하면서 말이다. 이러한 선교사들의 노력은 2천 년 동안이나 지속되었는데, 기본적으로 네 국면으로 전개되었다.[5] 첫째 국면은 최초의 개척자들이 그리스 로마 문화에 기독교 신앙을 소개했을 때 시작되었다. 사도 바울이 최초의 기폭제 역할을 했다. 바울과 동료들은 로마 제국에 수십 개의 교회를 개척했다. 이들 신생 교회들은 이후 수백 년 동안 계속 성장하고 확장되었다. 2세기 중엽에 이르자 기독교는 이방 지식인들의 주목을 받기 시작했다. 이 기이하고 수상쩍은 신앙에 대해 호기심이 생긴 것이다. 순교자 유스티누스, 알렉산드리아의 클레멘스, 오리게네스 같은 유명인들은 이방 지식인들이 문화적으로 납득할 만한 방식으로 기독교 신앙을 설명하기 위하여 그들과 소통할 수 있는 공동 기반(가령, 그리스 철학)을 마련했다. 또한 니케아 신경Nicene Creed, 주후 325년, 381년과 칼케돈 신경Chalcedonian formula, 주후 451년에 아주 잘 요약되어 있는, 오늘날 '정통' 신앙으로 알려진 신앙의 토대를 놓았다.[6]

게르만족과 바이킹족 전도가 두 번째 국면이다. 410년, 서고트족이 이탈리아로 진주하여 로마 시를 약탈했다. 이들 이주자들은 다음 세기에 걸쳐 로마 제국을 점령해 갔다. 또 다른 침공의 물결— 이번에는 바이킹족이 주도한—은 9세기와 10세기에 일어났다. 기독교 선교사들은 이를 두려워하거나 물러서기는커녕, 오히려 이들 집단을 신앙으로 인도하고자 대대적 운동에 착수했다. 이러한 노력의 선봉에는 적대 지역으로 가서 수도원을 세우고, 언어를 배우고, 학교를 시작하고, 온 부족을 기독교로 인도한 수도사들이 있었다. 이러한 복음화 과정에는 수 세기가 걸렸다. 유럽은 기독교의 새로운 중심지가 되었으며, 이후 천 년 동안도 그러했다. 우리는 지금도 유럽 전역에 걸쳐 남아 있는 기독교의 증거, 특히 유럽의 전경에서 빼놓을 수 없는 수많은 예배당을 본다. 지금은 사실상 텅 비어 있기는 하지만 말이다.[7]

세 번째 국면은 종교개혁의 결과로 시작되었다. 종교개혁으로 인해 교회의 선교는 경쟁적 과제로 변모하여, 여러 기독교 집단들이 서로 앞다투어 나섰다. 루터파, 칼뱅주의자, 재세례파, 성공회, 로마 가톨릭은 하나같이 유럽을 자신들의 대의에 따르게 하려고 경쟁했다. 경쟁 때문에, 기독교 집단들은 더욱 공격적 전략을 사용하여 사람들의 충성을 사로잡으려고 했다. 그 결과 종교개혁가들이 신앙 이해와 믿음에 도움 되는 자료―소책자, 설교집, 고백, 교리 문답, 예배서―를 만들어 낸 것은 놀랄 일이 아니다. 이 전략은 기독교 집단들이 유럽 너머 다른 지역에서 선교 사역을 시작할 때 유용했다. 이러한 노력의 선봉에는 예수회(가톨릭 쪽)와 모라비아 교도들(개신교 쪽)이 있었다.

네 번째 국면에서 기독교 운동은 초기 기독교와 마찬가지로 그야말로 세계적이 되었다. 열정적이고 비전에 넘친 소수 지도자들은 기관―로마 가톨릭의 경우 수도회, 개신교회의 경우 자원 선교회―을 설립하여 유럽 세계 너머까지 기독교를 전파하였다. 16, 17세기에 예수회와 프란체스코회, 도미니쿠스회는 비유럽인들을 기독교로 인도하기 위해 세계 도처에서 수고했는데, 특히 남아메리카에서 성공적이었다. 200년이 지나 개신교도들 역시 같은 대의를 품었는데, 이는 대체로 영국과 미국에서 일어난 1차 및 2차 대각성 운동의 결과였다. 윌리엄 캐리William Carey와 허드슨 테일러Hudson Taylor와 같은 영국의 개신교 선교 활동가들은 수십 개의 '선교회'(셋만 들어 보면, 침례교선교회Baptist Missionary Society, 런던선교회London Missionary Society, 중국내지선교회China Inland Mission)를 시작했는데, 특히 아프리카와 아시아에서 미전도 종족을 그리스도께로 인도했다.[8] 미국인들도 비슷한 조직을 시작했다.[9] 이들 선교회는 수천 명의 선교사들을 선발하여 원지로 파송함으로써, 그들을 통하여 교회를 개척하고 성경을 번역하고 진료소와 학교를 시작하고 다른 사역도 개시하였다. 그들의 수고로 제3세계 국가에 수백 개에 이르는 새로운 토착 교단들이 탄생했으며, 이후 이들 교단은 서구로부터 독립하였다. 토착화 과정은 너무도 중요해서, 이를 기독교 운동 확장의 다섯 번째 국면으로 보는 선교학자들도 있다.

선교적 헌신

기꺼이 모험을 감수하려면 각별한 헌신이 필요하다. 개척자들은 희생을 치르고, 고립감과 외로움을 느끼고, 선교 활동으로 야기되는 오해를 겪을 때, 선교 사역 중에 어떻게 자신을 다잡는가? 엄청난 위험과 희생을 감수할 용기는 어디서 나는가? 그들이 위험을 감수했던 것은 일편단심 하나님을 향한 헌신 때문이었음은 의심할 여지가 없다. 특히 한 사람, 예수회의 창설자인 로욜라의 이그나티우스1556년 사망는 실제로 그러한 헌신을 함양하는 데 도움이 되는 영적 지침을 마련했다.

스페인에서 나고 자란 이그나티우스는 기사가 되고 싶어 했다. 그는 한 전투에 참여하여 심한 부상을 입었는데, 여러 달이 지나서 회복되었다. 요양 기간 동안 성경과 성자들의 전기와 『그리스도를 본받아』 같은 영성 고전을 읽기 시작했다. 그는 이러한 책들로 인해 자기 생애를 그리스도를 섬기는 일에 바치기에 이르렀다. 이후 여러 해 동안 그리스도의 삶과 가르침을 묵상했고, 자신의 죄를 회개했으며, 하나님께 자신의 생애를 드렸다. 또한 여행도 했는데, 마지막에는 파리에 도착하여 7년간 공부했다. 파리에서 살면서 그는 자신을 따르는 사람들을 끌어모았다. 그들은 성지 순례를 나서고자 했지만, 상황이 허락되지 않았고, 대신 로마로 가서 교황을 알현하였다. 교황은 신중한 협상과 계획을 거쳐, 1540년 새로운 수도회를 승인했다.

이그나티우스 시대에 수도회들은 수도원의 정착 생활에 적용된 베네딕투스 규칙을 약간 변용했다. 그러나 이그나티우스는 사람들을 밖으로 내보내고자 했다. 그래서 분주한 선교사들을 위한 일련의 영성 수련서를 썼다. 이그나티우스는 4주 안에 마칠 수 있는 수련서로 활용하도록 설계했다. 첫 주는 고백과 회개, 둘째 주는 예수님의 삶과 가르침, 셋째 주는 고난주간의 사건, 넷째 주는 부활과 천국의 약속에 초점을 맞춘다. 이 수련서는 성무 일과, 전통적 서원, 공동 예배, 예전 기도와 수도원에 대해서는 아무 언급이 없다. 대신 영적 지도자가 철저한 성찰과 복종의 과정을 통해 제자를 인도하는 데 사용할 수 있는 지침을 제공한다.[10]

이그나티우스

이그나티우스는 영혼을 깊이 살펴보기를 원했다. "영혼에 과도한 성향이나 집착이 있다면, 현재의 집착이 이끄는 것과 정반대에 도달하기 위해 최대한 강하게 노력하는 것이 가장 효과적이 될 수 있도록" 말이다.[11] 이 전략은 하나님의 뜻과 "우리 영혼의 구원"에 대한 한결같고 변함없고 확고부동한 헌신을 불러일으키기 위한 의도였다.[12] 그가 설계한 수련으로 예수회 지망자는 자신의 죄와 구

성 이그나티우스의 영성 수련

"모든 훌륭한 선택에서는, 그것이 우리에게 달려 있는 한, 우리 의지의 방향이 단순해야 한다. 나는 내가 창조된 목적, 곧 우리 주 하나님을 향한 찬양과 내 영혼의 구원만 바라보아야 한다. 그러므로 내가 무엇을 선택하든, 내가 목적을 달성하는 데 도움이 되는 것을 목표로 삼아야 한다. 목적을 수단에 맞추는 것이 아니라 수단을 목적에 맞추어야 한다. 예컨대, 많은 사람들이 수단에 불과한 결혼을 먼저 선택한 후에, 결혼 상태에서 우리 주 하나님을 섬기는 것을 2차로 선택한다. 결혼 생활의 목적은 하나님을 섬기는 것인데 말이다.…이러한 개인들은 하나님께 직접 나아가지 않고, 하나님이 자신의 과도한 집착에 맞춰 주시기를 원한다. 그렇게 하여 수단을 목적화하고 목적을 수단화함으로써, 먼저 구할 것을 나중에 구한다. 그러므로 나의 첫 번째 목적은 궁극적 목표인 하나님을 섬기는 열망이어야 한다. 그런 다음, 성직이건 결혼이건 나에게 더 적합한 조건에서 추구해야 한다. 이런 것들은 목적에 이르는 수단에 불과하니 말이다. 그러므로 오직 우리 주 하나님을 향한 섬김과 찬양과 내 영혼의 영원한 구원이라는 목표가 아니면, 어떤 것도 나에게 그러한 수단을 사용하게 하거나 내게서 그러한 수단을 빼앗지 못하게 해야 한다."

(앤터니 모톨라Anthony Mottola의 번역)

원이라는 하나님의 선물을 절대 진지하게 다루고, 나쁜 습관과 우상 숭배를 끊으며, 평생 희생적으로 섬길 준비를 하라는 도전을 받았다. 이그나티우스는 의사 결정을 위한 지침도 썼다. 그는 가장 중요한 결정은 인생의 기본 방향에 관한 것이라고 생각했다. 요약하면, 이그나티우스는 훈련을 통해 수도회원들이 하나님의 뜻을 중심으로 자신의 전 생애를 구성하고, 하나님에 대한 헌신을 절대적이고 확고히 하기를 바랐다.

그의 비전은 예상보다 훨씬 더 널리 계승되었다. 장 드 브레보 Jean de Brébeuf, 1593-1649년의 전기가 좋은 본보기다. 프랑스에서 나고 자란 브레보는 젊은 시절 예수회에 가입했다. 1625년, 그는 휴런Huron 원주민들 사이에서 선교 사역을 하기 위해 북아메리카로 파송되었다. 사역은 성공적이어서 유럽에서도 관심을 끌었다. 그러나 그는 모험담에 혹해서 선교 지원자들이 나설 것을 우려하여, 아메리카 원주민 부족 가운데서 선교 사역을 할 때 부딪칠 수 있는 위험과 어려움에 대해 경고하는 편지를 썼다. 그리고 선교에 대해 낭만적 시각을 품은 사람이면 모두 낙심시키려고 했다. 휴런족은 그들을 환영하겠지만, "[하나님께] 제대로 복종하지 않은 사람의 마음을 크게 낙심시킬 일은 널려 있습니다"라고 그는 말했다. 기꺼운 마음이 있다고 하여, "길이 짧아지지도, 바윗길이 평탄해지지도, 위험이 없어지지도 않습니다." 그는 그들의 일상생활이 어떻게 될지 상세히 설명했다. 여름이면 태양에 타들어 갈 테고, 모기와 파리와 벼룩에 반쯤 미쳐 버릴 것이며, 겨울이면 추위가 뼛속까지 파고들 것이다. 오랫동안 양식도 없이 견딜 테고, 비바람에 노출된 채 맨땅에서 잠을 청할 것이다. 그리고 마을에 도착하면, 오두막에서 지내야 할 것이다. "나는 프랑스에서 그에 견줄 만큼 비참한 몰골은 거의 본 일이 없을 정도입니다." 언어를 배우는 데는 수년은 아니겠지만 수개월은 걸릴 테고, 기껏해야 '더듬거릴' 정도밖에 안 될 것이다.[13]

그러나 브레보는 휴런족을 사랑했다. 그래서 두 번째 편지에서는 휴런족이 하나님의 사랑을 받았다는 사실을 선교 지원자들에게 상기시켜 주었다. 브레보는 (비록 야만인이라는 단어를 사용하기는 했지만) 놀라울 정도로 부드러운 언어로 썼다. "야만인을 향한 진심 어린 사랑이 있어야 합니다. 하나님의 아들이 핏값을 치르고 사신 사람들로, 우리의 나머지 인생을 함께 지낼 형제로 여기면서 말입니다." 브레보는 자신의 조언을 스스로 진지하게 받아들였다. 여러 해 동안 이루 말할 수 없는 고난과 좌절과 실패를 겪었다. 그러나 인내심을 갖고 나아갔고, 계속해서 휴런족을 섬겼으며, 그들의 문화에 적응했다. 그리고 마침내 그의 노력은 결실을 맺기 시작했다. 휴런족 가운데 많은 사람들이 기독교 신앙으로 회심했다. 그러나 그가 휴런족과 프랑스의 대적이던 이로쿼이족에게 잡혀 고문을 받고 처형을 당하자, 사역은 갑자기 중단되었다.[14]

희생

19세기 초에 활동하기 시작한 개신교도들도 같은 헌신을 보였다. 그들은 기독교권 밖의 사람들에게 기독교 신앙을 소개하기 위해 모험을 감행했다. 종종 엄청난 대가를 치르기도 했다.[15] 첫 번째이자 가장 명백한 모험은 새로운 사역을 시작하기 위해 그들에게 가장 소중한 것을 기꺼이 희생하는 것이었다. 익숙한 고향 땅, 가족, 친구, 심지어 나라까지도 말이다. 그들의 희생담은 현대인의 감각에는 거슬릴 것이다. 그도 그럴 것이, 개척자들 가운데 많은 사람들이 선교 사역을 위하여 결혼, 자녀, 친구, 건강, 부, 명성마저 아주 기꺼이(심지어 열정적으로) 희생하는 것처럼 보였으니 말이다. 이는 믿음을 그 가치들의 협력자로 보는 우리 성향과 정반대다. 그러므로 우리가 그들을 어리석고 광신적이라고 비난하는 것도 자연스럽다. 그들이 스스로를 변호할 수 있다면, 분명 예수님이 하신 일을 했을 뿐이라고 말할 것이다. 예수님도 이 땅에서의 사역을 위해 하늘 집을 떠나오셨다. 그들은 희생이 기독교 신앙에 내재한다고 말할 것이며, 그들의 주장을 입증하기 위해 성경을 인용할 것이다. 참신자라면 집과 부모와 형제와 자매를 기꺼이 버리고 예수님을 따를 것이라고 말이다.[16]

그러한 선교사들 가운데 찰스 토머스 스터드Charles Thomas Studd, 1862-1931년가 있다. 그의 인생사는 말할 수 없는 희생을 극적으로 보여 준다. C. T. 스터드는 잉글랜드의 부유층에서 두 형과 함께 자랐다.[17] 그는 당대에 가장 훌륭한 운동선수로 알려졌으며, 대영제국 전역을 다니며 경기를 했다. 크리켓은 그의 삶이었지만, 그의 영적 헌신을 갉아먹는 우상이기도 했다. 그러나 드와이트 무디의 부흥회에 참석하여 신앙의 갱신을 경험했다. "거기서 주님이 나를 다시 만나 주셨고, 내게 그분의 구원의 기쁨을 새롭게 회복시켜 주셨다."[18] 이윽고 스터드는 자신이 중국 선교사로 섬기도록 부름받았음을 깨달았다. 가족들의 반대가 있었는데, 그는 이 경험을 모세의 광야 출애굽에 비유했다. 그는 자신을 헌신하면서, 뛰어난 케임브리지 학생 6명과 함께 그리스도를 위해 '중국인'이 되려는 계획을 밀고 나갔다. '케임브리지 7인'으로 알려진 그들은 수천 명의 학생들에게 특권보다 목표를 선택하는 모범이 되었다.[19]

스터드는 중국 내지로 가서, "오직 하나님과만" 걷고 "현지의 것들만" 사용해야 했다.[20] 중국에 있는 동안 약간의 재산을 상속받기도 했다. 그가 25세에 이르면 주라고 아버지가 유증으로 남긴 재산이었다. 그는 자신의 영웅이자 아마 가장 위대한 중국 개척 선교사로 꼽히는 허드슨 테일러의 모범을 따라, 모든 돈을 남김없이 바쳤다. 자신의 선교 사역을 수행하는 데 필요할 수도 있는 돈에 대해서는 하나님을 신뢰하면서 말이다. 스터드는 또한 중국에서 미래의 아내인 프리실라 리빙스턴 스튜어트Priscilla Livingston Stewart를 만났는데, 그녀 역시 그처럼 선교에 헌신한 사람이었다. 그들은 열정적으로 사랑했지만, 자신들의 관계를 선교적 부르심에 종속시키기로 했다. 그들의 말마따나, "거할 도성이 없[기]" 때문이었다. 여러 달 후 그들은 중국 연안에서 '순례자의 결혼' 방식으로 결혼했다. 그들의 결혼 생활 또한 비슷한 성격을 띠었다.[21] 프리실라는 곧 딸 다섯을 낳았다. 그녀는 분만을 하면서 선교 사역에 지장을 주지 않고 싶어 의사의 도움도 받지 않았고, 결국 그 대가를 치렀다. 딸 하나가 죽었지만, 그녀의 헌신은 누그러들지 않았다. "나는 어떤 슬픔도 내 삶에 끼어들어 선교사로서의 삶을 망치게 하지 않겠다고 하나님과 약속했다. 나는 남편의 마음을 흔들 어떤 슬픔도 그에게 보이지 않을 것이다. 그가 돌아왔을 때 나는 한 방울의 눈

물도 그에게 보이지 않았다."²²

1900년에 가족은 인도로 이주했고, 스터드는 인도에서 목사로 섬겼다. 그리고 1908년 영국으로 돌아왔다. 이듬해, 스터드는 자신이 '아프리카의 심장'이라 칭한 곳에 대해 관심이 생겼다. "카니발이 선교사를 원한다!"라는 재치 있고 도발적인 신문 광고에 자극받아 하나님이 그곳의 선교사가 되라고 부르신다고 느꼈다. 그에게는 아무런 조직도 돈도 지원도 없었다. 심지어 처음에는 아내의 지지도 받지 못했다. 그러나 그는 1901년 홀로 아프리카를 향해 항해했다. (프리실러는 나중에 합류했는데 오래가지는 못했다. 그녀는 대부분의 시간을 잉글랜드에서 보내면서 본부 일을 했다.) 남수단에 정착한 스터드는 복음 전도 사역을 시작하여 '아프리카의 심장'Heart of Africa(나중에 세계 복음화 십자군World Evangelization Crusade으로 개명했다)이라는 선교 조직을 창설했다. 이것은 매우 고된 일이었다. 그가 아내에게 쓴 편지는 이랬다. "아, 너무도 괴롭소! 원주민에게 경멸받는 일이라니! 가난에다가! 유혹이 없었겠소? 그리스도를 위해 그만하라는 유혹도 있었소! 박사들이여! 친척들이여! 가족이여! 그리스도인들이여!"²³ 그러나 그는 위험을 무릅쓰고 아프리카 내지로 더 깊이 들어갔고, 마침내 벨기에령 콩고를 자신의 개척 사역지로 보았다. 스터드는 마치 하나님의 말씀을 듣는 것처럼 자문했다. "예수 그리스도에 대해 들어 본 일조차 없는 이 무리들을 보면서도 네가 감히 잉글랜드에서 여생을 보내려고 돌아가려느냐? 그렇게 한다면, 네가 어떻게 나중에 내 보좌 앞에서 나를 만나려 하느냐?" 그는 결의가 넘쳤다. "그것으로 만사는 정리되었다. 그 말을 듣고 나니 영국에 머물겠다는 용기를 내기는 불가능했다."[24]

스터드는 자신이 "저돌적 기독교"라고 말하던 것을 살아내기를 열망했다.[25] 그리고 하나님께 의지하여 모든 필요를 채웠다. 돈을 요구하는 일조차 거부했으니, 하나님만 신뢰하지 않을 수 없었을 것이다. 아프리카를 향해 떠나기 직전, 자기 조직의 사명 선언이 될 새로운 표어를 만들었다. "예수 그리스도가 하나님이고 나를 위해 죽으셨다면, 내가 그분을 위해 치르지 못할 너무 큰 희생이란 없다." 그의 아내를 비롯하여 그의 팀에 속한 모든 사람은 동일한 대가를 치르라고 요청받았다. 그는 아내가 치를 희생을 알고서 아내에게 썼다. "당신이 가장 큰 대가를 치를 것임을 내가 어찌 아는지 당신은 꿈에도 생각하지 못할 거요. 차마 당신에게 그렇게 말하지는 않았지만 말이오. 여보, 난 당신을 존경하고 영원히 그럴 것이오. 하나님께서 우리에게 100배로 갚아 주실 것이오. 결과와 영예는 얼마나 희생하는가에 달려 있음이 틀림없다오."[26]

선교에 대한 스터드의 헌신은 절대적이고 확고했다. 어떤 희생도, 가족의 희생조차도 너무 큰 것은 아니었다. 지난 13년 동안 스터드는 아내를 2주밖에 보지 못했다(딸 셋은 결혼 후에 아프리카에서 그에게 합류했다). 처음에 프리실러는 남편과 선교에 대해 실망과 분노의 감정을 숨기느라 가슴앓이가 심했다. 여러 달 동안 몸져눕기도 했다. 그러나 남편은 연민이라고는 거의 보이지 않았다. 짧은 휴가차 잉글랜드를 방문한 후, 스터드는 여전히 앓아누워 있는 프리실러를 집에 남겨 둔 채 홀로 아프리카로 돌아왔다. 그런데 바로 다음 날 프리실러는 깊은 믿음의 갱신을 체험하고, 자리를 박차고 일어나 집에서 선교 사역을 수행하기로 결심했다.[27] 그녀는 1929년에 죽었는데, 남편이 죽기 두 해 전이었다. 스터드가 죽자, 사위 노먼 그럽Norman Grubb이 선교회의 책임자가 되었다.[28]

스터드는 사역에 제격인 듯했다. 성경을 지역 언어로 번역하였고, 여러 선교회를 세웠으며, 거친 정글 환경에도 아주 쉽게 적응했다. 험로를 수천 킬로미터나 이동했고, 엄청난 서신을 교환했으며, 한 주에 여러 번 설교했다. 또한 할 수 있는 한 원주민처럼 생활했다. 건강이 악화되어 모르핀을 사용하기 시작했는데, 점점 모르핀 중독에 빠졌다. 생의 마지막에 다다랐을 때는 거의 잠도 자지 못했다. 하루 18시간씩 일하기 일쑤였는데, 좀처럼 늦추지 않았다. "지금까지 한 번도 복되신 이름이 알려지지 않은 땅과 족속이 있다. 그런데도 우리가 그들을 떠나야 하는가? 그렇지 않을 것이다. 우리의 죽을 팔아 그것으로 그분의 백성에게 하나님의 영광을 선언하는 장자권을 살 것이다."[29]

그러나 노력만으로는 충분하지 않았다. 그는 많이 실패하고 실망했다고 증언했다. 부족민들은 복음을 거부했고, 동역자들은 그의 요구에 분개했으며, 본부에서는 광신주의와 부실 운영을 들어 그를 비난하였다. 그리고 스터드는 딸 에디스와 사위 알프레드 벅스톤이 헌신을 다하지 않는 것 같아 선교직에서 해고했고, 그의 선교 의욕은 밑바닥까지 떨어졌다. 스터드는 그 시기를 자신의 겟세마네라고 말했다. 그의 십자가는 "견디기 힘들 정도로 무거워"졌다. 그는 "그 아래서 실신하고" 있었다. "내 마음은 해질 대로 해져서 고칠 수 없을 정도로 상처를 입은 것 같다. 그리고 깊은 고독에 빠져 종종 죽고 싶기도 하다."[30] 그러나 스터드는 결코 포기하거나 멈추려고 하지 않았다. 그런 상황에서 오히려 더 급진적이었고, 심지어 광신적이기까지 했다. 선교에 대한 소책자도 하나 썼는데, 약자로 'D.C.D.'로 불리는 책이었다. "나는 예수님과 영혼들을 위해 목숨을 내어 주는 것 말고는 '아무것도 개의치 않는'Doesn't Care a Damn 사람들 가운데 하나가 되고 싶었다." 그가 모르핀 중독에 빠졌다는 소문과 그의 극단주의, 완고함이 그랬던 것처럼, '아무것도 개의치 않는다'는 한 구절이 본국에서 엄청난 논란을 불러일으켰다.[31]

그러나 1925년 한 기도회에서 애초의 선교 비전이 '되살아났다.' 그 기도회는 선교 역사에서 일대 이정표가 되었다. "그때부터 지금까지 선교지에서는 연합과 사랑, 희생의 기쁨, 사람들의 영혼을 향한 열정이 전혀 식지 않았으며, '아프리카의 심장' 선교회의 정신을 지배했다."[32] 변화는 뚜렷했다. 조직에 남아 있던 선교사들은 스터드처럼 지칠 줄 몰랐다. 교회는 수적으로나 신앙의 깊이로나 성장했다. 그의 성공은 불가해한 것처럼 보인다. 그와 동료들은 1천 석에 이르는 교회들을 세웠고, 실제로 그 교회들이 채워지는 것을 보았다. 그가 마을을 방문하자, 2천 명이 넘는 사람들이 모여 '주인님'Bwana이 설교하는 것을 듣곤 했다. 조직이 다른 나라로까지 확장되었지만, 누구에게도 봉급을 주지는 않았다. 40명쯤 되는 선교사들이 십자군에 가담했다. 그러나 스터드에게는 너무도 큰 압박이었다. 건강이 계속해서 쇠약해져 갔지만, 그는 마지막 순간까지도 일했다. 그는 1931년에 죽었다. 장례식에는 2천 명가량의 원주민이 참석했다. 그러나 장례식을 마치는 마지막 발언은 스터드가 아니라 선교에 대한 것이었다. "우리는 말씀에 나타난 기준을 결코 낮추지 않을 것이다! 복음 안에서 맺은 유대를 결코 깨지 않을 것이다! 복음의 진척을 위한 우리의 수고를 결코 멈추지 않을 것이다!"[33]

극단적이긴 하지만, 스터드의 이야기는 개척 선교사들이 얼마나 기꺼이 희생하려고 하는지 보여 준다. 스터드는 자신이 받은 일류 교육을 이용하지 못했고, 받은 유산과 문화적 특권을 포기했으며, 선교에 대한 헌신이 너무 큰 나머지 가족도 포기했다. 그의 행동은 광신적으로 보일 뿐만 아니라, 실제로 그런 면이 있다고 해도 무방하다. 그러나 스터드가 생각하기에는, 개척 사역에 요구되는 것일 뿐이었다. 그는 아프리카 내지에서 일한 첫 세대 선교사들 가운데 하나로, 적어도 서구인의 눈에는 멀리 떨어진 이방 지역에 여러 교회를 세웠다. 이와 같은 업적은, 자신이나 사랑하는 사람들이 치른 대가가 제아무리 크다 할지라도, 열정적인 개척자들에게는 이례적이지 않다. 두 번째 세대도 첫 번째 세대가 벌인 일을 굳건히 다지는 쪽을 선택하면서 희생하기는 마찬가지다. 그러나 종종 그들은 더 계량적인 방식으로 접근한다. 스터드가 죽은 후에 사위 노먼 그럽이 혼란을 겪고 있던 사역을 이어받았지만, 그는 질서와 조직을 가미함으로써 더 현실적인 기준을 도입했다.

스터드의 이야기는 기독교 신앙에서 희생의 역할에 대한 문제를 제기한다. 그리스도인이 알고 있는 대로, 가장 위대한 희생은 이미 치러졌다. 즉 십자가 위에서 당하신 그리스도의 희생이다. 그리스도의 십자가 희생으로 말미암아, 우리는 자신의 구원을 얻기 위하여 **치러야** 하는 희생으로부터 해방되었다. 그러나 또한 하나님을 향한 감사와 타인을 향한 사랑의 표시로 희생하기를 **원하도록** 부름받았다. 희생의 종류는 물론 그 정도는 상황과 부르심에 따라 다양할 수 있을 것이다. 아프리카 슬럼가에서 일할 사람이 있는가 하면, 대가족을 양육할 사람도 있고, 임금이 낮은 직업을 가질 사람도 있고, 돈을 많이 벌어 대부분을 기부할 사람도 있을 것이다. 무슨 절대적인 법칙도, 희생의 질과 양을 측정할 완벽한 기준도 없다. 비교는 아무짝에도 쓸데없을 뿐이다. 오직 하나의 진리만이 모든 것에 적용된다. 우리의 궁극적 희생은 하나님께 우리 전부를 드리는 것이어야 한다. 이를 지향하며 사는 것만이 우리의 도리다. "그러므로 형제들아, 내가 하나님의 모든 자비하심으로 너희를 권하노니, 너희 몸을 하나님이 기뻐하시는 거룩한 산 제물로 드리라. 이는 너희가 드릴 영적 예배니라"(롬 12:1).

문화적 장벽을 넘어

두 번째 모험은 문화 사이에 다리를 놓는 것이다. 개신교 개척자들은 종종 양쪽 문화 모두에서 이방인이 된 느낌을 받는다. 고향에서도 떨어져 있고, 선교지에서도 완전히 편치 않다. 결국 국적 없는 시민이자 고향 없는 임시 체류자 같아진다. 메리 슬레서Mary Slessor, 1848-1915년의 이야기가 훌륭한 예다. 그녀는 영국 문화와 아프리카 부족 문화를 연결하는 효과적인 다리 역할을 했다. 그러나 고향 스코틀랜드 사람들에게는 사실상 이방인이나 마찬가지였지만, 진짜 아프리카인도 되지 못했다.

메리 슬레서는 스코틀랜드 던디에 있는 노동자 가정에서 자랐다. 아버지는 알코올 중독자였는데 그녀가 어릴 때 죽었다. 그래서 학교를 그만두고 직물 공장에서 일하지 않을 수 없었다. 그녀 자신도 말했듯 어린 시절에는 "거친 소녀"였지만, 영원한 심판에 대해 경고한 가족 친구의 증거를 통하여 믿음을 갖게 되었다.[34] 슬레서는 즉시 거리 사역에 적극 나섰다. 그녀의 전기 작가 W. P. 리빙스턴Livingston은 이렇게 말한다. "그때도 그녀는 자유분방한 방법을 사용했고, 그 일로 비판을 받았다."[35] 가정을 방문해서 자녀들을 부추겨 주일 예배에 참석하게 했고, 일하는 공장에서도 전도했다. 사람들은 거의 즉각적으로 그녀에게 마음이 녹아내렸고, 그녀의 조용한 카리스마에 매료되었다. "외모와 옷차림도 평범하고, 소심하며, 자신을 드러내지 않는 한 사람의 소녀 노동자에 불과"했음에도 말이다.[36]

공장에서 일하는 14년간 슬레서는 칼라바르Calabar(지금의 나이지리아)로 알려진 아프리카의 한 지역에 끌렸고, 그녀의 눈은 "우상 숭배가 판치는 곳에서 빛과 어둠의 세력 사이에 벌어지는 대격전에 꽂혔다."[37] 최초의 선교는 1846년에 그곳에서 시작되었다. 선교사들은 원주민을 살벌하고 야만스럽고 잔혹하고 육감적이고 사악하며 잔혹한 모습으로 그렸다. 이런 곳이야말로 불같은 슬레서에게는 완벽한 곳이었다. 리빙스턴은 그런 사람들을 일컬어 "더불어 일하고 싶은 마음이 생기지 않는 사람들"이라면서, 이렇게 덧붙였다. "예수님이 그들 가운데 거하기 전 하늘에서 내려다보실 때 그리스도께도 이 땅의 거민으로 보이지 않았을 것임에 틀림없다. 메리 슬레서는 자신의 주님이 하셨으리라 생각하는 어떤 일로도 위축되지 않았다." 그녀는 스코틀랜드에 있는 자신의 가족과 교회가 자신을 필요로 한다는 사실을 알았지만, "아프리카 슬럼가에는 그리스도의 구속의 권능을 들짐승만큼이나 모르는 사람들이 수백만이나 있음"을 알았다.[38] 친구들은 그곳이 "백인들의 무덤"이라고 경고했지만, 슬레서는 오히려 그것이 바로 그곳에서 자신의 삶을 투자할 이유라고 생각했다. "슬레서는 질문자들에게 칼라바르는 위험한 곳이고, 바로 그런 이유로 명예로운 곳이라고 대답했다. 거기서 사역할 자원자가 거의 없기 때문에, 오히려 가기를 원했다. 주께서 그녀를 필요로 하시는 곳이기 때문이었다."[39] 칼라바르 선교사로 섬길 계획이던 그녀의 형제가 건강 악화로 돌아왔을 때(그는 몇 개월 후 죽었다), 슬레서는 선교회에 자원하여 허락을 받았다. 그리고 1876년 항해 길에 올랐다.

그녀는 첫 번째 사역 임기를 칼라바르 해안에서 보냈다. 그녀는 자신이 보았던 야만스런 부족 사회의 관습—사실상 노예 생활을 하는 여성들, 쌍둥이 살해(원주민들은 쌍둥이를 악마가 저주한 표로 여겼다), 일부다처제, 신성 재판—에 충격을 받았다. 그녀는 "회심자들이 살 수 있는 새로운 생활 조건을 조성하는 것이 선교사의 의무"라고 믿었고, "이러한 생각은 이후 그녀의 사역에 영향을 미쳤다."[40] 그러나 "인간의 도덕성을 파괴하여 이익을 얻는 문명국가"에 대해 격분하지는 않았지만 역시 동등한 관심을 가졌다.[41]

그러나 슬레서는 오코용족Okoyong이 사는 더 깊은 곳으로 들어

갈 수 있게 되자 비로소 만족했다. 다른 선교사들은 오코용족에 대해서는 아예 질색을 했다. 그리하여 그녀의 선교 사역에서 가장 중요한 국면이 시작되었다. 그녀는 이런저런 실제적 이유로 여러 오코용 부족들의 실질적 통치자가 되어, '문명화된' 서구(영국의 식민 통치)와 '원시' 아프리카(그녀가 더불어 살던 부족들)를 중개했다. 그녀는 선교관과 학교와 교회를 세웠고, 버림받거나 고아이거나 위험에 빠진 아이들을 수십 명이나 구했으며, 때로 그들을 입양하기까지 했다. 종종 억울하게 고소당한 사람들을 중재했고, 하렘에서 학대받거나 방치된 부인들을 돌보았고, 미신 및 마법과 맞서 싸웠고, 음주에 반대했으며, 부족 전쟁을 막기 위해 투쟁했다. 부족의 일을 중재하는 데 아주 능숙하여, 영국 정부가 그녀에게 실제로 부족 법정을 감독하라고 임명하기도 했다. 그녀는 오코용족 사이에 교역도 도입했는데, 이를 통해 오코용족은 영국과의 관계에서 더 유리한 경제적 입지를 구축할 수 있었다.

메리 슬레서와 입양 자녀들

비록 영국과 접촉하기는 했지만, 그로 인해 그녀가 자신의 생활 방식을 바꾸지는 않았다. 그녀는 모자나 신발을 거의 착용하지 않았으며, 물을 끓여 먹거나 모기장을 사용하는 법도 없었다. 쥐와 개미가 계속 우글거리고, 입양아들을 비롯하여 많은 사람들이 몰려들고, 치명적인 질병의 위협에 노출된 상황에 그냥 적응하면서 살았다. 리빙스턴은 '이러한 습관'에 대해 설명한다.

> 문명의 질서에 둘러싸인 사람들에게는 아주 기이하게 보이는 [이러한 습관은] 그녀가 스스로 부과한 과제를 추구하면서 몸담지 않을 수 없는 환경으로부터 자연스럽게 형성되었다. 그녀는 자신의 주님을 위하여 모든 것을 의도적으로 포기했고, 그에 따르는 결과를 모두 받아들였다.…그녀에게 본질적인 것 한 가지는 사역이었으며, 자유롭게 활동하는 데에 방해가 되는 것은 무엇이든 버렸다.[42]

슬레서는 원주민 아콤(Akom)이 첫 번째 그리스도인이 되기까지 거의 10년 동안 수고했다. 그 후 15년이 더 지나서야 첫 성찬 예배를 드렸는데, 그때도 단지 원주민 일곱 명만 교회의 회원으로 받아들여졌다. 그러나 슬레서의 학교에서는 다른 선교 학교에서 가르치는 젊은 그리스도인 지도자들을 길러 내기 시작했다. 그녀는 또한 새로운 선교사들에게 주목받기도 했다. 그들은 거의 다 여성들이었고, 슬레서가 내륙 깊숙이 들어가기 전에 시작했던 선교 기지에서 지도자가 될 사람들이었다. 스코틀랜드의 친구들은 그녀가 이미 할 만큼 다 했으니 다른 사람들에게 책임을 맡기고 그만 고향으로 돌아오라고 간청했다. "그러나 그녀는 내륙 쪽 광활한 미답 지역을 응시하면서, 그곳에서 자신을 이끄는 **하나님의 빛**이 번쩍이는 것을 보고 행복한 미소를 띠며 부르심을 따랐다."[43]

만일 슬레서가 좌절했다면, 원주민들의 저항 때문이 아니라 그녀의 사역을 이해하지 않는—아마도 이해하지 못하는—고향 사람들의 무관심 때문이었다. 그녀는 관심이 부족한 이유가 무엇인지, 특별히 성직자들의 관심이 부족한 이유가 무엇인지 궁금했다. 그들은 선교지에 대해 고려조차 하지 않는 것 같았다. "과도한 특권에 물릴 대로 물린 영국이여! 안식일과 교회가 지겨울 텐데, 너희가 던져 버릴 것을 우리에게 보내 줄 수 있지 않은가!"[44] 슬레서는 자신이 얼마나 멀리 그리고 얼마나 빠르게 앞서 나갔는지 인식하지 못한 채, 교회에게 따라잡으라고 재촉했다. "쉼 없이 광야 길로 나아가고, 큰 교회에 따라오라 하는 이 작은 여인의 모습은 얼마나 놀라운가."[45]

그녀의 인생 마지막 10년간도 마찬가지였다. 그러나 탈진과 질병이 겹쳐 그녀의 건강은 악화되기 시작했다. 그녀는 자신이 입양한 아프리카 아이들에게 둘러싸여 66세의 나이에 선교지에서 죽었다. 그녀는 성찬식 참여 인원이 3,400명인 1만 명의 교회를 만들어 낸 운동을 시작했다. 경제적 번영, 사법 체계의 의미 있는 발전, 여러 종족들 사이의 평화, 쌍둥이나 노예와 같은 무고한 자들의 생명을 보호하는 새로운 사회적 관습은 말할 필요도 없다.

슬레서는 독특한 선교적 역할을 수행했다. 영국인이자 아프리카인이라고 할 수 있는 그녀는 문화의 가교 역할을 했지만, 사실

어느 쪽에도 속하지 못했다. 슬레서는 복음 전도자, 교사, 재판관, 외교관, 기업가로서 유럽인들이 인정할 수 있는 모든 역할을 수행했다. 그러나 그녀는 아프리카인처럼 살았다. 너무도 많은 것이 변하여 고향으로 돌아갈 수 없을 정도였지만, 그럼에도 불구하고 진짜 아프리카인이 될 만큼 충분히 적응하지는 못했다. 게다가 그녀의 목표는 아프리카를 변화시키는 것이지 아프리카에 맞추는 것이 아니었다. 그러려면 기독 신앙과 가치를 소개할 수 있을 만큼만 수용할 필요가 있었다.

슬레서와 같은 경험이 드물기는 하지만, 생각처럼 그렇게 드물지만은 않을 것이다. 서로 다른 세계를 연결하는 다리 역할을 하는 그리스도인들 가운데는 고향과 더 가까이 사는 경우도 많다. 언제라도 그리스도인은 복음을 위하여 문화 장벽을 넘어, 일종의 문화적 미답지에 사는 위험을 감수한다. 예전에 내가 가르친 학생 가운데는 거리의 아이들을 위해 일하던 친구가 있었다. 한동안 그는 머리카락에 징을 박고, 노랑 파랑 빨강으로 물들이고, 가죽옷과 쇠사슬을 걸치고 다녔다. 그런 그의 행동에 그가 다니던 교회 사람들은 적응이 되지 않았지만, 그는 여전히 거리의 아이들과 같아질 수 없었다. 그러기를 바라지도 않았겠지만 말이다. 그도 슬레서처럼 그 아이들의 신뢰를 얻어 그들을 그리스도께 인도하려고 그들의 세계로 들어갔던 것이다.

메시지 번역 작업

기독교 메시지를 사람들이 이해할 수 있는 말로 실제로 '번역'하는 것이 세 번째 모험에 속하는데, 이 분야의 개척자들은 기독교를 토착화하는 동시에 핵심 메시지는 타협하지 않아야 했다.[46] 그러한 작업은 매우 복잡하고 어려움이 많으며, 흔히 혼란과 오해를 야기하는 일이다. 사람들은 선교사들에게 쉽게 실망한다. 본국의 후원자들은 문화적 관점으로 선교사들을 평가하는 경향이 있다. 선교사들이 접근하려는 원주민들이 적어도 처음에는 기독교 메시지를 거부하는 일이 잦은데, 기독교 메시지가 전통문화의 가치를 위협하는 것처럼 보이기 때문이다. 이러한 유의 모험은 기독교 메시지를 번역하는 기념비적 과업을 수행할 때면 언제든 닥치는 불가피한 일이다. 우리가 해야 하는 일은 바로 메시지 자체에도 적혀 있다. 성육신은 번역의 본질을 잘 보여 주는 예이니 말이다. 우리 역시 어려움을 피할 수는 없다. 예수님마저도 혼란을 야기하셨다. 예수님은 비록 하나님이셨으나, 사람들이 하나님에 대해 기대하던 대로의 모습을 보이지는 않으신 것 같았다.

윌리엄 캐리1761-1834년는 이러한 문화적 번역 작업을 훌륭하게 해냈다. 영국의 하층민 가정에서 태어난 캐리는 정식 교육이라고는 거의 받지 못했으며 건강도 나빠 고통을 겪었다. 구두 수선을 배운 그는 이른 나이에 결혼하였는데, 부인 도로시가 자녀를 낳기 시작하면서 가난하고 다루기 어려운 학생들을 개인 지도하면서 수입을 채웠다. 십 대 후반에 복음적 회심을 경험했고, 침례교회에 들어가 평신도 설교자로 봉사했다. 초년 시절부터 외국에 매료되어 외국어(헬라어, 라틴어, 프랑스어, 네덜란드어, 히브리어)를 배우고, 먼 나라에 대한 책들을 읽고(『쿡 선장의 항해』 Captain Cook's Voyages, 삼성당는 그의 애독서였다), 세계 지도를 공부하며, 세계 지리에 대한 기초 지식을 습득하기 시작했다. 또한 불굴의 정신도 갖추었다. 언젠가 그는 사촌에게 다음과 같이 썼다. "나는 끈기 있게 일할 수 있네. 무슨 일이든 분명한 목표를 향해 인내하며 나아갈 수 있지. 나의 모든 것은 다 그 덕분이라네."⁴⁷

윌리엄 캐리

그리스도를 향한 회심과 외국에 대한 관심은 결국 그의 마음속에 세계 선교에 대한 열정을 불러일으켰다. 그는 침례교 동료들에게 선교회를 조직하자고 제안했다. 그러나 그는 자신이 속한 교회의 반대에 부딪치자 크게 놀랐다. 나이 든 사람 하나가 그에게 말했다. "젊은 친구, 앉아 보게! 자네 광신자일세. 이방인들이 회심하기를 하나님께서 기뻐하신다면, 자네나 나와는 상의하지 않고도 그리하실 거라네." 이에 캐리는 응답했다. "모든 족속을 가르치라는 사도들에게 주신 명령은 세상 끝날까지 후세대 사역자들에게 주신 의무 아니었나요? 그에 따르는 약속 또한 동등하게 중요하다는 점을 보면 말입니다."⁴⁸ 1792년, 캐리는 "이방인의 회심을 위해 수단을 사용할 그리스도인의 의무에 대한 연구…"라는 글을 썼는데, 지금까지 지상명령에 대해 쓴 최초이자 가장 명확하고 가장 훌륭한 변증 가운데 하나였다. 그의 수고로 마침내 침례교 선교회 Baptist Missionary Society가 창립되기에 이르렀고, 이 선교회는 신속하게 캐리를 최초의 인도 선교사로 임명했다. 그리고 캐리는 엄청난 장애에 부딪쳤다. 그에게는 돈도 조직도 정식 교육도 훈련도 없었다. 잉글랜드 동인도회사는 인도에 선교사가 들어가는 것을 원치 않았는데, 선교 사역이 상업적 이익에 해가 되었기 때문이다.[49] 아버지는 그에게 미쳤다고 했고, 교회는 반대했으며, 임신 5개월 차인 부인은 떠나기를 거절했다.

그러나 어쨌든 캐리는 떠났다. 그리고 "하나님으로부터 위대한 일을 기대하라. 하나님을 위해 위대한 일을 시도하라"고 말했다.[50] 5개월 후 그는 콜카타에 상륙했다. 인도에서 보낸 처음 몇 년은 비참했다. 그는 (그리고 나중에 합류한 그의 가족은) 질병으로 고통당했으며, 실제 가난에 찌들어 살았다. 돈을 벌기 위해 인도 쪽indigo plant 관리인으로 일해야 했다. 아들 하나는 이질에 걸려 죽었고, 부인 도로시는 점점 더 우울증과 망상에 빠져들어 완전히 회복되지 못했다. 그러나 그는 믿음 가운데 인내하였으며, 일을 멈추지 않았다. 그의 일기장에는 이렇게 쓰여 있다. "나에게는 하나님이 계시고, 그분의 말씀은 분명하다. 오랫동안 내 입은 닫혀 있었고 내 삶은 중압감으로 어두웠다. 그러나 이제는 사나운 폭풍우 속에서 거의 녹초가 된 여행자, 흠뻑 젖은 옷을 걸친 채 하늘이 맑게 개기 시작하는 것을 보는 여행자와 같은 어떤 사람이 되기 시작했다."[51]

마침내 다른 선교사들이 도착했고, 캐리는 인도 언어와 문화를 공부하는 데 더 많은 시간을 들일 수 있었다. 그는 벵골어와 산스크리트어를 숙달했고, 두 언어는 물론 다른 언어로도 성경을 번역했다. 학교와 대학을 시작했고, 기독교에 대한 캐리의 매력적인 메시지에 반응한 몇몇 회심자가 생기기 시작했다. 그는 기독교를 인도 종교에 대한 적극적 대안으로 제시했다. 그러나 여전히 자신의 일을 위해 엄청난 대가를 치렀다. 아내 둘과 자녀 여럿을 잃었다. 화재가 나서 도서실과 출판 사업은 풍비박산이 났으며, 번역 작업 상당량이 소실되었다. 그 일과는 관련이 먼 잉글랜드에 있는 그의 선교회는 몇 가지 연유로 지원을 끊었고, 동료 선교사들은 그를 배신했다. 그런 상황에서 그가 인도에 남아 있다는 것은 놀라운 일이었다. 그러나 그는 41년 동안 머물렀고 단 한 번도 잉글랜드로 돌아가지 않았다.

캐리는 선교 사역이 성공하려면 문화를 그리스도께 인도하기에 앞서 문화를 공부해야 한다고 다짐했다. 그래서 그는 당시의 명칭대로 '동양학자', 곧 인도 문화를 연구하는 학자가 되었다. 그와 동료들은 수십 개의 언어를 공부했으며, 그 가운데 벵골어, 오리아어, 마라티어, 힌디어, 아삼어, 산스크리트어 등 6개 언어로 성경 전체를 번역했고, 29개 언어로는 성경 일부를 번역했다. 실로 믿기 어려운 성취였다. 캐리의 전기 작가는 말한다. "모든 인류가 하나님의 말씀을 자신의 언어로 읽을 수 있게 하려는 이러한 광대한 비전은 캐리의 최고 영광이었다."[52] 그러나 그의 인도 문화 연구는 그의 언어 숙달보다도 훨씬 더 대단했다. 그는 인도 문학을 읽었고 가장 중요한 작품을 벵골어와 산스크리트어, 영어로 번역했다. 독학으로 공부했음에도 불구하고, 그의 박식함 때문에 대학 교수로 임명받기에 이르렀다. "세람푸르 선교사들(그의 선교 팀)이 19세기에 인도 문학의 부흥에 기여했다는 것은 과장이 아닐 것이다"라고 드류어리Drewery는 결론지었다.[53]

캐리의 전략은 위험스러웠다. 그가 알던 기독교는 잉글랜드 성공회와 침례교로 규정된 유럽의 기독교였다. 둘 다 잉글랜드에서 탄생하고 자란 교단들이다. 그가 읽었던 성경도 영어였고, 그가 실천했던 종교 의식도 영국식이었으며, 그가 믿었던 신학 전통도 영국식이었다. 그러나 그는 과감하게 인도 방식으로 인도 문화에 참여했다. 번역 과업을 수행하는 사람들은 상당한 반대에 직면하는 경우가 흔한데, 그들이 다가가려는 외부인에게서만 오는 반대가 아니다. 내부인이라고 해서 언제나 열심히 번역 작업에 참여하거나 그 번역 작업을 받아들이는 것은 아니다. 번역 작업에는 외부인의 필요에 기꺼이 맞추려는 자세가 필요하기 때문이다. 그렇지 않으면 외부인으로서는 적응하기 어렵다. 그러므로 내부인은 외부인이 어떻게 예배하고, 하나님에 대해 어떻게 말하고, 신앙 체계를 어떻게 규정하고, 세상 속에서 어떻게 사는지 검토해야—그리고 아마도 바꾸어야—한다. 그러므로 번역 작업은 흔히, 개척자들이 끌어들이려는 외부 집단은 물론 기존 신앙 공동체에도 방해와 위협이 된다.

이들 초기 개척 선교사들은 무모해 보이는 꿈조차도 넘어서는 성공을 거두었다. 실례로, 1800년에는 세계적으로 2퍼센트 정도이던 그리스도인 수가 오늘날에는 70퍼센트나 된다. 여러 세기 동안 서구 기독교가 지배적이었지만, 지금은 서구 기독교가 쇠퇴하는 반면에 비서구 기독교는 떠오르고 있다.[54] 서구 선교사들이 세운 교회들은 자신의 독립성을 역설하면서 독특한 정체성을 키워 왔다. 한국이나 인도와 같은 여러 비서구 국가들은 미국을 제외하면 선교사 규모에서 세계 모든 나라를 앞질렀다.

기독교 전도회Christian Outreach Fellowship: COF의 사역이 좋은 예다. 1980년대에 가나에서 설립된 COF는 가나뿐 아니라 아이보리코스트와 토고, 부르키나파소에서도 복음을 전파하려는 목적을 갖고 있다. COF 선교사들은 교회를 세우고, 지도자를 훈련시키고, 직업 훈련을 제공하고, 소액 창업 프로젝트를 시작했다. 지난 25년 동안 선교사들은 교회 250개와 직업 훈련 센터 10개를 세웠다. 애니미즘에서 기독교 신앙으로 회심한 COF의 새 대표 엠마누엘 아누쿤답슨Emmanuel Anukun-Dabson은 작년에 휘트워스 대학을 방문했다. 학생들은 그의 복음을 향한 열정과 기쁨에 넘치는 표정, 성경 지식, 사역의 비전에 감명을 받았다. 그와 같은 사람은 처음이었던 것이다. 엠마누엘은 서구 신학의 논쟁과 문화적 특권이란 문제에 영향받지 않은 2/3세계 혹은 제3세계 출신 개척 선교사들의 새로운 물결을 대표한다. 그의 사역은 예루살렘 공의회와 함께 시작된 토착화 과정이 널리 퍼져 있음을 보여 준다. 기독교 메시지는 번역될 수 있고, 모든 문화에 뿌리내릴 수 있으며, 많은 경우 이미 뿌리내린 상태다.[55] 이는 선교 운동의 모든 국면에서 사실이고, 실제로 기독교 세계관에 내재되어 있는 것이기도 하다.

한결같은 헌신

이들 선교사로 하여금 위험을 무릅쓰도록 추동한 것은 무엇이었는가? 그토록 희생하게 고무한 것은 무엇이었는가? 이들 개척자들의 동기를 이해하고자 한다면, 그들의 신앙에 대해 폭넓은 회고가 담겨 있는 전기를 읽을 필요가 있다. 두 명의 선교사가 떠오른다. 둘 다 젊은 나이에 죽었고, 가장 내밀한 생각을 보여 주는 일기를 남겼다. 데이비드 브레이너드David Brainerd, 1718-1747는 미국에서 토착민들과 함께 사역했다. 그러다가 이십 대의 나이에 건강 악화로 사역을 포기할 수밖에 없었다. 그는 자신의 생애 마지막 몇 주 동안 조나단 에드워즈의 집에서 지냈다. 에드워즈는 브레이너드의 삶에 매우 고무되어 그의 삶을 다루는 짧은 전기를 썼으며, 일기를 편집하여 출판했다. 200년 뒤에 살았던 짐 엘리엇Jim Elliot, 1927-1956은 에콰도르의 '아우카'Auca 인디언들(아마도 우아오라니족Huaorani으로 불렸을 것이다) 사이에서 짧은 기간 일했다. 그들을 만난 직후, 동료 선교사 네 명과 함께 순교했다. 엘리엇의 젊은 아내 엘리자베스는 그의 전기를 썼는데, 엘리엇이 쓴 일기를 대부분 인용했다. 그녀는 남편이 죽은 후, 남편이 하던 일을 계속하기로 결심했다. 그녀도 우아오라니족을 향한 선교사가 되어, 남편을 살해한 바로 그 사람들이 회심하는 것을 보았다.

둘 다 잃어버린 자의 구원을 자신의 안락과 안전보다 더 중요하게 여겼다. 브레이너드는 토착 부족이 그리스도를 받아들이는 것을 보고 싶어 했다. 그리고 다음과 같이 썼다. "오, 하나님께서 많은 수를[비그리스도인을] 예수 그리스도께로 불러오실 것이다. 나는 그 영광스러운 날을 보기만 바랄 뿐이다."[56] 엘리엇도 같은 짐을 짊어졌다. 결국, 하나님이 부르시면 어디든 기꺼이 가고, 하나님이 뜻하시면 어떤 손실도 기꺼이 감수하려고 했다. "지금 죽어가는 저 세대들이여! 그들은 구원자에 대해 들어야 하는데! 우리가 어떻게 기다릴 수 있는가? 오, 추수의 주님이시여, 일꾼을 보내소서! 주여, 내가 여기 있나이다. 나를 보소서. 나를 보내소서.…그분이 친히 그들의 행복을 위하여 돌보고 느끼듯이, 우리도 그렇게 하게 하소서."[57] 그는 사람들로 하여금 그리스도를 택하든 반대하든 선택할 수 있도록 도전하는 사람이 되기를 바랐다. "아버지여, 나를 위기의 사람으로 삼으소서. 내가 만나는 사람들이 결단하게 하소서. 나를 외길 위의 이정표가 아니라 갈림길이 되게 하셔서, 사람들이 내 안에서 그리스도를 만나 어느 한 길을 선택해야만 하게 하소서."[58]

브레이너드와 엘리엇은 사명을 위하여 모든 것을, 목숨마저도 기꺼이 희생하려고 했다. 브레이너드는 이렇게 썼다. "나는 하나님을 위해 살고 온전히 하나님께 헌신하기를 갈망한 적이 거의 없었다. 나는 내 목숨이 다하도록 그분의 사역을 하고 그분의 영광을 위하여 살기를 바랐다."[59] 그는 그러한 고통을 그리스도와 자신을 동일시한 자연스럽고 불가피한 결과로 이해했다. "나는 그리스도의 십자가로 말미암아 여기 낮은 곳에서 모든 것에 대하여 영원히 그리고 완전히 십자가에 달리기를 갈망했다."[60] 엘리엇도 비슷한 동기를 갖고 있었다. 그는 일기장에 이렇게 썼다. "하나님, 당신께 기도하오니, 게으른 막대기와 같은 내 삶을 불살라서 당신을 위해 타오르게 하소서. 나의 하나님, 내 삶은 당신의 것이오니, 내 삶을 아낌없이 사용해 주소서. 주 예수님, 나는 오래 사는 삶이 아니라 당신처럼 충만한 삶을 구합니다."[61] 자신의 목숨을 기꺼이 희생하려는 마음은 하나님을 향한 한결같은 헌신에서 우러난 것이었다.

일상의 작은 모험들

장 드 브레보, C. T. 스터드, 메리 슬레서, 윌리엄 캐리, 데이비드 브레이너드, 짐 엘리엇, 엠마누엘 아누쿤답슨이 처음 선교 사역을 할 생각을 받아들이기 시작했을 때, 그들의 삶이 결국 어떻게 될지 예상했다고는 생각하지 않는다. 그들 자신을 바친 사역은 오랜 시간에 걸쳐 펼쳐졌다. 각각의 결정과 사건, 경험, 희생은 당시에는 작고 무의미해 보일지 모르지만, 나중을 위해 그들을 준비시켰다. 누적 효과는 실로 엄청났다. 그들이 그 한가운데에 있을 때에도 그렇게 보였을지는 확신할 수 없지만 말이다.

아마도 그것이 핵심일 것이다. 우리는 그들의 이야기에 대한 짤막한 줄거리를 읽으면서, 그것이 마치 풍경화인 듯 전체를 본다. 한 순간에 삶 전체를 보는 것이다. 프랑스 예수회에서 미국의 순교자가 된 장 드 브레보의 여정과 영국의 운동선수에서 아프리카의 복음 전도자가 된 스터드의 여정, 여공에서 부족의 중재자가 된 슬레서의 여정, 가난한 구두 수선공에서 번역가이자 교수가 된 캐리의 여정을 통해서 말이다. 그러나 그들은 결과가 어찌 될지 모른

채 하루하루, 한 해 한 해 **살아가면서** 이야기를 만들어 냈다. 그들의 사역은 천천히, 예기치 않게 그리고 신비스럽게 진전되어 갔다. 매일 하나님의 뜻을 행한다고 인식하며 결정을 내린 것은 아니었다. 몇몇 위대한 인물들처럼 모험, 업적, 영향력으로 이어지는 경로를 밟는다고 인식하며 위험을 감수한 것도 아니었다. 그들은 하나님께서 그들과 함께하시는 일에 한계를 두지 않은 채, 시간과 재능과 힘을 하나님께 바치기로 선택했다.

모험은 꼭 거창할 필요가 없다. 작은 것에서부터 시작할 수 있다. 아니, 그래야만 할 것이다. 스터드는 영국에서 학생 운동에 관여했을 때 모험을 감행한 것이고, 슬레서는 스코틀랜드에서 거리의 아이들을 위해 일했을 때 모험을 감행한 것이고, 캐리는 영국에서 평신도 설교자로 봉사하기 시작했을 때 모험을 감행한 것이다. 세계 반대편 외지로 떠날 때만 해도 그들에게는 별생각이 없었다. 하나님께서 사랑하시고 구속하기 원하시는 세상이 단지 문밖에 있다고 믿었을 뿐이었다. 우리도 마찬가지다. 여러 해 전, 휘트워스 대학에 다니는 학생 둘이 시간을 내어 스포케인 시내에 위치한 낡고 지저분한 호텔을 찾았다. 거기 사는 가난한 사람들을 위하여 도시락 몇 개를 준비하기 시작했다. 이윽고 다른 학생들도 가담했다. 15년이 지난 현재 이 사역은, 이제는 단칸방 아파트로 변한 황폐한 호텔의 거주자들에게 한 주에 수백 개의 도시락을 만들어 나누어 주는 사역으로 발전했다. 또한 거주자들과 친구가 되고, 복음을 전하고, 성경 공부를 인도하고, 다른 서비스도 제공하고 있다.

모든 것이 그렇듯이, 일이란 작은 걸음부터 시작한다. 그 걸음이 어디로 갈지는 하나님만 아신다. 그저 교회 다니지 않는 이웃 한 명을 바비큐 파티에 초청했을 뿐인데, 1년 뒤에는 '추구자'를 위한 동네 성경 공부로 발전하기도 한다. 한 달에 한 번 해비타트Habitat for Humanity에서 자원봉사를 했을 뿐인데, 지역 이사회에서 일해 달라는 부탁을 받기도 한다. 소멸 직전인 선교 위원회 위원장을 맡아 첫 모임에서 어른들 몇이서 여름 두 주 동안 고아원 봉사를 하자고 별 뜻 없이 제안했을 뿐인데, 다음 두 해에 걸쳐 고아원을 너무 자주 방문하다 아예 그리로 이사하여 그 지역에 다른 고아원들을 설립하는 일에 앞장서기도 한다. 언제나 그런 식으로 일이 진행되는 것 같다. 하나님께 한 치를 드리면, 하나님께서는 십 리를 취하신다. 그러나 우리는 사실 십 리를 가면서도 한 번에 한 걸음씩만 걷기 때문에 그런 줄 모른다. 작은 모험을 하나 택해 가다가 몇 년 후 뒤돌아보면, 어떤 결과가 벌어졌는지 보고 놀란다.

하나님께서는 성육신을 통하여 모든 모험을 택하셨다. 모험은 측량할 수 없을 정도로 대가가 크다. 그러나 성육신은 또한 택할 가치가 충분한 모험임을 상기시켜 준다. 우리의 구원이 그것을 증거한다. 하나님께서는 우리 역시 충분하지 못하다 할지라도 예수님의 본을 따라 모험을 택하라고 부르신다. 다름 아닌 세상의 구원을 위해서 말이다.

실천

- 마태복음 28:16-20을 읽으라.
- 윌리엄 캐리는 "하나님으로부터 위대한 일을 기대하라. 하나님을 위해 위대한 일을 시도하라"고 썼다. 어떤 이유에서든 최근 우리의 마음에 떠오르는 필요나 문제, 관심을 생각해 보라. 실패하고 있는 교회 청년 프로그램일 수도 있고, 일터에서 좌절에 빠진 동료일 수도 있고, 이제 막 알게 된 비그리스도인 이웃일 수도 있고, 출근길에 매일 보는 집 없는 사람일 수도 있고, 결혼이 파탄에 처한 이웃일 수도 있고, 어려움에 빠져 허우적거리는 니카라과의 한 고아원일 수도 있다. 매일 시간을 내어 그 문제에 대해 기도하며 하나님의 인도를 구하라.
- 이 필요에 다가가기 위해 취할 수 있는 **한 걸음**은 무엇인가? 교회의 도움을 받기 위해 무엇을 할 수 있는가?

결론
: 이제 어디로 갈 것인가?

내가 이미 얻었다 함도 아니요 온전히 이루었다 함도 아니라,
오직 내가 그리스도 예수께 잡힌 바 된 그것을 잡으려고 달려가노라.
(빌립보서 3:12)

바울은 "만물이 다 너희 것임이라"(고전 3:21)고 했다. 여기에는 우리가 배워야 할 폭넓은 다양한 전통이 담긴 장엄한 기독교 영성사가 포함되는데, 지금은 이렇게 말해도 무리가 없다고 생각한다. 순교자들은 예수님을 주로 선포하라고, 사막 성자들은 세상과 육신과 마귀에 맞서 싸우라고 요청한다. 초대교회는 깨지고 쫓겨나고 단절된 사람들이 속할 공동체를 형성하라고 도전한다. 중세 수도사들은 건강한 리듬을 따르라고, 탁발 수도사들은 그리스도의 삶을 본받으라고, 신비가들은 하나님과의 연합을 추구하라고 초대한다. 종교개혁가들은 하나님의 말씀을 들으라고, 복음주의자들은 하나님의 말씀에 우리 삶을 굴복시키라고, 선교사들은 하나님의 말씀을 세상에 선포하라고 촉구한다. 이제 우리는 성인들의 이야기를 사용하여 확장시키고 풍성하게 하고 경계로 삼을 수 있다. 그들은 우리에게 "더 많이, 훨씬 더 많이 있으니!"라고 말한다.

이들 전통 가운데 오류가 없는 것은 아무것도 없다. 약점에 대해 쓰자면 책 한 권은 아주 쉽게 쓸 수 있을 것이다. 기독교 영성사는 언제나 행복한 이야기만 하지는 않는다. 지금까지 소개한 사람과 운동과 전통은 모두 다 애매한 유산을 남겼다. 반대도 할 수 있었지만 여기서는 이야기의 좋은 면을 주로 다루었다. 그러나 실패와 오용이 있다 하여 이들 전통의 가치를 무효로 할 수는 없다. 이미 말한 대로 **오용이 있다 하여 용도를 폐기하지는 않는다.**

이제 어디로 갈 것인가? 이 책 전체에서 그리스도인들이 영적 삶에서 사용해 온 다양한 훈련들을 설명했다. 예를 들면, 영적 독서, 침묵 기도, 금식 등이다. 그러나 길게 설명하지 않기로 한 것은 기독교 영성이 일차적으로 기술, 연습, 훈련과 관련된다는 인상을 남기고 싶지 않았기 때문이다. 서구 문화는 자조自助에 높은 가치를 둔다. 우리는 원하는 것이면 무엇이든 정복할 수 있다고 생각하고 싶어 한다. 단지 그것에 전심을 기울이고 제대로 된 기술을 알기만 한다면 말이다. 우리는 완벽한 몸을 만들 수 있고, 완벽한 직장에 안착할 수 있고, 완벽한 자녀로 기를 수 있고, 완벽한 노후 생활을 누릴 수도 있다. '영성'도 같은 방식으로 접근한다. 그래서 제대로 된 기술을 적용한다면 완벽한 평안과 번영을 성취할 것이라고 생각한다.

실제로 기독교 신앙에는 진지한 훈련이 필요하다. 사도 바울은 디모데에게 "경건에 이르도록 네 자신을 연단하라"(딤전 4:7)고 권고했고, 필리피에 사는 신자들에게는 "두렵고 떨림으로 너희 구원을 이루라"(빌 2:12)고 권고했다. 수없이 많은 그리스도인들이 매주 목사들을 통해서 무엇을 믿어야 할지에 대해서는 듣지만 그 믿음을 어떻게 훈련해야 할지에 대해서는 들을 수 없어 좌절한다. 그러나 훈련이 아무리 중요하고 필수적이라 할지라도 기독교 영성은 훈련을 초월한다. 그리스도인으로서 어떻게 살아야 하는지는 예수 그리스도에 대한 믿음에서 나오고, 그리스도인으로서 무엇을 해야 하는지는 예수 그리스도 안에서 우리가 어떤 존재인가에서 나온다. 사도 바울은 이렇게 썼다. "그런즉 누구든지 그리스도 안에 있으면 새로운 피조물이라. 이전 것은 지나갔으니 보라 새 것이 되었도다!"(고후 5:17) 그런가 하면 "그러므로 이제 그리스도 예수 안에 있는 자에게는 결코 정죄함이 없나니, 이는 그리스도 예수 안에 있는 생명의 성령의 법이 죄와 사망의 법에서 너를 해방하였음이라"(롬 8:1-2)라고 했다. 평생 그리스도인의 훈련과 성장을 거듭할 때 우리에게 일어나는 일은, 이미 예수 그리스도 안에서 이루어진 우리의 신분에 걸맞은 존재가 되어 가는 것뿐이다. 우리는 새로운 피조물**이다**. 우리가 새로운 피조물이 **될** 수 있는 이유는 바로 우리가 새로운 피조물이기 때문이다. 바울은 이 역설을 완전히 파악했다. "내가 이미 얻었다 함도 아니요 온전히 이루었다 함도 아니라. 오직 내가 그리스도 예수께 잡힌 바 된 그것을 잡으려고 달려가노라"(빌 3:12).

원천

이 책에서 탐구한 전통들은 우리의 삶이라는 풍경에 아름다운 색상의 무지개를 펼치는 굴절된 빛과 같다. 그 빛의 원천은 예수 그리스도로, 예수님은 하나님의 놀라운 광채를 모두 하나의 빛줄기로 모아 세계의 어둠을 꿰뚫고 우리 마음에 불을 붙이신다. 토머스 머튼은 이 개념을 탐구하는 데 돋보기 유비를 이용한다. 돋보기가 모든 태양 광선을 빛과 열로 이루어진 하나의 빛줄기에 모으는 것처럼, "복음서에 나타난 그리스도의 신비는 하나님의 빛과 불로 이루어진 모든 빛줄기를 한 점에 모아 인간의 영에 불을 지핀다." 예수 그리스도의 성육신을 통해 우리에게는 하나님의 빛이 분명히 나타난다. 우리를 조명하고 깨우치고 우리 안에서 하나님을 향한 불같은 열정이 일어나도록 불을 붙이면서 말이다. "하나님은 성육신이라는 [돋보기]를 통하여 신적 진리와 사랑의 모든 빛들을 우리에게 집중시키시기에 우리는 그 열기를 느낄 수 있고, 모든 신비적 경험은 인간 그리스도를 통하여 사람에게 전달된다."[1]

고대의 성인들—페르페투아, 안토니우스, 아우구스티누스, 마크리나, 베네딕투스—처럼 그 빛 가운데 살았던 도로시 데이Dorothy Day가 현대의 성인으로 생각난다. 데이는 옛 성인들처럼 예수 그리스도가 원천이심을 깨달았다. 급진적 행동주의자였던 데이는 사회 정의를 위한 일에 삶을 바쳤는데, 그 때문에 공산당에 합류했다. 공산당이 정의로운 사회 질서 확립을 가장 크게 약속했다고 믿었기 때문이다. 그러나 데이는 공산주의에 실망했다. 공산주의는 목표가 제아무리 숭고하다 해도 약속을 성취하지도 않았고 성취할 수도 없었다. 실망한 데이는 그리스도인이 되었다. 데이가 20세기에서 가장 강력한 가톨릭 사회 개혁가들 중 하나가 될 수 있었던 것은 예수 그리스도께 헌신했기 때문이다.

성공회 신도로 자랐으면서도 도로시 데이1897-1980년가 대학 생활 초기에 기독교 신앙을 거부했던 것은 기독교 신앙에는 가난, 부족한 주거, 만성 실업, 노동 착취와 같은 현대 사회의 문제들에 대한 현실 적합성이 전혀 없다고 보았기 때문이다. 그 대신 데이는 정치적 급진주의자가 되었다. 2년간 대학 시절을 마친 후, 데이는 뉴욕시로 이주하여 한 사회주의 신문의 기자로 일했고, 세계산업노동자연맹Industrial Workers of the World 혹은 Wobblies에 가입하였으며, 노동자 계급의 권리를 위해 운동했다.

데이는 단순한 관념적 행동주의자가 아니었다. 선거권을 주장하면서 워싱턴 시에서 시위하던 중 처음으로 체포되었다. 데이는 열흘간 독방 수감을 비롯해 30일을 감옥에서 보내면서 피폐해질 대로 피폐해졌다. "나는 어떤 목적 의식도 전부 잃어버렸다"고 데이는 자서전에 썼다. "나에게는 급진주의자라는 의식도, 정부에 항거하고 비폭력 혁명을 수행한다는 의식도 사라졌다. 주위의 모든 것에서 어둠과 황량함만 느낄 수 있었다." 이 경험으로 데이는 불의라는 악에 눈떴고, 그 영향은 평생에 걸쳐 남아 있었다. "나는 다시는 자유로울 수 없을 것이다. 세계 전역의 옥중에 우리 모두의 책임인 범죄로 인해 속박과 징벌과 고립과 곤경을 겪는 남녀와 어린 소년 소녀들이 있음을 아는 한 나는 결코 자유로울 수 없을 것이다."[2]

독방에 갇혀 있던 열흘 동안 데이는 '급진적' 확신이란 것이 얼마나 허약하고 피상적이고 건방진 것인지 깨달았다. 그녀는 독선적 자신감과 불굴의 의지를 모두 잃어버렸다. "대신에 나는 투옥

된 동안 어떻게든 자신을 보호하고 도피하고 견뎌 내야 할 필요성을 뼈저리게 의식했다. 인간 노력의 헛됨과 인간의 절망적 비참함, 그리고 힘이 승리한다는 역겨운 현실을 깨달았다."[3] 소망과 힘을 필사적으로 갈구하면서 데이는 성경을 요구하여 읽고 기도하기 시작했다. 이것이 데이가 기독교로 내디딘 첫걸음이었다. "나는 성경에 나오는 위안의 말씀에 매달렸고, 빛이 비치는 한 성경을 읽고 묵상했다." 그러나 종교에 대한 관심은 오래가지 않았다. 독방에서 풀려나자 궁극적 필요에 대한 의식이 누그러졌다. "홀로 견디기에는 내가 너무 나약하다는 사실을, 울부짖지 않고 독방의 어둠에 직면하기에는 내가 너무 나약하다는 사실을 알았다. 부끄럽게도 나는 고통당할 때 무릎 꿇게 했던 종교를 다시 거부했다."[4]

옥에서 풀려난 뒤 데이는 뉴욕 시로 돌아와서 좌파 엘리트들의 보헤미안 생활 방식에 빠졌다. 그것은 무정부주의자, 공산주의자, 사회주의자, 예술가들을 겉핥기로 아는 그런 생활 방식이었다. 데이는 밤새 과음하고 토론하며 유진 오닐Eugene O'Neill과 같은 유명인들과 어울렸다. 1년 동안 간호사로도 일했는데, 그동안 사랑에 빠져 임신을 하고 낙태를 했다. 데이는 여생 동안 두고두고 이 결정을 후회했다. 데이는 두 번째로 체포되었는데, 이번에는 '풍기 문란 업소'에서 살았다는 것이 이유였다. 이를 통해 데이는 자신이 뻔뻔하고 경솔하고 부도덕한 사람이 되었음을 깨닫지 않을 수 없었다. 가난한 사람들을 섬기고 노동자 계급의 권리를 옹호하기 원한다면, 더욱 견고한 기반 위에 자신의 삶을 세워야 한다는 사실을 깨달았다. 데이는 올바른 대의를 가졌지만 그릇된 세계관도 가졌다. 데이는 이 두 번째 체포에 대해 다음과 같이 썼다.

> [두 번째 체포는] 내가 아예 지나치고 싶을 만큼 역겨우면서도 또한 유익한 경험이었다. 내가 어떤 일로 고발당한다 할지라도, 다시는 그 당시에 겪었던 수치와 후회와 자기 경멸보다 더 심한 고통을 겪을 수는 없을 것이라고 생각한다. 내가 붙잡히고 발각되고 낙인찍히고 공개적으로 굴욕을 당했기 때문이 아니라, 그런 일을 당해도 쌌다는 나 자신의 양심 때문이다.[5]

오래도록 서서히 진행된, 기독교 신앙을 향한 데이의 여정은 그렇게 시작되었다.

1920년대 말에 데이는 스태튼 아일랜드로 이주하여 동료 급진주의자이자 사실혼 관계의 남편인 포스터와 함께 살았다. 그때 처음으로 인생에서 참된 행복을 경험했고, 타마르 테레사라는 아이를 낳자 행복은 더욱 커졌다. 데이는 매주 가톨릭 미사에 참석하기 시작했다. 타마르가 세례를 받게 한 후, 자신도 세례를 받기로 결심했다. 가톨릭으로 회심하려면 상당한 대가를 치러야 함을 알고 있었다. 포스터는 분명 데이를 떠날 것이고(실제로 떠났다), 데이의 급진주의 친구들 역시 데이를 저버릴지 몰랐다. 가톨릭 신앙은 너무 보수적이어서 그들에게는 어떤 도움도 되지 않는다고 생각했기 때문이다. 데이 역시 회심으로 인해 자신의 급진주의적 확신에 손상이 가고 결국 자신이 길들여지는 것 아닌가 걱정했다. 그러나 어쨌든 데이는 신앙을 선택했다.

매우 놀랍고도 기쁘게, 그리스도를 새롭게 믿음으로써 데이는 사회 정의와 가난한 사람들에 대한 봉사라는 대의에 오히려 더 열심을 냈다. "나는 사랑하는 우리 주님이 틀림없이 그들을 얼마나 사랑하시는지 늘 마음속으로 생각했다. 그들은 주님의 친구들이자 동지들이며, 정의를 위해 열심히 일할 때 주님의 마음에 얼마나 가까운지 아는 사람들이다." 또 한 번의 워싱턴 여행—이번에는 실업자 기아 행진Hunger March of the Unemployed, 1932년에 참석하기 위하여—을 통하여 데이는 교회가 도와주든 말든 일생의 사역을 계속하기로 결심했다. 행진이 끝난 후 데이는 성모무염시태국립대성당National Catholic Shrine of the Immaculate Conception을 찾았다. "거기서 나는 특별 기도를 드렸다. 눈물과 비통으로 범벅된 기도였다. 어떻든 이 기도를 통해 나는 동료들과 가난한 사람들을 위해 나의 모든 재능을 사용하기 시작했다."[6]

뉴욕 시로 돌아오자마자 데이는 프랑스의 영세 농민 피터 모린Peter Maurin을 만났다. 모린은 사회주의 급진주의자이자 독실한 가톨릭 교인이며 이상가였다. 그들은 힘을 합해 「가톨릭일꾼」(가난한 사람들의 필요와 노동자들의 권리, 평화주의 운동을 펼치는 신문)을 발행한 상부 단체인 가톨릭일꾼운동Catholic Worker Movement을 창설했고, 가난한 사람들에게 임시 숙소를 제공하고 생활을 지원하는 환대의 집 네트워크를 설립했으며, 농장 공동 생활체와 보호 수용 시설을 조직했다. 이 운동은 미국 전역의 도시들로 급속히 확산되었다. 환대의 집은 이 운동의 생혈生血이 되었다. 거주자들은 매일 함께 기도했고 성경과 신앙 고전을 읽었고 가난한 사람들을 섬겼고 침묵의 시간을 누렸다.

도로시 데이는 분명 공산주의에는 없는 것을 기독교 신앙에서 발견했다. "공산주의가 만일 내가 열망하는 목적, 동기, 진입 방식에 대한 해답이라고 느꼈다면, 나는 과거에 머물렀을 것이다. 그러나 나는 그리스도를 믿는 신앙만이 해답을 줄 수 있다고 느꼈다."7 데이는 마음 속으로 성육신이 기독교의 본질을 구현했다고 생각했다.

도로시 데이

우리는 가난하고 궁핍한 사람들을 하나님께 가장 가까운 사람들로, 그리스도가 그분의 자비를 위해 택하신 사람들로 존중한다. 그리스도는 사람들 가운데서 사셨다. 하나님이 사람이 되심으로써, 사람이 하나님이 될 수 있음을 의미하는 성육신의 위대한 신비는 우리에게 기쁨이 되어, 우리가 예배 가운데 땅에 입 맞추고 싶어지게 했다. 한 때 하나님이 그분의 발로 같은 땅을 밟으셨기 때문이다.8

예수님은 과감하게 타락한 인간과 완전히 같아지셨다. 예수님은 마구간에서 태어나셨고 손수 일하셨으며 가난한 사람들과 어울리셨다. "예수님은 극빈자들, 마을에 모여들어 세례 요한을 따르는 사람들에게 그분의 고귀한 말씀을 주셨다. 그들은 병들고 가난에 찌들어 부자들 집 문 앞에서 배회하는 사람들이었다."⁹ 데이는 여러 해 동안 세속적 급진주의자로 살면서도 배우지 못했던 진리 하나를 기독교에서 발견했다. 곧 희생적 사랑의 능력과 아름다움이었다. 데이는 우리가 예수 그리스도 안에서 그분을 알듯이, 사랑이 바로 하나님의 성품을 반영한다는 것을 깨달았다.

데이는 기독교 신앙을 통하여 또한 영적 훈련—매일 미사, 성무일도, 정기 기도와 독거—을 소개받았다. 이러한 훈련을 통하여 데이는 심지어 지칠 대로 지치고 낙심했을 때에도 사역을 끝까지 계속할 수 있었다. 처음에는 베네딕투스회의 훈련을 제멋대로라고 일축했지만, 이내 하나님의 도움을 날마다 구해야 할 필요를 절실히 느꼈다. 마침내 데이는 연구와 독거와 기도 훈련을 정기적 일상으로 삼는 베네딕투스회 전통의 노동 수사가 되었다. 그리고 결국 "내가 이러한 피정을 해야 하는 것이 단지 타인을 위해서만은 아니다"라고 인정했다. "나 역시 강하신 분이 주시는 빵에 주리고 목마르기 때문이다. 나 역시 맡은 일을 수행하기 위해서는 스스로를 먹여야 한다. 빈 물탱크가 되어 타인을 도와주지 못하는 일이 없으려면 나 역시 건강한 샘을 마셔야 한다."¹⁰

전경

예수 그리스도가 빛의 원천이시고 우리가 그 빛을 받아들이는 자라면, 일상생활은 빛이 비치는 전경이다. 예수님은 "너희는 세상의 빛이라"고 말씀하셨다.

너희는 세상의 빛이라. 산 위에 있는 동네가 숨겨지지 못할 것이요. 사람이 등불을 켜서 말 아래에 두지 아니하고 등경 위에 두나니, 이러므로 집 안 모든 사람에게 비치느니라. 이같이 너희 빛이 사람 앞에 비치게 하여 그들로 너희 착한 행실을 보고 하늘에 계신 너희 아버지께 영광을 돌리게 하라. (마 5:14-16)

예수님은 보통 사람들 가운데서 보통 사람으로 사셨다. 예수님은 세속에서 거룩을, 일상생활에서 종교를 분리하지 않으셨고, 우리 역시 그래서는 안 된다. 공식적 종교 생활을 '할' 때—아무리 진지하고 헌신적이라 하더라도—가 아니라 신앙을 일상생활에 적용할 때 비로소 우리 영적 삶의 진정성을 가늠할 수 있다.

17세기에 살았던 수도사 로렌스 형제Brother Lawrence는 가장 일상적인 일을 하면서도 생생한 영적 삶을 살 수 있다고 믿었다. 로렌스는 수도사로서 매일 여러 시간을 수도원 부엌에서 지루한 일을 하면서 보냈다. 영적 가치라고는 전혀 없어 보이는 일들이었다. 그러나 로렌스는 그 속에서 가치를 발견했고 종종 형제들과 그것에 대해 이야기했다. 한 동료 수도사가 그의 묵상을 기록했는데, 그가 죽은 후에 『하나님의 임재 연습』The Practice of the Presence of God, 좋은씨앗으로 출판되었다. 로렌스 형제에 의하면, 그리스도인들은 일상적 의무를 '영적' 행위로 대체한다 하여 더 성숙해지지는 않는다. 영성은 우리가 무엇을 하는가보다는 그 일을 왜 그리고 누구를 위해 하는가에 달려 있다. "우리의 성화sanctification는 우리의 일을 **바꾸는** 데 달려 있지 않고, 대개는 자신을 위해 하는 그 일을 하나님을 위해

결론

하는가에 달려 있다. 하나님께 가는 가장 탁월한 방법은…일상적 일을 하되, 인간을 기쁘게 하려는 시각이 아니라 순전히 하나님을 사랑하기 위해 하는 것이다."[11]

나는 수잔나 웨슬리Susanna Wesley, 1669-1742년를 일상생활 속에서 어떻게 예수님을 위해 살 수 있는지 보여 주는 본으로 여긴다. 수잔나는 청교도 가정에서 스물다섯 번째 아이로 태어났다.[12] 마침내 잉글랜드 성공회의 관할 사제인 새뮤얼 웨슬리Samuel Wesley와 결혼하여 분주한 가정의 주부가 되었다. 아이들 열아홉을 낳아 열이 생존하여 어른이 되고, 그중 둘이 감리교 운동의 창시자로 세계적 명성을 얻은 존과 찰스다. 수잔나의 일차 소명은 어머니다. 수잔나는 아이들 가운데 일부를 옥스퍼드로 보내기 전까지 여러 해 동안 아이들을 아들과 딸 모두 똑같이 집에서 가르쳤다. 가르친 과목들 중에는 성경, 문법, 역사, 수학, 지리학, 신학, 언어(딸 헤티Hetty는 헬라어와 라틴어를 읽을 수 있었고, 남동생 존이 증언한 대로 시적 천재성을 지녔다)가 포함되었다. 수잔나는 자녀들 하나하나를 매주 만나 개별적 관심을 기울이며 특수한 필요를 돌보아 주었다.

수잔나는 큰 재난—두 번의 화재, 딸의 경솔한 결혼, 한동안 남편이 우울증에 빠지고 재정을 잘못 관리한 일—을 숱하게 겪은 집에서도 평정을 유지했다. 수잔나의 비결은 무엇이었는가? 수잔나는 언젠가 다음과 같이 기도했다. "오 주님, 이생에서 겪는 모든 실망과 재난을 참되게 사용할 수 있도록 도와주세요. 제 마음이 당신과 더욱 친밀하게 연합할 수 있는 방식으로요. 그래서 세상 것들로부터 저의 애착을 끊게 해 주시고, 제 영혼을 감동시키셔서 더욱 힘차게 참 행복을 추구할 수 있게 해 주세요."[13]

그러나 그것이 전부는 아니었다. 수잔나는 웨슬리 운동에서 엄청난 종교 지도자가 되었다. 자기 집에서 성경 공부를 이끌었는데, 200명이나 참석했다. 이 활동에 대한 질문을 받자 수잔나는 자기 아들 존이 자기를 '의의 설교자'로 불렀다고 설득력 있게 방어했다. 또한 편지와 몇 편의 논문을 써서 폭넓은 청중들에게 읽혔다. 또한 경험 없고 안수받지 않은 사람들이 설교자와 지도자로서 은사가 있는지 검증받기 원할 때 도움을 주었다. 평신도들을 그렇게 활용한 것은 감리교 운동의 주요 특성 가운데 하나가 되어, 감리교 운동이 풀뿌리에서 성장할 수 있도록 했다.

아내, 어머니, 가정 관리인, 교육자, 편지 쓰는 사람, 성경 공부 인도자, 가난한 사람들의 종, 타인의 대변자로 살았던 수잔나의 모든 삶은 하나님께 산제사로 드려졌다. 언젠가 수잔나는 이렇게 기도했다.

> 오 하나님, 기도 가운데 당신께 즉각적으로 다가가기에 앞서 제 생각을 모으고 정리할 수 있게 해 주세요.…당신은 너무도 크신 분이어서 거짓 신앙으로 가벼이 여길 수 없고, 너무도 지혜로우셔서 우리가 악용할 수 없으며, 마음이 없는 제사를 싫어하십니다. 당신의 완전하심이 몸에 배도록 의식하는 마음을 간직할 수 있게 도와주세요. 차갑고 형식적인 행동은 집어치우게 하는 멋진 도움을 말이에요. 무모하고 성급한 기도에 빠지지 않도록, 그리고 기도하지 않은 것처럼 갑작스럽게 사업이나 쾌락을 좇지 않도록 구원해 주세요.[14]

영적 훈련—수잔나 웨슬리의 말대로, 우리가 교회와 '벽장에서' 하는 일—을 통해 우리는 하나님의 선물을 받아들일 자세를 취할 수 있다. 일상생활을 통해 우리는 그것들을 선용할 수 있는 장으로 들어간다. 가족과 친구와 이웃과 동료를 어떻게 대하고, 시간을 어떻게 사용하고, 천연자원을 어떻게 소비하고, 매일의 과제를 어떻게 수행하고, '이 지극히 작은 자'를 어떻게 섬기는가를 통해 우리는 영적 훈련의 참된 가치를 드러낸다. 영적 독서, 침묵 기도, 금식 같은 훈련이 매일의 행동과 태도에 영향을 미치지 못한다면 우리는 훈련을 헛되이 하는 셈이다. 훈련은 그 자체로 끝이 아니다. 우리 마음에 하나님을 향한 사랑과 이웃을 향한 사랑을 불어넣는 것이 그 목적이다.

매일의 일

매일의 일이 좋은 예다. 대부분의 사람들처럼 나도 매일 여러 시간을 일터에서 보내는데, 내 경우에는 대학에서 가르치는 일이다. 강의하고 토론을 이끌고 학생들에게 조언하고 위원회를 이끌고 회의에 참석하고 숙제에 학점을 매기고 이메일에 답장하고 논문과 책을 읽고 글을 쓴다. 내 일을 사랑하고 열심히 일한다. 직업은 내게 영적 훈련을, 내가 거하는 세상의 작은 영역을 이롭게 하는 구체적 선으로 전환할 특별한 기회를 준다. 내 직업은 예수 그리스도의 빛이 나를 통해 빛나게 하기에 완벽한 곳이다. 영적 훈련이 내 일에 영향을 미치지 않는다면, 내 위선과 이기심으로 예수 그리스도의 빛을 가리는 것이다.

우리는 다시 한 번 역사를 통해 연구하고 본받을 사례를 찾을 수 있다. 몇 해 전에 법조인이자 활동가인 한 사람의 이야기를 접한 적이 있는데, 그는 이후로 나에게 영웅과 같은 존재가 되었다. 애석하게도 그의 이야기는 대중의 역사 기억에서는 사라졌는데, 아마도 그가 목숨을 바친 고귀한 대의를 성공적으로 이루어내지 못했기 때문이었을 것이다. 학자들만 그의 삶을 알고 있다. 그러나 하나님을 존귀하게 여기고 사회의 공동선을 위해 봉사하려고 끊임없이 그리고 용맹스럽게 일했던 그의 이야기는 전하고 기억해야 마땅하다. 아주 어두운 시대에 예수 그리스도의 빛이 그를 통하여 빛났다.

버몬트에서 태어나 예일에서 교육받은 제러마이어 에바츠Jeremiah Evarts, 1781-1831는 변호 사업을 하면서 다양한 사회 개혁 운동을 위해 성년으로서의 삶 전체를 바쳐 수고했다. 그는 19세기 초에 있었던 복음주의 각성 운동에 깊은 영향을 받았다. 결국 미국해외선교위원회American Board of Commissioners of Foreign Missions(미국에 설립된 최초의 해외 선교회들 가운데 하나)에서 재정 책임자로, 1812년부터 죽을 때까지는 총무로 섬기며 열심히 일했다. 그의 복음주의적 경건은 개인적 삶은 물론 공적 삶에도 영향을 미쳤다. 그는 "정부, 선교 반대자들, 다른 어떤 주제에 대해서든 성급하고 경솔하게 말하지 않게" 해 달라고, "모든 사람들을 대하며 예외 없이 부드럽고 상냥한 기질을 계발할 수 있게" 해 달라고 매일 기도했다. 또한 모든 자기 의를 피할 수 있게 해 달라고 기도했다. "악한 행동에 대해 들을 때마다, 비난하는 투로 말하기에 앞서 큰 혜택을 입었음에도 내 안에 얼마나 많은 잘못이 있는지 기억나게 해 주십시오."[15]

에바츠는 생의 마지막 15년을 체로키족의 인권을 옹호하는 데 바쳤다. 그는 두 개의 전선에서 일했다. 첫째, 체로키인들을 조지아 주에 있는 그들의 고토에서 강제로 이주시키려는 것에 반대하기 위해 공적 논의를 일으켰다. 『패노플리스트』Panoplist 편집인의 입장에서, 자신의 논거를 펼치기 위해 24편의 논설을 썼다. 체로키인들을 이주시키는 것은 자연법을 어기고 공덕公德을 손상하며, 헌법에 인권을 실제로 보장하는 지구상의 몇 안 되는 국가들 가운데 하나인 미국의 명성을 더럽히는 것이라고 주장했다. 그리고 신생국 [미국]이 이를 성실히 이행하고 있지 않다는 것을 입증하기 위해 이전에 체로키인들과 맺은 조약들을 인용했다. 미국은 그 법률을 유지하면서 약속을 지키겠는가? 또한 강제 이주가 구약과 신약의 가르침에 모순된다고 비난했다. 체로키인들은 하나님의 형상으로 창조된 인간으로서, 양도할 수 없는 권리를 갖는다. 게다가 농장과 마을과 학교와 상업과 운송 체계와 신문과 같은 품격 있는 문화를 건설했다. 또한 많은 체로키인들이 그리스도인이 됨으로써 미국인들 대다수의 영적 형제자매가 되었다. 강제 이주가 미국 정신에 대해 무엇을 말하겠는가? "태어날 때부터 완전한 평등과 독립심에 익숙했기 때문에, [체로키인들은] 일격에 땅바닥에 내동댕이쳐진 느낌일 것이다. 매우 굴욕적인 수갑이 채워지기까지 거기서 버틸 것이다."[16] 수많은 미국 시민들이 이 논설들을 읽고 일부가 에바츠의 대의에 동참했다.

둘째, 에바츠는 백악관과 연방 의회에 영향력을 행사했다. 체로키인들이 계속 그들의 문화를 개발할 수 있도록 도와줄 재정을 지원하라고 존 퀸시 애덤스John Quincy Adams 대통령을 설득했고, 애덤스는 그에 동의했다. 나중에는 1830년의 원주민 이주법Indian Removal Act을 지원한 앤드루 잭슨Andrew Jackson 대통령에 반대했다. 또한 연방 의회 의원들과 접촉하여 도와 달라고 탄원했고, 공적인 청원 운동을 일으켜 수백 건의 청원이 연방 의회에 제출되는 결과를 낳았다. 1830년 봄, 연방 의회에서는 격론이 벌어졌다. 양쪽 진영이 팽팽하게 맞섰으나, 잭슨 대통령이 법안에 찬성투표를 하라고 의원들을 압박하고 위협하자 반 체로키 분위기로 전세가 뒤집혔다. 조지아에서 온 의원들이 정복권이 체로키인들의 권리에 우선한다고 과감하게 주장하면서 원주민 이주법을 지지한 것은 놀라운 일이 아니었다. 그리고 에바츠에게 분쟁에서 물러나라고까지 경고했다. 그들 주장에 따르면, 종교가 정치에 관여할 일은 없으니 말이다.

결국 잭슨과 조지아 정부가 이겼다. 연방 대법원에 상고했지만 결정을 되돌리지는 못했다. 운동 기간 대부분을 워싱턴에 있었던 에바츠는 언론의 뭇매를 맞았다. 그러나 그는 하나님에 대한 믿음 안에서 위로를 받았다. "하나님이 세상을 다스리신다는 것이 나의 위로다." 하지만 여전히 그는 심한 시련을 겪었다.

이따금 나는 결과에 지나치게 낙담한다. 참석한 대다수가 그 법안에 실제로 그리고 완강하게 반대한다고 표했을 때 그 법안이 통과된다는 것은, 그리고 바로 이튿날…그 법안이 거부될 것임을 아무도 의심하지 않을 때 다섯 표라는 득표차로 통과되었다는 것은 아주 놀라운 섭리인 것 같다. 상황이 이렇게 이상하게 돌아가는 것을 보고 우리는 섭리가 이루어지는 방식에 놀라 가만히 서 있을 수밖에 없다.[17]

결핵과 극도의 피로로 고통을 겪은 나머지 에바츠는 이듬해에 죽었다. 그의 죽음으로 의회에서 투표를 뒤집을 가능성은 거의 없어졌다. 1838년, 1만2천 명가량의 체로키인들은 오클라호마까지 늘어서서 눈물의 행렬Trail of Tears로 알려진 길을 강제로 끌려가지 않을 수 없었다. 도중에 죽은 사람이 많았고, 도착한 후에 죽은 사람도 많았다. 이 사건 전반은 미국의 헌법 원리와 미국이 내세운다는 기독교적 특성에 추악한 오점이 되었다.

에바츠의 이야기를 통해, 우리는 하나님이 우리 모두를 칼뱅이 칭한 특수한 섬김의 '직'post에 임명하셨음을 상기한다. 에바츠가 변호사였다면, 나는 대학 교수다. 주부, 경찰관, 은행 지점장, 유치원 교사, 무료 급식 시설 자원봉사자도 있다. 지위 자체는 지위로 하는 일만큼 중요하지 않다. 에바츠는 체로키인들의 권리를 보호하기 위해 변호사직을 사용했다. 나는 교회와 사회를 위한 지도자들을 훈련시키기 위해 대학 교수직을 사용하려고 한다. 우리에게는 각자 자신의 소명이 있다. 하나님은 우리를 소명으로 부르신 분이다. 하나님은 우리가 소명을 수행하면서 하나님을 공경하기를 기대하신다. 우리는 기독교 영성의 위대한 전통을 통해 소명을 제대로 수행하도록 도와주는 많은 자원들—자료, 사례, 통찰, 훈련—을 얻을 수 있다.

교회

우리는 혼자서 그 일을 할 수 없다. 이것이 하나님이 또한 우리를 자기 교회의 일원으로 부르신 이유다. 교회는 종종 하나님이 주신 교회의 목적을 성취하지 못했다. 교회는 명백한 필요에 대해 느리게 반응해 왔고, 꾸준하고 희생적인 행동이 필요한 많은 일을 하기에 너무 내향적이고 무관심하고 제도화되어 왔다. 그러나 교회는 많은 잘못과 실패에도 불구하고 여전히 세상 속에서 하나님 나라 사역을 수행하는 데 주요 역할을 할 수 있다. 역사는 그것이 가능함을 보여 준다. 초대교회는 사랑과 섬김의 공동체를 만들어 냄으로써 당대 문화에 깊은 영향을 미쳤다. 수도원과 탁발 수도 운동은 중세 시대에 그와 같은 영향을 미쳤다. 16세기에는 재세례파가, 17세기에는 경건주의자와 모라비아 교도가, 18세기에는 웨슬리 교파가, 19세기에는 부흥사들이 마찬가지 역할을 했다. 이들 공동체 가운데 어느 것도 완벽하지는 않았다. 그러나 세상에 무언가 하나님 나라의 실재를 보여 주기에 충분할 만큼의 역할—국외자와 버림받은 사람들을 받아 주고, 압제받은 사람들을 위한 정의를 추구하고, 가난한 사람들을 보살펴 주고, 복음을 선포하는 역할—을 완수했다.

교회는 말로만이 아니라 신앙 공동체로서 어떻게 사는가를 통해 예수 그리스도를 증거하도록 부름받았다. 바울은 고린도전서에서 이렇게까지 말한다. "몸은 하나인데 많은 지체가 있고 몸의 지체가 많으나 한 몸임과 같이 그리스도도 그러하니라"(고전 12:12). 마지막에 **그리스도**라는 단어를 사용한 것이 아주 놀랍다. 바울이 자신이 든 유비의 논리를 따랐다면, **교회**라는 단어를 사용해야 했을 것이다. 그러나 바울은 교회를 사실상 세상에 있는 그리스도의 몸으로 믿었기 때문에 **그리스도**라고 썼다. 그리스도가 하나님이 육체로 구체화한 존재인 것처럼 교회는 그리스도가 구체화한 것 incarnation이다. 교회 공동체는 교회가 지닌 가장 멋진 형태의 증인이다. "너희가 서로 사랑하면 이로써 모든 사람이 너희가 내 제자인 줄 알리라"(요 13:35). 하나님은 그분의 교회가 세상에서 그분의 몸—그분의 마음과 지성, 손과 근육—이기를 바라신다.

더 큰 문화에 영향을 미치려면 개인으로서는 자원이 부족하다. 에바츠는 인간으로서는 더없이 용기와 끈기가 있었다. 그러나 성공하기 위해서 의원들의 표가 필요했다. 의회에 에바츠만큼 양심적인 그리스도인이 몇 명만 더 있었더라면 어떠했겠는가! 그러나 공동체일 때 우리는 많은 일들을 성취할 수 있는 자원들—숫자, 부, 전문성, 힘—을 갖고 있다. 교회라는 잠자는 거인이 깨어날 수 있다면, 섬김과 희생이 단지 소수가 아니라 다수의 소명이 된다면, 평범한 그리스도인들이 하나님 나라를 위해 살려고 노력하면서 작지만 의미 있는 변화를 만들어 낸다면 어떤 일이 벌어지겠는가? 지역 교회가 성인들처럼 가시적이고 영웅적이지는 않겠지만, 계획적이고 끈질기게 하나님 나라의 가치에 헌신한다면 어찌 되겠는가?[18]

나는 성년으로서 전 생애를 교인으로 살아 왔다. 처음에는 목회자로, 다음에는 대학 교목으로, 지금은 신학교 교수로 말이다. 또한 주일 학교에서 가르쳤고, 청년 수련회를 기획했고, 위원회에 속했고, 성경 공부에 참석했고, 공동체 사역 계획에 참여했고, 선교 여행에 참가했다. 그렇다고 교회에 대해 극단적 낙천주의자는 아니다. 나는 교회가 이룰 수 있는 것에 대해서는 현실적이다. 교회에게 엄청난 것을 기대하지는 않는다. 그런 일은 마더 테레사 같은 성인들에게나 맡기련다. 우리들 대부분은 원하기는 하지만 그런 수준의 희생적 사랑에 도달하지는 못할 것이다. 우리는 삶을 꾸려 나가는 것만으로도 벅찰 뿐이다. 우리에게는 삶의 일상적 요구만으로도 충분하다. 나는 거의 매일 가치 있는 대의―다푸르에서 전쟁이 그치는 일, 우간다에서 잃어버린 소년을 구출하는 일, 지구 온난화를 바꿔 놓는 일, 세상에 있는 하나님의 자녀들 모두에게 적절한 가격의 주거를 제공하는 일―에 동참하라는 요청을 받는다. 내가 부자이고 자녀가 없고 고용되어 있지 않다 해도, 이 모든 요청에 다 반응할 수는 없을 것이다. 사실, 나는 중산층이고 세 자녀의 아버지이고 고용되어 있다. 그 모든 것을 다 할 수는 없다. 아무도 그럴 수 없고 그래서도 안 된다.

그러나 교회는 공동체로서 약간이나마 하나님 나라의 대의를 진척할 수 있다. 단순히 숫자만 말한다 해도 '약간'이란 것이 '많이'에 해당할 수 있다. 미국에는 족히 1억5천만 이상의 그리스도인(전 세계에 사는 약 20억 중에서)이 있다. 물론 그들이 다 신앙에 대해 진지한 것은 아니지만 말이다. 그들 가운데 3분의 1, 곧 5천만이라도 겸손하게 하나님 나라를 위하여 더욱 신실하고 의도적으로 살기 시작한다면 어찌 되겠는가? 이들 신자들이 자신의 삶을 하나님께 바치고 진지하게 영적 훈련을 실천하고 하나님 나라를 위해 자신을 헌신한다면 어찌 되겠는가? 연간 여분의 100달러만 모아도, 아프리카에서 AIDS와 싸우고 아시아에서 불법 성매매와 싸우는 것을 돕는 데 50억 달러를 지원할 수 있다. 연간 여분의 100시간(겨우 주당 2시간이다!)만 모아도, 도시에서 무료 급식 시설에 인력을 대고 해비타트를 위해 못질을 할 50억 시간을 제공하게 될 것이다. 연간 열 통의 편지만 써도 가치 있는 대의에 영향력을 행사하기 위해 연간 5억 통의 편지를 워싱턴에 보낼 수 있다. 보통 그리스도인들이 매일 물을 조금씩만 덜 쓰고, 에너지를 덜 소비하고, 건강식을 먹고, 더 의식적으로 재활용하고, 공정 무역 제품을 구입하고, 버스를 더 자주 타고, 통상적으로 하는 일 외에 단 하나의 대의에 투자한다면 어찌 되겠는가? 교회는 빙하처럼 서서히 움직인다. 이 때문에 활동가들이 못 견뎌 하는 일이 아주 흔하다. 그러나 교회가 바뀌면, 지나가는 길에 있는 모든 것을 쓸어버리면서 전진하는 빙하처럼 강력해진다. 결국 느리고 점진적이고 분명한 변화가 가장 효과적인 변화일 수 있다.

데스몬드 투투

변화는 쉽고 신속하게 일어나지 않는다. 그러므로 우리는 또한 소망을 품고 사는 법을 배워야 한다. 데스몬드 투투Desmond Tutu 주교는 수십 년 동안 남아프리카공화국에서 인종 차별 정책인 아파르트헤이트에 맞서 싸운 다음에야 어느 정도 성공을 거둘 수 있었는데, 투투는 자신이—우리 모두 역시—희망을 품을 수 있는 이유는 바로 예수 그리스도임을 깨달았다. 예수님이 십자가에서 돌아가셨을 때 예수님의 사역은 완전히 실패로 끝난 것 같았다. 그러나 그러고 나서 부활이 일어남으로써 모든 것을 바꾸었다. 그렇게도 절망스러워 보였지만 돌연 헤아릴 수 없는 소망으로 넘쳤다. 죽음은 생명에, 패배는 승리에, 절망은 소망에 꺾였다.

> 그 무엇도 첫 번째 성금요일에 십자가에 달리신 예수님보다 더 절망적인 것은 없었다. 그리고 예수님의 제자들이 품은 소망은 예수님이 십자가에 달리자 벌써 사라진 듯 보였다.…그러고 나서 부활절 사건이 일어났다. 예수님은 죽은 자들 가운데서 일어나셨다. 믿을 수 없고 예기치 않은 일이 일어났다. 생명이 죽음을, 빛이 어둠을, 사랑이 미움을, 선이 악을 물리쳐 이겼다. 이것이 곧 부활절의 의미다. 소망이 절망을 이기는 것 말이다. 예수님은 만주의 주, 만왕의 왕으로 다스리신다. 억압과 불의와 고난이 인간 역사의 마지막일 수 없다.[19]

사도 바울은 소망의 분명한 이유가 없다면 소망이 참된 소망이 되지 못한다고 썼다. 아파르트헤이트의 비타협적 태도는 투투의 소망에 이유를, 복음은 소망에 기초를, 성령은 소망을 유지할 수 있는 힘을 제공했다. 투투가 자신의 사역을 신실하고 끈질기게 감당할 수 있었던 것은 바로 소망 때문이었다.

하나님은 우리에게 같은 소망을 갖고 살라고 요청하신다. 예수님은 이미 오셨을 뿐 아니라 다시 오실 것이다. 우리는 '이미'와 '아직' 사이의 긴장 속에서 산다. 우리는 예수 그리스도의 얼굴을 보면서 하나님이 어떤 분이고, 세상을 구원하시고 구속하시기 위해 하나님이 예수 그리스도를 통해 어떤 일을 하셨는지, 성령의 사역 안에서 우리를 위해 무엇을 하겠다고 약속하셨는지 알고 있다. 또한 하나님이 우리에게 어떤 대가를 치르더라도 그분의 나라를 섬기라고 명하셨음을 알고 있다. 우리의 과제는 날이면 날마다 하나님을 위해 열심히 일하는 것이다. 하나님은 우리를 아무런 자원도 없이 있도록 내버려 두지 않으셨다. 기독교 영성의 풍부한 역사를 통해 과거의 형제자매들이 어떻게 하나님의 자원에 의존하여 그들이 있는 그 자리에서 하나님을 위해 살았는지 볼 수 있다. 그들은 생수가 솟아나는 우물에서 길어 마셨고, 우리 역시 같은 우물에서 길어 마시라고 요청한다. 그들의 목소리가 온 세계에 계속 메아리친다. "더 많이, 훨씬 더 많이 있으니!"

토의 질문

1 | 증거
1 기독교 영성사를 초기 기독교 순교에서부터 시작하는 것이 적절한 이유는 무엇인가?
2 이 장에서 다시 서술한 순교자 이야기들 속에서 어떤 공통 주제가 보이는가?
3 초기 기독교 순교자들이 박해받고 순교한 이유는 무엇이었는가?
4 그 이유들이 오늘날에는 어떻게 적용되는가? 그리스도인들은 여전히 어떤 오해를 받고 있는가? 그리스도인들은 어떤 면에서 여전히 위협적 존재로 받아들여지는가?
5 로마 제국은 새로운 종교에 너그러웠지만, 신자들이 로마 제국에 충성을 맹세할 때에만 그러했다. 그리스도인은 그리스도의 주되심에 헌신하여 이러한 요구에 저항했다. 우리 문화에서 '로마 제국'에 해당하는 것은 무엇인가?
6 초기 그리스도인들은 예수님을 주님으로 고백했고 그 때문에 많은 사람들이 고난을 당했다. 오늘날 예수님을 주님으로 고백한다는 것은 어떤 의미인가? 그로 인해 당신이 치를 수도 있는 대가는 무엇인가?
7 당신이 순교를 겪지는 않을 것이라고 생각한다면, 이 장은 당신에게 어떤 현실 적합성이 있는가?

2 | 소속
1 깊은 의미의 소속감을 경험해 본 적이 있는가? 어떤 경험이었는지 설명해 보라.

2 초기 기독교 공동체는 고대 세계에서 어떻게 소속감을 주었는가?
3 로마 세계의 이방인들은 무엇 때문에 기독교 공동체에 매력을 느꼈는가?
4 현대 세계의 비종교인들은 무엇 때문에 기독교 공동체에 매력을 느끼겠는가?
5 교회가 그러한 공동체가 되기 어려운 이유는 무엇인가?
6 당신의 교회는 그러한 공동체가 되기 위해 무엇을 할 수 있는가?

3 | 고투

1 별난 행동이 실제로 기독교 신앙에 대해 중요한 교훈을 줄 수 있는가? 성경과 역사의 사례를 들어 보라. 자신의 개인적 경험에서 나온 사례를 들어 보라.
2 사막 성자들은 왜 광야로 물러났는가? 그곳에서의 삶은 어떠했는가? 사막이 왜 기독교 영성에서 그토록 중요한 곳인가?
3 이 장에서 사막 성자의 어떤 '말'이 가장 흥미로운가? 이유는 무엇인가?
4 에바그리우스는 누구였는가? 생각들(logismoi)이란 무엇을 의미하는가? 여덟 개의 치명적인 생각이 무엇인지 들고 각각을 정의하라.
5 탐식의 죄를 범하는 것과 게걸스러운 생각 사이에는 어떤 차이가 있는가? 정욕을 행하는 것과 정욕적인 생각 사이에는 어떤 차이가 있는가? 죄스러운 행동을 범하는 것과 죄스러운 행동에 대해 생각하는 것 가운데 어떤 것이 더 치명적인가? 이유는 무엇인가?
6 금욕(ascesis)을 정의하라. 현대 사회에서 가장 치명적인 욕구는 무엇인가? 이유는 무엇인가?
7 이 장에서 언급하는 다섯 가지 '결별의 훈련'은 무엇인가? 각각에 담긴 목적은 무엇인가? 이들 훈련을 현대 사회에 어떻게 적용할 수 있겠는가?
8 무정념(apatheia)을 정의하라. 현대 사회에서 무정념을 실천한다

는 것은 어떤 의미인가?
9 아가페(*agape*)를 정의하라. 아가페를 어떻게 표현할 때 현대 사회에 가장 큰 영향을 미치겠는가? 이유는 무엇인가?

4 | 리듬
1 당신은 시간 계획을 어떻게 세우는가? 이를 통해, 당신의 시간관과 시간 사용 방식에 대해 알 수 있는 것은 무엇인가?
2 수도원의 리듬은 무엇이 그렇게 독특한가? 시간을 소비하거나 낭비하는 것과 실제로 시간 속에서 **사는 것**의 차이는 무엇인가?
3 중세 시대 초기에 수도원이 설립된 이유는 무엇인가?
4 수도원은 사회의 공동선에 어떻게 기여했는가?
5 수도원의 기도와 노동 실천을 설명해 보라. 이것을 당신의 상황에 어떻게 적용할 수 있는가?
6 현대 사회에서는 노동을 어떻게 보는가? 노동과 기도를 통합하는 것이 그토록 어려운 이유는 무엇인가? 당신의 삶 속에서 기도와 노동의 리듬을 어떻게 실천할 수 있는가?

5 | 거룩한 영웅들
1 현대 문화의 영웅은 어떤 사람들인가? 그들은 어떤 영향력을 갖는가?
2 당신의 영웅은 누구인가? 이유는 무엇인가?
3 신화(*theosis*)의 의미는 무엇인가? 신화의 개념이 동방 정교에서 중요한 이유는 무엇인가?
4 성상이 예술 형식이라는 면에서 독특한 점은 무엇인가? 성상이 전달하는 것은 무엇인가? 성상에는 어떤 영적 가치가 담겨 있는가?
5 멜라니아의 기이한 영적 전기에서 무엇을 배웠는가? 성인들의 삶을 연구하는 것에는 어떤 가치가 있는가?
6 과거 성인들의 음성을 듣는 것이 왜 중요한가? 크리소스토무스의

인용문 가운데 어떤 것이 당신의 마음에 와 닿는가? 다른 '성인들' 가운데 누가 당신의 마음에 와 닿는가?
7 당신에게 의미 있는 성경 이야기(예를 들어, 요셉, 룻, 에스더)는 무엇인가? 이유는 무엇인가?
8 삶의 '상황'을 하나님의 거룩한 훈련으로 보는 것은 당신에게 어떤 의미인가?

6 | 창

1 고딕 건축은 어떤 면에서 그리스도인의 삶에 대한 성례전적 관점을 보여 주기에 알맞은 상징물인가?
2 현대 사회에서는 물질세계를 어떻게 보는가?
3 성례전을 이해하는 데 있어 성육신의 의미는 무엇인가?
4 중세 로마 교회의 일곱 가지 성례전을 들어 보라. 각각의 목적은 무엇인가?
5 순례의 의미는 무엇인가? 유품의 의미는 무엇인가?
6 이러한 영적 경건을 통해 좋은 영향을 미칠 수도 있는 이유를 몇 가지 들어 보라.
7 교회력이란 무엇인가? 중세 시대에 교회력은 어떤 역할을 했는가?
8 당신의 상황에 교회력을 적용할 수 있는가? 어떻게 적용할 수 있겠는가?
9 성례전적 신앙을 어떻게 실천할 수 있는가? 성례전적 신앙이 당신에게 어떤 영향을 미치겠는가?

7 | 연합

1 당신은 왜 기도하는가? 어떻게 기도하는지 설명해 보라. 기도는 당신에게 의미 있는 훈련인가?
2 신비주의 영성의 본질은 무엇인가? 우리가 하나님을 안다고 주장하는 방식에 대해 신비주의 영성은 어떤 중요한 질문을 제기하는가?

3 플라톤, 플로티누스, 디오니시우스는 신비주의 영성을 형성하는 데 어떤 기여를 했는가?
4 정화의 의미는 무엇인가? 그 한계점은?
5 조명의 방식이란 무엇인가? 조명에 대한 기독교적 이해는 어떤 점이 독특한가?
6 연합이 뜻하는 두 가지 의미는 무엇인가? 두 의미의 차이에는 어떤 뜻이 있는가?
7 베르나르두스와 율리아나는 하나님과의 연합을 어떻게 정의하는가?
8 현대 문화에는 하나님을 갈망하는 증거가 보이는가? 이러한 갈망을 통해 우리는 현대 사회에 대해 무엇을 알 수 있는가? 신비가들을 통해 이러한 갈망에 대해 배워야 할 것은 무엇인가?

8 | 일상성

1 우리 사회에서는 종교 생활과 일상생활이 나뉘어 있는가? 예를 들어 보라. 그럴 때 어떤 일이 벌어지는가?
2 당신은 자신의 일상생활을 어떤 관점으로 보는가? 당신의 일상생활은 어떤 모습인가? 그 가치는 무엇인가?
3 중세 종교가 보통 사람들의 삶에 어떤 식으로 영향을 미치기 시작했는지 찾아보라.
4 탁발 수도사 운동은 어떤 기여를 했는가? 종파들을 나열해 보라.
5 종교개혁가들은 일상생활을 보는 사람들의 관점을 어떻게 바꾸었는가?
6 당신은 하나님을 위해 어떻게 일상생활을 살 수 있는가? 이것이 시간과 자원에 대한 당신의 관점과 사용 방식에는 어떤 영향을 미치겠는가? 당신의 구체적인 실천 목록에는 어떤 영향을 미치겠는가? 중간에 끼어드는 일에 대해서는? 일상의 과제들에 대해서는?
7 모든 일을 하나님의 영광을 위해 한다는 것은 무슨 의미인가?

9 | 말씀

1 종교개혁가들은 하나님의 말씀을 어떻게 정의했는가?
2 이러한 정의가 그들이 사역을 보는 관점에는 어떤 영향을 미쳤는가?
3 루터와 칼뱅의 영적 여정에서 하나님의 말씀은 어떤 역할을 했는가?
4 루터와 칼뱅은 하나님의 말씀을 어떻게 선포했는가?
5 하나님의 말씀은 예수님의 성육신, 삶, 죽음, 부활로 정점에 달했던 하나님의 자기 계시라는 역사 속 이야기를 전한다. 우리는 그것을 하나님의 구속 이야기로 알고 있다. 이 이야기를 성경에서 전하는 대로 안다는 것은 어떤 의미인가?
6 당신 자신의 이야기를 구속 이야기에 비춘다면 어떻게 이해할 수 있는가?

10 | 회심

1 존 뉴턴의 이야기를 통해 회심에 대해 무엇을 알 수 있는가?
2 인간의 삶 전체가 하나님께 회심한다는 것은 무슨 의미인가?
3 청교도들, 경건주의자들, 모라비아 교도들은 회심에 대한 복음주의적 생각에 어떻게 기여했는가?
4 대각성은 회심을 이해하는 방식에 어떻게 영향을 미쳤는가?
5 조나단 에드워즈는 회심의 진정한 특성을 어떻게 설명했는가? 어떤 '표지들'이 중립적인가? 무엇이 진정한 표지인가? 과연 표지라는 관점에서 생각해야 하는 것인가?
6 회심에 대한 우리의 이해를 형성하는 데 조지 윗필드는 어떤 역할을 했는가?
7 19세기에 어떤 일이 일어났기에 복음주의자들이 회심을 이해하는 방식을 바꾸었는가? 당신은 그러한 변화를 어떻게 평가하겠는가?
8 그리스도인의 삶에서 회심은 얼마나 중요하다고 생각하는가?
9 당신 삶에서 하나님께 회심해야 할 영역을 생각해 보라.

11 | 모험

1 당신은 살면서 어떤 모험을 해 보았는가? 모험의 결과는 어떠했는가? 모험을 많이 하지 않았다면 그 이유는 무엇인가?
2 이 장에서 열거된 네 개의 전기를 돌이켜 보라. 이들 개척자들은 어떤 모험을 했는가?
3 이들 선교사들이 당시에는 예상할 수 없었지만 아주 큰 의미를 지닌 '작은' 결정들은 무엇이었는가?
4 당신은 살면서 큰 의미가 있는 작은 결정을 내린 경험이 있는가?
5 그리스도인은 모험을 좋아해야 한다고 생각하는가? 신앙과 가정(假定)은 무엇이 다른가? 지혜로운 모험과 어리석은 모험의 특성을 각각 들어 보라.
6 잘사는 나라의 그리스도인들은 너무 편안하고 안전한가? 그것이 어떻게 바뀔 수 있는가?
7 당신은 어떻게 하나님을 위해 모험을 시작할 수 있는가?

결론

1 이 책에서 당신에게 가장 의미 있고 기억에 남고 유익한 장은 어디인가? 이유는 무엇인가?
2 이 책을 읽은 후 당신의 신앙과 행동에 어떤 변화가 있었는가?
3 마지막 장에서 그리스도인의 성장은 이미 예수 그리스도 안에서 이루어진 우리의 신분에 걸맞은 존재가 되어 가는 것뿐이라고 말한다. 이것은 무슨 의미인가?
4 도로시 데이의 영적 여정을 생각해 보라. 자신을 더 효과적이고 헌신적인 활동가가 되게 한 기독교 신앙에 대해 데이가 깨달은 것은 무엇인가?
5 일상생활 속에서 하나님을 위해 사는 것이 정말 가능한가? 그러기 위해 수잔나 웨슬리는 어떻게 살았는가? 당신은 어디서부터 시작할 수 있는가?
6 대부분의 사람들이 직장 일로 하루 중 대부분의 시간을 보낸다.

가사로 많은 시간을 보내는 사람들도 있다. 당신은 일하면서 어떻게 '주께 하듯이' 할 수 있는가?
7 어떻게 당신의 교회가 하나님 나라를 섬기기 위해 더 중요한 역할을 시작할 수 있는가? 당신은 어떤 지도력을 발휘할 수 있는가?
8 소망 가운데 산다는 것은 무슨 뜻인가?

도서 목록

기독교 영성사를 깊이 파고드는 데 여러 해가 걸렸다. 독자들에게 겁을 주려는 것은 아니지만, 이 분야가 처음인 사람이건 박식한 전문가이건 관련 서적은 엄청나게 많다. 좋은 책을 읽는 데는 끝이 없다. 어차피 끝나지 않을 여행이라면 즐기는 것이 최선이다. 아래 도서 목록은 장별로 구성했다. 각 장의 주제에 대한 개론서 한두 권(좋은 책을 구할 수 있다면)과 괜찮은 1차 자료 몇 권을 제시한다. 결국 원저자에 대해 우리 같은 사람들이 쓴 책을 읽기보다는 원저자의 책을 읽는 것이 언제나 가장 좋다.

서론

Augustine. *The Confessions*. Hyde Park, N.Y.: New City Press, 1997. 이 고전에 대해서는 여러 판이 많지만 이 책을 추천한다. 『성 어거스틴의 고백록』(기독교문서선교회).

McGrath, Alister. *Christian Spirituality: An Introduction*. London: Blackwell, 1999. 기독교 영성이란 주제에 대한 훌륭한 주제별 접근. 『기독교 영성 베이직』(대한기독교서회).

Maas, Robin, and Gabriel O'Donnell, eds. *Spiritual Traditions for the Contemporary Church*. Nashville: Abingdon, 1990. 현대적 적용을 담은 유용한 영성사.

Tyson, John R. *Invitation to Christian Spirituality: An Ecumenical Anthology*. New York: Oxford, 1999. 초기 기독교에서 20세기에 이르는 탁월한 영성 관련 글 모음.

1 | 증거

Arnold, Eberhard, ed. *The Early Christians in Their Own Words*. Farmington, Penn.: Plough, 1997. 초기 기독교에서 인용한 글 모음으로, 순교를 다룬 글이 많다.

Eusebius. *The History of the Church from Christ to Constantine*. New York: Penguin, 1965. 초기 기독교를 다룬 역사서 가운데 하나로, 주교이자 콘스탄티누스와 가까이 지낸 친구가 썼으며, 순교자 이야기가 많이 담겨 있다. 『유세비우스의 교회사』(은성).

Frend, W. H. C. *Martyrdom and Persecution in the Early Church*. Garden City, N.Y.: Anchor Books, 1967. 박해에 대해 다룬 가장 좋은 책.

Hefley, James, and Marti Hefley. *By Their Blood: Christian Martyrs of the Twentieth Century*. Grand Rapids: Baker, 1996. 20세기의 순교자 이야기 모음. 감동과 확신을 준다.

Wilken, Robert Louis. *The Spirit of Early Christian Thought*. New Haven, Conn.: Yale University Press, 2003. 교부들이 어떻게 자신의 신학적 결론에 이르렀는지 다룬 단연코 탁월한 개론서. 『초기 기독교 사상의 정신』(복있는사람).

2 | 소속

Brown, Peter. *The World of Late Antiquity: AD 150-750*. New York: Harcourt Brace Jovanovich, 1971. 기독교의 성장 배경이 된 세계를 다룬 탁월한 역사적 서론.

Hippolytus. *On the Apostolic Tradition*. Crestwood, N.Y.: St. Vladimir's Seminary Press, 2001. 주후 215년에 쓴 책으로, 초기 그리스도인의 교회 생활에 대한 매우 값진 자료. 『사도 전승: 히뽈리뚜스』(분도출판사).

Richardson, Cyril C., ed. *Early Christian Fathers*. New York: Touchstone, 1996. 아테나고루스(Athenagoras)와 순교자 유스티

누스 같은 초기 그리스도인 작가가 쓴 1차 자료 모음.

Stark, Rodney. *The Rise of Christianity*. Princeton, N.J.: Princeton University Press, 1996. 초기 기독교 운동이 성공한 과정과 이유에 대한 역사적·사회학적 분석.『기독교의 발흥』(좋은씨앗).

3 | 고투

Athanasius. *The Life of Antony*. New York: Paulist Press, 1980. 4세기에 활동한 알렉산드리아의 완강한 주교가 쓴 가장 위대한 사막 성자의 영적 전기.『안토니의 생애』(은성).

Bamberger, John, ed. *Evagrius Ponticus: The Praktikos and Chapters on Prayer*. Spencer, Mass.: Cistercian Publications, 1970. 4세기의 위대한 사막 철학자 및 심리학자인 에바그리우스에 대해 쓴 가장 뛰어난 소책자.

Chadwick, Owen, ed. *Western Asceticism*. Philadelphia: Westminster Press, 1958. 사막 성자들의 금언을 모은 탁월한 자료로서,『베네딕도-수도 규칙』전체와 요한 카시아누스의 *Conferences* 발췌 부분도 실려 있다.

Chryssavgis, John. *In the Heart of the Desert: The Spirituality of the Desert Fathers and Mothers*. Bloomington, Ind.: World Wisdom, 2003. 사막 성자들의 영성을 다룬 유용한 개론서.

Smith, Allyne, ed. *Philokalia: The Eastern Christian Spiritual Texts*. Woodstock, Vt.: Skylight Paths, 2006. 동방 정교의 영성 저술을 주제별로 편리하게 찾아볼 수 있는 5권짜리 방대한 모음집.

Swan, Laura, ed. *The Forgotten Desert Mothers*. New York: Paulist Press, 2001. 위대한 사막 교모들의 금언 모음집.

4 | 리듬

Knowles, David. *Christian Monasticism*. New York: McGraw-Hill, 1969. 존경받는 수도원 운동 학자가 쓴 수도원 운동에 대한

짧은 개론서.

Leclercq, Jean. *The Love of Learning and the Desire for God: A Study of Monastic Culture*. New York: Fordham University Press, 1982. 순수 '학문적' 학습과 '수도원식' 학습의 차이를 다룬 고전.

Meisel, Antony C., and M. L. del Mastro, eds. *The Rule of St. Benedict*. New York: Doubleday, 1975. 본문을 싣고 해설한 탁월한 개론서.

Norris, Kathleen. *The Cloister Walk*. New York: Riverhead, 1997. 현대 수도원 운동을 다룬 노동 수사의 베스트셀러. 『수도원 산책』(생활성서사).

5 | 거룩한 영웅들

Athanasius. *On the Incarnation*. Crestwood, N.Y.: St. Vladimir's Seminary Press, 1993. 4세기 초에 아타나시우스가 고작 19세일 때 쓴 성육신에 대한 가장 중요한 초기 방어.

John Chrysostom. *On Marriage and Family Life*. Crestwood, N.Y.: St. Vladimir's Seminary Press, 1986; and *On Living Simply*. Liguori, Mo.: Liguori Publications, 1996. 전자는 크리소스토무스의 설교 모음이고, 후자는 설교 인용 모음집이다.

John of Damascus. *Three Treatises on the Divine Images*. Crestwood, N.Y.: St. Vladimir's Seminary Press, 2003. 8세기의 위대한 신학자가 쓴 예배 시 성상 사용에 대한 전형적 방어.

Ware, Timothy. *The Orthodox Church*. New York: Penguin, 1997. 한마디로 이 매력적 전통에 대한 최상의 개론서.

White, Carolinne, ed. and trans. *Early Christian Lives*. New York: Penguin, 1998. 초기 기독교 전기 모음.

6 | 창

Osborne, Kenan B. *Sacramental Theology: A General Introduction*. New York: Paulist Press, 1988. 성례전에 대한 가톨릭의 관점.

Pfatteicher, Philip H. *Liturgical Spirituality*. Valley Forge, Penn.: Trinity Press International, 1997. 예배의 영성에 대한 건실한 탐구.

Scott, Robert A. *The Gothic Enterprise: A Guide to Understanding the Medieval Cathedral*. Berkeley: University of California Press, 2003. 경이적 건축에 대해 손쉽게 접할 수 있는 짧은 개론서.

Vander Zee, Leonard. *Christ, Baptism and the Lord's Supper: Recovering the Sacraments for Evangelical Worship*. Downers Grove, Ill.: InterVarsity Press, 2004. 성례전에 대한 최근 개신교의 관점.

Wagner, Mary Anthony. *The Sacred World of the Christian: Sensed in Faith*. Collegeville, Minn.: Liturgical Press, 1993. 성례전 신학에서 감각의 중요성을 다루는 개론서.

7 | 연합

Colledge, Edmund, and James Walsh, eds. *Julian of Norwich: Showings*. New York: Paulist Press, 1978. 16개의 환상에 대한 반추. 통찰력 있고 부드럽고 아름답다.

Cousins, Ewart, ed. and trans. *Bonaventure: The Soul's Journey into God, The Tree of Life, The Life of St. Francis*. New York: Paulist Press, 1978. 아우구스티누스와 프란체스코와 위디오니시우스를 결합하는 중세 신비주의의 주요 인물.

Evans, G. R., ed. *Bernard of Clairvaux: Selected Works*. New York: Paulist Press, 1987. 대단한 신비가이자 설교자이며 시인인 베르나르두스의 탁월한 선집.

Louth, Andrew. *The Origins of the Christian Mystical Tradition.* New York: Oxford, 1981. 플라톤부터 위디오니시우스에 이르는 매우 밀도 있으면서도 정보가 풍부한 책. 『서양 신비사상의 기원』(분도출판사).

MacQuarrie, John. *Two Worlds Are Ours: An Introduction to Christian Mysticism.* Minneapolis: Fortress Press, 2004. 주요 인물에 초점을 맞춘 신비주의에 대한 역사적 개괄.

Penrose, Mary E. *Refreshing Waters from Ancient Wells: The Wisdom of Women Mystics.* Mahwah, N.J.: Paulist Press, 2004. 여성 신비가의 글을 모은 탁월한 선집으로, 각 사람의 짧은 전기가 포함되어 있다.

Peters, E. Allison, ed. *John of the Cross: Dark Night of the Soul.* New York: Doubleday, 1959. 종교개혁 시기부터 자주 인용되는 고전.

8 | 일상성

Armstrong, Regis, and Ignatius Brady, eds. and trans. *Francis and Clare: The Complete Works.* New York: Paulist Press, 1982. 한 권에 그들의 글 모두를 모았다.

Armstrong, Regis J., J. A. Wayne Hellman and William J. Short, eds. *The Francis Trilogy of Thomas of Celano.* Hyde Park, N.Y.: New City Press, 2004. 가까운 친구이자 첫 번째 전기 작가 시각으로 본 아시시의 프란체스코의 삶을 재미있게 읽을 수 있다.

Chesterton, G. K. *St. Francis of Assisi.* Garden City, N.Y.: Image, 1957. 위대한 성자의 생생하고 흥미로운 초상.

Tappert, Theodore G., ed. *Luther: Letters of Spiritual Counsel.* Philadelphia: Westminster Press, 1955. 루터가 쓴 최상의 목회 관련 글.

Thomas à Kempis. *The Imitation of Christ.* Notre Dame, Ind.:

Ave Maria Press, 1989. 수많은 사람들에게 영향을 미친 14세기의 고전.『그리스도를 본받아』(예찬사).

9 | 말씀

Bainton, Roland H. *Here I Stand: A Life of Martin Luther*. New York: Abingdon-Cokesbury, 1950. 지금까지 쓰인 최상의 종교 전기 가운데 하나.『마르틴 루터의 생애』(생명의말씀사).

Calvin, John. *Golden Booklet of the True Christian Life*. Grand Rapids: Baker, 1952. 그리스도인이 일상생활에서 어떻게 실천해야 할지를 다루는 칼뱅의『기독교 강요』의 한 부분.『형식적인 그리스도인으로는 충분하지 못합니다』(엠마오).

Dillenberger, John, ed. *John Calvin: Selections from His Writings*. New York: Anchor Books, 1971. 칼뱅의 저작 모음집.『기독교 강요』의 일부와 편지 일부를 담고 있다.

_____. *Martin Luther: Selections from His Writings*. Garden City, N.Y.: Anchor Books, 1961. 루터가 쓴 다양한 자료.

Parker, T. H. L. *John Calvin: A Biography*. Philadelphia: Westminster Press, 1975. 칼뱅 전기 가운데 가장 훌륭한 책.『존 칼빈』(생명의말씀사).

10 | 회심

Bunyan, John. *Grace Abounding to the Chief of Sinners*. New York: Penguin, 1987. 번연의 자서전.『죄인 괴수에게 넘치는 은혜』(규장).

_____. *The Pilgrim's Progress*. New York: Penguin, 1964. 침례교 청교도 대가가 쓴 고전적 우화.『천로역정』(크리스챤다이제스트).

Edwards, Jonathan. *Religious Affections*. Minneapolis: Bethany House, 1996. 회심에 대한 신기원을 이룬 책.『신앙감정론』(부흥과개혁사).

Jeffrey, David Lyle, ed. *A Burning and a Shining Light: English Spirituality in the Age of Wesley.* Grand Rapids: Eerdmans, 1987. 탁월한 일차 자료 모음집.

Smith, John E., Harry S. Stout and Kenneth P. Minkema, eds. *A Jonathan Edwards Reader.* New Haven, Conn.: Yale University Press, 1995. 유용한 에드워즈 자료 모음집.

Whaling, Frank, ed. *John and Charles Wesley: Selected Prayers, Hymns, Journal Notes, Sermons, Letters and Treatises.* New York: Paulist Press, 1981. 웨슬리의 다양한 저술 모음집.

11 | 모험

Anderson, Courtney. *To the Golden Shore: The Life of Adoniram Judson.* Grand Rapids: Zondervan, 1956. 많은 사람들에게 선교에 헌신하도록 영감을 준 위대한 첫 번째 미국인 해외 선교사의 전기.

Elliot, Elisabeth. *Shadow of the Almighty: The Life & Testament of Jim Elliot.* San Francisco: Harper & Row, 1958. 1956년에 남미에서 순교한 남편 짐 엘리엇의 전기. 『전능자의 그늘』(복있는사람).

George, Timothy. *Faithful Witness: The Life & Mission of William Carey.* Birmingham, Ala.: New Hope, 1991. 용감한 인도 선교사의 최근 전기.

Grubb, Norman P. *C. T. Studd: Athlete and Pioneer.* Grand Rapids: Zondervan, 1933. 유별난 선교사에 대한 유별난 전기.

Ignatius of Loyola. *The Spiritual Exercises of St. Ignatius*, translated by Anthony Mottola. New York: Image, 1964. 엄격한 제자도의 삶을 위해 그리스도인을 준비시키는 이그나티우스의 지침.

Livingston, W. P. *Mary Slessor of Calabar: Pioneer Missionary.* New York: George H. Doran, n.d. 용기 있는 여성에 대한 매력적 이야기.

Taylor, Howard, and Mrs. Howard Taylor. *J. Hudson Taylor: God's Man in China*. Chicago: Moody Press, 1965. 중국내지선교회의 위대한 개척자이자 창설자의 감동적 전기.『허드슨 테일러』(생명의말씀사).

Tucker, Ruth A. *From Jerusalem to Irian Jaya*. Grand Rapids: Zondervan, 1983. 기독교 선교 인물사.『선교사 열전』(복있는사람).

결론

Brother Lawrence. *The Practice of the Presence of God*. New York: Barbour, 1993. 부엌에서 하나님을 알게 된 수도사에 대한 고전.『하나님의 임재연습』(좋은씨앗).

Day, Dorothy. *The Long Loneliness*. San Francisco: HarperSanFrancisco, 1952. 공산주의에서 기독교로 전향한 여성의 탁월한 자서전.『고백』(복있는사람).

Merton, Thomas. *New Seeds of Contemplation*. New York: New Directions, 1961. 현대 가톨릭 신비가의 책.『새 명상의 씨』(가톨릭출판사).

Tutu, Desmond. *Crying in the Wilderness: The Struggle for Justice in South Africa*. Grand Rapids: Eerdmans, 1982. 남아프리카공화국에서 험난한 사역을 한 투투에 대한 감동적 이야기.

그림 출처

서론

"성 아우구스티누스"(Saint Augustine) by Antonello da Messina(?1430-1479). Galleria Nazionale, Palermo, Italy
Credit: Scala/Art Resource, NY

1 | 증거

"기독교 순교자의 마지막 기도, 1863-1883"(*The Christian Martyr's Last Prayer*, 1863-1883, 캔버스에 유화) by Jean Leon Gerome (1824-1904)
Credit: ⓒWalters Art Museum, Baltimore, USA/The Bridgeman Art Library

"성 페르페투아"(Saint Perpetua), 궁륭 모자이크에서 나온 세부 묘사. Archbishop's Palace, Ravenna, Italy
Credit: Scala/Art Resource, NY

"폴리카르푸스"(Polycarp), 서머나의 주교
Credit: ⓒMary Evans Picture Library/The Image Works

2 | 소속

"겸손하신 성모 마리아"(Our Lady of Humility), 기도하는 여인들 세부 묘사. Church of the Oratorio, Montecchio, Brescia Darfo Boario Terme, Italy
Credit: ⓒSeat Archive/Alinari Archives/The Image Works

"공동체의 재산 분배와 아나니아의 죽음"(Distribution of the Goods

of the Community and Death of Ananias) by Masaccio(Maso di San Giovanni). Brancacci Chapel, S. Maria del Carmine, Florence, Italy
Credit: Scala/Art Resource, NY
"세례 장면"(Baptism Scene). From Lungotevere, Rome. Museo Nazionale Romano(Terme di Diocleziano), Rome, Italy
Credit: Erich Lessing/Art Resource, NY

3 | 고투

"마귀의 고문을 받는 성 안토니우스"(St Anthony tormented by devils), c. 1475-c. 1500. From the "Sforza Hours." British Library, London
Credit: HIP/Art Resource, NY
"시나이 산으로 접근하는 돌사막"(Stone desert on the approach to Mount Sinai). 위치: Sinai Desert, Egypt
Credit: Erich Lessing/Art Resource, NY
"아빠 모세"(Abba Moses)
Credit: Holy Transfiguration Monastery, Brookline, Massachusetts
"은자들에게 주는 대수도원장 성 안토니우스의 설교"(The sermon of St. Anthony Abbot to the hermits), by Lodovico Carracci(1555-1619). Location: Pinacoteca di Brera, Milan, Italy
Credit: Erich Lessing/Art Resource, NY

4 | 리듬

"성 파코미우스"(Saint Pachomius)
Credit: ©Mary Evans Picture Library/The Image Works
"성 베네딕투스의 이야기: 식당에서 식사하는 수도자들의 세부 묘사"(Story of Saint Benedict: detail of the monks dining in the refectory). By Giovanni Antonio Bazzi Sodoma, called Il(1477-

1549). 위치: Abbey, Monte Oliveto Maggiore, Italy

Credit: Scala/Art Resource, NY

5 | 거룩한 영웅들

"마크리나"(Macrina)

Credit: Holy Transfiguration Monastery, Brookline, Massachusetts

"전능자"(Pantocrator)

Credit: Holy Transfiguration Monastery, Brookline, Massachusetts

"멜라니아"(Melania the Younger)

Credit: Holy Transfiguration Monastery, Brookline, Massachusetts

"요한 크리소스토무스"(John Chrysostom)

Credit: Holy Transfiguration Monastery, Brookline, Massachusetts

6 | 창

"샤르트르 대성당 정면"(Chartres Cathedral façade). 위치: Chartres, France

Credit: Vanni/Art Resource, NY

"구세주"(The Savior) by Juan de Juanes. 위치: Museo del Prado, Madrid, Spain

Credit: Erich Lessing/Art Resource, NY

"시편 지도"(Psalter map), c. 1250. 위치: British Library, London

Credit: HIP/Art Resource, NY

"은자 성 테오발두스"(Saint Theobald the Hermit) by Master François. From Le Miroir Historial by Vincent de Beauvais, vol. III. France, 15th C.E. Photo: R. G. Ojeda. 위치: Musee Conde,

Chantilly, France.

Credit: Réunion des Musées Nationaux/Art Resource, NY

7 | 연합

"성 토마스 아퀴나스"(Saint Thomas Aquinas), by Gentile de Fabriano (1385-1427). 위치: Pinacoteca di Brera, Milan, Italy

Credit: Scala/Art Resource, NY

"성 카테리나 수도원"(Saint Catherine Monastery). Mount Sinai, Sinai Desert, Egypt

Credit: Erich Lessing/Art Resource, NY

"노리치의 율리아나"(Julian of Norwich)

Credit: Br. R. Lentz, OFM, 1995/Trinity Stores, trinitystores.com

8 | 일상성

"아시시의 프란체스코"(Francis of Assisi)

Credit: Br. R. Lentz, OFM, 1995/Trinity Stores, trinitystores.com

"아시시의 성 프란체스코와 성 도미니쿠스의 만남"(The meeting of St. Francis of Assisi and St. Dominic), by Benozzo Gossoli (1420-1497). 위치: S. Francesco, Montefalco, Italy

Credit: Scala/Art Resource, NY

9 | 말씀

"비텐베르크 성 캐슬 교회에 95개 논제를 게시하는 마르틴 루터의 판화"(Engraving of Martin Luther posting ninety-five theses on the castle church door at Wittenberg)

Credit: Foto Marburg/Art Resource, NY

"장 칼뱅"(John Calvin)

Credit: Library of Congress, Prints & Photographs Division
"제네바에 있는 칼뱅의 설교단"(Calvin's pulpit in Geneva)
Credit: Courtesy of Mark A. Gstohl, Ph.D., Asst. Professor of Theology, Xavier University of Louisiana

10 | 회심
"존 뉴턴"(John Newton)
Credit: The Image Works
"야외에서 설교하는 조지 윗필드"(George Whitefield preaching in the open air), c. 1750. 목판 c. 1870. Ann Ronan Picture Library, London
Credit: HIP/Art Resource, NY

11 | 모험
"로욜라의 이그나티우스"(Ignatius of Loyola)
Credit: Br. R. Lentz, OFM, 1995/Trinity Stores, trinitystores.com
"메리 슬레서와 입양 자녀들"(Mary Slessor and adopted children)
Credit: Wikipedia/Dundee City Library
"윌리엄 캐리"(William Carey)
Credit: Wikipedia/John Brown Myers; London 1887

결론
"반베트남 전쟁 활동가 기획 회의에 참석한 유명한 편집인이자 개혁가 도로시 데이"(Famed editor and reformer Dorothy Day attending planning session of anti-Vietnam war activists)
Credit: Lee Lockwood//Time Life Pictures/Getty Images
"데스몬드 투투"(Desmond Tutu)
Credit: Wikipedia/ Benny Gool

주

서론

1 Augustine, *The Confessions* (Hyde Park, N.Y.: New City Press, 1997), p. 143. 『성 어거스틴의 고백록』(기독교문서선교회).

2 같은 책, pp. 68-69.

3 *St. Athanasius: On the Incarnation* (Crestwood, N.Y.: St. Vladimir's Seminary Press, 1993), p. 5의 C. S. Lewis의 "서론".

4 신학 사전에 최근에야 포함된 **영성**(spirituality)이란 단어가 수면에 떠오른 지는 대략 200년밖에 되지 않았다. 거의 처음부터 이 단어에는 보다 이교적인 의미가 함축되어 있었다. 이는 역사적 정통의 범위를 벗어난 영적인 것들에 매료되는 현대의 경향을 반영한다. 예컨대, 초월주의자들은 **경건**(piety)과 **성결**(holiness)보다는 **영성**(spirituality)과 같은 단어를 선호했다. 이는 영성이 개방적이고 실험적인 태도 즉 전통과 덜 결합된 태도를 반영한다고 생각했기 때문이다. 그들이 이 용어를 그렇게 사용함으로써 오늘날까지 지속된 영성에 대한 경향이 형성되었다. 현재 많은 미국인들이 자신은 '종교적'이 아니라 '영적'이라고 주장한다. 마치 자신의 독특한 이해와 관심에 들어맞는 일종의 '설계자' 종교를 창출하려는 듯, 그들은 광범위하고 다양한 종교적 신념과 관행을 뽑아 오고 빌려 오고 실험하고 싶어 한다. 내가 영성이란 용어를 사용한 것은 그 단어가 아주 널리 받아들여지기 때문일 뿐 아니라, 영성을 기독교 신앙에 대한 조금 더 전통적인 이해에 묶어 두기 위함이다.

5 기독교 영성사를 다룬 책으로는 다음과 같이 수십 권이 있다. Thomas M. Gannon and George W. Traub, *The Desert and the City: An Interpretation of Christian Spirituality* (Chicago: Loyola University Press, 1984); Margaret R. Miles, *Practicing Christianity: Critical*

Perspective for an Embodied Spirituality (New York: Crossroad, 1988); Lawrence S. Cunningham and Keith J. Egan, *Christian Spirituality: Themes from the Tradition* (New York: Paulist Press, 1996); Alister McGrath, *Christian Spirituality: An Introduction* (London: Blackwell, 1999, 『기독교 영성 베이직』, 대한기독교서회); Urban T. Holmes, *A History of Christian Spirituality* (Minneapolis: Seabury Press, 1980); Michael Cox, *Handbook of Christian Spirituality* (San Francisco: Harper & Row, 1983); Cheslyn Jones, Geoffrey Wainwright and Edward Yarnold, eds., *The Study of Spirituality* (New York: Oxford, 1986); Robin Mass and Gabriel O'Donnell, eds., *Spiritual Traditions for the Contemporary Church* (Nashville: Abingdon, 1990); Gordon Mursell, ed., *The Story of Christian Spirituality: Two Thousand Years, from East to West* (Minneapolis: Fortress Press, 2001); Luke Timothy Johnson, *Faith's Freedom: A Classic Spirituality for Contemporary Christians* (Minneapolis: Fortress, 1990); Philip Sheldrake, *Spirituality and History* (New York: Crossroad, 1992); Rowan Williams, *The Wound of Knowledge: Christian Spirituality from the New Testament to St. John of the Cross* (Boston: Cowley, 1991, 『기독교 영성 입문』, 은성); John Macquarrie, *Paths in Spirituality*, 2nd ed. (Harrisburg, Penn.: Morehouse, 1992); Bradley C. Holt, *Thirsty for God: A Brief History of Christian Spirituality* (Minneapolis: Augsburg Press, 1993, 『기독교 영성사』, 은성).

6 "하나님의 행위를 기독교적으로 이해할 때 구원은 역사 **속에서**뿐 아니라 역사를 **통해서도** 온다. 이는 역사란 구원이 일어나는 재료 곧 질료이기 때문이다. 구원은 그리스도 사건을 중심으로 하지만, 가장 단순한 형태의 그리스도인의 확신 속에도 있으며, 구원 사건은 자체만으로는 성립되지 않는다. 그 사건은 오랜 준비 기간의 절정으로 발생하여 오래도록 계속 이어진다"[Andrew F. Walls, "Globalization and the Study of Christian History", in *Globalizing Theology: Belief and Practice in an Era of World Christianity*, ed. Craig Ott and Harold A. Netland (Grand Rapids:

Baker, 2006), p. 70].

7 Robert Louis Wilken은 자신의 탁월한 책 *The Spirit of Early Christian Thought*에서 Augustine의 생각을 설명한다. Augustine은 무언가를 이해할 수 있으려면 먼저 '믿어야' 한다고 주장했다. 믿음은 완전한 신뢰나 사고 작용 없는 복종이 아니라, 그 대상이 먼저 우리와 깊은 관계를 맺도록 기꺼이 허용하는 것을 뜻한다. 그래야만 긍정적으로건 비판적으로건 반응하기에 충분할 정도로 그것을 잘 이해할 수 있다. Robert Louis Wilken, *The Spirit of Early Christian Thought* (New Haven: Yale University Press, 2003), pp. 166-180를 보라.

8 C. S. Lewis, "Meditation in a Toolshed", *God in the Dock* (Grand Rapids: Eerdmans, 1970), pp. 212-215. 『피고석의 하나님』(홍성사).

9 그러한 망각에 대해 탄식하면서 Alister McGrath는 다음과 같이 쓴다. "금세기에 개신교를 괴롭히는 가장 큰 비극 가운데 하나는 기껏해야 한 세대밖에 못 미치는 시간의 척도를 선호하느라 공동적이고 장기적인 기억을 상실한 것이다. 어디론가 가려면 어디에서 왔는지 알아야 한다. 뒤를 돌아볼 때 앞을 내다볼 수 있다. 가능성에 대한 한층 향상된 인식이 생기기 때문이다"[Alister McGrath, *Roots That Refresh: A Celebration of Reformation Spirituality* (London: Hodder & Stoughton, 1991), p. 21].

10 캔터베리 대주교 Rowan Williams는 과거의 '낯섦'과 기꺼이 연계할 때 우리 자신의 '낯섦' 역시 이해할 수 있다고 주장한다. 반대로 과거로부터 배우기를 꺼려할 때에는 "낯선 것을 무시하거나 삭제함으로써 역사성을 축소하고, 결국 우리는 현대 속에 고립된다"[Rowan Williams, *Why Study the Past? The Quest for the Historical Church* (Grand Rapids, MI: Eerdmans, 2005), 24]. 『종교개혁시대의 영성』(좋은씨앗).

11 Augustine, *Confessions*, p. 178.

12 하나님의 본성에 대한 논쟁은 니케아 공의회(주후 325년)에서 대부분 해결되었고, 콘스탄티노플 공의회(주후 381년)에서 더욱 정교하게 다듬어졌다. 하나님이신 동시에 인간이신 그리스도의 본성에 대한 논쟁은 칼케돈 공의회(주후 451년)에서 해결되었지만, 어떤 교파들에서는 칼케돈의 가르침을 받아들이지 않고 갈라서기로 했다. 칼케돈에 반대하는 가

장 중요한 두 교회는 단성론자들과 네스토리우스파였는데, 이들은 오늘날까지도 존속한다. Wilken, *Spirit of Early Christian Thought*, chaps. 4-5; William C. Placher, *A History of Christian Theology: An Introduction* (Philadelphia: Westminster Press, 1983, 『신학의 역사』, 기독교문서선교회), chap. 6; Jaroslav Pelikan, *The Christian Tradition: A History of the Development of Doctrine*, vol 1, *The Emergence of the Catholic Tradition (100-600)* (Chicago: University of Chicago Press, 1971, 『고대교회 교리사』, 크리스챤다이제스트), chaps. 4-5를 보라. 이 논쟁에 대한 탁월한 1차 자료 모음으로는 William G. Rusch, ed., *The Trinitarian Controversy* (Minneapolis: Fortress Press, 1980); Richard A. Norris Jr. and William G. Rusch, eds., *The Christological Controversy* (Minneapolis: Fortress Press, 1980)를 보라.

13 Augustine, *Confessions*, pp. 282-283.

1 | 증거

1 Robin Lane Fox, *Pagans and Christians* (New York: Alfred A. Knopf, 1989), p. 420.

2 "용감한 그리스도인들의 비타협적 태도로 인해 형제들이 큰 감동을 받았음은 물론 이교도들도 깊은 인상을 받았다"(같은 책, p. 421).

3 바울은 이 주제에 대해서도 싸울 수 있었다. 그는 자신의 사역, 특히 코린토스에서의 사역을 훼손하는 '거짓 사도들'의 악한 영향력에 맞서기 위해 종종 자신의 고난을 언급했다. 그는 자신이 당한 고난을 이용함으로써 자신이 사도로 부름받았다는 정당성을 입증한다. 고후 11장을 보라.

4 Christopher Bryan, *Render to Caesar: Jesus, the Early Church, and the Roman Superpower* (New York: Oxford University Press, 2006); Ivor J. Davidson, *Birth of the Church: From Jesus to Constantine, AD 30-312* (Grand Rapids: Baker, 2004); Larry W. Hurtado, *Lord Jesus Christ: Devotion to Jesus in Earliest Christianity* (Grand Rapids: Eerdmans, 2003, 『주 예수 그리스도』, 새물결플러스)를 보라.

5 최근의 학자들은 순교자 이야기가 초기 기독교 공동체에서 수행한 역할에 초점을 맞추어 왔다. 예를 들어, Daniel Boyarin, *Dying for God: Martyrdom and the Making of Christianity and Judaism* (Stanford, Calif.: Stanford University Press, 1999); Judith Perkins, *The Suffering Self: Pain and Narrative Representation in the Early Christian Era* (London: Routledge, 1995); Elizabeth A. Castelli, *Martyrdom and Memory: Early Christian Culture Making* (New York: Columbia University Press, 2004); Robin Darling Young, *In Process Before the World: Martyrdom as Public Liturgy in Early Christianity* (Milwaukee: Marquette University Press, 2006)를 보라.

6 전해 내려오는 많은 사례들이 있다. 예컨대, Eusebius의 역사 기록과 같은 초대교회의 역사 기록들에서는 순교 이야기에 대해 길게 다룬다. Eusebius는 한 주교가 한 교회에 보낸 편지에서 뽑아낸 인용 자료들로 자신의 책 여기저기를 채우는데, 때로 말 그대로를 인용하기도 한다. 이들 가운데 일부는 아주 많이 꾸며 낸 것이 확실하지만, 여전히 많은 것이 신뢰할 만하다. 그러므로 사례별로 취사선택해야 한다. 가장 유명한 초기 순교자—Polycarp, Justin Martyr, Perpetua, Blandina, Cyprian—이야기들은 직접 목격자의 자료들을 많이 포함하고 있는데 확실히 믿을 만하다. 고대의 자료로는 Eusebius, *The History of the Church from Christ to Constantine* (New York: Penguin, 1965, 『유세비우스의 교회사』, 은성)을 보라. 초기 순교자 이야기에 대한 학문서로는 Herbert Musurillo, ed., *The Acts of the Christian Martyrs* (New York: Oxford University Press, 1972)를 보라. Musurillo의 책은 모든 이야기에 대한 영어 번역을 제공할 뿐 아니라 원래의 고대어 자료 출처도 담고 있는 아주 값진 자료다. 이들 초기 이야기들은 대부분 짧은데, 사실을 담으면서도 영적 주해 또한 제공한다.

7 W. H. C. Frend, *Martyrdom and Persecution in the Early Church* (Garden City, N.Y.: Anchor Books, 1967), p. 67. 또한 그의 대표작 *The Rise of Christianity* (Philadelphia: Fortress Press, 1984)를 보라.

8 Justin Martyr, in *The Early Christians in Their Own Words*, ed.

Eberhard Arnold (Farmington, Penn.: Plough, 1997), p. 103.

9 Carpus and Papylus, in Arnold, *Early Christians in Their Own Words*, pp. 73-75.

10 Henry Bettenson, ed., *Documents of the Christian Church*, 2nd ed. (London: Oxford University Press, 1963), pp. 3-4. Pliny는 주후 113년에 죽기 전 비티니아의 총독으로 2년간 봉직했다. 그는 자신의 관할지를 통치하는 법을 더 잘 배우기 위하여 관할지 전역을 광범위하게 여행했다. 그는 그리스도인들이 두 가지 이유로 말썽을 일으킨다고 보았다. 첫째, 회심자들이 더 이상 신전을 방문하지도 우상을 사지도 않았으므로, 그리스도인들은 지역 경제에 영향을 미쳤다. 둘째, 이교도들은 그리스도인들을 로마에 대한 불충성 죄로 고소하였다. Pliny는 두 명의 여집사를 포함하여 많은 그리스도인들을 심문했고, 더러는 고문했으며, 일부는 처형했다. 그는 황제의 조언을 구하려고 편지를 썼다.

11 **이교**(pagan)란 단어는 문자적으로 '시골로부터'(from the country)라는 뜻이고, 전통적 로마 종교를 따르면서 기독교로 개종하기를 거부하는 사람들을 가리킨다. 가난한 소작농이건 거대한 국가 토지의 소유주건 상관없이 농촌 지역에서 사는 사람들이 기독교에 가장 덜 개방적이긴 하지만, 분명 이교라는 용어는 시골에 사는 사람들보다 넓은 범위에 적용된다. 이 책의 처음 몇 장들에서는 로마 세계에 살면서 전통 종교나 동방 종교를 고수하는 사람들을 가리키는 데 이 용어를 사용했다.

12 John D. Ziziouslas, "The Early Christian Community", in *Christian Spirituality: Origins to the Twelfth Century*, ed. Bernard McGinn and John Meyendorff (New York: Crossroads, 1987, 『기독교 영성 I』, 은성), p. 41.

13 Musurillo, *Acts of the Christian Martyrs*, pp. 63-85.

14 Athenagoras, *A Plea Regarding Christians*, in *Early Christian Fathers*, ed. Cyril C. Richardson (New York: Touchstone, 1996), pp. 334-340.

15 "순교자는 하나님의 임재를 보여 주는 통로로서 또 다른 시민권이 있다는 주장이 진실임을 입증한다"[Rowan Williams, *Why Study the Past?*

The Quest of the Historical Church (Grand Rapids: Eerdmans, 2005), p. 39].

16 훌륭한 사례를 전해 주는 2, 3세기 자료들이 많다. 로마에서 교사였던 Hippolytus는 3세기 초에 *The Apostolic Tradition*(『사도 전승』, 분도출판사)을 써서 세례에 대한 교훈과 교회 지도자에 대한 지침서를 제공했다. 이 책은 초기 기독교 신앙과 관행에 대한 정보를 제공한다. 성년이 되어 기독교로 개종한 Tertullian은 법률가였으며, 대중적 로마 문화를 통렬히 비난하는 비판서를 썼다. 로마인들의 경기 및 다른 형태의 오락에 대한 그의 설명은 오늘날 많은 대중문화에 적용해도 동일한 설득력과 현실 적합성이 있을 것이다.

17 Bettenson, *Documents of the Christian Church*, pp. 1-2를 보라. Tacitus는 로마의 화재 이야기를 전하면서 이렇게 언급했다. 황제 Nero가 발화했다는 소문이 있었다. 그래서 Nero는 그리스도인들을 희생양으로 이용했다. Tacitus는 그리스도인들을 '인류 혐오자'라고 비난했는데, 이는 그들이 반로마적으로 보인다는 의미였다. 이러한 비난이 초기 기독교에서는 공통적이었던 것 같다. 기독교로 개종한 법률가였던 Minucius Felix가 쓴 글에는, 그리스도인들이 로마의 제도에 참여하고 지원하지 않는다는 이교도들의 흔한 불평이 나타나 있다. 그리스도인들은 "우리 쇼를 보러 오지도 않고, 우리 행진에 참여하지도 않고, 우리 공적 연회에 참석하지도 않고, 우리의 사교 경기도 무서워하며 꺼린다"는 이방 비판자들의 불평도 나타나 있다. 또한 다음과 같은 이방 비판자들의 말도 인용되어 있다. 그리스도인들은 "신전이 마치 무덤이라도 되는 것처럼 혐오한다. 신들을 깔보고 우리의 성지를 비웃는다. 정작 자기들이 불쌍한 자인데도 우리 제사장들을 낮추어 본다. 고위 정부 관직의 보라색 관복과 존칭을 멸시한다"(Arnold, *Early Christians*, pp. 90-91를 보라).

18 설명 전체를 보려면 Musurillo, "The Martyrdom of Saints Perpetua and Felicitas", *Acts of the Christian Martyrs*, pp. 107-131를 보라.

19 Robert Louis Wilken, *The Christians as the Romans Saw Them* (New Haven, Conn.: Yale University Press, 1984), p. 57에 인용된 Cicero.

20 "특정한 신들과 특정한 의식들에 대해서는 의구심이 있을 수 있었다"

고 역사가 W. H. C. Frend가 쓰기는 했지만, 제국의 종교는 "그런 것들 배후의 진리들을 대표하며 신성불가침이었다. 신들은 모두가 로마의 수호신이었다.…그러므로 로마의 종교는 개인 종교라기보다는 국가 종교였다"[Frend, *Martyrdom and Persecution*, pp. 78-79. 또한 S. R. F. Price, *Rituals and Power: The Roman Imperial Cult in Asia Minor* (New York: Cambridge University Press, 1984)를 보라].

21 Musurillo, *Acts of the Christian Martyrs*, pp. 38-41.

22 Athenagoras, *A Plea Concerning Christians*, in *Early Christian Fathers*, ed. Cyril C. Richardson (New York: Touchstone, 1996), p. 301.

23 Tertullian, in Arnold, *Early Christians*, p. 92.

24 "이러한 권리 주장의 보편성, 이러한 공격적 기질, 애초부터 전 세계적 지배권을 갖고 있다는 이러한 의식이야말로…로마의 박해를 초래한 불가피한 원인이었다"[Herbert B. Workman, *Persecution in the Early Church* (New York: Oxford University Press, 1980), p. 32]. 그는 다음과 같이 결론 맺는다. "그러나 어떻게 한 사람이 두 황제를 섬기거나, 두 깃발 아래 속하거나, 두 진영에 거하거나, 동시에 두 개의 전투에 나갈 수 있겠는가? 둘은 서로 배척하지 않겠는가?"(p. 75)

25 Stephen Benko, *Pagan Rome and the Early Christians* (Bloomington: Indiana University Press, 1984), p. 59.

26 Eusebius, *History*, pp. 119-122.

27 James Edwards는 이 주제를 탐구하여 뛰어난 책을 썼다. James Edwards, *Is Jesus the Only Savior?* (Grand Rapids: Eerdmans, 2005)를 보라.

28 Wilken, *Christians as the Romans Saw Them*, p. 102에 인용된 Celsus.

29 같은 책, pp. 104-105.

30 같은 책, p. 96. "그들은 어디서든 생명의 나무와 그 나무로 말미암은 육체의 부활에 대해 글을 써서 전한다. 나는 그들의 주인이 십자가에 못 박혔고 직업상 목수였기 때문에 그렇다고 생각한다. 그러므로 그가 절벽 아래로 떨어지거나 구덩이로 밀려 떨어지거나 목이 졸려 질식사했다면, 혹은 그가 구두 수선공이나 석공이거나 대장장이였다면, 하늘

위 생명의 절벽이나 부활의 무덤이나 불멸의 밧줄이나 복된 바위나 사랑의 철 기구나 거룩한 가죽신이 있었을 것이다. 노래를 불러서 작은아이를 얼러 재우려는 할머니라면 이런 이야기를 속삭이는 것을 꺼리지 않으려 했겠는가?"

31 Wilken, *Christians as the Romans Saw Them*, p. 160에 인용된 Porphyry.
32 같은 책, p. 163.
33 같은 책, p. 145.
34 기독교적 관점을 대변하거나 확산하지 않는 「뉴스위크」의 최근 커버스토리에서 Jon Meacham은 다음과 같이 쓴다. "부활이 없다면, 1세기의 처음 몇 십 년 동안 있었던 예수 운동이 오랫동안 버틸 수 있었다고 상상하기란 실제로 불가능하다. 작은 무리의 열성가들이 그를 그리스도라 부름으로써 그의 메시아적 정체성을 주장하면서까지 한동안 그의 이름을 존속시킬 수 있었을지는 모르지만, 그들은 1세기 유대교의 여러 분파들 가운데 하나에 불과했을 것이다"(Jon Meacham, "From Jesus to Christ", *Newsweek*, March 28, 2005, pp. 40-48에서 p. 42 인용).
35 순교자들은 광장에서 그들의 몸을 그리스도께 기꺼이 드렸다. 이는 그들이 그들의 몸을 가벼이 여겼거나 몸에서 벗어나기를 갈망했기 때문이 아니라, 예수님의 몸이 그랬던 것만큼이나 확실하게 그들의 몸도 부활할 것이라고 믿었기 때문이었다. 그러므로 부활한 몸의 영원한 완성이 "그 희생의 보상으로 강조되었음을, 혹은 일종의 영광으로 인한 마비증이 약속된 부활로부터 광장에 너부러진 짓밟힌 육신으로 넘쳐흘러 그 경험을 견딜 수 있게 할 것이라는 생각 때문에 처형의 공포가 진정되었음을" 보게 되는 것은 놀랍지 않다고 역사가 Carolyn Walker Bynum은 주장한다[*The Resurrection of the Body in Western Christianity, 200-1336* (New York: Columbia University Press, 1995), p. 46].
36 Wilken, *Christians as the Romans Saw Them*, p. 63.
37 Justin Martyr, in Arnold, *Early Christians in Their Own Words*, p. 162.
38 그러한 완강함은 언제나 완전한 동기 부여의 산물이었다. 모든 순교자

들이 Polycarp와 Perpetua처럼 고매하고 겸손했던 것은 아니었다. 일부는 순교의 영광을 바라면서 순교를 서둘렀다. 그들은 복음을 증거하기보다는 그들 스스로를 증거했다. 이러한 순교 강박증으로 인해 초기 기독교 지도자들은 순교의 기준을 설정함으로써 자신의 소원이 아니라 부르심을 받은 사람들에게만 '순교자' 호칭을 주기에 이르렀다. 그들은 이런 방식으로 개인의 영웅적 행위가 아니라 복음의 진리를 증거하는 순교의 목적을 유지하기를 바랐다.

39 현대의 순교에 대한 신뢰할 만한 설명에 대해서는 James Hefley and Marti Hefley, *By Their Blood: Christian Martyrs of the Twentieth Century* (Grand Rapids: Baker, 1996)와 Steve Cleary et al., eds., *Extreme Devotion* (Nashville: Word Publishing, 2001)을 보라.

40 David Barrett, "Status of Global Mission, 2007, in the Context of 20th and 21st Centuries", Gordon-Conwell Theological Seminary 〈www.gordonconwell.edu/ockenga/globalchristianity/resources.php〉.

2 | 소속

1 Rodney Stark, *Cities of God: The Real Story of How Christianity Became an Urban Movement and Conquered Rome* (San Francisco: HarperSanFrancisco, 2006), pp. 63-83.

2 초기 기독교에 관한 Pliny의 시각을 담은 탁월한 정보로는 Robert Louis Wilken, *The Christians as the Roman Saw Them* (New Haven, Conn.: Yale University Press, 1984), pp. 1-66를 보라.

3 Pliny는 Trajan에게 다음과 같이 썼다. "거의 폐기되었던 성전이 다시 한 번 붐비고, 오랫동안 무시되었던 신성한 의식이 갱신되며, 최근까지도 물건 사는 사람을 좀처럼 볼 수 없었는데 희생 제물이 어디에서나 팔린다는 것은 의심할 바가 없습니다"[Henry Bettenson, ed., *Documents of the Christian Church* (New York: Oxford University Press, 1963), p. 4].

4 같은 책, p. 3.

5 "Letter to Diognetus", in *Early Christian Fathers*, ed. Cyril C. Rich-

ardson (New York: Touchstone, 1996), p. 217.

6 Wayne A. Meeks, *The Origins of Christian Morality: The First Two Centuries* (New Haven, Conn.: Yale University Press, 1993), p. 109.

7 Aristides, *Apology*, in *The Early Christians in Their Own Words*, ed. Eberhard Arnold (Farmington, Penn.: Plough, 1970), pp. 109-111. 2세기의 법률가 Tertullian도 비슷한 것을 관찰했다. "우리는 공통된 종교적 확신과 하나의 동일한 경건 훈련, 소망의 띠로 함께 결속되었다. 마치 하나님 주변으로 군대를 포진하고 그분께 기도 공세를 퍼붓듯이, 우리는 영속적 모임을 형성하고 공동의 모임을 위해 함께 모였다"(pp. 116-118).

8 Tertullian, *Apologeticus*, in *The Early Christian Fathers*, ed. Henry Bettenson (New York: Oxford University Press, 1956), p. 165.

9 Rodney Stark, *The Rise of Christianity* (Princeton, N.J.: Princeton University Press, 1996), pp. 83-84에 인용된 Julian. 『기독교의 발흥』(좋은씨앗).

10 Tatian, "Address to the Greeks", in Arnold, *Early Christians in Their Own Words*, p. 90.

11 Ramsey MacMullen, *Christianizing the Roman Empire* (New Haven, Conn.: Yale University Press, 1984), p. 37에 인용된 Celsus.

12 Peter Coleman, *Christian Attitudes to Marriage: From Ancient Times to the Third Millennium* (London: SCM Press, 2004), pp. 120-147를 보라.

13 초기 기독교의 여성 안수와 사역에 대한 최근의 학문적 연구로는 Kevin Madigan and Carolyn Osiek, eds., *Ordained Women in the Early Church: A Documentary History* (Baltimore: Johns Hopkins University Press, 2005); Carolyn Osiek, Margaret Y. MacDonald and Janet H. Tulloch, eds., *A Woman's Place: House Churches in Earliest Christianity* (Minneapolis: Fortress, 2005); Beverly Mayne Kienzle and Pamela J. Walker, eds., *Women Preachers and Prophets Through Two Millenia of Christianity* (Berkeley: University of Cali-

fornia Press, 1998)를 보라. Wayne Meeks는 다음과 같이 주장한다. "더 큰 사회 속에서 차지했던 여성들의 위치와 기독교 공동체 속에서 그들의 참여라는 관점에서 볼 때, 여성의 역할에 대한 통상적 기대를 돌파한 여성들이 많았다"(*Origins of Christian Morality*, p. 71).

14 Carl A. Volz, *Pastoral Life and Practice in the Early Church* (Minneapolis: Augsburg, 1990), p. 78에 인용된 Tertullian.

15 Stark, *Rise of Christianity*, p. 123에 인용된 Tertullian.

16 O. M. Bakke, *When Children Became People: The Birth of Childhood in Early Christianity*, trans. Brian McNeil (Minneapolis: Fortress, 2005). Bakke는 고대 세계에는 오늘날 우리가 이해하는 것과 같은 어린이에 대한 분명한 개념이 없었다고 주장한다. 초기 기독교 운동에서는 어린이를 하나님께 귀한 존재로 존중했고 특별한 돌봄과 관심을 갖고 그들을 대했음을 보여 준다. 한마디로 초기 기독교는 어린이라는 개념을 만들어 냈다.

17 David Batson, *The Treasure Chest of the Early Christians: Faith, Care, and Community from the Apostolic Age to Constantine the Great* (Grand Rapids: Eerdmans, 2001)과 Abraham J. Malherbe, *Social Aspects of Early Christianity* (Minneapolis: Fortress Press, 1983)를 보라.

18 Athenagoras, "A Plea Regarding Christians", in *Early Christian Fathers*, ed. Cyril C. Richardson (New York: Touchstone, 1996), pp. 310-311.

19 같은 책, p. 301.

20 Meeks, *Origins of Christian Morality*, p. 35에 인용된 Justin Martyr.

21 Meeks, *Origins of Christian Morality*, p. 110.

22 Peter Brown은 "기독교회가 이 세상 속에서 사는 새로운 삶의 방식을 제시했다"고 결론짓는다[*The World of Late Antiquity: AD 150-750* (New York: Harcourt Brace Jovanovich, 1971), p. 65].

23 John E. Stambaugh, *The Ancient Roman City* (Baltimore: Johns Hopkins University Press, 1988); Wayne A. Meeks, *The First Urban*

Christians (New Haven, Conn.: Yale University Press, 1983, 『바울의 목회와 도시사회』, 한국장로회출판사); Meeks, *Origins of Christian Morality*; Karl P. Donfried and Peter Richardson, eds., *Judaism and Christianity in First-Century Rome* (Grand Rapids: Eerdmans, 1998); Stark, *Rise of Christianity*; Peter Brown, *Poverty and Leadership in the Later Roman Empire* (Waltham, Mass.: Brandeis University Press, 2001)를 보라.

24 Peter Brown의 관찰대로, 이동성은 "더 넓은 지평과 미증유의 여행 기회,…교역과 이민을 통한 지역 차의 감소, 새로운 부와 새로운 지위 기준으로 인한 고대의 장벽 약화"를 의미했다(*World of Late Antiquity*, p. 60).

25 같은 책, p. 62.

26 사회학자 Rodney Stark는 이렇게 논평했다. "신약 시대 안티오키아를 정확하게 그리려면 불행, 위험, 절망, 증오로 가득한 도시를 보여 주지 않을 수 없다. 그곳은 보통의 가정이 불결하고 비좁은 주거 환경에서 누추하게 살던 도시였다.…격한 민족적 적대주의에 뿌리를 두고 외인들의 지속적 유입으로 악화된 증오와 두려움으로 가득한 도시였다. 아주 작은 사건으로도 폭동을 촉발할 수 있는 애착의 안전망이 아주 결여되어 있는 도시였다. 범죄가 들끓고 밤이면 거리가 위험한 그런 도시였다"(Stark, *Rise of Christianity*, pp. 160-161).

27 Joseph H. Hellerman은 가정이 이런 의미여서 기독교 공동체는 "유리방황하고 분열된 고대 도시인들에게 매력적이었다"고 말한다. 그리스도인 개인은 "종이나 자유인이나, 로마인이나 야만인이나, 고대 세계에서 생존에 필요한 정서적·물질적 도움을 제공하는 믿음 안의 형제자매들에게 의지할 수 있었다"[Joseph H. Hellerman, *The Ancient Church as Family* (Minneapolis: Fortress, 2001), p. 220]. Hellerman은 신약과 초기 기독교에서 사용된 형제자매라는 언어가 주교들의 권세를 강화하는 역할만 했다는 생각에 이의를 제기한다. 또한 Rowan A. Greer, *Broken Lights and Mended Lives: Theology and Common Life in the Early Church* (University Park: Pennsylvania State University Press, 1986)를 보라.

28 Brown, *World of Late Antiquity*, p. 68. 또한 Bonnie Thurston, *Spiritual Life in the Early Church* (Minneapolis: Augsburg/Fortress, 1993)를 보라.
29 Stambaugh, *Ancient Roman City*, p. 135.
30 Tertullian, *Apology* 39, 40, in Arnold, *Early Christians in Their Own Words*, p. 117.
31 Hellerman는 다음과 같이 결론짓는다. "오히려 가정으로서의 교회라는 이미지에서 얻어 낼 것이 가장 많았던 사람은 가난한 자, 주린 자, 종살이하는 자, 갇힌 자, 고아, 과부였다. 고대에는 형제-자매라는 용어가 위계와 권력과 특권과는 아무 관계가 없었고, 온통 평등과 연대와 일반적 상호성과 관계가 있었다"(*Ancient Church as Family*, p. 221).
32 Eusebius, *The History of the Church* (New York: Penguin, 1965), p. 237.
33 Pontus, *Life of St. Cyprian*, quoted in *Early Christian Biographies*, ed. Roy J. Deferrari (New York: Fathers of the Church, 1952), p. 14. William H. McNeill은 다음과 같이 쓴다. "이교도들에 비해 그리스도인들이 더 누렸던 또 다른 유익이 있었다. 갑작스럽게 죽음을 맞이해도 그들의 신앙 교육으로 인해 인생이 의미 있다는 점이었다.…그러므로 기독교는 고통과 질병, 난폭한 죽음이 보편적으로 성행하던 시대에 완전히 들어맞는 사고와 감정의 체계였다"[*Plagues and Peoples* (Garden City, N.Y.: Doubleday, 1976), p. 108].
34 Stark, *Rise of Christianity*, pp. 86-87.
35 Eusebius, *History of the Church*, p. 237에 인용된 Dionysius.
36 MacMullen, *Christianizing the Roman Empire*, p. 28.
37 Robert Louis Wilken, "Christian Formation in the Early Church", *Educating People of Faith: Exploring the History of Jewish and Christian Communities*, ed. John Van Engen (Grand Rapids: Eerdmans, 2004), pp. 48-62.
38 Volz, *Pastoral Life*, p. 141에 인용된 John Chrysostom.
39 같은 책, p. 168에 인용된 Origen.

40 같은 책, p. 144에 인용된 Gregory of Nazianzus.

41 Justin Martyr, *First Apology*, in *Early Christian Fathers*, ed. Cyril C. Richardson (New York: Touchstone, 1996), p. 287.

42 Clinton E. Arnold, "Early Church Catechesis and New Christians' Classes in Contemporary Evangelicalism", *Journal of the Evangelical Theological Society*, March 2004, pp. 39-54에 인용된 Cyril of Jerusalem.

43 Didache, in *Early Christian Fathers*, p. 173.

44 Hippolytus, *On the Apostolic Tradition* (Crestwood, N.Y.: St. Vladimir's Seminary Press, 2001).

45 Tertullian, *A Glimpse at Early Christian Life* (Tyler, Tex.: Scroll Publishing, 1991), pp. 21-23.

46 John D. Ziziouslas는 다음과 같이 언급한다. "그리스도인의 실존에서 세례가 치지하는 더 깊은 의미 두 가지가 있다. 하나는 '옛 사람'의 죽음 곧 생물학적 탄생을 통하여 개인의 정체성을 얻는 방식의 죽음이다. 다른 하나는 탄생, 곧 성령의 교통으로서의 교회가 제공하는 일련의 관계를 통하여 새롭게 출현하는 정체성이 있다"["The Early Christian Community", in *Christian Spirituality: Origins to the Twelfth Century*, ed. Bernard McGinn and John Meyendorff (New York: Crossroad, 1987), p. 28].

47 Hippolytus, *Apostolic Tradition*.

48 Virginia De Leon, "Church's Size Can't Hurt Willow", *Spokeman-Review*, December 12, 2005, pp. A1, 9.

3 | 고투

1 Owen Chadwick, ed., *Western Asceticism* (Philadelphia: Westminster Press, 1958), pp. 128-129. *The Sayings of the Desert Fathers*는 두 가지 형태로 전해졌다. Chadwick의 책에서처럼 주제별로 배열된 금언과, 출처 곧 해당 금언이 귀속되는 아빠에 따라 배열된 금언 둘이 있다. 전자의 사례로는 Owen Chadwick, *Western Asceticism*; Benedicta Ward, ed., *The Desert Fathers: Sayings of the Early*

Christian Monks (New York: Penguin, 2003); Thomas Merton, ed., *The Wisdom of the Desert* (New York: New Directions, 1960, 『사막의 지혜』, 바오로딸)를 보라. 후자의 사례로는 Benedicta Ward, trans., *The Sayings of the Desert Fathers: The Alphabetical Collection* (Kalamazoo, Mich.: Cistercian Publications, 1975); Laura Swan, *The Forgotten Desert Mothers* (New York: Paulist Press, 2001)를 보라. 사막 성인들의 금언에 대한 일반적 소개로는 William Harmless, *Desert Christians: An Introduction to the Literature of Early Monasticism* (New York: Oxford University Press, 2004)을 보라. 동방 정교회에서도 동방 교회의 영성 지도자들이 한 금언을 모아 4권으로 묶었다. 이에 대한 두 가지 사례로는 G. E. H. Palmer, Philip Gherrard and Kallistos Ware, eds., *The Philokalia*, vol. 1 (London: Faber and Faber, 1983)과 vol. 4 (1999)를 보라. 『필로칼리아』(은성).

2 St. Mark the Ascetic, "On the Spiritual Law", in *The Philokalia*, vol. 1, ed. G. E. H. Palmer, Philip Gherrard and Kallistos Ware (London: Faber and Faber, 1983), p. 123.

3 '세상'은 세상에 대한 인간의 지배가 남용된 것, 곧 땅에 대한 착취나 과도한 권력욕과 같은 것을 말한다. '육신'은 즐거움이 왜곡된 것으로 보통 어떤 방탕의 형태로 왜곡된 것을 의미한다. '마귀'는 세상에 대한 하나님의 계획을 훼손하려고 하는 영적 악의 영향과 관계가 있다.

4 Chadwick, *Western Asceticism*, pp. 61-62.

5 Anselm Greun, *Heaven Begins Within You: Wisdom from the Desert Fathers* (New York: Crossroad, 1999), p. 38. 『하늘은 네 안에서부터』(분도출판사).

6 Chadwick, *Western Asceticism*, p. 65.

7 같은 책, pp. 84-85.

8 같은 책, p. 111.

9 같은 책, p. 117.

10 James Cowan, *Desert Father: In the Desert with Saint Antony* (New York: Shambhala, 2004).

11 Athanasius, *The Life of Antony and The Letter to Marcellinus* (New York: Paulist Press, 1980), p. 32. 『안토니의 생애』(은성). 사막 성인들의 전기를 모은 다른 자료는 Tim Vivian, ed., *Journeying into God: Seven Early Monastic Lives* (Minneapolis: Fortress, 1996); Robert T. Meyer, ed., *Palladius: The Lausiac History* (Westminster, Md.: Newman Press, 1965); *The Lives of the Saints of the Holy Land and the Sinai Desert* (Buena Vista, Colo.: Holy Apostles Convent, 1988); Norman Russell, ed., *The Lives of the Desert Fathers* (Kalamazoo, Mich.: Cistercian Publications, 1980); Swan, *Forgotten Desert Mothers*를 보라. John Eviratus (John Moschos)는 서아시아에서 이집트에 걸쳐 활 모양을 한 일대를 여행한 후에 6, 7세기를 배경으로 하는 비슷한 이야기들을 모았다. John Moschos, *The Spiritual Meadow* (Kalamazoo, Mich.: Cistercian Publications, 1992)를 보라. 1990년대에 어느 여행 작가는 요한이 걸었던 길을 되짚어감으로써 사막 전통의 지리적·영적 전경이 오늘날 어떤 모습인지 설명하려고 했다[이 매혹적 설명에 대해서는 William Dalrymple, *From the Holy Mountain: A Journey Among the Christians of the Middle East* (New York: Henry Holt, 1997)를 보라].

12 David Brakke, *Demons and the Making of the Monk: Spiritual Combat in Early Christianity* (Cambridge, Mass.: Harvard University Press, 2006).

13 Athanasius, *Life of Antony*, p. 36.

14 같은 책, pp. 42, 46.

15 같은 책, pp. 66-67.

16 이 운동을 묘사하느라 사용된 용어들이 혼란스러울 수 있다. **금욕주의자**는 극단적 형태의 자기 부인을 실천한 사람들을 가리킨다. 수도자는 원래 홀로 살려고 사막으로 도피한 사람들을 가리켰지만, 나중에는 수도원 운동과 관련되었다. 그래서 오늘날 수도자는 수도원에서 사는 사람이다. **은둔자**(Hermit)와 **은자**(anchorite)는 홀로 사는 금욕주의자를, **수도자**(cenobite)는 공동체에서 사는 사람을 말한다. 사막 성자들의 운동에는 이렇듯 금욕의 영성을 일컫는 다양한 표현들이 있다.

17 John Chryssavgis, *In the Heart of the Desert: The Spirituality of the Desert Fathers and Mothers* (Bloomington, Ind.: World Wisdom, 2003), p. 84에 인용된 Antony.

18 Karl Barth는 광야로 물러나는 것이 "세상 그리고 특히 세속적 교회에 대한 매우 책임 있고 효과적인 저항이자 반대였으며, 그에 대한 새롭고도 특수한 방식의 투쟁이자 직접적 대응"이었다고 쓴다[Karl Barth, *Church Dogmatics* 4/2, ed. G. W. Bromiley and T. F. Torrance, trans. G. W. Bromiley (Edinburgh: T & T Clark, 1958), p. 13, 『교회 교의학 4/2』(대한기독교서회)]. 또한 Jan Willem Drijvers and John W. Watt, eds., *Portraits of Spiritual Authority: Religious Power in Early Christianity, Byzantium and the Christian Orient* (Leiden, U.K.: Brill, 1999)를 보라.

19 사막 성자들은 "우리를 구원하시려고 우리와 같은 인간이 되시고 고난 당하시고 죽으신, 그분의 아들을 보내심으로써 우리에게 보여 주신 엄청난 사랑에" 한결 더 깊이 반응하려고 했다[Lucian Regnault, *The Day-to-Day Life of the Desert Fathers in Fourth-Century Egypt* (Petersham, Mass.: St. Bede's, 1999), pp. 8-9].

20 Chyssavgis, *Heart of the Desert*, p. 50.

21 Rowan Williams, *The Wound of Knowledge* (London: Darton, Longman & Todd, 1979), pp. 90-94를 보라.

22 Rodney Stark, *The Rise of Christianity* (Princeton, N.J.: Princeton University Press, 1996), chap. 1.

23 Eusebius, *The History of the Church from Christ to Constantine* (New York: Penguin, 1965). 또한 H. A. Drake, *Constantine and the Bishops: The Politics of Intolerance* (Baltimore: Johns Hopkins University Press, 2000)와 Peter Brown, *Power and Persuasion in Late Aniquity: Towards a Christian Empire* (Madison: University of Wisconsin Press, 1992)를 보라.

24 마지막 대박해가 시작되기 전에도 여러 교회 지도자들은 기독교의 성장과 인기 때문에 순교자들이 세워 놓았던 제자도의 높은 기준이 훼손될 위협에 처했음을 경고했다. 253년에 죽은 위대한 그리스도인 지

성인 Origen은 교회는 언제나 유순하지 않았다고 언급했다. 그는 젊은 시절에 자기 아버지의 순교를 목격했는데, 이로 말미암아 그는 그리스도인이 되면 언젠가 한번은 값비싼 희생을 요구받는다는 점을 되새겼다. "그때는 그리스도인들이 정말로 충성스러웠고, 고귀한 순교가 일어났고, 순교자들의 시신을 공동묘지로 옮겨 처리한 다음 거기서 돌아와 함께 모였지만 전 교회가 아무 두려움 없이 함께했던 때였다…당시에는 숫자는 적었지만 충성스러운, 생명으로 인도하는 곧고 좁은 길을 걷는 참된 신자들이 있었다." 그는 마음속으로 교회가 더 나빠졌다고 생각했는데, 이는 크게 보아 박해가 멈추었기 때문이었다. "그러나 우리가 다수가 된 지금은 신앙을 고백하는 많은 사람들 중 극소수만이 하나님의 선택과 복을 얻을 것이다." Origen 자신은 신앙 때문에 고문을 받던 중에 얻은 상처로 인해 몇 년 뒤에 죽었다[Margaret R. Miles, *Fullness of Life: Historical Foundations for a New Asceticism* (Philadelphia: Westminster Press, 1981), pp. 20-21에 인용된 Origen].

25 시모노페트라의 홀리 수도원 대수도원장 Archimandrite Aimilianos는 순교 정신이 언제나 사막 성자들의 금욕 소명을 일러주어 왔다고 쓴다. "그러나 어떤 수도 소명에서도 결코 없어지지 않은 요소, 곧 수도생활을 갈망하는 사람들의 전 존재를 분명하고 강력하며 전적으로 일깨우고 자극하는 요소는 순교자 정신이다. 순교자 정신은 수난이나 고난을 받겠다는 열망이다. 곧 기꺼이 견디거나 고통받거나 자신을 희생하거나 하나님 사랑을 위해 죽거나 인간 영혼의 가장 깊은 충동과 영원토록 하나님을 찾는 추구심을 표현하는 마음이다." 그는 순교자들이 죽을 때뿐 아니라 죽음을 준비하면서도 금욕주의의 한 형태를 실천했다고 주장한다. 그의 생각에, 순교자들이 죽기 전날 밤에 했던 것(금식과 기도를 통하여)을 지금 수도자들은 일생에 걸쳐서 한다. "이 순교의 도구가 바로 금욕주의다"[*The Authentic Seal* (Halkidiki, Greece: Ormylia, 1999), p. 251].

26 Thomas M. Gannon, and George W. Traub, *The Desert and the City* (Chicago: Loyola University Press, 1969), p. 23.

27 Aideen M. Hartney, *Gruesome Deaths and Celibate Lives: Chris-*

tian Martyrs and Ascetics (Exeter, U.K.: University of Exeter Press, 2005).

28 Elizabeth Clark, *Reading Renunciation: Asceticism and Scripture in Early Christianity* (Princeton, N.J.: Princeton University Press, 1999).
29 Andrew Louth, *The Wilderness of God* (Nashville: Abingdon, 1991), p. 45.
30 Gannon and Traub, *Desert and the City*, pp. 26-27.
31 Douglas Burton-Christie, *The Word of the Desert: Scripture and the Quest for Holiness in Early Christian Monasticism* (New York: Oxford University Press, 1993). Burton-Christie는 이 운동에서 차지하는 성경의 핵심 역할에 대해 설득력 있는 글을 썼다. 이것이 이 장의 나머지 여러 곳에서 분명히 나타날 것이다.
32 Chadwick, *Western Asceticism*, p. 42.
33 같은 책, p. 43.
34 Thomas Merton의 인생 이야기가 핵심을 설명해 준다. Merton은 여러 해 동안 뉴욕에서 자유분방한 지성인으로 살다가 성년 초기에 로마 가톨릭 신앙으로 전향했다. 그러나 그는 전향에 머물지 않고, 수도자가 되어 아마도 당시로서는 가장 엄격했던 트라피스트 수도원으로 들어갔다. 전향한 지 몇 년 후에 Merton은 윗사람들의 허락을 얻어 도시에서 수도원으로, 자유분방한 사람에서 수도자로, 사교계 명사에서 은자로 바뀐 자신의 여정을 기록한 전기를 써서 *The Seven Storey Mountain*(『칠층산』, 바오로딸)이라는 제목으로 출판했다. 이 책은 1940년대에 선풍적 베스트셀러가 되었고 오늘날까지도 꾸준히 팔리고 있다. 그 인기는 대단했다. 이 책에는 뉴욕에서 보낸 바람둥이 시절에 대한 선정적 이야기가 자세히 담겨 있지는 않다. 이 책이 성공한 이유는 다른 데 있다. 이 책에서는 어둠에서 빛으로 나온 Merton의 내면 여정을 탐구한다. 그 여정은 Merton의 이야기에서 그들 자신의 삶의 방향을 평가하는 영감을 발견했을 수많은 사람들의 주의를 사로잡았다. Merton은 다음과 같이 쓴다. "우리의 마음을 기쁘게 하거나 위안할 아무것도 우리 안에 남아 있지 않고, 우리 자신이 무익하고 모든 멸시를 받기에 합당한

것 같을 때, 우리가 실패한 것 같을 때, 우리가 망가지고 망해 버린 것 같을 때, 바로 이러한 어둠 속에 있는 그때 비로소 너무 가까워서 찾을 수 없었던 깊고 비밀스런 이기심이 우리 영혼에서 벗겨진다. 우리가 참된 자유를 찾는 것은 바로 이 어둠 속에서다. 바로 이런 포기의 순간에 우리는 강해진다. 이때가 우리를 비우고 깨끗하게 하는 밤이다"[*New Seeds of Contemplation* (New York: New Directions, 1972), p. 258].

35 Evagrius의 짧은 전기로는 John Bamberger, ed., *Evagrius Ponticus: The Praktikos and Chapters on Prayer* (Spencer, Mass.: Cistercian Publications, 1970)를 보라. Roberta Bondi는 Evagrius의 신학을 꽤 상세히 탐구한다. 그녀는 Evagrius가 마음속으로 언제나 악하다고 생각한 정념에 대한 그의 관점, 그리고 사랑 같은 긍정적 감정에 대한 그의 관점 간 차이를 설명한다. 또한 타락한 인간을 특징짓는 **로기스모이** 곧 생각들에 대한 그의 통찰에 대해 상세히 설명한다. 그리고 이러한 생각들이 어떻게 탐식과 탐욕, 그리고 다른 모든 생각들로 드러나는지 보여 준다. Roberta C. Bondi, *To Love as God Loves: Conversations with the Early Church* (Philadelphia: Fortress, 1987)를 보라. 또한 Anselm Gruen, *Heaven Begins Within You* (New York: Crossroad, 1999)와 Louth, *Wilderness of God*을 보라. 우리는 인간이 악을 지으려는 경향이 있다는 통찰을 보여 준 Evagrius에게 빚을 졌다. 그러나 그가 주장한 모든 것이 정통적이지는 않다. 예컨대, 관상 기도에 대한 그의 신비주의적 관점은 그리스도의 중심성을 소홀히 하는 경향이 있었다. 그의 신학에 대한 훌륭한 비판으로는 Gannon and Traub, *Desert and the City*, chap. 1을 보라.

36 Bamberger, *Evagrius Ponticus*, p. 17.
37 같은 책, pp. 16-20.
38 같은 책, p. 25.
39 같은 책, p. 24.
40 같은 책, p. 36.
41 Swan, *Forgotten Desert Mothers*, p. 47.
42 Thomas Merton, ed., *The Wisdom of the Desert: Sayings from the*

Desert Fathers of the Fourth Century (New York: New Directions, 1960), p. 62.

43 초기 기독교의 금욕주의에 대한 책으로는 Margaret Miles, *Fullness of Life: Historical Foundation for a New Asceticism* (Philadelphia: Westminster Press, 1981)와 Vincent Wimbush and Richard Valantasis, eds., *Asceticism* (New York: Oxford University Press, 1995)을 보라.

44 Merton, *Wisdom of the Desert*, p. 74.

45 초기 기독교의 성적 금욕에 대한 유용한 책으로는 Peter Brown, *The Body and Society: Men, Women, and Sexual Renunciation in Early Christianity* (New York: Columbia University Press, 1988)를 보라. 또한 Susanna Elm, *"Virgins of God": The Making of Asceticism in Late Antiquity* (Oxford: Clarendon Press, 1994)를 보라.

46 *Journeying into God*, ed. Tim Vivian (Minneapolis: Fortress, 1996), p. 48에 인용된 Syncletica.

47 같은 책, p. 49.

48 같은 책.

49 같은 책, p. 51.

50 사막 성자들의 일상생활을 설명하는 여러 책들이 있다. 예컨대, Lucian Regnault, *The Day-to-Day Life of the Desert Fathers in Fourth-Century Egypt* (Petersham, Mass.: St. Bede's, 1999); Derwas J. Chitty, *The Desert a City* (New York: Oxford University Press, 1966); Philip Rousseau, *Ascetics, Authority, and the Church in the Age of Jerome and Cassian* (New York: Oxford University Press, 1978); Jacques LaCarriere, Men Possessed by God: The Story of the Desert *Monks of Ancient Christendom* (Garden City, N.Y.: Doubleday, 1964); James E. Goehring, *Ascetics, Society, and the Desert: Studies in Early Egyptian Monasticism* (Harrisburg, Penn.: Trinity Press, 1999); Marcel Driot, *Fathers of the Desert: Life and Spirituality* (New York: St. Paul Publications, 1992); Louth, *Wilderness of God; Brown, Body and Society*를 보라.

51 사막 전통에 나타난 공동체의 중요성을 다룬 책으로는 Graham Gould, *The Desert Fathers on Monastic Community* (Oxford: Clarendon Press, 1993)와 Carolinne White, *Christian Friendship in the Fourth Century* (Cambridge: Cambridge University Press, 1992)를 보라.
52 사막 방식의 제자 훈련에 대해 한 장이나 한 부분을 할애하는 책들이 여럿 있다. Chryssavgis, *Heart of the Desert*; Rousseau, *Ascetics, Authority, and the Church*; LaCarriere, *Men Possessed by God*; Regnault, *Day-to-Day Life of the Desert Fathers*를 보라.
53 Chadwick, *Western Asceticism*, p. 100.
54 Rousseau, *Ascetics, Authority, and the Church*, p. 24에 인용된 Esias of Scetis.
55 Harmless, *Desert Christians*를 보라.
56 John Cassian의 글은 중세 시대에 의미 있는 영향력을 행사했다. 대부분의 수도원에서 그의 글을 읽었고, Thomas Aquinas도 매일 읽었다. Colm Luibheid, trans., *John Cassian: Conferences* (New York: Paulist Press, 1985)를 보라.
57 이들 위대한 주교들에 대한 탁월한 연구로는 Andrea Sterk, *Renouncing the World Yet Leading the Church: The Monk-Bishop in Late Antiquity* (Cambridge, Mass.: Harvard University Press, 2004)를 보라. Sterk는 Basil of Caesarea, Gregory of Nyssa, Gregory of Nazianzus, John Chrysostom을 비롯하여 4세기 말의 여러 주교들에 대해 한 장씩을 할애한다. 또한 Conrad Leyser, *Authority and Asceticism from Augustine to Gregory the Great* (Oxford: Clarendon Press, 2000)를 보라.
58 Patricia Ranft, *Women and Spiritual Equality in Christian Tradition* (New York: St. Martin's Press, 1998).
59 이러한 광신은 때로 기독교에서 심하게 일탈한 문화적 가치를 반영했다. 예컨대, 플라톤주의 철학은 천상과 지상, 영성과 물질성, 영혼과 몸 사이에 분명한 선을 그었다. 사막 성자들은 천국에 이르려고 때로 지상을 무시했고, 영적이 되려고 때로 물질을 거부했으며, 영혼으로 들어가

려고 때로 몸을 부인했다. 스토아 철학은 그들에게 정념은 어떤 종류건 악하다고 가르쳤다. Anthony가 보여 주었듯이, 참된 영성에는 완전한 무정념(*apatheia*)이나 완전한 '평정'이 필요했다. 로마 세계의 문화 속에서는 그 위력이 아주 약해진 이들 다양한 철학 전통은 이 운동에 늘 긍정적이지는 않았지만 어느 정도 영향력을 행사했다.

60 Chadwick, *Western Asceticism*, p. 130.
61 같은 책, pp. 119-120.
62 같은 책, p. 115.
63 같은 책, p. 126.
64 *Philokalia*, 1:107-108.
65 같은 책, p. 188.
66 같은 책, p. 125.
67 같은 책, p. 171.
68 같은 책, p. 162.
69 Merton, *Wisdom of the Desert*, p. 37.
70 Chadwick, *Western Asceticism*, p. 185.
71 같은 책, pp. 144-145.
72 St. Mark the Ascetic, "Of Those Who Think They Are Made Righteous by Works", in *The Philokalia*, 1:145.
73 시리아에서는 '거룩한 사람들'로 알려진 사막 성자들이 사회 속에서 주요 조언자이자 중재자가 되었는데, 이는 사람들이 그들이 비편파적이고 공정하다고 신뢰했기 때문이었다고 Peter Brown은 주장한다. Peter Brown, "The Rise and Function of the Holy Man in Late Antiquity", *Journal of Roman Studies* 61(1971): pp. 80-101를 보라.
74 Merton, *New Seeds of Contemplation*, p. 206.
75 Chadwick, *Western Asceticism*, p. 40.

4 | 리듬

1 Philip H. Pfatteicher는 다음과 같이 쓴다. "도시에서 살건 시골에서 살건, 밤낮으로 일하건 전혀 일하지 않건, 우리는 여전히 밤과 낮, 어둠

과 빛이라는 우리 안에서 계속 우리를 환기시키는 뿌리 깊은 상징에 종속되어 있다. 매일 기도는 모든 피조물들의 그러한 원초적 경험 속에 뿌리박혀 있다. 세상 속에는 근본적 리듬이 있다. 활동과 쉼, 일과 잠의 리듬이 있다"[*Liturgical Spirituality* (Valley Forge, Penn.: Trinity Press International, 1997), p. 34].

2   Peter Levi, *The Frontiers of Paradise: A Study of Monks and Monasteries* (New York: Weidenfeld & Nicolson, 1987), pp. 19-20. Kathleen Norris는 또한 현대 생활에 대한 수도 생활의 현실 적합성에 대해 썼다. Kathleen Norris, *The Cloister Walk* (New York: Riverhead Books, 1997)를 보라.

3   그러나 사도 바울은 기독교 공동체가 어디까지 가야 하는지 질문을 제기했다. 그는 어떤 점에서는 유대인들을 따랐지만, '절기나 초하루'와 같은 것들을 율법주의적으로 고수하는 것에 대해서는 경고했다. "그러므로 먹고 마시는 것과 절기나 초하루나 안식일을 이유로 누구든지 너희를 비판하지 못하게 하라. 이것들은 장래 일의 그림자이나 몸은 그리스도의 것이니라"(골 2:16-17).

4   교회력에 대한 문서는 어마어마하게 많다. 예컨대, 다음과 같은 것들이 있다. C. Jones et al., eds., *The Study of Liturgy*, rev. ed. (New York: Oxford University Press, 1992); F. E. Brightman, *Liturgies Eastern and Western* (New York: Oxford University Press, 1985); J. G. Davies, *Holy Week: A Short History* (Richmond, Va.: John Knox Press, 1963); Thomas J. Talley, *The Origins of the Liturgical Year* (New York: Pueblo, 1986).

5   수도원 운동의 출현과 역사적 발전을 탐구한 2차 자료들이 많다. 예컨대, Christopher Nugent Lawrence Brooke, *The Age of the Cloister: The Story of Monastic Life in the Middle Ages* (Mahwah, N.J.: HiddenSpring, 2003); Jennifer L. Hevelone-Harper, *Disciples of the Desert* (Baltimore: Johns Hopkins, 2005); Peter King, *Western Monasticism* (Kalamazoo, Mich.: Cistercian Publications, 1999); Philip Rousseau, *Pachomius: The Making of a Community in Fourth-Century*

Egypt (Berkeley: University of California Press, 1985); C. H. Lawrence, *Medieval Monasticism: Forms of Religious Life in Western Europe in the Middle Ages* (New York: Longman, 2001); David Knowles, *Christian Monasticism* (New York: McGraw-Hill, 1969); Marilyn Dunn, *The Emergence of Monasticism: From the Desert Fathers to the Early Middle Ages* (Oxford: Blackwell, 2000); Derwas J. Chitty, *The Desert a City: An Introduction to the Study of Egyptian and Palestinian Monasticism Under the Christian Empire* (Crestwood, N.Y.: St. Vladimir's Seminary Press, 1966); Mayeul de Dreuille, *Seeking the Absolute Love: The Founders of Christian Monasticism* (New York: Crossroad, 1999); Mayeul de Dreuille, *A History of Monasticism from East to West* (New York: Crossroad, 1999); George A. Hillery, *The Monastery* (Westport, Conn.: Greenwood, 1992)를 보라. 더 오래되긴 했지만 여전히 통찰력 있는 책으로는 Herbert B. Workman, *The Evolution of the Monastic Ideal* (London: Epworth Press, 1913)을 보라.

6　Knowles, *Christian Monasticism*, p. 12.

7　알렉산드리아 기독교가 의미심장한 영향력을 행사한 이집트에서, 심지어 저 위대한 도시에서 멀리 떨어진 지역들에서 처음 수도원들이 발견되었다는 것은 놀랄 일이 아니다. 알렉산드리아 기독교는 수도원 운동 구축에 풍부한 신학적 자원을 제공한 일련의 긴장점들—성육신에 대한 확신, 세속성에 대한 거부, 궁핍한 자들에 대한 섬김, 세상으로부터 물러남, 신학적 정통성과 헬라 사상에 대한 개방성, 금욕적 실천, 신비적 체험—을 구현했다. 또한 창조와 실험의 분위기를 일으켰다. 수도원 제도의 출현은 하나의 결과였다. Rousseau, *Pachomius*, p. 31를 보라.

8　같은 책, pp. 58-61

9　같은 책, pp. 75-76.

10　Knowles, *Christian Monasticism*, p. 10.

11　Rousseau, *Pachomius*, pp. 128-129에 인용된 Pachomius.

12　같은 책, p. 146.

13 Douglas J. McMillan and Kathryn Smith Fladenmuller, *Regular Life: Monastic, Canonical, and Mendicant Rules* (Kalamazoo, Mich.: Medieval Institute Publications, 1997). 또한 Hugh Feiss, ed. and trans., *Essential Monastic Wisdom: Writings on the Contemplative Life* (San Francisco: Harper San Francisco, 1999)를 보라.

14 Basil에 대해 간략하게 설명하는 여러 전기로는 Hans Von Campenhausen, *The Fathers of the Greek Church* (New York: Pantheon, 1955, 『희랍교부 연구』, 대한기독교서회); Dunn, *Emergence of Monasticism*; Anthony Meredith, *The Cappadocians* (Crestwood, N.Y.: St. Vladimir's Seminary Press, 1995); Andrea Sterk, *Renouncing the World Yet Leading the Church: The Monk-Bishop in Late Antiquity* (Cambridge, Mass.: Harvard University Press, 2004)를 보라.

15 Basil the Great, *On the Holy Spirit* (Crestwood, N.Y.: St. Vladimir's Seminary Press, 2001).

16 발췌문이 실려 있는 '짧은 규칙'과 '긴 규칙'에 대한 개요로는 McMillan and Fladenmuller, *Regular Life*를 보라.

17 Dunn, *Emergence of Monasticism*, pp. 38-40에 인용된 Basil.

18 같은 책.

19 Anthony C. Meisel and M. L. del Mastro, eds., *The Rule of St. Benedict* (New York: Doubleday, 1975), p. 14. 이 장에서는 시종일관 바로 이 '규칙'을 사용할 것이다.

20 Benedict에 대한 최초의 전기는 590-604년에 교황으로 봉직했던 Gregory the Great가 썼다[Carolinne White, ed., *Early Christian Lives*(New York: Penguin, 1998), pp. 161-204를 보라]. Gregory는 Benedict를 이상적 인물로 제시하려는 동기가 분명했기 때문에, 그가 쓴 전기가 믿을 만한 역사 정보를 얼마나 제공하는지 결정하는 것은 불가능하다. 현대의 전기로는 Carmen Acevedo Butcher, *Man of Blessing: A Life of St. Benedict* (Brewster, Mass.: Paraclete Press, 2006)를 보라.

21 Benedict 영성에 대한 자료로는 Esther De Waal, *Seeking God: The Way of St. Benedict* (Collegeville, Minn.: Liturgical Press, 2001, 『성 베네

『덕도의 길』, 분도출판사); Columba Stewart, *Prayer and Community: The Benedictine Tradition* (Maryknoll, N.Y.: Orbis, 1998); Peter-Damian Belisle, *The Language of Silence: The Changing Face of Monastic Solitude* (Maryknoll, N.Y.: Orbis, 2003)를 보라.

22 Meisel and Mastro, *Rule of St. Benedict*, pp. 48-50의 Benedict.
23 Meisel and Mastro, *Rule of St. Benedict*, pp. 70-72.
24 같은 책, pp. 78-79.
25 같은 책, pp. 76-77의 Benedict.
26 Meisel and Mastro, *Rule of St. Benedict*, pp. 54-61.
27 성무일과에 대해서는 Paul F. Bradshaw, *Daily Prayer in the Early Church: A Study of the Origin and Early Development of the Divine Office* (New York: Oxford University Press, 1982); Robert Taft, *The Liturgy of the Hours in East and West: The Origins of the Divine Office and Its Meaning for Today* (Collegeville, Minn.: Liturgical Press, 1986)를 보라.
28 오늘날 미국 교회에서는 영적 독서 훈련에 대한 관심이 늘어나고 있다. 평신도들은 영적 독서 수련회에 참석하고, 소모임 성경 공부에서 훈련의 일환으로 영적 독서를 사용한다. 영적 독서에서는 성경 본문에 완전히 잠기라고 권한다. 실습자는 본문을 읽으면서 세심한 주의를 기울이고, 하나님의 음성을 들으려고 노력한다.
29 Jean Leclercq, *The Love of Learning and the Desire for God: A Study of Monastic Culture* (New York: Fordham University Press, 1982), p. 18.
30 같은 책, p. 19.
31 같은 책, p. 22.
32 Meisel and Mastro, *Rule of St. Benedict*, p. 32.
33 Richard Fletcher, *The Barbarian Conversion: From Paganism to Christianity* (New York: Henry Holt & Co., 1997); Ian Wood, *The Missionary Life: Saints and the Evangelisation of Europe, 400-1050* (Essex, U.K.: Pearson Education Limited, 2001).

34 서구의 지적 전통에 미친 수도원 운동의 영향에 대해서는 Marcia L. Colish, *Medieval Foundations of the Western Intellectual Tradition: 400-1400* (New Haven, Conn.: Yale University Press, 1997)를 보라.

35 Barbara H. Rosenwein, *Rhinoceros Bound: Cluny in the Tenth Century* (Philadelphia: University of Pennsylvania Press, 1982)를 보라. 또한 Joan Evans, *Monastic Life at Cluny, 910-1157* (New York: Oxford University Press, 1931)을 보라.

36 Esther DeWaal, *The Way of Simplicity: The Cistercian Tradition* (Maryknoll, N.Y.: Orbis, 1998)을 보라. 시토회의 설립자는 아니지만 Bernard of Clairvaux는 분명 시토회의 가장 걸출한 지도자였다. Jean Leclercq, *Bernard of Clairvaux and the Cistercian Spirit* (Kalamazoo, Mich.: Cistercian Publications, 1976); G. R. Evans, *Bernard of Clairvaux* (New York: Oxford University Press, 2000)를 보라.

37 현대 수도원의 일상생활에 대한 설명으로는 George A. Hillery, Jr., *The Monastery: A Study in Freedom, Love, and Community* (Westport, Conn.: Praeger, 1992)를 보라.

38 Susan J. White, *The Spirit of Worship: The Liturgical Tradition* (Maryknoll, N.Y.: Orbis, 1999), p. 21.

39 베네딕투스회의 학자 Columba Stewart는 다음과 같이 쓴다. "노동과 휴식, 기도와 회심의 자연스런 리듬은 인간 실현에 기본적이다. 현대인들은 시간에 대해 염려하면서 시간을 사용하기에 점점 더 시간이 부족하다는 느낌에 사로잡힌다." Stewart는 노동이 현대 사회의 첫 번째 우선순위가 되었고 기도는 단순한 선택 사항이 되었다고 믿는다. 그러한 경향을 거스르기 위해서는 기도할 "공간이 매일 필요하다." 그럴 때 기도는 모든 힘을 소진시키는 노동의 잠식으로부터 보호받을 수 있다. "Benedict는 기도 일정을 기반으로 하고 그 밖의 모든 것을 기도의 기본 리듬에 맞춤으로써 그러한 보호를 확보했다." 기도에 대한 그러한 헌신은 실제로 "다른 것들을 우선시하는 시도들에 대해서 매우 전복적이 될" 것이다[Columba Stewart, *Prayer and Community: The Benedictine Tradition* (Maryknoll, N.Y.: Orbis, 1998), pp. 120-121].

5 | 거룩한 영웅들

1 이 풍부하고 복잡한 전통을 외부인들에게 설명하기 위해 지난 수십 년 동안 여러 책이 집필되었다. 이 매력적 신앙 전통에 대한 가장 훌륭한 개론은 Kallistos Ware, *The Orthodox Church*, rev. ed. (New York: Penguin, 1993)일 것이다. 또한 Demetrios J. Constantelos, *Understanding the Greek Orthodox Church: Its Faith, History and Practice* (Boston: Seabury Press, 1988)와 Elisabeth Behr-Sigel, *The Place of the Heart: An Introduction to Orthodox Spirituality* (Torrance, Calif.: Oakwood, 1992)를 보라. 동방 정교회 영성에 대한 가장 훌륭한 개론서로는 John Chryssavgis, *Light Through Darkness: The Orthodox Tradition* (Maryknoll, N.Y.: Orbis, 2004)과 John Anthony McGuckin, *Standing in God's Holy Fire: The Byzantine Tradition* (Maryknoll, N.Y.: Orbis, 2001)을 보라.

2 서방 교회는 **성화**와 **성결** 같은 용어들에 익숙하다. 전자는 John Calvin이 선호했던 용어이고, 후자는 John Wesley와 감리교도들이 선호했던 용어다. 그러나 **신화**라는 용어가 서방 교회에서 좁은 의미의 경건—얼마나 부정확할지 모르지만—을 의미하는 경향이 있다면, 동방 전통에서는 훨씬 더 숭고한 어떤 것, 즉 인생의 완전한 변화를 의미한다. 예컨대, John Meyendorff, *Byzantine Theology: Historical Trends and Doctrinal Themes*, 2nd ed. (New York: Fordham University Press, 1983, 『비잔틴 신학』, 정교회출판사); Vladimir Lossky, *The Mystical Theology of the Eastern Church* (Crestwood, N.Y.: St. Vladimir's Seminary Press, 1976)를 보라.

3 Athanasius, *On the Incarnation* (Crestwood, N.Y.: St. Vladimir's Seminary Press, 1993), p. 41.

4 Robert Louis Wilken, *The Spirit of Early Christian Thought* (New Haven, Conn.: Yale University Press, 2003), p. 239. "성육신으로 인해 기독교는 물질과 살아 계신 하나님 사이에 친밀한 관계를 설정한다." 같은 장 뒤에 가서 Wilken은 John of Damascus(c. 675-c. 749)를 인용한다. "물질이 얼마나 존중되는지를 보라"(p. 245). Wilken은 John of Da-

mascus의 주장에 대해 말한다. "그의 요점은 이것이다. 물질은, 하나님을 위한 쉴 자리가 되고 그 본질을 유지하면서도 다른 어떤 것이 될 능력을 물질 안에 갖고 있다"(p. 248).

5   제2차 니케아 공의회는 다음과 같이 정의한다. "성상의 묘사를 통해 이것들을 주목할수록, 이를 보는 사람들은 더욱 원형을 기억하고 그에 대한 열렬한 열망을 갖게 된다"[Daniel J. Saha, *Icon and Logos: Sources in Eighth-Century Iconoclasm* (Toronto: University of Toronto Press, 1986), p. 179].

6   위대한 성상 변증가 John of Damascus는 결과(성상 이미지)와 과정(이미지 뒤의 이야기)을 구분한다. "나는 하나님이 성육하신 그리스도의 이미지를 숭배하고, 하나님 아들의 어머니이신 하나님의 어머니 곧 모든 것의 여주인 이미지를 숭배하고, 피 흘리기까지 죄와 투쟁하면서 자신의 피를 흘리신 그리스도를 위해 피를 흘려 그리스도를 본받고 그리스도의 발자국을 따르면서 살았던 성인들 곧 하나님의 친구들의 이미지를 숭배한다. 나는 그들의 용감한 공적과 고통을 기록으로 남기면서, 그들을 그러한 공적과 고통을 통하여 성화된 사람들로, 열성적 모방을 일으키는 자극제로 제시했다"[John of Damascus, *Three Treatises on the Divine Images* (Crestwood, N.Y.: St. Vladimir's Seminary Press, 2003), pp. 34-35].

7   Macrina의 남동생 Gregory of Nyssa는 그녀의 삶을 전기로 썼다. Joan M. Peterson, ed., *Handmaids of the Lord: Contemporary Descriptions of Feminine Asceticism in the First Six Christian Centuries* (Kalamazoo, Mich.: Cistercian Publications, 1996), pp. 39-86를 보라.

8   동방 정교에서 계발된 성상에 대한 짧고 유용한 개론으로는 Jaroslav Pelikan, *The Christian Tradition: A History of the Development of Doctrine: The Spirit of Eastern Orthodoxy (600-1700)* (Chicago: University of Chicago Press, 1974), pp. 91-133; Wilken, *Spirit of Early Christian Thought*, pp. 237-261를 보라. 성상을 호의적으로 다루는 것으로는 Egon Sendler, *The Icon: Image of the Invisible: Elements of Theology, Aesthetic and Technique* (Los Angeles: Oakwood, 1988);

Henry Maguire, *The Icons of Their Bodies: Saints and Their Images in Byzantium* (Princeton, N.J.: Princeton University Press, 1996); John Baggley, *Doors of Perception: Icons and Their Spiritual Significance* (Crestwood, N.J.: St. Vladimir's Seminary Press, 1988); Michel Quenot, *The Icon: Window on the Kingdom* (Crestwood, N.J.: St. Vladimir's Seminary Press, 2002); Leonid Ouspensky and Vladimir Lossky, *The Meaning of Icons* (Crestwood, N.J.: St. Vladimir's Seminary Press, 1982); Leslie Brubaker and Robert Ousterhout, eds., *The Sacred Image of East and West* (Chicago: University of Chicago Press, 1995); Anthony Ugolnik, *The Illuminating Icon* (Grand Rapids: Eerdmans, 1988)을 보라.

9 Wilken, *Spirit of Early Christian Thought*, p. 257. Wilken은 John of Damascus보다 한 세기 뒤에 살았던 성상 숭배자 Theodore of Studios를 인용한다. "어떤 이미지도 없다면 어떤 원형도 없을 것이다[즉, 그리스도도 없을 것이다].…그리스도의 이미지가 가능성 속에서 존재하지 않아 그리스도가 존재할 수 없다면, 그리고 그 이미지가 예술로 생산되기 전 원형에 내재한다면, 그분의 이미지가 그분 안에서 또한 숭배받는다는 것을 인정하지 않는 사람은 누구든 그리스도 숭배를 파괴하는 사람이다"(같은 책).

10 John of Damascus, *Three Treatises*, p. 29.

11 두 명의 현대 동방 정교 저술가 Leonid Ouspensky와 Vladimir Lossky는 다음과 같이 설명한다. "만일 하나님의 아들의 신적 위격이 인간이 되었다면, 우리의 경우는 거꾸로다. 인간은 본성이 아니라 은혜로 신이 된다"(Ouspensky and Lossky, *Meaning of Icons*, p. 34).

12 Ouspensky와 Lossky는 또 다음과 같이 쓴다. "성령의 은혜가 그의 본성 속에 침투하여 그것과 결합하고 그것을 채우고 변화시킨다. 인간은 말하자면 영생에 이르도록 자라는데, 미래에 올 삶 속에서 완전히 이루어질 이러한 생명과 이러한 신화가 이미 이 땅에서 시작된다"(같은 책, p. 35).

13 같은 책, p. 38.

14 같은 책, p. 37. "성상과 성인의 삶 속 모두에서 처음으로 나타나는 것은 개인성이 아니라 그것이 담고 있는, 그 개인이 종속된 대상이다"(같은 책).

15 같은 책. "그러므로 성상은 성인—사도건, 주교건, 순교자건—이 행한 섬김의 본질을 필연적으로 나타내고…각별히 세심하게 성인 자신의 특성과 독특한 특징을 재현한다"(같은 책).

16 같은 책, p. 41. "인간은 말하자면 어떤 거점에 심도 있게 집중되지 않은 길, 인간 앞에 그 자체를 한껏 펼쳐 보이는 길의 출발점에 서있다"(같은 책).

17 Margaret R. Miles, *Fullness of Life: Historical Foundations for a New Asceticism* (Philadelphia: Westminster Press, 1981), p. 109에 인용된 John of Damascus.

18 성상의 영성에 대한 자료로는 Gennadios Limouris, *Icons: Windows on Eternity: Theology and Spirituality in Color* (Geneva: World Council of Churches, 1990)와 Jim Forest, *Praying with Icons* (Maryknoll, N.Y.: Orbis, 2000)를 보라.

19 초기 순교에 대한 훌륭한 자료로는 Herbert Musurillo, ed. and trans., *The Acts of the Christian Martyrs* (New York: Oxford University Press, 1972)를 보라. 초기 사막 성자들의 이야기에 대해서는 Robert T. Meyer, ed. and trans., *Palladius: The Lausiac History* (Westminster, Md.: Newman Press, 1965)를 보라. 또한 Norman Russell, ed. and trans., *The Lives of the Desert Fathers* (Kalamazoo, Mich.: Cistercian Publications, 1980)를 보라. 주교의 전기에 대한 사례로는 Robert T. Meyers, ed. and trans., *Palladius: Dialogue on the Life of St. John Chrysostom* (New York: Newman Press, 1985)을 보라. 또한 Roy J. Deferrari, ed., *Early Christian Biographies in the Fathers of the Church* (New York: Fathers of the Church, 1952)와 Carolinne White, ed. and trans., *Early Christian Lives* (New York: Penguin, 1998)를 보라.

20 Lawrence Cunningham, *The Meaning of Saints* (San Francisco: Harper & Row, 1980), p. 13. Renate Blemenfeld-Kosinski와 Timea Szell은 비슷한 주장을 한다. "그러나 평범한 그리스도인들은 정확히

자신에게 정신적·종교적 확신이 결여되어 있음을 인식하기 때문에 성인들에게 의존하는데, 괴로운 날에는 거룩한 영웅들의 덕을 모방하거나 묵상하기보다는 무엇보다 그들의 이름을 부르며 기념한다"[*Images of Sainthood in Medieval Europe* (Ithaca, N.Y.: Cornell University Press, 1991), p. 16]. 또한 Peter Brown, *The Cult of the Saints: Its Rise and Function in Latin Christianity* (Chicago: University of Chicago Press, 1981, 『성인 숭배』, 새물결); Michael Plekon, *Living Icons: Persons of Faith in the Eastern Church* (Notre Dame, Ind.: University of Notre Dame Press, 2002); Thomas Head, *Hagiography and the Cult of Saints* (New York: Cambridge University Press, 1990)를 보라.

21 Gerontius의 전기와 그녀의 삶에 대한 비평적 서론으로는 Peterson, *Handmaids of the Lord*, pp. 281-362를 보라.

22 Elizabeth A. Clark, ed. and trans., *The Life of Melania the Younger* (Lewiston, N.Y.: Edwin Mellen, 1984). Clark의 주장에 따르면, Gerontius가 Melania의 전기를 쓴 동기는 최소한 부분적으로는 그녀의 정통성을 변호하기 위함이었을 수 있다. 그녀의 정통성은 Evagrius와 마찬가지로 오리게네스파와의 연관성 때문에 의문시되었다. "그녀에게는 우리 주 예수 그리스도의 이름과 정통 신앙에 대해 대단한 열심이 있었다. 그래서 누군가 명목상으로라도 이단이라는 말을 들은 그녀가 그에게 좋은 쪽으로 바꾸라고 조언을 하면, 그가 설득될 정도였다.…그러나 그가 설득당하지 않으면, 그가 가난한 사람을 섬기기 위해 바치는 어떤 것도 결코 받으려 하지 않았다"(p. 46). Melania가 수도원을 기부한 것 또한 이 시기에 영성의 수도원적 표현에 높은 가치를 두었음을 나타낸다.

23 같은 책, p. 65.
24 같은 책, p. 26.
25 같은 책, p. 77.
26 같은 책, p. 34.
27 같은 책, p. 40.
28 같은 책, p. 48.
29 Chrysostom에 대한 첫 번째 영적 전기는 그의 친구 Palladius가 썼다.

Robert T. Meyer, ed., *Palladius: Dialogue on the Life of St. John Chrysostom* (New York: Newman Press, 1985)을 보라. 최상의 현대 전기로는 J. N. D. Kelly, *Golden Mouth: The Story of John Chrysostom—Ascetic, Preacher, Bishop* (New York: Cornell University Press, 1995); Pauline Allen, *John Chrysostom* (London: Routledge, 1999)을 보라. 설교가이자 목사인 Chrysostom에 대한 탁월한 책으로는 R. A. Krupp, *Shepherding the Flock of God: The Pastoral Theology of John Chrysostom* (New York: Peter Lang, 1991)이 있다. Andrea Sterk 또한 독거의 경험이 어떻게 자신의 주교직에 영향을 미쳤는지에 대해 탁월한 장을 썼다. 그녀의 책 *Renouncing the World Yet Leading the Church: The Monk-Bishop in Late Antiquity* (Cambridge, Mass.: Harvard University Press, 2004), pp. 141-162를 보라.

30 Robert A. Krupp, "Golden Tongue and Iron Will," *Christian History* 44 (1994): 7.

31 Robert Payne, "Preaching to Dread and Panic", *Christian History* 44 (1994): 13.

32 Krupp, "Golden Tongue and Iron Will", p. 10.

33 John Chrysostom, Krupp의 *Shepherding the Flock of God*, pp. 51-52에서 인용.

34 같은 책, p. 176.

35 John Chrysostom, Carl A. Volz, "The Genius of Chrysostom's Preaching", *Christian History* 44 (1994): 26에서 인용. Chrysostom은 목회적 돌봄에 대한 책도 하나 썼다. 이 책은 지금도 출판되는 것으로 보아, 시간을 초월한 가치가 있음을 알 수 있다. *Six Books on the Priesthood* (Crestwood, N.Y.: St. Vladimir's Seminary Press, 1964)를 보라.

36 Chrysostom, Robert A. Krupp, "Golden Tongue and Iron Will", *Christian History* 44 (1994): 10에서 인용.

37 같은 책, p. 7.

38 John Chrysostom, *On Wealth and Poverty* (Crestwood, N.Y.: St. Vladimir's Seminary Press, 1997), p. 40.

39 같은 책, pp. 49-50. Chrysostom의 또 다른 설교 모음집으로는 *On Marriage and Family Life* (Crestwood, N.Y.: St. Vladimir's Seminary Press, 1986); *On Living Simply*, comp. John Van de Weyer (Liguori, Mo.: Liguori Publications, 1996)를 보라.

40 Adelphios, John Moschos, *The Spiritual Meadow*, trans. John Wortley (Kalamazoo, Mich.: Cistercian Publications, 1992), p. 106에서 인용.

41 성상 학자 Michael Quenot는 이렇게 말한다. "성상에는 우리의 세속적이고 현세적인 가치를 완전히 뒤집는 산상수훈 같은 복음서의 가르침이 전하는 개념 전체가 담겨 있다"(*The Icon*, p. 106).

42 C. S. Lewis, *Mere Christianity* (New York: Macmillan, 1952), pp. 172-174. 『순전한 기독교』(홍성사).

43 Peter J. Kreeft, *Heaven: The Heart's Deepest Longing* (San Francisco: Harper & Row, 1980), pp. 108-109.

6 | 창

1 고딕 건축의 역사와 양식에 대한 개론으로는 Otto von Simson, *The Gothic Cathedral: Origins of Gothic Architecture and the Medieval Concept of Order* (Princeton, N.J.: Princeton University Press, 1956); Robert A. Scott, *The Gothic Enterprise: A Guide to Understanding the Medieval Cathedral* (Berkeley: University of California Press, 2003); Robert Branner, *Gothic Architecture* (New York: George Braziller, 1961); Charles M. Radding and William W. Clark, *Medieval Architecture, Medieval Learning: Builders and Masters in the Age of Romanesque and Gothic* (New Haven, Conn.: Yale University Press, 1992); Christopher Wilson, *The Gothic Cathedral: The Architecture of the Great Church, 1130-1530* (London: Thames & Hudson, 1990); Paul Frankl, *Gothic Architecture* (New Haven, Conn.: Yale University Press, 1962)를 보라.

2 Von Simson, *Gothic Cathedral*, p. 133.

3 같은 책, pp. 38-39.

4 "건축가가 조화율에 따라 성소를 설계했다면, 그는 가시적 세계의 질서를 모방함은 물론 내세의 완전함의 본을 전달한 것이다"(같은 책, p. 37).
5 Scott, *Gothic Enterprise*, p. 125.
6 H. W. Janson, *History of Art*, rev. Anthony F. Janson, 3rd ed. (Englewood Cliffs, N.J.: Prentice-Hall, 1986), p. 302.
7 공식화되기 오래전부터 교회는 이미 일곱 성례전을 집행했지만, 로마 가톨릭교회는 1430년에 비로소 피렌체 공의회에서 공식적 결정을 내렸다. 결국 일곱 성례전에는 공식적 권위에 앞서 기능적 권위가 부여되어 있었다. 개신교도들은 그리스도가 세례와 성만찬 둘만을 제정하셨다고 주장하면서 두 개의 성례전을 준수했다. 나는 이 점에서 개신교도들에게 동의한다. 물론 가톨릭교도들이 하나님이 그분의 물질적 창조물을 사용하여 우리에게 은혜를 전달하시는 방식을 경축하는 것을 볼 때, 가톨릭교도들이 영성 생활에 더 '성례전적' 관점을 갖고 있다는 점을 덧붙이겠지만 말이다.
8 "살아 있는 한 우리는 영과 물질, 영혼과 몸, 성과 속 사이의 긴장에 끊임없이 연관되게 마련임을 받아들여야 한다. 이러한 긴장 가운데 사는 것이 하나님이 우리를 두신 조건이므로, 우리는 양극단 사이에서 올바른 균형을 맞추어야 한다"[John Macquarrie, *A Guide to the Sacraments* (New York: Continuum, 1997), pp. 3-4].
9 "교회가 물질적 피조물을 성례전으로 사용하는 것은, 빵과 포도주건 물과 기름이건 향이건 색이건 빛이건 기독교 종교 의식에서 물질을 사용할 때 물질의 선함을 강조한다는 것을 말해 준다. 이 모든 것은 감각에 호소하여 하나님을 찬양하는 데 사용되며 인간으로 하여금 구원을 향하도록 돕는다"[Mary Anthony Wagner, *The Sacred World of the Christian: Sensed in Faith* (Collegeville, Minn.: Liturgical Press, 1993), pp. 122-123].
10 "하나님의 형상을 만들어내는 것은 우리 자신이 형성한 무언가를 구성하는 위험을 감수하는 것이다." 결과적으로 "우리가 형성한 모든 형상은 우상이 될 수 있다"[Alister E. McGrath, *Christian Spirituality: An Introduction* (Oxford: Blackwell, 1999), p. 111].
11 Kenan B. Osborne, *Sacramental Theology: A General Introduction*

(New York: Paulist Press, 1988), p. 120. 그는 성육신으로 시작하면서 성례전의 의미를 설명하는 여러 현대 신학자 중 하나다. 그는 Edward Schillebeeckx을 광범위하게 차용하는데, Schillebeeckx는 이렇게 말한다. "종교는 우리 인간의 모든 능력 뒤에 있다. 우리는 우리 자신의 공로가 아니라 오직 은혜로만 인격 대 인격으로 하나님께 참된 예배를 드릴 수 있다. 하나님과의 개인적 교통은 하나님 그분의 은혜로운 주도로 은혜 가운데 우리를 만나러 오실 때에만 가능하다"[*Christ the Sacrament of the Encounter with God* (New York: Sheed & Ward, 1963), p. 4].

12 "우리는 이를 통하여 하나님이 용인하시는 방식으로 하나님을 시각화할 수 있다. 이는 우리가 예수님이 보이지 않는 하나님의 형상인 것처럼 그분을 대하기로 결정했다는 것이 아니다. 우리가 예수님이 실제로 그 하나님의 형상임을 들었으며, 따라서 그 지식을 기반으로 행동해야 한다는 뜻이다"(McGrath, *Christian Spirituality*, p. 113).

13 여러 저명한 로마 가톨릭 신학자들은 물론 심지어 개신교 신학자들마저도 예수 그리스도의 성육신을 '원시 성례전'이라 일컫는다. 나는 이것이 성육신의 의미를 곡해하기 때문에 이런 언어를 사용하지는 않을 것이다. 그리스도의 삶과 죽음, 부활은 모든 믿는 사람들을 위한 구원의 수단이다. 성례전은 우리가 그것을 어떻게 이해하건 그리스도의 사역을 통하기에 유효하다. 그러나 그리스도 자신이 성례전은 아니시다. 그리스도는 그 이상으로서, 그리스도는 하나님이시다. 예를 들면, Karl Rahner, *The Church and the Sacraments* (New York: Herder & Herder, 1963); Edward Schillebeeckx, *Christ the Sacrament of the Encounter with God* (New York: Sheed & Ward, 1963); Osborne, *Sacramental Theology*; Leonard Vander Zee, *Christ, Baptism and the Lord's Supper: Recovering the Sacraments for Evangelical Worship* (Downers Grove, Ill.: InterVarsity Press, 2004)을 보라. 예를 들면, Kevin W. Irwin은 이렇게 쓴다. "인간과 하나님의 연합(기독교 영성과 관련된 과제의 여러 측면 중 하나)은 그리스도 안에서 성취되었다. 그리스도 안에서 이루어지는 인성과 신성의 이러한 되부를 수 없는 연합이야말로, 기독교 영성을 우리 자신의 삶 속에 이러한 신비의 의미를 살아내는 과

정으로 만들어 준다." 그런 다음 Irwin은 성육신을 사용하여 성례전과 교회 예전의 의미와 목적을 설명한다[*Liturgy, Prayer and Spirituality* (New York: Paulist Press, 1984), p. 47].

14 Vander Zee, *Christ, Baptism and the Lord's Supper*, p. 45.
15 같은 책, p. 46.
16 Cyprian, Jaroslav Pelikan, *The Emergence of the Catholic Tradition (100-600)*, The Christian Tradition: A History of the Development of Doctrine, 5 vols. (Chicago: University of Chicago Press), 1:291에서 인용.
17 Cyprian, O. M. Bakke, *When Children Became People: The Birth of Childhood in Early Christianity*, trans. Brian McNeil (Minneapolis: Fortress Press, 2005), p. 71에서 인용.
18 중세의 삶이 어땠는지에 대한 매력적 상술로는 Joseph and Frances Gies, *Life in a Medieval Village* (New York: Harper, 1990)와 *Life in a Medieval City* (New York: Harper, 1969)를 보라.
19 예컨대, 성공회 전례에서는 이렇게 낭독한다. "여기 하나님과 이 회중 앞에 선 여러분, 세례받을 때 여러분의 이름으로 한 엄숙한 약속과 서약을 새롭게 하고, 개인 자격으로 동일한 것을 승인하고 확인하며, 여러분의 후견인들이 여러분을 위해 감당한 것들을 모두 여러분 스스로 믿고 실행해야 한다는 것을 인정합니까?"(Macquarrie, *Guide to the Sacraments*, p. 83).
20 같은 책, p. 89.
21 Jaroslav Pelikan, *The Christian Tradition*, vol. 3, *The Growth of Medieval Theology (600-1300)* (Chicago: University of Chicago Press, 1978), p. 212.
22 Gies and Gies, *Life in a Medieval Village*, pp. 127-128.
23 병자와 죽은 자를 위한 전례를 매력적으로 설명한 것으로는 Frederick S. Paxton, *Christianizing Death: The Creation of a Ritual Process in Early Medieval Europe* (Ithaca, N.Y.: Cornell University Press, 1990)을 보라.

24 "중세 기간에 순례는 그 자체로 칭찬받을 만한 행동이었고, 하늘나라를 향한 모든 사람의 여정과 밀접한 관련이 있고 또 그 상징이었음은 종교적으로 흔한 말이었다"[Margaret Wade Labarge, *Medieval Travellers* (New York: W. W. Norton, 1982), p. 68].

25 그녀의 이야기에 대한 비평적 번역과 그녀의 삶에 대한 개괄로는 John Wilkinson, ed. and trans., *Egeria's Travels*, 3rd ed. (Warminster, U.K.: Aris & Phillips, 1999); George E. Gingras, trans., *Egeria: Diary of a Pilgrimage* (New York: Newman Press, 1970); Amy Oden, ed., *Her Story: Women's Writings in the History of Christian Thought* (Nashville: Abingdon, 1994); Patricia Wilson-Kastner, et al., eds., *A Lost Tradition: Women Writers of the Early Church* (Washington, D.C.: University Press of America, 1981)를 보라. 그녀의 순례에 대한 해석으로는 Marcel Poorthuis and Joshua Schwartz, eds., *Saints and Role Models in Judaism and Christianity* (Boston: Brill, 2004); Maribel Dietz, *Wandering Monks, Virgins, and Pilgrims: Ascetic Travel in the Mediterranean World, A.D. 300-800* (University Park: Pennsylvania State University Press, 2005), pp. 43-54; E. D. Hunt, *Holy Land Pilgrimage in the Later Roman Empire, AD 312-460* (Oxford: Clarendon Press, 1982); Lee I. Levine, ed., *Jerusalem: Its Sanctity and Centrality to Judaism, Christianity, and Islam* (New York: Continuum, 1999)을 보라.

26 J. G. Davies, *Holy Week: A Short History* (Richmond, Va.: John Knox Press, 1963), p. 36에 인용된 Cyril.

27 순례의 역사와 순례 자체에 대한 호의적인 설명으로는 Walter Starkie, *The Road to Santiago: Pilgrims of St. James* (London: John Murray, 1957)를 보라. 또한 Jonathan Sumption, *Pilgrimage: An Image of Medieval Religion* (Totowa, N.J.: Rowman & Littlefield, 1975); Victor Turner and Edith Turner, *Image and Pilgrimage in Christian Culture: Anthropological Perspectives* (New York: Columbia University Press, 1978); Labarge, *Medieval Travellers*를 보라.

28 Sumption, *Pilgrimage*, p. 22에서 인용.
29 Sumption, *Pilgrimage*, p. 23에 인용된 Cyril of Jerusalem.
30 "뼈와 진짜 십자가의 조각이라 여겨지는 흩어진 목재 조각들, 그리고 그와 유사한 것들을 기막히게 한데 넣어 유품으로 귀하게 보존했다. 그것들을 소유함으로써 교회는 성인들의 보호를 받았고 도움과 기적을 바라는 순례자들을 끌어들였다"(Brooke, *Popular Religion*, p. 14).
31 Brooke, *Popular Religion*, pp. 40-41에 인용된 John of Salisbury.
32 Margaret Miles은 예수 그리스도 안에 나타난 하나님의 성육신이 하나님의 권능이 집중적이고 지역화된 현현이 되었듯이, "살았든 죽었든 특별한 인간의 신성함, 특별한 장소의 신성함, 특별한 대상의 신성함"은 "하나님의 권능을 집중시키고 전달하는 피뢰침"처럼 작용한다고 역설한다[Margaret R. Miles, *Fullness of Life: Historical Foundations for a New Asceticism* (Philadelphia: Westminster Press, 1981), p. 82].
33 Richard Kieckhefer, "Major Currents in Late Medieval Devotion", in *Christian Spirituality: High Middle Ages and Reformation*, ed. Jill Raitt (New York: Crossroad, 1988), p. 89. 또한 Jaroslav Pelikan, *Mary Through the Centuries* (New Haven, Conn.: Yale University Press, 1996); Carl E. Braaten, ed., *Mary: Mother of God* (Grand Rapids: Eerdmans, 2004); Luigi Gambero, ed., *Mary and the Fathers of the Church: The Blessed Virgin in Patristic Thought* (New York: Ignatius, 1991); Rachel Fulton, *From Judgment to Passion: Devotion to Christ & the Virgin Mary, 800-1200* (New York: Columbia University Press, 2002)를 보라.
34 "교회 지도자들은 이러한 발전을 더 격려했는데, 이는 그것이 Constantine의 영향으로 교회로 몰려든 다수의 명목상 그리스도인들에게 복음의 사실을 제시하는 실제 수단을 제공했기 때문이다. 여기에 매주, 매해 그리스도의 생애를 예배자들 앞에 제시할 수 있는 방법이 있다. 예전의 순환을 통하여, 반이교적 대중들은 예수님의 탄생과 사역과 죽음과 부활을 깨달을 수 있었다. 시간 자체가 거룩해져야 했다"(Davis, *Holy Week*, pp. 15-16).

35 Gregory of Nazianzus, "Oration 38, on the Birthday of Christ, AD 380", in *S. Cyril of Jerusalem, S. Gregory Nazianzen*, trans. Edward Hamilton Gifford et al., vol. 7, series 2 of *Nicene and Post-Nicene Fathers*, ed. Philip Schaff and Henry Wace, 14 vols. (Peabody, Mass.: Hendrickson, 1994), p. 346. 『교회사전집3: 니케아 시대와 이후의 기독교』(크리스챤다이제스트).

36 Philip H. Pfatteicher, *Liturgical Spirituality* (Valley Forge, Penn.: Trinity Press, 1997), p. 108. 예전적 영성은 더 광범위한 영성 연구의 한 분야로 발전했다. 또한 Gordon W. Lathrop, *Holy Things: A Liturgical Theology* (Minneapolis: Fortress Press, 1998); Mary Anthony Wagner, *The Sacred World of the Christian: Sensed in Faith* (Collegeville, Minn.: Liturgical Press, 1993); Kevin W. Irwin, *Liturgy, Prayer and Spirituality* (New York: Paulist Press, 1984); Susan J. White, *The Spirit of Worship: The Liturgical Tradition* (Maryknoll, N.Y.: Orbis, 1999); Thomas J. Talley, *The Origins of the Liturgical Year* (New York: Pueblo, 1986); Michael D. Whalen, *Seasons and Feasts of the Church Year* (New York: Paulist Press, 1993); Robert Gantoy et al., *Days of the Lord: The Liturgical Year* (Collegeville, Minn.: Liturgical Press, 1991)를 보라.

7 | 연합

1 그의 생애와 신학과 신비 경험에 대한 정보를 위해서는 Hans Küng, *Great Christian Thinkers* (New York: Continuum, 2004); Brian Davies, *Aquinas* (New York: Continuum, 2002); Josef Pieper, *The Silence of St. Thomas* (New York: Pantheon, 1957)를 보라. Davies와 같은 일부 학자들은 Thomas가 뇌졸중이나 신경쇠약에 걸렸을지도 모른다고 주장한다. 이는 그가 저술을 그만둔 이유를 설명해 준다. 그러나 Pieper와 같은 학자들은 동의하지 않는다. 그가 단지 일종의 뇌졸중에 걸렸다면, Thomas가 그것을 신비 경험으로 일컫는 이유를 이해하기 어렵다.

2   Andrew Louth, *The Origins of the Christian Mystical Tradition: From Plato to Denys* (New York: Oxford University Press, 1981), p. 38에 인용된 Plotinus.
3   Michael Cox, *Handbook of Christian Spirituality* (San Francisco: Harper & Row, 1983), p. 39에 인용된 Plotinus.
4   Louth, *Origins of the Christian Mystical Tradition*, p. 46에 인용된 Plotinus.
5   Dionysius는 4권의 주요 저작—*The Celestial Hierarchy, The Ecclesiastical Hierarchy, The Divine Names, Mystical Theology*—을 썼다. *Pseudo-Dionysius*에 대한 탁월한 개론서로는 Paul Rorem, "The Uplifting Spirituality of Pseudo-Dionysius", in *Christian Spirituality: Origins to the Twelfth Century*, ed. Bernard McGinn and John Meyendorff (New York: Crossroad, 1987); Louis Bouyer, *The Spirituality of the New Testament and the Fathers* (New York: The Seabury Press, 1982), pp. 395-421; Jaroslav Pelikan, *The Christian Tradition*, vol. 2, *The Spirit of Eastern Christendom (600-1700)* (Chicago: University of Chicago Press, 1974), pp. 30-36; Rowan Williams, *The Wound of Knowledge: Christian Spirituality from the New Testament to Saint John of the Cross* (Cambridge: Cowley, 1979), pp. 127-132; Vladimir Lossky, *The Mystical Theology of the Eastern Church* (Crestwood, N.Y.: St. Vladimir's Seminary Press, 2002); Louth, *Origins of the Christian Mystical Tradition*, pp. 164-178; Andrew Louth, *Denys the Areopagite* (Wilton, Conn.: Morehouse-Barlow, 1989); Hans Urs Von Balthasar, *The Glory of the Lord: A Theological Aesthetics*, vol. 2, *Studies in Theological Style: Clerical Styles* (San Francisco: Ignatius Press, 1984), pp. 144-210; Mark A. McIntosh, *Mystical Theology: The Integrity of Spirituality and Theology* (Oxford: Blackwell, 1998), pp. 44-56를 보라. *Pseudo-Dionysius*의 글을 모은 가장 훌륭한 일차 자료로는 Paul Rorem, ed., *Pseudo-Dionysius: The Complete Works* (New York: Paulist Press, 1987)를 보라.

6   Louth, *Origins of the Christian Mystical Tradition*, p. 167에 인용된 Pseudo-Dionysius.
7   Pseudo-Dionysius, "The Celestial Hierarchy", in *Pseudo-Dionysius: The Complete Works*, ed. Paul Rorem (New York: Paulist Press, 1987), pp. 146-247.
8   Pseudo-Dionysius, "The Divine Names", in Rorem, *Pseudo-Dionysius*, p. 53.
9   Pseudo-Dionysius, "The Mystical Theology", in Rorem, *Pseudo-Dionysius*, p. 139.
10 같은 책. 다른 많은 중세 신비주의 저자들도 비슷한 주장을 했다. 그들 모두는 직간접적으로 Pseudo-Dionysius의 영향 아래 있었다. 하나님을 알기 위해서는 먼저 모든 것을 몰라야 한다고 말하는 *The Cloud of Unknowing*의 저자가 이들 중세 신비가들 가운데 가장 유명할 것이다. James Walsh, ed., *The Cloud of Unknowing* (New York: Paulist Press, 1981)을 보라. 『무지의 구름』(은성).
11 Louth, *Origins of the Christian Mystical Tradition*, p. 168에 인용된 Pseudo-Dionysius.
12 Paul Rorem, "The Uplifting Spirituality", in *Pseudo-Dionysius*, p. 139.
13 John Climacus의 최근 전기로는 Chryssavgis, *John Climacus: From the Egyptian Desert to the Sinaite Mountain* (London: Ashgate, 2004)을 보라.
14 Colm Luibheid and Norman Russell, eds., *John Climacus: The Ladder of Divine Ascent*, The Classics of Western Spirituality (New York: Paulist Press, 1982), p. 12.
15 *John Climacus: The Ladder of Divine Ascent*, ed. Colm Luibheid and Norman Russell (New York: Paulist Press, 1982), p. 158에 인용된 John Climacus.
16 같은 책, p. 162.
17 같은 책, p. 165.

18 같은 책, p. 81.
19 같은 책, pp. 91-92.
20 같은 책, p. 83.
21 같은 책, p. 231.
22 같은 책, p. 237.
23 Thomas Merton, *New Seeds of Contemplation* (New York: New Directions, 1962), pp. 256-257.
24 Bonaventure, *Bonaventure: The Soul's Journey into God, The Tree of Life, The Life of St. Francis*, trans. Ewert Cousins (New York: Paulist Press, 1978), p. 54. 그의 가장 중요한 영성 저작 일부를 모은 이 선집에는 그의 생애와 사역에 대한 탁월한 서론이 포함되어 있다. Balthasar, *The Glory of the Lord*, 2:260-362를 보라.
25 Bonaventure, *Soul's Journey*, p. 67.
26 같은 책, p. 98.
27 같은 책, p. 97.
28 예를 들어, *The Tree of Life*는 그리스도의 생애에 대한 폭넓은 명상을 제공하면서, 자신이 쓴 시와 복음 이야기를 끼워 넣는다. *The Tree of Life*, pp. 119-175를 보라.
29 Balthasar, *Glory of the Lord*, 2:275-76에 인용된 Bonaventure.
30 Bonaventure, *Soul's Journey*, p. 88.
31 같은 책, p. 106.
32 Karl Barth, *Church Dogmatics* 4/2, ed. G. W. Bromiley and T. F. Torrance, trans. G. W. Bromiley (Edinburgh: T & T Clark, 1962), p. 539.
33 요 6:48; 8:12; 10:11; 8:58; 10:30을 보라.
34 Bernard of Clairvaux에 대한 가능한 자료로는 Jean Leclercq, *Bernard of Clairvaux and the Cistercian Spirit* (Kalamazoo, Mich.: Cistercian Publications, 1976); Jean Leclercq, "The School of Citeaux", in Jean Leclercq, François Vandenbroucke and Louis Bouyer, *A History of Christian Spirituality II: The Spirituality of the Middle*

Ages (New York: Seabury Press, 1982); G. R. Evans, *Bernard of Clairvaux* (New York: Oxford University Press, 2000); Adrian Bredero, *Bernard of Clairvaux: Between Cult and Culture* (Grand Rapids: Eerdmans, 1996); James I. Wimsatt, "St. Bernard, the Canticle of Canticles and Mystical Poetry", in *An Introduction to the Medieval Mystics of Europe*, ed. Paul E. Szarmach (Albany: State University of New York Press, 1984). 원 자료로는 G. R. Evans, ed., *Bernard of Clairvaux: Selected Works* (New York: Paulist Press, 1987); James M. Houston, ed., *The Love of God and Spiritual Friendship* (Portland, Ore.: Multnomah Press, 1983); M. Basil Pennington, ed., *Bernard of Clairvaux: A Lover Teaching the Way of Love* (Hyde Park, N.Y.: New City Press, 1997)를 보라.

35 "성경 표현을 단순히 모자이크로 처리한 페이지가 많은데, 성경 표현을 기술적으로 선정하고 비교하고 배열하여 하나가 다른 하나를 이해할 수 있게 한다"(Leclercq, *Bernard of Clairvaux*, p. 21).

36 LeClercq는 Bernard의 십자군 지원에 대해 언급한다. "이전에는—그리고 아마도 가장 정확하게—정치적 목적을 위한 호전적 원정에 불과했던 것이 그와 함께, 그리고 그의 영향력과 모범 아래 속죄, 곧 회심을 향한 단계가 되었다"(같은 책, p. 67).

37 Bernard, "On Conversion", in Evans, *Bernard of Clairvaux*, p. 74.

38 같은 책, p. 76.

39 Bernard, "On Loving God", quoted in James M. Houston, ed., *The Love of God and Spiritual Friendship* (Portland, Ore.: Multnomah Press, 1983), p. 157.

40 같은 책, p. 159.

41 Williams, *Wound of Knowledge*, p. 110.

42 그녀의 주저 *Showings*의 최상의 본문으로는 *Julian of Norwich: Showings*, trans. Edmund Colledge and James Walsh (New York: Paulist Press, 1978)를 보라. Julian은 *Showings*를 '짧은 본문'과 '긴 본문'으로 썼는데, 후자는 전자를 쓴 지 20년 후에 썼다. 내가 사용하는 본

문이 어떤 것인지를 늘 밝힐 것이다. 'ST'는 짧은 본문을, 'LT'는 긴 본문을 가리킨다. Julian의 생애와 신학에 대한 탁월한 개론서로는 Grace Jantzen, *Julian of Norwich: Mystic and Theologian* (New York: Paulist Press, 1987); Denise Nowakowski Baker, *Julian of Norwich's Showings: From Vision to Book* (Princeton, N.J.: Princeton University Press, 1994); Ritamary Bradley, "Julian of Norwich: Writer and Mystic", in *An Introduction to the Medieval Mystics of Europe*, ed. Paul Szarmach (Albany: State University of New York Press, 1984), pp. 195-216를 보라.

43 은자를 위한 중세 지침서인 *Ancrene Riwle*은 이렇게 말한다. "그대들 은자들은 마리아의 역할을 하라. 마리아의 역할은 세상의 모든 소음으로부터 정적과 쉼을 유지함으로써 아무것도 그녀가 하나님의 음성을 듣지 못하도록 방해할 수 없도록 하는 것이다"[Grace M. Jantzen, *Julian of Norwich: Mystic and Theologian* (New York: Paulist Press, 1987), p. 31에서 인용].

44 또다시 *Ancrene Riwle*은 말한다. "철과 마 모직과 고슴도치 가죽을 걸치지 말라. 그런 것들이나 가죽 채찍이나 납을 넣어 스스로를 때리지 말라. 고해 신부의 허락 없이 감탕나무나 가시나무로 때려 네가 피 흘리는 일이 없도록 하라. 그리고 한 번에 너무 많은 채찍을 사용하지 말라"(같은 책, p. 41).

45 Julian, *Showings*, p. 130 (ST).
46 같은 책, p. 342 (LT).
47 같은 책, p. 229.
48 같은 책, p. 343.
49 같은 책, p. 248.
50 같은 책, p. 249.
51 Merton, *New Seeds of Contemplation*, pp. 1-6.
52 John of the Cross, *Ascent of Mount Carmel* 1.4, Christian Classics Ethereal Library 〈http://ccel.wheaton.edu〉.
53 같은 책, 2.3.

54 Cynthia Bourgeault, *Centering Prayer and Inner Awakening* (Cambridge, Mass.: Cowley, 2004)을 보라.

8 | 일상성

1 Jacques Fontaine, "The Practice of Christian Life: The Birth of the Laity", in *Christian Spirituality: Origins to the Twelfth Century*, ed. Bernard McGinn and John Meyendorff (New York: Crossroad, 1987), p. 459에 인용된 Tertullian.

2 봉건제는 중세 초기 서유럽 여러 지역에서 지배적이었다. 봉건제는 본질적으로 위계적이었다. 귀족은 토지를 소유했다. 그들은 토지의 상당 부분을 봉신들에게 임대했고, 봉신들은 자신의 농장을 세웠다. 봉신들은 지역 영주에게 충성 서약을 했고, 때로 영주의 군대에서 기사로 봉직했다. 농민들은 토지를 경작했다. 그들은 그들이 생산한 것에 의존해 살았고, 봉신들에게 생산물과 노동을 제공했다. 교회 특히 수도원은 이 체계에 딱 들어맞아, 귀족의 지배와 보호 아래 있는 큰 봉토가 되었다. 12세기의 수도사-주교인 Hugh of Lincoln은 모든 수도사와 대수도원장과 주교의 생각이 완고한 것은 아니었다고 말했다. "하나님 나라는 수도사와 은둔자와 은수사에게만 국한되지 않는다. 주께서 최후에 모든 개인을 심판하실 때, 그분은 은둔자나 수도사인 적이 없다 하여 그를 거부하지 않으실 것이다. 다만, 그가 진짜 그리스도인인 적이 없다는 이유로 저주받은 각 사람을 거부하실 것이다["A Devoted Life", *Christian History* 93 (Winter 2007): 4].

3 André Vauchez, *The Laity in the Middle Ages: Religious Beliefs and Devotional Practices* (Notre Dame, Ind.: University of Notre Dame Press, 1993), p. 41에 인용된 Abbo of Fleury.

4 Vauchez, *Laity in the Middle Ages*, p. 12

5 같은 책. 또한 Yves Congar, *Lay People in the Church* (Westminster, Md.: Newman Press, 1957), p. 384를 보라. Congar는 이렇게 쓴다. "중세 기독교는 두 가지 요인의 결과였다. 곧 모든 세속 활동을 영원한 구원이란 목표를 지향하도록 강제하는 내재적 논리와 엄격한 수도원 운동의

영향 아래 중세 기독교가 발전할 수 있는 역사적 환경이 그것들이다. 중세 기독교는 모든 면에서 수도원적 영성을 고무했다.…중세 기독교는 수도원 생활 고유의 특성을 모방했다. 이는 영원을 지향하는 삶, 그리고 세상의 현실과 성취에 대하여 그 자체를 위하여 또 그 자체로는 어떠한 평가도 내리지 않는 것과 같은 것을 말한다"(같은 책, p. 384).

6 Lester Little은 중세 시대 이윤 경제의 출현과 새로운 영성 운동의 상호 관계에 대한 탁월한 책을 썼다. Lester K. Little, *Religious Poverty and the Profit Economy in Medieval Europe* (Ithaca, N.Y.: Cornell University Press, 1978)을 보라.

7 "이는 신학이 다가가야 할 한층 더 독립적인 대중이었다. 전통적 기독교 제국의 수도원적, 위계적, 권위적 영성으로는 더 이상 만족하지 못하는 대중이었다"[Lucien Joseph Richard, *The Spirituality of John Calvin* (Atlanta: John Knox Press, 1974), p. 137].

8 이들 가운데 가장 특출한 운동들에는 시토회(Cistercians), 프레몽트레회(Premonstratensians), 카르투지오회(Carthusians), 아우구스티누스 수도 참사회(Augustinian Canons)가 포함되어 있다. 그러나 다른 운동들도 많았다.

9 시토회 소속 Peter Celle는 대학 교육의 위험성에 대해 경고했다. 수도원에서는 공부에 더 적절한 환경, 곧 경건을 육성하고 세속적 유혹으로부터 그들을 보호할 환경을 제공할 것이라고 말했다. "어떤 책도 들여서는 안 되고, 필사실 주임은 급료를 받지 않고, 격론과 궤변을 짜맞추는 일이 없다. 모든 질문에 대해 의견을 말하지 않고, 모든 추론과 논쟁에 참여하지 않는다"(Little, *Religious Poverty*, p. 93에서 인용). 시토회가 중세의 영적 삶의 풍성함에 아무런 기여도 하지 않았다는 말은 아니다. 정반대다. 시토회 영성은 중세 교회에 잊혀지지 않는 영향을 남겼다. Bernard of Clairvaux의 저작들은 널리 읽혔다. 1968년에 죽은 Thomas Merton은 시토회의 일원이었다. 종교, 비종교를 무론하고 많은 사람들이 그의 영성 저작을 깊이 감사하며 읽었다. 예를 들어, Esther De Waal, *The Way of Simplicity: The Cistercian Tradition* (Maryknoll, N.Y.: Orbis, 1998)을 읽으라.

10 Little, *Religious Poverty*, p. 87에 인용된 Guido.
11 Francis와 프란체스코 운동에 대한 문서는 엄청나게 많다. St. Francis 의 전기로는 Jay M. Hammon, *Francis of Assisi: History, Hagiography and Hermeneutics in the Early Documents* (Hyde Park, N.Y.: New City Press, 2004); Lawrence S. Cunningham, *Francis of Assisi: Performing the Gospel Life* (Grand Rapids: Eerdmans, 2004); Julien Green, *God's Fool: The Life and Times of Francis of Assisi* (San Francisco: Harper & Row, 1985); Arnaldo Fortini, *Francis of Assisi* (New York: Crossroad, 1981); Omer Englebert, *St. Francis of Assisi: A Biography* (Chicago: Franciscan Herald Press, 1965)를 보라.
12 Thomas of Celano, *St. Francis of Assisi*, in *St. Francis of Assisi, Writings and Early Biographies: English Omnibus of the Sources for the Life of St. Francis*, ed. Marion A. Habig, 3rd ed. (London: SPCK, 1973), p. 304. 그에 대해 쓴 전기도 있지만, Francis 자신이 남긴 작은 글 모음—두 개의 규칙, 훈계, 기도, 다른 글들—도 있다. 이 엄청 난 1차 자료 가운데 최상의 자료로는 Habig, *St. Francis of Assisi*; Regis Armstrong and Ignatius Brady, trans., *Francis and Clare: The Complete Works* (New York: Paulist Press, 1982)가 있다. 다음 몇 쪽에 서는 Habig가 모은 Francis의 초기 글 모음에서 인용할 것이다.
13 Celano, *St. Francis of Assisi*, p. 230.
14 같은 책, p. 234.
15 Bonaventure, *Bonaventure: The Soul's Journey into God, The Tree of Life, The Life of St. Francis*, trans. Ewert Cousins (New York: Paulist Press, 1978), p. 194.
16 Celano, *St. Francis of Assisi*, p. 329.
17 같은 책, p. 266.
18 같은 책, p. 288.
19 같은 책, p. 243.
20 Francis는 자신의 깊은 자연 사랑과 자연과의 동일시를 표현한 "형제 태양의 찬가"를 썼다. 몇 줄만 읽어 보면 이렇다. "내 주여, 당신의 모든

피조물 그리고 특히 형제 태양의 찬양을 받으소서. 그는 낮이 되고, 그를 통해 당신은 우리에게 빛을 주십니다.…내 주여, 누이 달과 별들의 찬양을 받으소서. 당신이 맑고 귀하고 아름답게 꾸며서 하늘에 달아 놓으신 것들입니다."

21 Celano, *St. Francis of Assisi*, p. 259.
22 Lazaro Iriarte, *Franciscan History: The Three Orders of St. Francis of Assisi* (Chicago: Franciscan Herald Press, 1982), p. 9.
23 프란체스코회의 역사에 대한 책으로는 Cajetan Esser, *Origins of the Franciscan Order* (Chicago: Franciscan Herald Press, 1970); Lazaro de Aspurz Iriarte, *The Franciscan Calling* (Chicago: Franciscan Herald Press, 1974); Lazaro de Aspurz Iriarte, *Franciscan History: The Three Orders of St. Francis of Assisi* (Chicago: Franciscan Herald Press, 1982); John R. H. Moorman, *St. Francis of Assisi: Writings and Early Biographies* (London: SPCK, 1979); John R. H. Moorman, *A History of the Franciscan Order from Its Origins to 1517* (London: SPCK, 1968)을 보라. 프란체스코회 영성에 대한 책으로는 Brother Ramon, *Franciscan Spirituality: Following Francis Today* (London: SPCK, 1994); William J. Short, *Poverty and Joy: The Franciscan Tradition* (Maryknoll, N.Y.: Orbis, 1999)을 보라.
24 Celano, *St. Francis of Assisi*, p. 305.
25 M. H. Vicarre, *St. Dominic and His Times* (New York: McGraw-Hill, 1964); Simon Tugwell, ed., *Early Dominicans: Selected Writings* (New York: Paulist Press, 1982); Simon Tugwell, *The Way of the Preacher* (Springfield, Ill.: Templegate, 1979); William A. Hinnebusch, *A History of the Dominican Order: Origins and Growth to 1550* (New York: Alba House, 1965)를 보라. 또한 Thomas M. Gannon, and George W. Traub, *The Desert and the City* (Chicago: Loyola University Press, 1969); Jill Raitt, ed., *Christian Spirituality: High Middle Ages and Reformation* (New York: Crossroad, 1988); Jean Leclercq et al., *A History of Christian Spirituality II: The Spirituality of the*

Middle Ages (New York: Seabury Press, 1982)를 보라. 이 책들에는 또한 공동생활형제회와 프란체스코회에 대한 훌륭한 자료가 포함되어 있다.

26 André Vauchez의 관찰에 따르면, Dominic의 "인류 구원을 위한 열정은 누구보다도 큰 것 같으며, 그의 사랑과 자비는 신자들뿐만 아니라 불신자들과 이방인, 심지어 지옥의 저주받은 자들에게까지 확장되었다"(Vauchez, *Laity in the Middle Ages*, p. 99).

27 도미니쿠스회 영성에 대한 자료로는 Richard Woods, *Mysticism and Prophecy: The Dominican Tradition* (Maryknoll, N.Y.: Orbis, 1998); Benedict M. Ashley, *The Dominicans* (Collegeville, Minn.: Liturgical Press, 1990); Simon Tugwell, *The Way of the Preacher* (Springfield, Ill.: Templegate, 1979)를 보라.

28 Little, *Religious Poverty*, p. 173. Vauchez는 이에 동의하면서, "세상 속에서 하는 모든 형태의 구체적 행동은 복음주의의 이상과 부합하는 것을 목표로 했다"고 주장한다. 그러한 행동은 "12-13세기에 하나님의 인성을 높이 보는 성육신적 기독교라는 맥락에서 그 중요성이 커졌다"(Vauchez, *Laity in the Middle Ages*, p. xviii).

29 "설명이 제시될 수 있는 어떤 특수한 상황을 넘어, 내게 교회 내 평신도의 역할 성장은 무엇보다도 기독교 영성에서 활동적 삶의 재건이 이루어진 것과 관련된 것으로 보인다. 거룩한 전쟁이건 자선 행위건, 가난의 실천이건 정의의 실천이건, 복음주의의 이상과 부합하는 것을 목표로 한 세상 속에서 하는 모든 형태의 구체적 행동은 12-13세기에 하나님의 인성을 높이 보는 성육신적 기독교라는 맥락에서 그 중요성이 커졌다"(같은 책).

30 Richard Kieckhefer, *Unquiet Souls: Fourteenth-Century Saints and Their Religious Milieu* (Chicago: University of Chicago Press, 1984), p. 88.

31 Kieckhefer는 이렇게 결론짓는다. "그들이 자신에게 가한 가혹한 금욕주의, 기도에 철저히 전념하기, 세상으로부터의 소외, 이 모두는 수도원 전통에서 자라났다…평신도의 경건의 맥락은 세속이지만, 그 기준은

수도원의 기준과 본질적으로 같았다"(같은 책, p. 15). Vauchez도 같은 결론에 도달한다. "구원을 얻기 위해 세상을 피해 달아날 필요는 없었다. 세상 속에서 사는 것, 즉 세속적 현실(가령, 가족과 직업 생활)에서 종교 쪽으로 전환함으로써 자신을 신성하게 하는 것이 아니라, 자기 욕망의 노예인 사람들 가운데서 절대적 분리와 하나님을 향한 헌신의 살아 있는 모범이 되는 것이 더 나았다"[Vauchez, *Laity in the Middle Ages*, p. 182; 또한 André Vauchez, *Sainthood in the Later Middle Ages* (Cambridge: Cambridge University Press, 1997)를 보라].

32 George Duby, *Love and Marriage in the Middle Ages* (Chapel Hill: University of North Carolina Press, 1994); Karen A. Winstead, *Virgin Martyrs* (Ithaca, N.Y.: Cornell University Press, 1997)를 보라.

33 베긴회와 다른 평신도 운동, 특히 여성에 대한 정보를 얻으려면 Patricia Ranft, *Women and the Religious Life in Premodern Europe* (New York: St. Martin's Press, 1996), pp. 61-94; Caroline Walker Bynum, "Religious Women in the Late Middle Ages", in *Christian Spirituality: High Middle Ages and Reformation*, ed. Jill Raitt (New York: Crossroad, 1988); François Vandenbroucke, "New Milieux, New Problems: From the Twelfth to the Sixteenth Century", in Leclercq et al., *History of Christian Spirituality II*, pp. 141-167; Fiona Bowie, *Beguine Spirituality* (New York: Spiritual Classics, 1989); Saskia Murk-Jansen, *Brides in the Desert: The Spirituality of the Beguines* (Maryknoll, N.Y.: Orbis, 1998); Walter Simons, *Cities of Ladies* (Philadelphia: University Press, 2001)를 보라.

34 "모든 것에 유용했던 교회의 전통적 공동체들은 더 이상 그들의 기독교적 삶을 성장시키는 데 충분하지 않았던 것 같다. 그리고 그들 모임의 실천을 통해서 하나님의 말씀과 은혜에 다가가는 더 나은 수단을 발견했던 것 같다"(François Vandenbroucke, "Laity and Clergy in the Thirteenth Century", in Jean Leclercq et al., *A History of Christian Spirituality II*, p. 353).

35 Ranft, *Women and the Religious Life*, p. 72에 인용된 Jacques de

Vitry. Mary of Oignies의 전기 발췌본으로는 Bernard McGinn, ed., *The Essential Writings of Christian Mysticism* (New York: Random House, 2006), pp. 60-65를 보라.

36 Vandenbroucke, "Laity and Clergy in the Thirteenth Century", p. 358에 인용된 Jacques de Vitry.

37 Theodore P. van Zijl, *Gerard Groote, Ascetic and Reformer (1340-1384): A Dissertation* (Washington, D.C.: Catholic University of America Press, 1963), p. 74.

38 John Van Engen, ed., *Devotio Moderna: Basic Writings* (New York: Paulist Press, 1988), p. 23.

39 같은 책, p. 35. Groote와 그의 운동에 대한 다른 자료로는 Albert Hyma, *The Christian Renaissance: A History of the Devotio Moderna*, 2nd ed. (New York: Archon, 1965); Regnerus R. Post, *The Modern Devotion* (Leiden, The Netherlands: Brill, 1968); Mark S. Burrows, "Devotio Moderna: Reforming Piety in the Later Middle Ages", in *Spiritual Traditions for the Contemporary Church*, ed. Robin Maas and Gabriel O'Donnell (Nashville: Abingdon, 1990), pp. 109-132를 보라. 이 운동에서 나온 가장 널리 알려지고 읽히는 책은 Thomas à Kempis, *The Imitation of Christ*, trans. William C. Creasy (Notre Dame, Ind.: Ave Maria Press, 1989)이다. 이 책은 우리가 연구해 온 일반적 특성을 반영한다.

40 종교개혁 기간 동안의 평신도 운동에 대한 유용한 개론으로는 Carl R. Truman, "Reformers, Puritans, and Evangelicals: The Lay Connection", in *The Rise of the Laity in Evangelical Protestantism*, ed. Deryck W. Lovegrove (London: Routledge, 2002), pp. 17-35를 보라.

41 John Calvin, *Institutes of the Christian Religion*, ed. John T. McNeill, trans. Ford Lewis Battles (Louisville, Ky.: Westminster John Knox Press, 1960), p. 720. 『기독교 강요』(기독교문사).

42 Martin Luther, *Luther: Letters of Spiritual Counsel*, The Library of Christian Classics 18, ed. Theodore G. Tappert (Philadelphia: West-

minster Press, 1955), p. 114. 『루터선집』(컨콜디아사).

43 "사람들로 하여금 믿음을 갖고 믿음에서 나오는 사랑을 실천하게 하는 것만큼, 어떤 일―금식, 순례하기, 수도사 되기, '선행' 하기, 성례전을 받기―을 하게 하는 것이 목표는 아니다"(Tappert, *Luther*, p. 15).

44 Owen Chadwick, *The Early Reformation on the Continent* (New York: Oxford University Press, 2003), pp. 140-141에 인용된 Martin Luther.

45 Martin Luther, *Luther*, p. 274.

46 Calvin, *Institutes*, p. 725.

47 마침내 몇몇 가톨릭 저자들이―그들 중에는 Lawrence 형제와 Francis de Sales가 있다―교회나 수도원에서와 마찬가지로 부엌과 공장과 교실에서도 하나님을 예배할 수 있다고 하는 주장에 가세했다.

48 A. W. Tozer, *The Pursuit of God* (Harrisburg, Penn.: Christian Publications, 1948), p. 127. 『하나님을 추구하라』(복있는사람).

49 Calvin, *Institutes*, pp. 695-696.

50 Paul-Gordon Chandler, "Mazhar Mallouhi: Gandhi's Living Christian Legacy in the Muslim World", *International Bulletin of Missionary Research* 27, no. 2 (2003): 54-59.

9 | 말씀

1 Lewis W. Spitz이 이렇게 쓴다. "인쇄가 새로운 소통 수단이었지만, 구어의 힘과 설교의 영향력을 과소평가하는 것은 실수였다. 설교단에서 설교를 전할 때 큰 권위가 수반되었기 때문이다. 소책자가 개혁의 이상을 받아들일 수 있도록 대중의 마음을 부드럽게 해 줄 수는 있었지만, 일반적 양상은 다음과 같았다. 복음 설교자들은 한 소도시로 오거나 초대받아 와서 시민들을 결집시켰다. 그들은 개혁을 위해 길드를 기반으로 내키지 않아 하는 시의회를 압박했다"[Lewis W. Spitz, *The Protestant Reformation, 1517-1559* (New York: Harper & Row, 1985), p. 93]. 『종교개혁의 정신』(풍만).

2 Hughes Oliphant Old는 종교개혁이 독특한 설교 유파를 만들어 냈

지만 그들이 설교를 재발견한 것은 아니었다고 주장한다. 중세 시대에는 훌륭한 설교가 많았다. 탁발 수도사들이 활동하던 때와 같은 특정 시기에 그랬다. "중세 시대에는 엄청난 설교가 있었고, 그 가운데 상당수는 수준이 높았다. 공부와 경건이 어우러진 설교였다. 개신교 종교개혁가들이 설교를 재발견했다고 생각한다면, 그것은 대단한 착각일 것이다." Hughes Oliphant Old, *The Reading and Preaching of the Scriptures in the Worship of the Christian Church*, vol. 4, *The Age of the Reformation* (Grand Rapids: Eerdmans, 2002)을 보라. 설교의 역사를 다룬 탁월한 자료로는 O. C. Edwards, *A History of Preaching* (Nashville: Abingdon, 2004)을 보라.

3 Edwards, *History of Preaching*, p. 294.

4 Edwards and Old 말고도 Calvin의 설교에 대한 정보를 찾으려면 T. H. L. Parker, *Calvin's Preaching* (Louisville, Ky.: Westminster John Knox Press, 1992); Richard Stauffer, *The Humanness of John Calvin*, trans. George H. Shriver (Nashville: Abingdon, 1971); John Leith, "Calvin's Doctrine of the Proclamation of the Word and Its Significance for Today", in *John Calvin and the Church: A Prism of Reform*, ed. Timothy George (Louisville, Ky.: Westminster John Knox Press, 1990); Leroy Nixon, *John Calvin: Expository Preacher* (Grand Rapids: Eerdmans, 1950); Ronald S. Wallace, *Calvin, Geneva and the Reformation* (Eugene, Ore.: Wipf & Stock, 1998); W. Fred Graham, *The Constructive Revolutionary: John Calvin and His Socio-Economic Impact* (Atlanta: John Knox Press, 1971, 『건설적인 혁명가 칼빈』, 생명의말씀사); Serene Jones, *Calvin and the Rhetoric of Piety* (Louisville, Ky.: Westminster John Knox Press, 1995)를 보라.

5 Edwards, *History of Preaching*, p. 313. 또한 설교자로서 Calvin에 대한 매력적 상술로는 T. H. L. Parker를 보라. 이 책들 대부분을 잃어버렸지만, 발견된 책들도 일부 있다. 이들 설교의 중요성은 Calvin의 저술과 주석들 때문에 빛을 잃었다.

6 Roland H. Bainton, *Here I Stand: A Life of Martin Luther* (New

York: Abingdon-Cokesbury, 1950), p. 348.

7 종교개혁 영성에 대한 개론으로는 T. Hartley Hall IV, "The Shape of Reformed Piety", in *Spiritual Traditions for the Contemporary Church*, ed. Robin Maas and Gabriel O'Donnell (Nashville: Abingdon, 1990), pp. 202-234; Howard Hageman, "Reformed Spirituality", in *Protestant Spiritual Traditions*, ed. Frank C. Senn (New York: Paulist Press, 1986), pp. 55-79; Alister McGrath, *Roots That Refresh: A Celebration of Reformation Spirituality* (London: Hodder & Stoughton, 1991, 『종교개혁시대의 영성』, 좋은씨앗); Howard L. Rice, *Reformed Spirituality: An Introduction for Believers* (Louisville, Ky.: Westminster John Knox Press, 1991, 『개혁주의 영성: 그리스도인들을 위한 입문서』, CLC); Carter Lindberg, ed., *The Reformation Theologians: An Introduction to Theology in the Early Modern Period* (Oxford: Blackwell, 2002, 『종교개혁과 신학자들』, CLC)를 보라.

8 Martin Luther, "Freedom of the Christian", in *Martin Luther: Selections from His Writings*, ed. John Dillenberger (Garden City, N.Y.: Anchor Books, 1961), p. 66. 『루터 저작선』(크리스챤다이제스트).

9 Gerald Strauss, *Luther's House of Learning: Indoctrination of the Young in the German Reformation* (Baltimore: Johns Hopkins University Press, 1978)을 보라. 독일에서 제아무리 작정하고 조직적으로 교리 문답 교육을 시행했다 하더라도, 기대한 효과를 거두지는 못했다고 Strauss는 주장한다.

10 중세 후기 종교와 그것이 종교개혁에 끼친 영향에 대해 자세히 논의한 자료로는 Lewis W. Spitz, *The Protestant Reformation, 1517-1559* (New York: Harper & Row, 1985); Harold J. Grimm, *The Reformation Era, 1500-1650* (New York: Macmillan, 1973); Heiko Oberman, *Forerunners of the Reformation: The Shape of Late Medieval Thought Illustrated by Key Documents* (Philadelphia: Fortress Press, 1981); Owen Chadwick, *The Reformation* (New York: Penguin, 1964, 『종교개혁사』, 크리스챤다이제스트); J. Huizinga, *The Waning of the Middle*

Ages (New York: Doubleday Anchor, 1949)를 보라.

11 결과적으로, "순종과 성적 순결이라는 성직자의 중요한 이상을 품은 수도원적 평신도 신앙은, 점점 더 교육 수준이 높아지고 사회적 이동성이 높아진 도시의 평신도와는 어울리지 않아 보였다. 도시의 평신도는 삶의 모든 영역에서 단순성, 직접성, 정중한 대우를 귀하게 여겼다"[Steven Ozment, *The Age of Reform, 1250-1550: An Intellectual and Religious History of Late Medieval and Reformation Europe* (New Haven, Conn.: Yale University Press, 1980), p. 220]. 『개혁의 시대』(칼빈서적).

12 아마도 가장 악명 높은 예가 Erasmus의 유명한 *Praise of Folly* (『우신예찬』, 열린책들)이었을 것이다. 이 책에서는 교황과 추기경과 주교와 교수와 수도사들을 포함하여 교회의 위계 구조를 대놓고 조롱했다.

13 탁월한 Luther 전기 두 권이 있다. Bainton, *Here I Stand*; Heiko Oberman, *Luther: Man Between God and the Devil*, trans. Eileen Walliser-Schwarzbart (New York: Doubleday, 1992).

14 Ozment, *Age of Reform*, p. 242.

15 "성경을 발견하는 것은 놀라움으로 가득한 과정이었으며, 당황스러운 때도 드물지 않았다. 그는 살아 계신 하나님의 음성으로 자신에게 말씀하시는 새로운 구절을 계속 찾았다. 학문만으로는 이러한 도전을 주지 못하고, 도전에 직면하지도 않았을 것이다"(Oberman, *Luther*, p. 158).

16 같은 책, p. 165.

17 같은 책, p. 176.

18 Luther, "Freedom of the Christian", in Dillengerger, *Martin Luther*, p. 61.

19 Jared Wicks, *Luther and His Spiritual Legacy* (Wilmington, Del.: Michael Glazier, 1983), pp. 136-137에 인용된 Martin Luther.

20 Ozment, *Age of Reform*, p. 245에 인용된 Luther.

21 Calvin 전기로는 다음을 보라. T. H. L. Parker, *John Calvin: A Biography* (Philadelphia: Westminster Press, 1975, 『존 칼빈』, 생명의말씀사); Alister McGrath, *A Life of John Calvin* (Oxford: Blackwell, 1990); François Wendel, *Calvin: The Origins and Development of His Re-*

ligious Thought (New York: Harper & Row, 1950, 『칼빈 그의 신학사상의 근원과 발전』, 크리스챤다이제스트); John T. McNeill, *The History and Character of Calvinism* (New York: Oxford University Press, 1954).

22 인문주의에 대한 더 많은 정보로는 William J. Bousma, "Humanism: The Spirituality of Renaissance Humanism", and James D. Tracy, "Humanism: Ad Fontes: The Humanist Understanding of Scripture as Nourishment for the Soul", in *Christian Spirituality: High Middle Ages and Reformation*, ed. Jill Raitt (New York: Crossroad, 1987), pp. 236-251; Jean Leclercq, François Vandenbroucke and Louis Boyer, *The Spirituality of the Middle Ages* (New York: Seabury Press, 1982), pp. 506-516; John F. D'Amico, *Renaissance Humanism in Papal Rome: Humanists and Churchmen on the Eve of the Reformation* (Baltimore: Johns Hopkins University Press, 1983); Roland H. Bainton, *Erasmus of Christendom* (New York: Crossroad, 1969); and Philip Edgcumbe, *Lefevre: Pioneer of Ecclesiastical Renewal in France* (Grand Rapids: Baker, 1984)를 보라.

23 Erasmus에게 성경은 고대 서적 이상이었다. 그는 성경의 유용성과 권위에 깊이 헌신되어 있었다. "신성한 성경을 열심히 연구하여 쉽게 내쫓지 못할 정도로 강한 유혹과 맹렬한 원수의 맹공도, 참을 수 없는 슬픔으로 가득한 역경도 없다"(Tracy, "Humanism: Ad Fontes", p. 253를 보라). 이런 이유로 그는 성직자에게 성경을 성실하게 선포하라고 촉구했다. Erasmus는 물었다. "교리 문답이 없다면, 세례받는 것이 무슨 유익이 있는가? 그 의미를 모른다면, 주님의 만찬을 받으러 가는 것이 무슨 유익이 있는가?"(Edwards, *History of Preaching*, p. 275)

24 John Calvin, "The Author's Preface to the Commentary on the Book of Psalms", in *John Calvin: Selections from His Writings*, ed. John Dillenberger (New York: Anchor Books, 1971), p. 26.

25 같은 책.

26 같은 책, p. 28.

27 같은 책, p. 29.

28 John Calvin, *Institutes of the Christian Religion* 1.13.1, ed. John T. McNeill, trans. Ford Lewis Battles (Louisville, Ky.: Westminster John Knox Press, 1960).

29 "하나님이 인간의 수용 능력에 그 자신을 맞추신 일의 핵심에는 하나님 최고의 겸손, 곧 타락한 세상을 그분 자신과 화해시키시기 위하여 자신의 독생자를 내어주신 일이 있다"(Ford Lewis Battles, "God Was Accommodating Himself to Human Capacity", in *Readings in Calvin's Theology*, ed. Donald K. McKim (Eugene, Ore.: Wipf & Stock, 1998), pp. 23-24. 『칼빈에 관한 신학논문』(기독교문화사).

30 Battles, "God Was Accommodating", p. 42에 인용된 Calvin.

31 "하나님은 인내하시면서 역사 속에서 자신의 계시 방식을 우리의 조건에 맞추신다. 그리하여 아주 탁월하게도, 말씀은 육신이 되고, 기록된 말씀—하나님은 이를 통해 말씀하신다—은 그분 자신을 우리에게 맞추시는 하나님이다"(Battles, "God Was Accommodating", p. 38).

32 Donald K. McKim, "Calvin's View of Scripture", in *Readings in Calvin's Theology*, ed. Donald K. McKim (Eugene, Ore.: Wipf & Stock, 1998), p. 54.

33 Calvin, *Institutes* 1.6.2.

34 "하나님 한 분만이 자신의 말씀 속에서 자신을 딱 맞게 증거하시듯이, 말씀 또한 성령의 내적 증거로 확증되기 전에는 사람의 마음에 받아들여지지 않을 것이다. 그러므로 예언자들의 입을 통하여 말씀해 오신 동일한 성령이 우리의 마음을 뚫고 들어오셔서 그들이 하나님께 받은 명령을 충실하게 선포했다고 우리를 설득하셔야 한다"(같은 책, 1.7.4).

35 같은 책, 1.7.5.

36 같은 책, 1.8.13.

37 Ronald S. Wallace, *Calvin's Doctrine of the Word and Sacrament* (Grand Rapids: Eerdmans, 1957), p. 83. "하나님이 인류를 장식해 주신 많은 고귀한 재능 가운데 가장 두드러진 것 중 하나는, 하나님이 인간의 입과 혀를 그분의 섬김, 즉 인간 안에서 그분 자신의 음성이 들리게 하는 일에 봉헌하기로 구상하신 것이다"(같은 책, p. 84).

38 Quoted in Parker, *Calvin's Preaching*, p. 46.
39 Luther는 하나님을 "말씀하시는 하나님으로, 복음을 하나의 이야기 혹은 구두 메시지로, 성경을 하나의 책이 아닌 설교로, 교회를 그들에게 말씀하시는 하나님의 말씀을 경청하는 사람들의 모임"으로 생각했다 [Wilhelm Pauck, *The Heritage of the Reformation* (New York: Free Press, 1961), p. 106]. Vilmos Vajta는 Luther와 예배에 대해 쓴 자신의 고전에서 이 관점에 덧붙여 말한다. "설교단은 독서대와 신도석 사이에 서 있다. 설교단에서는 성경의 옛 진리를 오늘의 회중에게 적용한다. 시들한 편지가 생명을 주는 성령이 되는 것은 설교 속에서다…결국, 성경 자체가 초기 교회에서 구전 복음의 중요성을 증거한다. 설교는 성경을 넘어서지 않고 성경을 '사용'한다"[Vilmos Vajta, *Luther on Worship* (Philadelphia: Muhlenberg Press, 1958), pp. 77-78].
40 Martin Luther, in *Luther: Early Theological Works*, ed. and trans. James Atkinson (Philadelphia: Westminster Press, 1962), pp. 194-195.
41 Edwards, *History of Preaching*, p. 315에 인용된 John Calvin.
42 같은 책.
43 Parker, *Calvin's Preaching*, p. 81에 인용된 Calvin.
44 Edwards, *History of Preaching*, pp. 315-316에 인용된 Calvin.
45 Parker, *Calvin's Preaching*, p. 40에 인용된 Calvin.
46 같은 책.
47 Martin Luther, "Sermon at Cobert on Cross and Suffering, 1530", *Luther's Works*, ed. John W. Doberstein, vol. 51 (Philadelphia: Fortress Press, 1959), p. 200.
48 Bainton, *Here I Stand*, p. 355에 인용된 Luther.
49 Edwards, *History of Preaching*, p. 292에 인용된 Luther.
50 *Christian History* 34 (1992): 27에 인용된 Martin Luther.
51 "제네바에 있던 Calvin의 주변 사람들은 영적 위안과 확신뿐 아니라, 어떻게 각 개인이 매일 삶의 실천에서 믿음과 순종의 삶을 통하여 하나님의 은혜에 반응해야 하는지에 대한 안내를 필요로 했다"(Wallace, *Calvin, Geneva, and the Reformation*, p. 185). Calvin의 목회적 저작에

서 발췌한 글로는 Elsie Anne McKee, ed., *John Calvin: Writings in Pastoral Piety* (New York: Paulist Press, 2001)를 보라.

52 Wallace, *Calvin, Geneva, and the Reformation*, p. 173에 인용된 John Calvin.

53 "Table Talk Recorded by Casper Heydenreich", in Theodore E. Tappert, ed., *Luther: Letters of Spiritual Counsel* (Philadelphia: Westminster Press, 1960), pp. 50-51.

54 Stauffer, *Humanness of John Calvin*, p. 45에 인용된 John Calvin.

55 같은 책, p. 41.

56 Wallace, *Calvin, Geneva and the Reformation*, pp. 180-181에서 인용.

57 Eugene H. Peterson, *Working the Angles: The Shape of Pastoral Integrity* (Grand Rapids: Eerdmans, 1987), p. 88. 『균형 그 조용한 목회 혁명』(좋은씨앗).

58 Peterson은 성경을 어떻게 읽을지, 그래서 어떻게 성경에 귀 기울이는 법을 배울지에 대한 탁월한 책을 썼다. Eugene H. Peterson, *Eat This Book: A Conversation in the Art of Spiritual Reading* (Grand Rapids: Eerdmans, 2006)을 보라. 『이 책을 먹으라』(IVP).

10 | 회심

1 지도적 복음주의 학자 David Bebbington은 복음주의가 네 가지 기본 원리—성경의 권위, 십자가의 중심성, 회심의 필요성, 행동주의의 중요성—위에 세워져 있다고 주장한다. 나는 처음 두 개의 확신이 종교개혁 기간 중에 그 기원을 둔다고 믿는데, 이는 복음주의자들 역시 받아들인 것이다. 나머지 둘은 복음주의 영성의 핵심에 있다고 믿는다. 행동주의는 회심으로부터 나오는 것이긴 하지만 말이다. David W. Bebbington, *The Dominance of Evangelicalism: The Age of Spurgeon and Moody* (Downers Grove, Ill.: InterVarsity Press, 2005)를 보라.

2 복음주의 영성에 대한 최상의 자료로는 James M. Gordon, *Evangelical Spirituality: From the Wesleys to John Stott* (London: SPCK, 1991, 『복음주의 영성』, 기독교문서선교회)를 보라. Gordon은 복음주의의 주요

인물에 대한 전기적 개요를 제공한다. 또한 Douglas A. Sweeney, *The American Evangelical Story: A History of the Movement* (Grand Rapids: Baker Academic, 2005, 『복음주의 미국 역사』, CLC); Keith T. Hardman, *The Spiritual Awakeners: American Revivalists from Solomon Stoddard to Dwight L. Moody* (Chicago: Moody Press, 1983); Ian Randall, *What a Friend We Have in Jesus: The Evangelical Tradition* (Maryknoll, N.Y.: Orbis, 2005); P. Adams, *Roots of Contemporary Evangelical Spirituality* (Bramcote, U.K.: Grove, 1988); J. Cockerton, *Essentials of Evangelical Spirituality* (Bramcote, U.K.: Grove, 1994); G. M. Ditchfield, *The Evangelical Revival* (London: UCL Press, 1998); D. K. Gillett, *Trust and Obey: Explorations in Evangelical Spirituality* (London: DLT Press, 1993)를 보라. 1차 자료 모음집으로는 David Lyle Jeffrey, ed., *A Burning and a Shining Light: English Spirituality in the Age of Wesley* (Grand Rapids: Eerdmans, 1987)를 보라. InterVarsity Press는 다섯 권짜리 복음주의 역사를 출간했다. 이 시리즈는 복음주의 영성에 대해 많은 정보를 제공한다. Mark A. Noll, *The Rise of Evangelicalism: The Age of Edwards, Whitefield and the Wesleys* (Downers Grove, Ill.: InterVarsity Press, 2003, 『복음주의 발흥』, CLC); John Wolffe, *The Expansion of Evangelicalism: The Age of Wilberforce, More, Chalmers and Finney* (Downers Grove, Ill.: InterVarsity Press, 2007, 『복음주의 확장』, CLC); David W. Bebbington, *The Dominance of Evangelicalism: The Age of Spurgeon and Moody* (Downers Grove, Ill.: InterVarsity Press, 2005, 『복음주의 전성기』, CLC). 또한 D. M. Lewis, *Christianity Reborn: The Global Expansion of Evangelicalism in the 20th Century* (Grand Rapids: Eerdmans, 2004)를 보라. 지난 10년 동안 학자들은 대서양 연안에서 나타난 복음주의의 특성에도 관심이 있었다. Richard Carwardine, *Trans-Atlantic Revivalism: Popular Evangelicalism in Britain and America, 1790-1865* (Westport, Conn.: Greenwood Press, 1978); Mark A. Noll, David W. Bebbington and George Rawlyk, eds., *Evangelicalism:*

Comparative Studies of Popular Protestantism in North America, the British Isles, and Beyond, 1700-1990 (New York: Oxford University Press, 1994); W. R. Ward, *The Protestant Evangelical Awakening* (Cambridge: Cambridge University Press, 1992)을 보라.

3 John Newton의 삶에 대한 자료로는 Steve Turner, *Amazing Grace: The Story of America's Most Beloved Song* (New York: HarperCollins, 2002); John Pollock, *Amazing Grace: John Newton's Story* (San Francisco: Harper & Row, 1981); D. Bruce Hindmarsh, *John Newton and the English Evangelical Tradition Between the Conversions of Wesley and Wilberforce* (Oxford: Clarendon Press, 1996); James M. Gordon, *Evangelical Spirituality* (London: SPCK, 1991), pp. 67-92를 보라. 잡지 *Christian History* (Winter 2004)는 John Newton의 삶에 한 호 전체를 할애했는데, 지도와 연표와 글과 시각 자료들을 실었다.

4 John Newton, *The Life and Spirituality of John Newton* (Vancouver, Canada: Regent College Publishing, 1998), p. 31.

5 같은 책, p. 31.

6 Turner, *Amazing Grace*, p. 29에서 인용.

7 Newton, *Life and Spirituality*, p. 52.

8 같은 책, p. 56.

9 같은 책, p. 65.

10 같은 책. 노예선의 선장으로 한 마지막 항해에서 Newton은 한 명의 노예도 잃지 않았는데, 이는 실제로 전대미문의 일이었다. 그는 그 성취에 대해 자부심을 가졌으며, 그것을 노예를 향한 자신의 기독교적 관심을 발휘한 것으로 여겼음은 의심의 여지가 없다. 만년에 이르러서야, 그는 그 체계 자체가 도덕적 파탄 상태였다고 고백했다.

11 Newton, *Life and Spirituality*, p. 70.

12 Turner, *Amazing Grace*, p. 65에서 인용.

13 이제 *The Life and Spirituality of John Newton* (Vancouver, B.C.: Regent College Publishing, 1998)이라는 책으로 읽을 수 있다.

14 Turner, *Amazing Grace*, p. 97에서 인용.

15 같은 책, p. 100.
16 같은 책, p. 109. 에큐메니컬 지도자로서의 Newton에 대한 논문으로는 *Amazing Grace: Evangelicalism in Australia, Britain, Canada, and the United States*, ed. George A. Rawlyk and Mark A. Noll (Grand Rapids: Baker Books, 1993)에 실린 Bruce Hindmarsh, "'I Am a Sort of Middle-Man': The Politically Correct Evangelicalism of John Newton"을 보라.
17 Turner, *Amazing Grace*, p. 110.
18 Hugh T. Kerr와 John M. Mulder는 이렇게 관찰한다. "때로 회심의 사실과 경험은 도덕적 순결과 선에 대한 지적 진리나 갈망을 추구하는 것과 관련이 있다." 이러한 유의 회심은 그들의 마음속에서 더 평온한 것이다. 그러나 "과거의 깊은 정서적 지진이 현재를 박살 내고 새로운 내일을 향한 길을 내는" 때도 있다[*Conversions: The Christian Experience* (Grand Rapids: Eerdmans, 1983), p. ix].
19 Walter Conn은 회심을 심리학적 현상으로 이해해야 한다고 주장한다 [*Christian Conversion: A Developmental Interpretation of Autonomy and Surrender* (New York: Paulist Press, 1986)를 보라]. 그는 원래 1902년에 출간된 위대한 William James의 *The Varieties of Religious Experience: A Study in Human Nature* (New York: Penguin, 1982, 『종교적 경험의 다양성』, 한길사)를 따른다. James는 청교도 John Bunyan을 사례 연구로 사용한다.
20 영국 청교도에 대한 개론서로는 William Haller, *The Rise of Puritanism* (Philadelphia: University of Pennsylvania Press, 1938)을 보라. 또한 Patrick Collinson, *The Elizabethan Puritan Movement* (London: Jonah Cope, 1967)를 보라.
21 Bunyan의 자서전으로는 *Grace Abounding to the Chief of Sinners* (New York: Penguin, 1987)를 보라. 2차 자료로는 Robert L. Greaves, *John Bunyan* (Grand Rapids: Eerdmans, 1969); John Kelman, *The Road: A Study of John Bunyan's* Pilgrim's Progress, vols. 1-2 (Port Washington, N.Y.: Kennikat Press, 1970)를 보라.

22 John Bunyan, *The Pilgrim's Progress* (New York: Penguin, 1964), p. 41. 『천로역정』(크리스챤다이제스트).

23 같은 책, p. 144.

24 Bruce Hindmarsh, *The Evangelical Conversion Narrative: Spiritual Autobiography in Early Modern England* (New York: Oxford University Press, 2005)를 보라.

25 청교도의 경건과 설교와 회심에 대한 책으로는—특히 미국에서—Leland Ryken, *Worldly Saints: The Puritans as They Really Were* (Grand Rapids: Zondervan, 1986, 『청교도 이 세상의 성자들』, 생명의말씀사); Charles Lloyd Cohen, *God's Caress: The Psychology of Puritan Religious Experience* (New York: Oxford University Press, 1986); Patricia Caldwell, *The Puritan Conversion Narrative: The Beginnings of American Expression* (Cambridge: Cambridge University Press, 1983); Norman Pettit, *The Heart Prepared: Grace and Conversion in Puritan Spiritual Life* (New Haven, Conn.: Yale University Press, 1966); Charles E. Hambrick-Stowe, *The Practice of Piety* (Chapel Hill: University of North Carolina Press, 1986); Owen C. Watkins, *The Puritan Experience* (London: Routledge & Kegan Paul, 1972)를 보라.

26 경건주의에 대한 개론서로는 Dale Brown, *Understanding Pietism* (Grand Rapids: Eerdmans, 1978, 『경건주의 이해』, 생명의말씀사); Ted A. Campbell, *The Religion of the Heart: A Study of European Religious Life in the Seventeenth and Eighteenth Centuries* (Columbia: University of South Carolina Press, 1991); Ernest F. Stoeffler, *The Rise of Evangelical Pietism* (Leiden, The Netherlands: E. J. Brill, 1971, 『경건주의 초기역사』, 솔로몬); Ernest F. Stoeffler, *German Pietism During the Eighteenth Century* (1973); G. T. Halbrooks, ed., *Pietism* (Nashville: Broadman, 1981)을 보라.

27 "우리가 사람들로 하여금 생명의 책 속에서 그들의 기쁨을 열심히 그리고 부지런히 찾게 하는 데 성공한다면, 그들의 영적 삶은 놀랍게 강화되고 그들은 모두 다른 사람이 될 것이다"[Philipp Jakob Spener, "Pia

Desideria", in *Pietists: Selected Writings*, ed. Peter C. Erb (New York: Paulist Press, 1983), p. 34]. 『경건의 열망』(크리스챤다이제스트).

28 같은 책, p. 36.
29 모라비아 교도들과 Zinzendorf에 대한 자료로는 J. Taylor Hamilton and Kenneth G. Hamilton, *A History of the Moravian Church* (Bethlehem, Penn.: Moravian Church of America, 1967); Anthony J. Lewis, *Zinzendorf: The Ecumential Pioneer* (Philadelphia: Westminster, 1962); John R. Weinlick, *Count Zinzendorf* (Nashville: Abingdon, 1956)를 보라.
30 Nicolas Ludwig von Zinzendorf, "The Rich Young Ruler Who Said Yes", *Christian History* 1, no.1 (1982): 35에서 인용.
31 다른 중요한 지도자들도 많다. 그들 가운데 화란 개혁교회의 Theodore Freylinghuysen와 장로교인 Gilbert Tennant가 있다.
32 Edwards에 대한 학문적 문헌은 엄청나게 많다. 최근의 학문적 도서 목록으로는 George M. Marsden, *Jonathan Edwards: A Life* (New Haven, Conn.: Yale University Press, 2003)를 보라. 『조나단 에드워즈와 그의 시대』(복있는사람).
33 Jonathan Edwards, "Personal Narrative", in *A Jonathan Edwards Reader*, ed. John E. Smith, Harry S. Stout and Kenneth P. Minkema (New Haven, Conn.: Yale University Press, 1995).
34 Jonathan Edwards, "A Faithful Narrative of the Surprising Work of God", in *A Jonathan Edwards Reader*, ed. John E. Smith, Harry S. Stout and Kenneth P. Minkema (New Haven, Conn.: Yale University Press, 1995), p. 63.
35 Jonathan Edwards, *Religious Affections*, ed. James M. Houston (Minneapolis: Bethany House, 1996), p. 5.
36 같은 책, p. 179.
37 Ava Chamberlain, "The Grand Sower of the Seed: Jonathan Edwards's Critique of George Whitefield", *New England Quarterly*, September 1997, p. 380에 인용된 Jonathan Edwards.

38 같은 책.

39 Stephen Tomkins, *John Wesley: A Biography* (Grand Rapids: Eerdmans, 2003); Robert G. Tuttle Jr., *John Wesley: His Life and Theology* (Grand Rapids: Zondervan, 1978); Richard P. Heitzenrater, *The Elusive Mr. Wesley* (Nashville: Abingdon, 1984); Charles Yrigoyen Jr., *John Wesley: Holiness of Heart and Mind* (Nashville: Abingdon, 1996); Thomas C. Oden, *John Wesley's Spiritual Christianity: A Plain Exposition of His Teaching on Christian Doctrine* (Grand Rapids: Zondervan, 1994).

40 John Wesley, *The Journal of John Wesley: A Selection*, ed. Elisabeth Jay (New York: Oxford University Press, 1987), p. 32. Wesley의 다양한 글 모음집으로는 Frank Whaling, ed., *John and Charles Wesley: Selected Prayers, Hymns, Journal Notes, Sermons, Letters and Treatises* (New York: Paulist Press, 1981)를 보라.

41 Wesley, *Journal of John Wesley*, pp. 34-35.

42 Charles E. Hambrick-Stowe, *Charles G. Finney and the Spirit of American Evangelicalism* (Grand Rapids: Eerdmans, 1996); Keith J. Hardman, *Charles Grandison Finney, 1792-1875: Revivalist and Reformer* (Syracuse, N.Y.: Syracuse University Press, 1987); Lewis A. Drummond, *Charles G. Finney and the Birth of Modern Evangelicalism* (London: Hodder & Stoughton, 1983).

43 19세기 미국의 복음주의는 여성들이 설교를 비롯하여 그들의 은사를 다양한 방식으로 사용하도록 허용했다. Catherine A. Brekus, *Female Preaching in America: Strangers and Pilgrims, 1740-1845* (Chapel Hill: University of North Carolina Press, 1998); Marilyn J. Westerkamp, *Women and Religion in Early America, 1600-1850: The Puritan and Evangelical Traditions* (London: Routledge, 1999)를 보라.

44 Timothy D. Hall, *Contested Boundaries: Itinerancy and the Reshaping of the Colonial American Religious World* (Durham, N.C.: Duke University Press, 1994)를 보라.

45 Harry S. Stout, *The Divine Dramatist: George Whitefield and the Rise of Modern Evangelicalism* (Grand Rapids: Eerdmans, 1991).

46 Charles Edward White, "Spare the Rod and Spoil the Church", *Christian History* 69 (2001): 28-30.

47 David Hempton, *The Religion of the People: Methodism and Popular Religion, c. 1750-1900* (London: Routledge, 1996); Richard P. Heitzenrater, *Wesley and the People Called Methodists* (Nashville: Abingdon, 1994); J. Kent, *Wesley and the Wesleyans: Religion in Eighteenth-Century Britain* (New York: Cambridge University Press, 2002); David W. Bebbington, *Evangelicalism in Modern Britain: A History From the 1730s to the 1980s* (London: Routledge, 1989, 『영국의 복음주의 1730-1980』, 한국신약학회); John H. Wigger, *Taking Heaven by Storm: Methodism and the Rise of Popular Christianity in America* (New York: Oxford University Press, 1998); H. B. McGonigle, *Sufficient Saving Grace: John Wesley's Evangelical Arminianism* (Carlisle, U.K.: Paternoster, 2001); H. D. Rock, *Reasonable Enthusiast: John Wesley and the Rise of Methodism* (London: Epworth Press, 1989).

48 D. M. Lewis, ed., *Christianity Reborn: The Global Expansion of Evangelicalism in the Twentieth Century* (Grand Rapids: Eerdmans, 2004)를 보라.

11 | 모험

1 Walls는 이렇게 말한다. "성육신은 번역이다. 그리스도 안의 하나님이 인간이 되셨을 때, 마치 인간이 수용 언어인 것처럼 신은 인간으로 번역되었다." Walls는 계속해서 말한다. "번역 과정에 내재된 긴장이라는 견지에서 보면, 하나님이 인간 구원을 위한 행동 양식으로 번역을 택하셨다는 사실은 더 놀랍다. 기독교 신앙은 번역이라는 신적 행위에 달려 있다. '말씀이 육신이 되어 우리 가운데 거하시매'(요 1:14)"[*The Missionary Movement in Christian History: Studies in the Transmission of Faith*

(Maryknoll, N.Y.: Orbis, 1996), p. 26].

2   특히 누가복음은 예수님이 여성과 이방인과 다른 국외자들에게 어떻게 다가가시는지 보여 주는 이야기가 많이 나온다.

3   학자들은 예루살렘 공의회가 기독교 역사에서 전환점을 찍는다고 주장한다. 이로 인해 선교사들이 기독교 신앙을 비유대 문화에 적응시킬 수 있는 자유를 얻기 때문이다.

4   예를 들어, Lamin Sanneh, *Translating the Message: The Missionary Impact on Culture* (Maryknoll, N.Y.: Orbis, 2004); Lamin Sanneh, *Whose Religion Is Christianity?* (Grand Rapids: Eerdmans, 2003); Lesslie Newbigin, *Foolishness to the Greeks: The Gospel and Western Culture* (Grand Rapids: Eerdmans, 1986)를 보라.『헬라인에게는 미련한 것이요』(IVP).

5   이 짧은 부분에 대하여 여러 주목할 만한 책의 덕을 입었다. Kenneth Scott Latourette은 선교의 역사에 대한 표준서를 썼다. Andrew Walls는 현대에 특히 주목하면서 선교사들이 역사 속에서 실제로 어떤 역할을 했는지에 대해 뛰어난 책을 썼다. Stephen Neill의 책에서는 기독교 선교의 역사를 간략하면서도 상세히 요약하고 있다. Ruth Tucker의 책에서는 주로 전기적 관점에서 선교 이야기를 다룬다. W. H. C. Frend는 초기 기독교 선교에 대해 대체로 포괄적인 정보를 제공하고, Rodney Stark는 동일한 기간에 대한 사회학적 관점을 덧붙인다. Ian Wood는 중세 초기를 다룬다. Kenneth Scott Latourette, *A History of the Expansion of Christianity*, 7 vols. (New York: Harper & Brothers, 1937-1945); Andrew Walls, *The Missionary Movement in Christian History: Studies in the Transmission of Faith* (Maryknoll, N.Y.: Orbis, 1996); Stephen Neill, *A History of Christian Missions* (New York: Penguin, 1964,『기독교 선교사』, 성광문화사); Ruth A. Tucker, *From Jerusalem to Irian Jaya: A Biographical History of Christian Missions* (Grand Rapids: Zondervan, 1983,『선교사 열전』, 복있는사람); W. H. C. Frend, *The Rise of Christianity* (Philadelphia: Fortress, 1984); Rodney Stark, *The Rise of Christianity* (Princeton, N.J.: Princeton University

Press, 1996); Ian Wood, *The Missionary Life: Saints and the Evangelisation of Europe, 400-1050* (Essex, U.K.: Pearson Education, 2001); Gerald H. Anderson, ed., *Biographical Dictionary of Christian Missions* (New York: Simon & Schuster, 1998)를 보라.

6 325년에 쓰고 381년에 개정한 니케아 신경은 하나님이 공동체 안에 한 분 혹은 삼위일체시라고 설명한다. 칼케돈 신경은 그리스도는 신의 본성과 인간의 본성이라는 두 개의 본성을 지닌 한 분이시라고 주장한다.

7 J. N. Hillgarth, ed., *Christianity and Paganism, 350-750: The Conversion of Western Europe* (Philadelphia: University of Pennsylvania Press, 1986); Richard Fletcher, *The Barbarian Conversion: From Paganism to Christianity* (Berkeley: University of California Press, 1997)을 보라.

8 Andrew Porter, *Religion vs. Empire? British Protestant Missionaries and Overseas Expansion, 1700-1914* (Manchester, U.K.: Manchester University Press, 2004). 또한 Brian Stanley, ed., *Missions, Nationalism, and the End of Empire* (Grand Rapids: Eerdmans, 2003)를 보라.

9 William R. Hutchison, *Errand to the World: American Protestant Thought and Foreign Missions* (Chicago: University of Chicago Press, 1987); Joel A. Carpenter and Wilbert R. Shenk, eds., *Earthen Vessels: American Evangelicals and Foreign Missions, 1880-1980* (Grand Rapids: Eerdmans, 1990); Wilbert R. Shenk, ed., *North American Foreign Missions, 1810-1914: Theology, Theory, and Policy* (Grand Rapids: Eerdmans, 2004); Dana L. Robert, *American Women in Mission* (Atlanta: Mercer University Press, 1997).

10 John W. O'Malley, *The First Jesuits* (Cambridge, Mass.: Harvard University Press, 1993), chap. 1. 예수회 영성에 대한 탁월한 책으로는 David Lonsdale, *Eyes to See, Ears to Hear: An Introduction to Ignatian Spirituality* (London: Darton, Longman & Todd, 1990)를 보라.

11 Ignatius Loyola, The Spiritual Exercises of St. Ignatius, trans. Anthony Mottola, (New York: Doubleday, 1964), p. 41. 『로욜라의 성 이냐

시오 영신수련』(이냐시오영성연구소).

12 O'Malley, *First Jesuits*, p. 37에 인용된 Ignatius Loyola.

13 Edwin S. Gaustad, ed., A Documentary History of Religion in America: To the Civil War (Grand Rapids: Eerdmans, 1982), pp. 75-78.

14 같은 책. 또한 Francis Parkman, *The Jesuits in North America*를 보라. 예수회는 70호를 넘기도록 계속 간행된 New World에 그들의 사역을 긴 기록으로 남겼다. 그 문서들의 실례로 R. G. Thwaites, ed., *Jesuit Relations and Allied Documents* (Cleveland: Burrows, 1896-1901)를 보라. 예수회 창설자의 짧은 역사에 대하여는 John Patrick Donnelly, *Ignatius of Loyola: Founder of the Jesuits* (New York: Longman, 2004)를 보라. 예수회의 초기 역사에 대하여는 O'Malley, *First Jesuits*를 보라.

15 다른 개척 선교사들도 수십 명은 다룰 수 있지만, 소수의 위대한 개척 선교사들만을 선택했다. 이들 저작 대부분은 선교사의 삶을 객관적으로 보는 '비평적' 전기는 아닐 것이다. 이들 전기는 의도적으로 사실을 왜곡하지는 않으면서, 독자들에게 세계 선교의 대의라는 영감과 확신을 주어 세계 선교에 나서도록 하는 것을 목적으로 한다. 또한 Courtney Anderson, *To the Golden Shore: The Life of Adoniram Judson* (Grand Rapids: Zondervan, 1956); Jim Cromarty, *It Is Not Death to Die: A New Biography of Hudson Taylor* (Fearn, U.K.: Christian Focus, 2001); Elisabeth Elliot, *A Chance to Die: The Life and Legacy of Amy Carmichael* (Old Tappan, N.J.: Revell, 1987, 『에이미 카마이클』, 복있는사람); Rosalind Goforth, *Goforth of China* (Grand Rapids: Zondervan, 1937); Howard Taylor and Mrs. Howard Taylor, *Hudson Taylor's Spiritual Secret* (Chicago: Moody Press, 1989, 『허드슨 테일러』, 생명의말씀사); Howard Taylor and Mrs. Howard Taylor, *J. Hudson Taylor: God's Man in China* (Chicago: Moody Press, 1965); Mrs. Howard Taylor, *Borden of Yale* (Minneapolis: Bethany House, 1988); Mrs. Howard Taylor, *Pastor Hsi* (Singapore: Overseas Missionary Fellowship, 1900); Catherine B. Allen, *The New Lottie Moon*

Story (Nashville: Broadman, 1980)를 보라.

16 미출간된 선교사 전기나 자서전도 많이 읽었다. 그 가운데는 기록 보관소와 가족 도서관에 보관된 자료들이 매우 많았는데, 대부분은 전혀 읽히지 않을 것이다. 내가 읽은 그 원고들은 기출간된 전기들이 말하는 것을 확인해 주기만 할 뿐이다. 내가 읽은 한 선교사 부부에 대한 이야기를 보면, 그들은 흔히 기준 이하의 집에서 살았고 병으로 여러 자녀를 잃었고 지속적 실패에 직면했으며 건강 악화로 고통을 겪었다. 그러나 그들은 자신의 이야기를 사무적으로 말하면서, 늘 선교를 위해 희생할 가치가 있다고 강조했다.

17 Studd의 후계자이자 사위인 Norman P. Grubb은 그의 전기를 썼는데, Studd가 이상적 선교사이고 따라서 많이들 생각하는 대로 광신자가 아니라는 점을 그의 비판자들에게 설명하려는 목적이 일부 있었다. 그가 Studd의 이야기를 기록한 — 흔히 Studd의 편지와 일기에서 광범위하게 인용함으로써 Studd 스스로 말하게 하면서 — 것은 영적 목표를 달성하기 위함이었다. 이는 "C. T.의 삶을 지배한 확신은 또한 나의 확신"이고 따라서 "이 책은 내 머리는 물론 내 마음으로 썼기" 때문이다. Studd는 "자신의 구주를 영화롭게 하기 위해 살았다. 이 책의 목적도 마찬가지로 그분을 영화롭게 하는 것이다. 그분께서 이 전적으로 복종하는 삶 안에서 그리고 그 삶을 통해서 일하시는 것으로 보이기 때문이다"[Norman P. Grubb, *C. T. Studd: Athlete and Pioneer* (Grand Rapids: Zondervan, 1933)]. 『C. T. 스터드』(두란노).

18 같은 책, p. 30.

19 Studd가 극적으로 물었다. 세계가 전에 언제 "이미 작지 않은 명성을 얻은 경력을 버리고, 세상의 야망이라는 빛나는 명예를 제쳐 두고, 아낌없는 조명을 받은 사교계를 벗어나고, 그 영광이라야 오직 믿음으로만 보이고 그 보상이라야 보통 사람들의 닫힌 눈에는 아주 어두워 보이는 전쟁에 뛰어든 [그런 사람을 본 적이 있었는가]?"(같은 책, p. 46).

20 같은 책, p. 49.

21 같은 책, pp. 79, 81.

22 같은 책, p. 88.

23 같은 책, p. 119.
24 같은 책, p. 123.
25 같은 책, p. 149.
26 같은 책, pp. 129-130.
27 많은 전기들이 선교사 가족의 고통에 대해 분명히 말하지 않는 경우가 허다하다. 고통을 겪은 가족도 많다. 월드비전의 창설자 Bob Pierce의 전기는 예외적으로 가족의 고통을 다룬 것으로 유명하다. 이 책은 Pierce가 죽자마자 그의 딸 Marilee Pierce Dunker가 썼는데, 읽기에 고통스러운 책이다. 한편으로, 고아원을 세우고 구조 활동을 돕는 등 전 세계에서 엄청난 선을 수행한 조직을 창설한 Bob Pierce의 비전과 정력에 독자들은 경외감을 갖지 않을 수 없다. 그러나 Pierce는 가학적 남편이자 부재 아빠였고, 그로 인해 고초를 겪었다[Marilee Pierce Dunker, *Man of Vision, Woman of Prayer* (Nashville: Thomas Nelson, 1980)을 보라].
28 사위 Norman Grubb이 혼란에 빠진 조직의 지도자 자리를 맡아, 조직을 견고한 기반 위에 세웠으며, 사역을 전 세계로 확장시키는 데 기여했다. Studd가 자기 가족에게 실제로 얼마나 가학적이었는지 고려할 때, 그의 딸과 사위가 그에게 여전히 충성을 보였고 그가 죽은 후 사역을 감당한 것은 놀랍다.
29 Grubb, *C. T. Studd*, p. 144.
30 같은 책, p. 196.
31 Priscilla가 죽은 후, 가정 선교 위원회가 조직을 관장하여 Studd를 그의 사위 David Munro와 Norman Grubb을 함께 지도자의 자리에서 제거하면서, 새로운 조직 출범을 준비했다. 절박해진 Studd는 선교회 본부로 침입하여 기록물을 가져와 자신의 수중에 두었다. Norman Grubb은 나중에 Studd가 죽은 후 복권되어 선교회가 원래의 영광을 되찾도록 도왔다. 1970년, 선교회는 500명이 넘는 선교사를 지원했다. Tucker, *From Jerusalem to Irian Jaya*, pp. 266-267를 보라. Tucker는 개척 선교사들의 다채로운 모습을 보여 줌으로써, 전기 작가들이 흔히 무시하거나 간과하는 관점을 제공한다. 그녀는 Studd를 '몰락'으로—

이렇게 말하는 것이 적절하다면—이끈 것은 선교를 향한 그의 일편단심 헌신이 초래한 극단주의와 광신적 행위였다고 주장한다. Norman Grubb의 전기는 Studd의 이러한 어두운 면을 무시하지 않는다. 다만 그 정도를 누그러뜨리는 경향이 있다. 혹은 그것을 통하여 Studd의 사역에 대한 헌신의 깊이를 설명한다.

32 Grubb, *C. T. Studd*, p. 199.
33 같은 책, p. 238.
34 W. P. Livingston, *Mary Slessor of Calabar: Pioneer Missionary* (New York: George H. Doran, n.d.), p. 5.
35 같은 책, p. 10.
36 같은 책, p. 11.
37 같은 책, p. 13.
38 같은 책, p. 16.
39 같은 책, p. 19.
40 같은 책, p. 27.
41 같은 책, p. 31.
42 같은 책, p. 134.
43 같은 책, p. 193.
44 같은 책, p. 216.
45 같은 책, p. 224.
46 Lamin Sanneh, *Translating the Message: The Missionary Impact on Culture* (Maryknoll, N.Y.: Orbis, 1997)를 보라.
47 Mary Drewery, *William Carey: A Biography* (Grand Rapids: Zondervan, 1979), p. 25에 인용된 William Carey. Carey에 대한 다른 자료로는 Timothy George, *Faithful Witness: The Life & Mission of William Carey* (Birmingham, Ala.: New Hope, 1991); Basil Miller, *William Carey* (Minneapolis: Bethany, 1985); Terry G. Carter, ed., *The Journal and Selected Letters of William Carey* (Macon, Ga.: Smyth & Helwys, 2000)를 보라.
48 Drewery, *William Carey*, p. 31에 인용된 Carey.

49 Carey는 그러한 [상업적] 이익에 이의 제기도 하지 않았다. 대신에 그 마저도 선교의 동기로 바꾸었다. 그는 이렇게 썼다. "필요한 것이 있다면, 우리의 동료 피조물의 영혼을 향해 사랑을 품어야 한다는 것뿐이다.…그들이 수달 가죽으로 얻으려는 이윤을 향한 사랑 못지않게 말이다"(같은 책, p. 37).
50 같은 책, p. 39.
51 같은 책, p. 74.
52 Drewery, *William Carey*, p. 156.
53 같은 책, p. 159.
54 Philip Jenkins는 비서구 기독교의 성장을 다루는 자신의 획기적인 책에서 이 주제를 탐구한다. Philip Jenkins, *The Next Christendom* (New York: Oxford University Press, 2003)을 보라. 『신의 미래』(도마의길).
55 Andrew Walls는 다음과 같이 결론짓는다. "그리스도 신앙은 무한히 번역될 수 있어서, '편히 느낄 만한 장'을 만들어 낼 수 있다. 그러나 우리에게 너무 편한 곳이어서 다른 사람은 아무도 살 수 없는 그런 곳으로 만들어서는 안 된다. 여기에 우리가 거할 도시는 없다. 그리스도 안에서 모든 불쌍한 죄인들이 만나, 자신이 그분과 화해하고 서로서로 화해했음을 발견한다"(Walls, *Missionary Movement*, p. 25).
56 Jonathan Edwards, *Life and Dairy of David Brainerd* (Chicago: Moody Press, 1949), p. 77에 인용된 David Brainerd. 『데이비드 브레이너드 생애와 일기』(복있는사람).
57 Elisabeth Elliot, *Shadow of the Almighty: The Life & Testament of Jim Elliot* (San Francisco: Harper & Row, 1958), p. 70에 인용된 Jim Elliot. 『전능자의 그늘』(복있는사람).
58 같은 책, p. 59.
59 Edwards, *Life and Dairy*, p. 81에 나오는 Brainerd.
60 같은 책, p. 155.
61 Elliot, *Shadow of the Almighty*, p. 55에 인용된 Elliot.

결론

1 Thomas Merton, *New Seeds of Contemplation* (New York: New Directions, 1961), p. 150.

2 Dorothy Day, *The Long Loneliness* (San Francisco: HarperSanFrancisco, 1952, 『고백』, 복있는사람), p. 78. Dorothy Day에 대한 책들로는 Dorothy Day, *Selected Writings: By Little and By Little*, ed. R. Ellsberg (Maryknoll, N.Y.: Orbis, 1992); Dorothy Day, *On Pilgrimage* (Grand Rapids: Eerdmans, 1999); Dorothy Day, *Loaves and Fishes* (Maryknoll, N.Y.: Orbis, 1997); Brigid O'Shea Merriman, *Searching for Christ: The Spirituality of Dorothy Day* (Notre Dame, Ind.: University of Notre Dame Press, 1994); Jim Forest, *Love is the Measure: A Biography of Dorothy Day* (Maryknoll, N.Y.: Orbis, 1994, 『잣대는 사랑』, 분도출판사); Deborah Kent, *Dorothy Day: Friend to the Forgotten* (Topeka, Kans.: Sagebrush Education Resources, 2003); Anne Klejment and Nancy L. Roberts, *American Catholic Pacifism: The Influence of Dorothy Day and the Catholic Worker* (Westport, Conn.: Praeger, 1996)를 보라.

3 Day, *Long Loneliness*, p. 79.

4 같은 책, pp. 81, 83.

5 같은 책, p. 100.

6 같은 책, pp. 165-166.

7 같은 책, p. 141.

8 같은 책, p. 204.

9 같은 책, pp. 204-205.

10 같은 책, p. 263.

11 Brother Lawrence, *The Practice of the Presence of God* (New York: Barbour, 1993), pp. 27-28.

12 Arnold A. Dallimore, *Susanna Wesley: The Mother of John & Charles Wesley* (Grand Rapids: Baker, 1993)를 보라.

13 Cheri Fuller, "Susanna Wesley: Creating a Spiritual Legacy",

⟨http://www.navpress.com/epubs/displayarticle/2/2,44,3.html⟩.

14 Michael Counsell, ed., *2000 Years of Prayer* (Harrisburg, Penn.: Morehouse Publishing, 1999), p. 312에서 인용.

15 John G. West Jr., *The Politics of Revelation and Reason: Religion and Civic Life in the New Nation* (Lawrence: University Press of Kansas, 1996), p. 175에 인용된 Jeremiah Evarts. West 덕분에 미국 역사 속에서 거의 잊혀졌으나 매력적인 이 영웅을 알게 되었다. Evarts 및 체로키인들을 위한 그의 노력을 알려 주는 자료로는 William G. McLoughlin, *Cherokees and Missionaries, 1789-1839* (New Haven, Conn.: Yale University Press, 1984); John Ehle, *Trail of Tears: The Rise and Fall of the Cherokee Nation* (New York: Doubleday, 1988); John A. Andrew III, *From Revival to Removal: Jeremiah Evarts, the Cherokee Nation, and the Search for the Soul of America* (Athens: University of Georgia Press, 1992)를 보라. Evarts의 초기 회고록을 보려면 E. C. Tracy, *Memoir of the Life of Jeremiah Evarts, Esq.* (Boston: Crocker & Brewster, 1845)를 보라.

16 West, *Politics of Revelation*, p. 181에 인용된 Evarts. Evarts의 글 전체를 모은 책으로는 Francis Paul Prucha, ed., *Cherokee Removal: The "William Penn" Essays and Other Writings of Jeremiah Evarts* (Knoxville: University of Tennessee Press, 1981)를 보라.

17 West, *Politics of Revelation*, p. 197에 인용된 Evarts.

18 Ron Sider는 *The Scandal of the Evangelical Conscience* (Grand Rapids: Baker, 2005)에서 복음주의 진영 교회를 일깨우는 일의 가능성과 어려움을 다룬다. 『그리스도인의 양심선언』(IVP).

19 Desmond Tutu, *Crying in the Wilderness: The Struggle for Justice in South Africa* (Grand Rapids: Eerdmans, 1982), pp. 82-83.

찾아보기

ㄱ

가톨릭일꾼운동(Catholic Worker Movement)　442-444
감리교 운동(Methodist movement)　391-392
『거룩한 등정의 사다리』(요한 클리마쿠스)[*The Ladder of Divine Ascent* (John Climacus)]　261-264
결혼과 가정(marriage and family)
　사막 성자(in the desert saints)　129-130
　종교개혁(in the Reformation)　316-317, 350-352
　처녀(virginal)　308-309
　초기 기독교(in early Christianity)　86-88, 92-94
겸손(humility)　137
『경건의 열망』(슈페너)[*Pia Desideria* (Spener)]　376
경건주의(Pietism)　375
경건한 자들의 모임(Collegia Pietas)　376
『계시』(율리아나)[*Showings* (Julian)]　277-284
고난주간(Holy Week)　240
고딕 대성당(gothic cathedrals)　213-219
『고백록』(아우구스티누스)[*The Confessions* (Augustine)]　21-23, 32-34

공동생활형제회(Brethren of the Common Life)　312-315
과부들(widows)　86-91, 201
교회(church)　453-456
교회력(church year)　150-151, 239-241
구원사(salvation history)　24-31, 35-36, 352-354
귀도(카르투지오회)[Guido(Carthusians)]　297-298
그레고리우스, 나지안주스의(St. Gregory of Nazianzus)　99
그레고리우스, 니사의(St. Gregory of Nyssa)　185
그레고리우스, 대(교황)[Gregory the Great(Pope)]　160
그레이엄, 빌리(Billy Graham)　393
『그리스도를 본받아』(토마스 아 켐피스)[*The Imitation of Christ* (Thomas à Kempis)]　314-315, 363
금욕(ascesis)　128-132
금욕주의(asceticism)　110-121, 128-132, 193, 262-264, 300-304, 208-209, 315-316
기도(prayer)　153, 166-167, 172-176, 281-287, 293-294
『기독교 강요』(칼뱅)[*Institutes of the Christian Religion* (Calvin)]　338-339

ㄴ

"나 같은 죄인 살리신"("Amazing Grace") 366, 369-371
나태(acedia) 173-176
노예제 폐지(abolitionism) 367-368, 392
『놀라운 부흥과 회심 이야기』(에드워즈) [*Faithful Narrative of the Surprising Work of God* (Edwards)] 380-381
뉴턴, 존(John Newton) 360-371, 395
니케아 공의회, 1차(First Council of Nicaea) 32-33, 402
니케아 공의회, 2차(Second Council of Nicaea) 186

ㄷ

다원주의(pluralism) 65-70
『담화집』(카시아누스)[*The Conferences* (Cassian)] 131, 166
대계명(The Great Commission) 399-400, 424
대수도원장(abbot) 161-163
덕(virtue) 314
데이, 도로시(Dorothy Day) 438-444
도미니쿠스(St. Dominic) 305-307
도미니쿠스회(Dominicans) 305-307, 403
도상학(iconography) 188-191
동방 정교(Eastern Orthodoxy) 179-212
『디다케』(*The Didache*) 101
"디오그네투스에게 보낸 편지"(Letter to Diognetus) 81-83
디오클레티아누스(로마 황제)[Diocletian (Roman emperor)] 119-153

ㄹ

로렌스 형제(Brother Lawrence) 445-446
로마 제국(Roman Empire) 39-40, 46-47, 53-54, 61, 65-70, 91-94, 119-120
로이클린, 요하네스(Johannes Reuchlin) 337
루이스(C. S. Lewis) 25, 29, 208-209
루터, 마르틴(Martin Luther) 143, 315-316, 324-325, 331-336, 342-350
'리용의 순교자들'('Martyrs of Lyons') 50-53

ㅁ

마가, 금욕자(St. Mark the Ascetic) 110-139
마르가리타, 코르토나의(Margaret of Cortuna) 311
마리아, 동정녀(the Virgin Mary) 238-239
마리아, 오와니에의(Mary of Oignies) 310
마카리우스, 아빠(Abba Macarius the Great) 128, 136
마크리나(Macrina the Younger) 156-158, 184-189
머튼, 토머스(Thomas Merton) 141, 264, 283-284, 438
멜라니아(Melania the Younger) 191-197
면죄부(indulgences) 333-334
모라비아 교도(Moravians) 376-379, 388, 403
모린, 피터(Peter Maurin) 442
모세, 아빠(Abba Moses) 124-135

목회적 돌봄(pastoral care)
　종교개혁(in the Reformation) 348-352
　초기 기독교(in early Christianity) 98-102
몬테카시노(Monte Cassino) 160
무디, 드와이트(Dwight L. Moody) 393, 409
무정념(apatheia) 127, 133-136
무혈 순교자(bloodless martyr) 116-121
밀라노 칙령(Edict of Milan) 119

ㅂ

바르트, 카를(Karl Barth) 271, 356, 498
바실리우스, 카이사리아의 성(St. Basil of Caesarea) 156-157, 185
바울, 성 사도(St. Paul the apostle) 41-43, 78-80, 82, 399-401
박해에 대한 성경적 관점(biblical view of persecution) 41-43
번연, 존(John Bunyan) 373-374
베긴회(Beguines) 309-315
『베네딕도-수도 규칙』(The Rule of St. Benedict) 160-167
베네딕투스(Benedictine) 163-165
베네딕투스, 누르시아의(St. Benedict of Nursia) 160-161
베네딕투스회(Benedictines) 160-167, 444
베다, 가경자(the Venerable Bede) 170
베르나르두스, 클레르보의(St. Bernard of Clairvaux) 171-172, 274-277, 297
베자, 테오도뤼(Theodore Beza) 325
보나벤투라, 요한(John Bonaventure) 264-270, 299
보니파키우스, 독일의(St. Boniface of Germany) 169
보름스 의회(Diet of Worms) 336
복음주의(evangelicalism) 360-362, 369-372, 392-395
본회퍼, 디트리히(Dietrich Bonhoeffer) 104
부정 신학(apophatic theology) 259
부처, 마르틴(Martin Bucer) 325, 339
브레보, 장 드(Jean de Brébeuf) 407-408
브레이너드, 데이비드(David Brainerd) 429-430
비텐베르크(Wittenberg) 324, 332

ㅅ

『사도 전승에 대하여』(On the Apostolic Tradition) 100
사랑(love) 138-149
『사막 교부들[과 교모들]의 금언집』(Sayings of the Desert Fathers) 131
사막(desert) 121-125, 140-143
사순절(Lent) 241
산티아고데콤포스텔라(Santiago de Compostela) 235-236
삼위일체(the Trinity) 24-27, 32-33, 89
새로운 방법(New Measures) 389
생각들(logismoi) 126
샤를마뉴(Charlemagne) 159, 170
선교(missions) 403-404, 428
설교(preaching)
　복음주의(evangelical) 385-392
　요한 크리소스토무스(John Chrysos-

tom) 200-206
종교개혁(Reformation) 324-328, 340-352, 353-357
탁발 수도사(mendicant) 298-307
설교자의 직책(order of preachers) 305-307
『성 아우구스티누스의 규칙』(Rule of St. Augustine) 158
성경 번역(Bible translation) 327, 413, 423-428
성경(종교개혁)[Scripture(in Reformation)] 327-328, 340-342
성령(Holy Spirit) 24, 27, 35, 89, 156, 180, 187, 341, 376, 458
성례전, 성례, 성사(sacraments) 218-248
  견진(confirmation) 227
  고해(penance) 228-229, 331-332
  병자(extreme unction) 231
  성만찬, 성체(Eucharist) 132, 219, 221, 229
  서품(ordination) 230
  세례(baptism) 103, 226-227
  종교개혁의 관점(Reformation view) 327
  혼인(marriage) 230-231
성무일도(Divine Office) 166-167, 170-171, 444
성상(icons) 184-191
성상 파괴 논쟁(Iconoclastic Controversy) 185-186
성육신(incarnation)
  동방 정교(in Eastern Orthodoxy) 179-180, 185
  사막 성자들(in the desert saints) 118, 121
  사회적 행동주의(in social activism) 442-443
  선교(in missions) 397-399, 423, 433
  신비주의(in mysticism) 259, 273
  영성신학(in spiritual theology) 32-33
  종교개혁 설교(in Reformation preaching) 326-327, 340-341, 348-349, 356-357
  중세 성례주의(in medieval sacramentalism) 220-225
  초기 기독교(in early Christianity) 65-70
성인(sainthood) 180-188, 308-309, 321-322
성인전(hagiography) 183-184, 191-197
성지(Holy Land) 232-233
성탄절(Christmas) 240-241
성흔(Stigmata) 265, 305
세계복음화십자군(Worldwide Evangelist Crusade) 411
세라피온, 아빠(Abba Serapion) 137
세상, 육신과 마귀(the world, the flesh, and the devil) 111, 115, 125, 140, 143, 191
소명(vocation) 317
수도 참사회(Canons Regular) 158, 172
수도원 운동(monasticism)
  공동 노동(common labor) 163-165
  규칙의 역할(role of the Rule) 155-167
  기도와 노동(prayer and work) 166-167, 172-176
  베네딕투스(Benedictine) 160-167
  선교(missions) 169-170
  학문과 교육(scholarship and edu-

cation) 166-170
수도원(monasteries) 145-148, 152-172, 294, 297, 315
순교(martyrdom)
 사막 성자(in the desert saints) 117
 신화(definition of) 39-45, 70-73
 이야기(stories of) 50-65
 이유(reasons for) 40, 43-44, 48-49, 58-61, 71
순례(pilgrimage) 232-236
순회 설교(itinerancy) 390-391
쉬제, 대수도원장(Suger, Abbot) 171, 251-216
슈페너, 필립 야콥(Philipp Jakob Spener) 375
스터드, 찰스 토머스(Charles Thomas Studd) 408-416
슬레서, 메리(Mary Slessor) 416-422
시메온, 주상 고행자(Simeon the Stylite) 117, 140
시토회(Cistercians) 171-172, 252, 274
신성 클럽(Holy Club) 387
『신앙 감정론』(에드워즈)[*Religious Affections*(Edwards)] 382-385
신클레티카, 암마(Amma Syncletica) 128
신화(deification) 180-184, 207-211
신화(Theosis) 180-184, 207-211
실바누스, 아빠(Abba Silvanus) 133

ㅇ

아가페(agape) 128, 136-140
아리스티데스(Aristides) 81-82
아보, 플뢰리의(Abbo of Fleury) 293
아우구스티누스, 히포의(St. Augustine of Hippo) 21-23, 29, 32-34, 100, 132, 158, 193
아타나시우스, 알렉산드리아의(St. Athanasius of Alexandria) 68-69, 114, 132, 182
아테나고라스(Athenagoras) 60, 89
안식일(sabbath) 150-151
안토니우스, 이집트의(St. Antony of Egypt) 113-118, 121, 133, 142
안티오키아, 시리아의(Antioch of Syria) 91-92
앨퀸, 요크의(Alcuin of York) 170
『어둔 밤』(십자가의 요한)[*Dark Night of the Soul*(John of the Cross)] 284-285
에게리아(Egeria) 232-235
에드워즈, 사라(Sarah Edwards) 386
에드워즈, 조나단(Jonathan Edwards) 379-387, 429
에라스무스(Erasmus) 329, 337
에바그리우스, 폰투스의(Evagrius Ponticus) 125-128, 133, 174
에바츠, 제러마이어(Jeremiah Evarts) 449-452
에우세비우스, 카이사리아의(Eusebius of Caesarea) 120
엘리엇, 짐(Jim Elliot) 429-431
엘리자베스 1세(Elizabeth I) 373
여성의 역할(role of women)
 복음주의(in evangelicalism) 392-393
 사막 전통(in the desert tradition) 129-132, 196
 초기 기독교(in early Christianity) 86-88
역병(plagues) 94-98
연합, 하나님과의(union with God)

254-261, 270-285
『영성 수련』(로욜라의 이그나티우스)[The Spiritual Exercises (Ignatius of Loyola)] 404-408
영성의 정의(definition of spirituality) 26, 34-35, 73, 436-437
영적 독서(lectio divina) 145, 166, 508
영적 훈련(spiritual discipline) 100, 113-117, 132, 136-139, 141
예루살렘 공의회(Jerusalem Council) 400
예수 공현 축일(Epiphany) 240
예수회[Society of Jesus(Jesuits)] 330, 404-408
오리게네스(Origen) 99, 499
오순절운동(Pentecostalism) 393
『올니 찬송가』(뉴턴)[Olney Hymns (Newton)] 366
올더스게이트(Aldersgate) 388
요한, 다마스쿠스의(John of Damascus) 186-187, 190
요한, 십자가의(John of the Cross) 284-285, 330
요한 크리소스토무스(St. John Chrysostom) 99-100, 132, 197-207
요한 클리마쿠스(John Climacus) 261-264
웨슬리, 수잔나(Susanna Wesley) 446-448
웨슬리, 존(John Wesley) 366, 387-389
웨슬리, 찰스(Charles Wesley) 366, 391
위디오니시우스(Pseudo-Dionysius) 256-260
윌버포스, 윌리엄(William Wilberforce) 367-368

윗필드, 조지(George Whitefield) 366, 386-391
유스티누스, 순교자(Martyr Justin) 48-49, 59, 69, 90
유월절(Pascha) 239-240
유품, 유골(relics) 236-239
율리아나, 노리치의(Julian of Norwich) 277-281
율리아누스, 배교자(로마 황제)[Julian the Apostate(Roman emperor)] 84
은자/여성 은자(anchorite/anchoress) 277
이그나티우스, 로욜라의(Ignatius of Loyola) 330, 404-408
이윤 경제(profit economy) 295-296
인문주의(humanism) 336-337
일곱 가지 치명적 죄(Seven Deadly Sins) 126

ㅈ

자원 선교회(voluntary societies) 392, 403
자크 비트리(Jacques de Vitry) 309-310
작은 형제회(Friars Minor) 298-305
정화(purgation) 261-264
제1차 대각성(First Great Awakening) 379-391, 403
제3회[Tertiaries(Third Order)] 310-312
제네바(Geneva) 338-340
조명(illumination) 217, 260, 264-270
종교개혁(the Reformation) 315, 328-352, 402

ㅊ

"찬가"(아시시의 프란체스코)[*The Canticle* (Francis of Assisi)] 302-303

『찰스 피니의 부흥론』(피니)[*Lectures on Revivals of Religion*(Finney)] 389

『천로역정』(번연)[*The Pilgrim's Progress*(Bunyan)] 373-374

청교도주의(Puritanism) 372-375

체로키족(Cherokees) 450

친첸도르프, 니콜라우스 루드비히 폰(Zinzendorf, Nicolaus Ludwig von) 377-378

침례교 선교회(Baptist Missionary Society) 425

ㅋ

카시아누스, 요한(John Cassian) 133-166

카테리나, 시에나의(Catherine of Siena) 311

칼라바르, 나이지리아(Calabar, Nigeria) 417-420

칼뱅, 장(John Calvin) 315-319, 325, 330, 336-352

칼케돈 공의회(Council of Chalcedon) 33, 185, 402

캐리, 윌리엄(William Carey) 423-428

케임브리지 7인(Cambridge Seven) 410

켈수스(Celsus) 66, 85

콘스탄티노플(Constantinople) 194, 200-204

콘스탄티누스, 로마 황제(Constantine, Roman emperor) 47, 119-120, 152

콜렛, 존(John Colet) 337

클뤼니(Cluny) 170, 294

키릴루스, 예루살렘의(St. Cyril of Jerusalem) 237

키케로(Cicero) 59

키프리아누스, 카르타고의(St. Cyprian of Carthage) 95

ㅌ

타키투스(Tacitus) 54

타티아누스(Tatian) 85

탁발 수도사(mendicants) 298-307

테레사, 아빌라의(Teresa of Ávila) 284, 330

테르툴리아누스(Tertullian) 60-61, 84, 87-88, 93, 101-102, 291

테첼, 요한(Johann Tetzel) 333

토마스 아퀴나스(Thomas Aquinas) 250-252

토마스, 첼라노의(Thomas of Celano) 299

투투, 주교 데스몬드(Bishop Desmond Tutu) 456-457

트라야누스(로마 황제)[Trajan(Roman emperor)] 75-78

트리엔트 공의회(Council of Trent) 330

ㅍ

파렐, 윌리엄(William Farel) 338

파코미우스(Pachomius) 153-155

『패노플리스트』(에바츠)[*The Panoplist*(Evarts)] 450

페르페투아, 비비아(Vibia Perpetua) 54-58

평신도(laity) 290-298, 307-309, 314-321, 348-352

포르피리우스(Porphyry) 67

포이멘, 아빠(Abba Poemen) 112-113, 130, 134-135
폴리카르푸스, 스미르나의 주교(Polycarp, Bishop of Smyrna) 62-65, 237
프란체스코, 아시시의(St. Francis of Assisi) 72, 265, 298-305, 310-311, 313
프란체스코회(Franciscans) 265, 298-305, 310-311, 403
플라톤(Plato) 255
플로렌티우스 라데빈스(Florentius Radwigns) 313
플로티누스(Plotinus) 254-255
플리니우스(Pliny the Younger) 50, 70, 75-78
피니, 찰스(Charles G. Finney) 389
피터슨, 유진(Eugene Peterson) 353

ㅎ

『하나님께 이르는 영혼의 여정』(보나벤투라)[*The Soul's Journey to God* (Bonaventure)] 265-266
하나님의 말씀(Word of God) 326-327, 340-345, 352-357
『하나님의 사랑』(베르나르두스)[*On Loving God*(Bernard)] 275-277
『하나님의 임재 연습』(로렌스 형제)[*The Practice of the Presence of God* (Brother Lawrence)] 445
헤른후트(Herrnhut) 377
환대(hospitality) 138, 320, 442-443
회심(conversion) 361-364, 369-392, 423-424
흐로테, 헤이르트(Geert de Groote) 312-313
히폴리투스, 로마의(Hippolytus of Rome) 100

95개 논제(Ninety-five Theses) 334-336

옮긴이 신현기는 연세대학교에서 사회학을, 캐나다 리젠트 칼리지에서 실천신학을 공부했다. 한국 IVP 대표를 역임했으며, 『기도, 하나님과의 우정』 『어린이를 위한 내 마음 그리스도의 집』 『아주 특별한 선물』(이상 공역), 『살아 있는 교회』 『모든 사람을 위한 로마서 I, II』 『1세기 교회 예배 이야기』 『1세기 그리스도인의 하루 이야기』 『1세기 그리스도인의 선교 이야기』(이상 IVP), 『사회적 하나님』(청림), 『이 사람을 보라』(살림) 등을 번역하였다.

영성의 깊은 샘

초판 발행_ 2016년 8월 8일
개정판 발행_ 2018년 1월 19일
개정판 4쇄_ 2024년 11월 15일

지은이_ 제럴드 싯처
옮긴이_ 신현기
펴낸이_ 정모세

펴낸곳_ 한국기독학생회출판부
등록번호_ 제2001-000198호(1978.6.1)
주소_ 04031 서울시 마포구 동교로 156-10
대표 전화_ (02)337-2257 팩스_ (02)337-2258
영업 전화_ (02)338-2282 팩스_ 080-915-1515
홈페이지_ http://www.ivp.co.kr 이메일_ ivp@ivp.co.kr
ISBN 978-89-328-1607-4

ⓒ 한국기독학생회출판부 2018

책값은 뒤표지에 있습니다.
무단 전재와 복제를 금합니다.